修道院文化史事典

Kulturgeschichte der christlichen Orden

修道院文化史事典

【普及版】

P. ディンツェルバッハー・J. L. ホッグ [編]　朝倉文市 [監訳]

石山穂澄　平　伊佐雄
伊能哲大　谷　隆一郎
梅津教孝　富田　裕
岡地　稔　山崎裕子
小川宏枝　山本耕平
［訳］

八坂書房

＊本書は、2007年に弊社より刊行された『修道院文化史事典』の新装普及版です。旧版の各頁を約90％に縮刷して判型を変更、新版としたもので、内容については、誤植等を訂正し、また旧版刊行後の書誌情報を若干補ったほかは、原則として旧版のままです。（編集部）

KULTURGESCHICHTE DER CHRISTLICHEN ORDEN
IN EINZELDARSTELLUNGEN

herausgegeben von

Peter Dinzelbacher

und

James Lester Hogg

© 1997 by Alfred Kröner Verlag Stuttgart

Japanese translation rights arranged with

Alfred Kröner Verlag

through The Sakai Agency, Tokyo

まえがき

　キリスト教の修道院について、現代社会は相反する2つのイメージを抱いている。修道院というものや修道会に入会している人たちは、多くの人々の意識の中では過去に属するものである。この現代という時代に清貧、貞潔、従順という3つの誓願に身を委ねている修道士や修道女は、時代錯誤的な存在とみなされている。しかし同時に修道生活は、ますます多くの人々を魅了してやまないのである。休日に修道院を訪れたり、修道院で黙想しながら休暇を過ごしたりすることを多くの人々が欲するようになってきた。修道院という場所が、静寂と精神の集中、日々の生活の立て直し、共同体、精神性、そして結局は人生の意味を探し求めるわれわれの総本山になっているのである。

　修道院の宗教的生活様式は、中世以来「世俗で」生きるという生き方に代わるものとして理解されてきたが、しかしそれゆえにこそ、この世俗から離れて存在していたのではなく、あらゆる分野にわたってこの「世俗の」文化に決定的な影響を与えてきた。それは修道士や修道女が典礼や祈りに完全に集中するために、物理的には世俗からはるかに引き籠もっていたような場合でもそうなのである。孤島に隔離されたような生活をしている修道院は、まさに「神の国」の写しであり、先取りであった。今は、いまだ罪と無秩序のなかにとどまっているこの世もまた、いつの日かは神の国になるはずであるとされてきたのである。修道院は、文化的に多方面にわたって、この遠大な期待に応えようとしてきた。「文化」とは、その際最も広い意味で理解されなければならない。つまり、ここでいう文化とは、芸術上の遺産に制限されるのではなく、社会活動や教育制度、規則正しい日課や労働倫理などをも含むのである。神学は、中世においては今日のような隅に追いやられた学問ではなく、古代末期以来千年以上にわたって、自然科学をも含むすべての学問に対して指導的な立場を誇っていた。建築家の芸術上および設計上の業績は、それが宗教関係の建造物であって初めて認められたし、大部分の作家は宗教作家であり、音楽家は宗教曲を作曲し演奏した。

近世初期においては、ヨーロッパの外の国々についての知識の大部分は、修道会から任命されて当地に赴いていた宣教師たちによってもたらされた。イエズス会士たちが、バロック時代に形作ってきた演劇にいたるまで、修道会の過去の業績によって影響を受けることが今日までないような学問上のあるいは芸術上の分野はない。

このような文化的な業績をさまざまな修道会と直接関連づけること、そして主要な修道会について、それぞれをハンドブック風にある程度総括することが本書の課題である。これによって、時間的に遠く隔たった様々な芸術作品の間にみられる関連性が新たに浮き彫りになるだけではなく、修道会の歴史そのものが、新しい変化に富む側面から明らかになるだろう。

この文化的多様性は、おそらく専門家をも時おり驚かすことであろう。もっとも文化的業績と修道会の霊性とが、そのつどどのような関係にあるのかという質問には、ほとんど答えることができない場合もあるであろう。たいていの場合、神学的には、最もたやすく答えが与えられる。たとえば修道院や教会の建築様式は、修道会が抱いている特有の秩序のイメージを反映している。それは信者の内面にある秩序であり、また共同体の秩序であり、来るべき世界秩序でもある。また修道会で生まれた絵画や曲は、特定の規則にしたがった生活を表現し、それを象徴するものである。しかしながら、ある芸術家が修道会に属していることが、彼の創作活動に決定的な影響を与えているのか、あるいはむしろ偶然的な要素にすぎないのかということは、現時点での研究段階では判断することができない。本書によって、このような問いを投げかける場がつくられ、美術史、文学史、そして学問の歴史研究に活気を与えて、研究対象としての歴史の背後にある、修道生活によって刻印された霊的で共同体的背景により大きな関心が注がれるようになるなら、本書の主要な目的は達成されたことになる。

しかしながら本書がまず意図するところは、より広範囲の人々のために、ヨーロッパ文化史のこれまであまり注意を払われてこなかった次元の事柄を整理し、信頼できる情報を読者に迅速に提供することである。したがって本書は、ハンドブックの体裁をとっている。ここで取り上げる主要な修道会は、アルファベット順に配列した〔本訳書では歴史的配列に改めた〕。各章、およびそのなかの各項目はそれぞれ独立しているので、それだけでも理解できるよ

うになっている。しかしそれぞれの修道会について、その歴史、霊性、組織構造を記した最初の3項目を、導入部としてそのつど読まれることをお奨めする。各章は、それぞれの修道会の相違が許すかぎりで同様の項目を立てて論じる形をとっている。導入部分である最初の3項目に続くのは、「文学」「建築と造形芸術」「音楽」「神学と人文科学」そして「教育制度」であり、またいくつかの修道会についてはさらに「経済」や「社会活動」が扱われている。それぞれの章の終わりには、さらに研究を進めるための参考文献をあげた。このような項目の分け方は、できるだけ読者の理解の助けになるよう現代の慣例にしたがったのであるが、中世においていくつかの場合、特に文学と神学のどちらに分類すべきかといった問題も自ずと含んでいる。また人名索引を付し、それによって人名がそれぞれどの修道会と結びついているのかが、即座にわかるようになっている。さらに、主要なカトリック修道会の体系的一覧表なども掲載したので、理解の一助とされたい。最初の概説的論文は、カトリック修道制とその文化が現代にいたるまでどのように発展してきたかについて、全般の外観的知識を与えてくれる。中世初期および盛期については、「ベネディクト会」の章をぜひ参照されたい。この論文は、歴史を概観する際の補足として読むことができるし、またそのなかの「写本と図書館」の項は、中世修道院文化の本質について述べている。

　出版社として、執筆者の方々すべてに謝意を表明したい。彼らは、論文を期限に間に合うように作成し、さらに編集部の提案を受け入れ労を厭わず原稿の変更や追加に応じてくれた。また何人かの執筆者の調整役と、近世に関する最初の概説論文の執筆を引き受けて下さったジェイムズ・L・ホッグ教授にも感謝したい。しかしなかでも本書の構成をこのような形式にすることを提案され、編集責任者として指導して下さったペーター・ディンツェルバッハー教授に感謝を捧げるものである。

(朝倉文市訳)

1996年11月

シュトゥットガルト
アルフレッド・クレーナー出版社

修道院文化史事典

目次

まえがき……5

序章
修道制と文化
Ⅰ中世／Ⅱ近世以降
ペーター・ディンツェルバッハー／ジェイムズ・レスター・ホッグ
朝倉文市／小川宏枝訳

13

第1章
ベネディクト会
ウルリヒ・ファウスト／石山穂澄・朝倉文市訳

57

第2章
シトー会
ペーター・ディンツェルバッハー／ヘルマン・ヨーゼフ・ロート
平 伊佐雄訳

117

第3章
カルトゥジア会
ジェイムズ・レスター・ホッグ／梅津教孝訳

161

第4章
アウグスチノ修道参事会
フーベルト・ショブフ／谷 隆一郎訳

189

第5章
プレモントレ会
ルドガー・ホルストケッター／富田 裕・朝倉文市訳

211

第6章
病院修道会
ユルゲン・ザルノフスキー／梅津教孝訳

237

第7章
騎士修道会
ユルゲン・ザルノフスキー／岡地 稔訳

253

第8章
フランシスコ会とクララ会
レオンハルト・レーマン／伊能哲大訳

283

第9章
ドミニコ会
マイノルフ・ロールム／山本耕平訳

351

第10章
カルメル会
ゲルダ・フォン・ブロックフーゼン／山崎裕子訳

389

第11章
アウグスチノ隠修士会
ヴィリギス・エッカーマン／谷 隆一郎訳

427

第12章
イエズス会
アンドレアス・ファルクナー／富田 裕訳

443

第13章
東方正教会の修道制
ヴォルフガング・ヘラー／谷 隆一郎訳

491

参考文献……507
主要修道会の体系的分類表……512
主要修道会略号表……514
索引（修道会名／人名）……516
監訳者あとがき……535

凡例

○原書では各章は、修道会のドイツ語名のABC順に配列されているが、本書ではこれを、巻末の「体系的分類表」(512-513頁)を参照しながら、おおむね修道院史の流れに沿った配列に変更した。

○原書には註はなく、頁下欄に付されている脚註は、いずれも訳註である。なお、ごく短い訳註については脚註形式とせず、〔　〕の記号を用いて本文中に組み込んでいる場合もある。

○図版番号の末尾の＊印は、それが原書に掲載されている図版であることを示す。

○聖書からの引用は、略示の形式も含めて、原則として『聖書　新共同訳』(日本聖書協会、1987年)によった。

序章

修道制と文化

MÖNCHTUM UND KULTUR

I 中世

ペーター・ディンツェルバッハー

朝倉文市 [訳]

II 近世以降

ジェイムズ・レスター・ホッグ

小川宏枝 [訳]

I　中世

　旧約聖書の「レビ記」で主は、ご自身の選ばれた民に次のように命じられた。「あなたたちは聖なる者となりなさい。あなたたちの神、主であるわたしは聖なる者である」(11:44, 19:2)。キリストもまた求めている。「あなたがたの天の父が完全であられるように、あなたがたも完全な者となりなさい」(マタ5:48)。中世の信徒たちにとってこの命令は、神によって課せられた、もうそれ以上詮索することのできない命令であった。できるのはただ、この命令を実行する最善の道を探し求めること、しかも終末論的に最も確実な道を探し求めることである。というのも、アウグスティヌス以来の著名な教父たちの一致した見解によれば、人類の大部分は滅びへと「選ばれている」からである。

　宗教改革以前のキリスト教世界では、古代末期以来、救いへの「王道」とみなされていたのは、他の宗教でもそうであろうが、いつでも修道者の生活様式であった。その存在理由は、地上のものをあきらめることによって、神の国への参与を獲得することであった。つまり財産の所有、自主的な決定、そして性行動をあきらめる禁欲である。キリストの教えに従うこのような生活 (マタ19) は、天使たちのそれになぞらえられた。肉体を苦しめ、神に向けて魂を自由にすることは、むろん古代の哲学にも由来する周知の理想であった。そこでは、魂の「牢獄」である肉体を躾けることが、彼岸への魂の上昇を保証すると同時に、すでにこの地上の生活においても、黙想によって神との出会いを可能にするとされていたのである。修道生活に関する初期の最も影響力のある著述家の1人であるカッシアヌス (435没) は、神との出会いを、あらゆる善いもののなかの最高のものとしている。「したがって、すべて他のものは価値のないものとみなし捨て去ってしまい、この1つのものだけを手に入れなければならない」(『師父の言葉』23, 3)。

　少なくとも、中世盛期に隣人愛にもとづく共同体が忽然と登場するまでは、

典礼や個人的な祈り、また禁欲的な修行によって自己を聖化することが修道的生き方の中心であった。それは他の社会から完全に隔絶した理想的な場所で営まれ、世を蔑視し (contemptus mundi)、世俗から逃走する。自分の共同体の外にいる人々の魂に配慮することは考えられなかった。そして修道院を設立した一般信徒たちの場合、その関心事は期待される文化的成果などでは決してなく、第一には修道士や修道女たちが、自分とその親戚のために提供してくれるはずの祈りの成果であった。そして付け足しに、ここで敬虔な一時を過ごすことができるという可能性や、また宣教の地にあっては、異教徒たちの改宗によってもたらされる権力政治的な諸可能性が評価された。

このような状況にもかかわらず、どうして次のようなことが起こり得たのであろうか。つまり修道制は、自分たち自身の文化を発展させただけではなく、中世初期に、まさに全ヨーロッパの文化の担い手となったのである。

3世紀以降、すでに完全に階級制の浸透した共同体から、エジプトやシリアの荒野に隠遁した苦行者たちは——組織化された修道制は彼らから始まることになるのであるが——地域の文化的な伝統には全く無関心であった。というのは、彼らもまた終末が間近に迫っていると、まだ期待していたからである。しかしながらキリストの再臨と神の国の到来が、まだ先のことであるということが次第にはっきりしてくると——それゆえにアウグスティヌスは、神の国を地上の教会と同列に置いたのであるが——キリスト教はこの世にしっかりと腰をすえたものになってゆき、313年以降はローマの皇帝たちによって黙認されたり迫害されたりしながら、391年に国教の地位へと昇格した。それによって、われわれが「文化」と名づけている伝統や技能の総体に対するキリスト教徒たちの考え方も変化した。キリスト教、とりわけ修道院においては2つの傾向があった。1つは、変化を嫌い、キリスト教的でないものすべてから距離を置こうとする傾向であり、もう1つはそれと逆方向で、聖化という最終目的に少しでも役立ちうるものはすべて吸収しようとする傾向である。「非常に用心して、しかし弛むことなくわれわれは［異教とキリスト教の］2つの教えの体系を読もうと努力しようとしている」(カッシオドルス『綱要』1, 28)。まさにこのような態度に立って、文化を維持し創造していくという修道士たちの活動があったのである。彼らの少なからずは、エ

ルサレム、ローマ、マルセイユといった古代文化の中心地である諸都市に居住していた。

ここでわれわれが、中世初期の修道制を西方のラテン語圏だけで考察するなら——もっとも西方は元々は東方修道制からの分枝であり、そこから多様な刺激を受けているのであるが——多様な個々の修道院があったということをまず強調しておかなければならない。それらはたいてい互いに独立していて、異なった規則に従っていたのであるが、およそ30の修道院があった。確認できるヨーロッパ最古の修道院はアクィレイア（370年）であり、少し遅れて、ローマなどにも設立された。より濃い密度で修道院の設立が行われたのは、イタリアの外、とりわけアイルランドやフランス南東部であった。特に有名なのはリグジェとマルムティエである。

ローマ帝国での都市生活の衰退と、410年の最初のローマ略奪で最高潮に達したゲルマン民族の侵入は、教父たちが創り上げてきた知性的なキリスト教の伝統にとっても、脅威を意味するものであった。この伝統を守ろうとして、修道院でも数々の試みがなされた。まず挙げられるのは、高位の政治家であるカッシオドルスが、6世紀の中ごろ彼の故郷カラブリアで設立したヴィヴァリウムである。この施設の中心は図書館であり、キリスト教および異教のラテン語著作家たちの写本を制作することが、修道士たちの主な仕事であった。もちろん確固とした信仰の持ち主であるカッシオドルスにとって、仕事の最も中心にあったのは、彼自身の宗教であるキリスト教の著作を、写本を制作したり、ギリシア語から翻訳したりして受け継ぐことであった。しかしながら彼は、世俗の学問が神学を補助するのに必要なものであると評価していたので、文献学、歴史、医学などの著作をも書き写させたのである。

というのも、彼自身述べているように、すべての世俗的な学問は、もともと聖書にその起源を持っているからである。世俗の学問は、異教徒たちによって聖書から盗み取られてしまったのであるから、今や「それらは正しい理解へと呼び戻されなければならない」、すなわち聖書を理解するために奉仕しなければならないというのである（『綱要』1, 27）。カッシオドルスはもともと、ローマに大学を作りたかったらしいが、戦時ゆえに修道院という小規模な形でしか、この願望は実現しなかった。これは、中世初期の教育文化史の不幸の前兆を示すものである。

序章 修道制と文化——中世 17

I-1 聖書を転写するカッシオドルス
「アミアティウス聖書」挿画、700年頃
フィレンツェ、
ラウレンツィアーナ図書館蔵

　他の修道院も、さらに制限された形でではあったが、とりわけキリスト教文献の写本に貢献している(例えばトゥール、レランス、ボッビオ)。アルルのカエサリウスは、修道女のために書いた戒律(512/34年)の中で、読み書きを習うことを義務としているほどである。また、古代文化の保護者として挙げなければならないのは、とりわけアイルランドで花開いた修道制である(総数三千もの修道士たちがいたと目されている)。ここに豊かな知識に魅了された人々が多く見られるのは、この土地特有の伝統に負うところが大である——キリスト教以前のドルイド僧や詩人たちを考えてみればよいだろう。写本に携わる修道士に対する傷害は、司教や修道院長に対するのと同程度の重い刑罰が科せられたが、それは彼らが非常に尊敬されていたことを示すものである。例えばホラティウスの詩を後世に伝える橋渡しの役をつとめたのも、アイルランド人であったかもしれない。アイルランドの修道士たちによる宣教によって、アングロ・サクソン人や大陸のゲルマン人たちは、この伝統に由来する知識人や写本と接触することとなった。そしてそのおかげで、さもなければ西方では失われてしまっていたギリシアの知識に、時おり光があて

られた。例えば、皇帝カール2世の宮廷学校で指導にあたっていたヨアネス・スコトゥス・エリウゲナ (810頃-77頃) の場合のようにである。また後に『ベネディクトゥス戒律』を採用することになる修道院の中には、その設立の起源をアイルランドに遡るものが少なくない。一例を挙げれば、スタブロ、オナウ、ザンクト・ガレンなどがそうである。

それに対して、529年のモンテ・カッシノ修道院の設立以来、急増していた初期のベネディクト会士たちは、当初は彼らの理想に従い、世俗の文化を顧みることはほとんどなかった。彼らが自分たちの住居として、なお隔絶された山の高みを好み、自給自足の生活を送り、会員以外の立ち入りをすべて拒んだ (いわゆる「禁域」) のは、理由のないことではない。581年に彼らがローマへと逃れなければならなくなったとき初めて、教皇グレゴリウス1世は彼らに、学問に関心を向けるよう指示した。というのも教皇は、なお異教徒としてとどまり続けていたゲルマン人たちを改宗させるには、教会内では修道士たちこそが相応しい集団であるとみなしたからである。実際、中世初期の修道院の多くは、イギリスでも大陸でも、宣教の中心的役割を担うものとして活動していた (例えばウェアマス、ジャロー、モントゼー、フルダ、コルヴァイなど)。したがって、修道士の中で司祭となる者がますます必要とされるようになり——これ以前は修道司祭というのはまれであった——ひいては聖職者としての教養が必要とされるようになったのである。ますます多くの修道院が『ベネディクトゥス戒律』を採用するようになっていたが、それは、簡潔さ、柔軟性、また修道院長の権威が強調され、時宜にかなっていたという点で、この戒律が際立っていたからである。カロリング家の意向に沿うかたちで、特に743年には王国内のすべての修道院がこの戒律を取り入れるよう命じられ、大修道院長アニアーヌのベネディクトゥスは816年に、統一的な慣習規定を定めた。これによってベネディクト会士たちは、ヨーロッパのほとんどの地域で唯一の修道院文化の担い手ともなったのである。彼らはカール大帝から、王国内に教養を育成するよう、明確に義務付けられていた。

各々の修道士に聖務日課とならんで義務付けられていた仕事のなかには、書物や芸術作品を制作することも含まれていた。すでにベネディクトゥスは、修道士たちのことを「主に奉仕する集団」(schola dominici servitii) と呼んでいる。しかし「スコラ」(schola) の別の意味である「学校」もまた、重要にな

ってくるのである。修道院内の学校で、修練者たち、あるいは若い一般信徒たちは、ラテン語とその読み書きを徹底的に習わされた。特にいわゆるカロリング・ルネサンスによって——その推進者は宮廷学校や司教座聖堂学校においてだけではなく、修道院学校にもいたのであるが（例えばトゥールのサン・マルタン修道院のアルクイン）——特にラテン語の叙事詩や抒情詩といった、その素性が世俗のものである作品への新しい関心も生まれてきた。このようなものが、聖書を理解するのに大切かどうかということを常に議論しながら、しかしそれ以上に審美的な喜びから、ベネディクト会士たちによって、古代のほとんどすべてのラテン語の著作は引き継がれていった。そして今日のわれわれもまた、その恩恵にあずかっている。モンテ・カッシノやクリュニーのような修道院の図書館は、12世紀に入ってもなお、全ヨーロッパで最大級のものに数えられた。その際考慮に入れておかなければならないのは、修道院は、いわば文盲の人々という大海に浮かんでいる文芸の孤島のようなものであったということである。それは、中世初期の一般信徒たちが自分たち自身の文化を持っていなかったということではなく、かれらの文化は、ほとんどが口頭でのみ伝承されるものだったのである。

　修道院で新しく生み出されたものについては、それはもちろん全くと言っていいほど宗教的作品に限られており（例えばそれには救済史に集中した史料編纂なども含まれる）、大部分は受身的なものにとどまった。確かにアイルランドの自然な抒情詩やいくつかの分野では、例外もみられる（例えばダンテが依拠しているような幻視文学は、中世初期の修道院での「発明」であるが、それはもちろんヘレニズム時代の外典の黙示文書の形態に倣ったものである）。民衆の言葉による作品が羊皮紙に書き記されることは、まだ非常にまれであるが、最も早くそれが現れるのは、アングロ・サクソン人においてである。時おりではあるが、大陸でもかなり重要な作品が現れている。例えば、9世紀におそらくはフルダで書かれた古ザクセン語の頭韻詩『ヘーリアント（救世主）』や、アルザスの修道院ヴァイセンブルクの校長オットフリートによって古高ドイツ語で創作された、イエスの生涯に関する脚韻詩などである。たまに修道院で世俗的な詩が書き記されるような場合（例えばフルダの『ヒルデブラントの歌』）、それは、修道生活に召された意図からすればもちろん過失と言うべきものであり、かろうじて、筆写の練習として大目に見てもらえる程度の

I-2　ロルシュ修道院の塔門（入口の門）　860-70年頃

ことだった。

　細密画、象牙彫刻、金工術などの古代の造形芸術の技術もまた修道院で受け継がれ、古代肖像画の作品が書物とともに伝承され、それらがキリスト教の作品の装飾に役に立つかぎりで、変形して取り入れられた。この時期に最も独自性を示しているのは、アイルランドの修道士たちの手による彩色写本である。例えば9世紀初期の「ケルズの書」は、古代の手本に倣うだけではなく、ケルトの装飾術をも取り入れているのであるが、ヨーロッパの挿画芸術の最高峰をなす作品の1つである。この他にも数多くの非常に美しい写本、装丁、聖遺物容器などが、修道院で制作された。追跡するのが最も困難なのは、中世初期の修道院の建築様式である。というのは、ごくわずかな例外（例えばロルシュ修道院のカロリング時代の入口の門や、コルヴァイ修道院）を別として、ほとんど何も残されていないからである。有名なザンクト・ガレン修道院の平面図（816/30年）は、確かに9世紀初頭の理想的な修道院のヴィジョンを伝えてくれるが[図1-13](97頁)、それが実際にどのような芸術作品に仕

上げられたかについては、何も教えてくれないのである。

　音楽もまた中世初期の修道院においては、グレゴリオ聖歌という典礼の枠内に留まっていた。しかしながら続唱（セクエンツィア）という形式が新しく生まれた。これに関する重要な書物を記したのは、特にザンクト・ガレンの修道士ノートケル・バルブルス（912没）であった。8〜9世紀のフランク王国においてはローマの賛美歌の伝統が改変されたので、賛歌を筆記することによって定着させることが望まれたものと思われる。これによって音符の原形であるネウマの発明がなされることとなる。このようにして、音楽の口頭による継承から筆記による継承への決定的な移行が起こったのである。アレッツォのグイドという人物によって11世紀初頭に書かれた音楽理論は、16世紀にいたるまで生き続けた。

　古代末期と中世初期における修道士や修道女たちには、決して文化的に価値のあるものを保護したり、新たに生み出したりしようという明確な意図があったわけではないが、彼らがそれを成し遂げたことに変わりはないのである。それは自らのために、天国への最善の道を進もうとする彼らの大変な努力の、いわば副産物のようなものであった。

　11世紀にいたるまで状況は、今おおよそに描いてきたようなものであった。いくつかの周辺の地域にいたるまで、修道士であることはベネディクト会士であることと同じであった。それに対して中世盛期の修道院には根本的な変化が訪れる。他の生活領域にもはっきりと認められる多元化の現象と並行して、修道院にもかつてはみられなかったような多様性が現れてくる。11世紀末から12世紀にかけて、次々に新しい修道会が登場してきた。カルトゥジア会、シトー会、プレモントレ会、グランモン会などである。それらはすべて、原始教会や初期修道制の理想に還ろうとするものだった。ここに、叙任権闘争によって生じた信者たちの動揺に対する、1つの解答を見ることができる。そして、聖務停止や破門という武器を使って絶え間なく続けられるこの「宗教戦争」のゆえに、世俗の多くの有力者たちは、救いの確証を約束してくれるような避難場所を探し求めたのである。ベネディクト会士たちは、教会と王国のこの対決に自らも巻き込まれてしまったために、もはやこの避難場所を人々に提供することができなかったように見える。しかしなが

ら、これはまた「既成の修道会の危機」に対する反動でもあった。つまり、とりわけ清貧の義務を彼らが捨ててしまったことである。このことが特にはっきりと現れているのは、当時のベネディクト会で重きをなしていた、クリュニー派の修道院であった。大勢の付き人を従えた絢爛豪華な大修道院長の出で立ちや、彼らの教会にある財宝、また有り余るほどの食事や贅沢な衣服などに対する批判が巻き起こった。そしてカトリック教会内部に次々と修道会ができていった。それらの修道会は「黒い修道士（ベネディクト会士）たち」と、またお互い同士の間でも反目し合った。しかし他方では、まさにこうした状況にあった中世盛期のベネディクト会修道院で、この上なくすぐれた芸術作品が生み出されたのである。

　この時代の修道院における芸術上の業績は、初期中世よりもはるかにはっきりと、われわれの眼前に存在している。千年紀という節目を過ぎたときに、かなりの建築ラッシュがおこり、キリスト教世界全体に、木材ではなく石材による建築である「白い衣をまとった教会」（同時代のベネディクト会士ラドゥルフス・グラベール『歴史』3, 4, 13) をもたらした。そのまま遺っている例こそ少ないながら、直接にその流れを汲む11〜12世紀の建築物を、われわれは数多く知っているのである。ロマネスク芸術がフランスやスペインで拡散した1つの重要な要因は、盛んになる一方の巡礼であった。モワサック（Moissac）修道院のような巡礼者の辿る道筋に建っている修道院は、その建築や装飾によって信徒たちの心を捉えようとし、その結果としてロマネスク美術の頂点をなすような傑作が生み出されたこともしばしばだった。また例えば段状内陣のような特定の建築様式が普及するにあたっては、クリュニーの絆が重要な役割を果たしていた。クリュニーの第二・第三聖堂は数多くの追随者を生み、ヒルザウ修道院を経て遠くドイツにまで影響を与えたからである。しかし初期ゴシック様式の大修道院もまた——例えば1144年までに建設されたサン・ドニ大修道院——修道院的清貧を示すものではまったくなく、至宝の芸術品で満ち溢れていた。大修道院長シュジェールは、これを一種の神への賛美であると正当化したが、これは当時の一般的に認められていた伝統的理解にかなうものでもあった。ベネディクト会の聖堂でも、色彩豊かな彫刻やガラス窓が聖堂の新しい装飾品となった。

　改革派の修道会においてはそうではなかった。というのもそれらの修道会

I-3 12世紀のクリュニー修道院（K. J. コナントによる復元図）

は、原始教会の理想に還ろうとする、広範囲の階層を取り込んだ清貧運動から生まれたものだからである。このような地盤に立って新しい修道士たちは──少なくとも最初のうちは──熱心な文化的営みからは離れて、それと対立する立場をとった。例えばクレルヴォーのベルナールは、教会の象徴的な彫刻や祭壇の豪華な装飾を不必要な富だとして批判し、自らの属するシトー会の修道士たちには、全く装飾のない聖堂のみを許可した。しかしながら状況は、すでに12世紀半ばから変化した。新しい修道会や、まさにこのシトー会が、ゴシック芸術を伝播する主要な担い手となったのである。

ベネディクト会の写本室では、引き続き豪華な典礼写本が制作されていた（カリグラフィ、飾り文字、装飾画の専門家のいる修道院もあった）。作業所では、祭壇用の高価な装飾が、女子修道院では祭服やその他の衣服が作られた。世俗の有力者や教会の聖職者たちから委託された仕事も少なくはなく、多くの修道院の作業所（例えばヒルデスハイムなどの）は、「芸術学校」としての機能を果たしていたので、修道院は、当時の美意識の形成の決定的な担い手であ

った。しかし一方では、一般信徒の芸術職人を雇う修道院も次第に増加していた。そして中世後期になると、後者が優勢になるという推移が明確に現れてくることになる。

ラテン語文献に関して言えば、飛躍的に増加したのは写本の数だけではなく、新しい著作もまたそうであった。そしてその際には、改革派の修道士だからといって、特別簡素な修辞にこだわるようなことはなかった。シトー会修道士クレルヴォーのベルナールの著作の文体は、中世盛期における文学的神学的創作の最高峰をなすものである。しかしながら、この修道会の宗教的著作の重要性によって、他の共同体のすぐれた業績を——例えば哲学の領域におけるサン・ヴィクトル修道院（アウグスチノ修道参事会）など——忘れてしまうことがあってはならないのである。ベネディクト会士の中にも重要な著作家が現れている。彼らは、いわゆる修道院神学を受け継いできた人たちで、特にドイツ象徴主義の作家であった（例えば、ドイツのルペルト、ビンゲンのヒルデガルトなど）。また「スコラ哲学の父」と称されるカンタベリーのアンセルムスもベネディクト会士であったし、12世紀における最も大胆な思想家、アベラルドゥスもそうであった。

この時期になると、ラテン語以外の言語で書かれた宗教的な著作も、次第に目につくようになる——例えば「メルクの独居修道女アヴァ」のドイツ語詩や、とあるアウグスチノ修道参事会員が英語で書いた宗教詩『オーミュルム』などがある。またフランスでは、巡礼路にある修道院が、英雄叙事詩の伝播に重要な役割を果たしたといえるだろう。しかしながら、民衆の言葉で新たに書き記されたこれらの宗教的な著作には、偉大な文学的業績と呼べるようなものは含まれておらず、そうした傑作はむしろ、世俗の領域を扱うものばかりだった。

同様の経過は、音楽の領域においても観察される。例えば12世紀にパリのサン・ヴィクトル修道院の修道参事会員たちによって作られた続唱（セクエンツィア）は、確かに音楽史における重要な作品として位置づけられるが、刷新の中心となるのは今や、司教座聖堂学校や王侯貴族たちの宮廷であった。

社会的に重要なのは、新しく創設されたいくつかの共同体における意識の変化である。ベネディクト会には、確かに一種の病院が存在していたし、か

なりの医学的知識（例えば薬草に関するものなど）が、修道士たちによって受け継がれてきた。しかしながら、隣人愛的な行為は、もともとは修道士たちの間の連帯感から生まれた副産物であった。というのも彼らの「家族的絆」は、あの世にまで至るものであって、つまり共同体の亡くなった会員たちについては、彼らができるだけ早く天国に入ることができるように助けることが義務であったからである。煉獄の教えが、カトリック信仰の教義として認証されたのはようやく13世紀のことであったが、修道院においては、すでに中世初期以来、この教えは普通に受け入れられていた。つまり煉獄で苦しんでいる魂に、この世でミサや施しをすることによって助けが与えられると考えられていた。そして貧しい人々が、亡くなった兄弟たちの代わりとみなされたのである。すなわち修道士たちは、貧しい人々の世話をするのであるが、それは貧しい人々自身のためではなく、亡くなった兄弟たちのことを思いながらそうするのであった。とはいえその施しの規模は驚くべきものだった。クリュニー修道院では12世紀、300人ほどの修道士たちが、年間1万人から2万人の貧者に食事を支給していた。

しかしながら慈善を行うことは、修道士たちにとっても一般信徒たちにとっても第一の重要事項ではなかった。むしろ大切なのは神の業（Opus Dei）、神への賛美、すなわちミサ聖祭であって、それによってわれわれは、主の恵みにあずかることができると考えられていた。祈りが最も直接的な効果のある行為であった時代の理解からすると、ミサは、観想修道会の「社会的」仕事であった。その仕事は高く評価され、また支払われる報酬も高かった（贈与、遺贈、寄進など）。それゆえカルトゥジア会のように、貧者に対する世話をせずただ祈りに専念するような修道会も、その存在価値を十分に認められていたのである。

十字軍の時代になって初めて、病人や巡礼者の世話をすることを特に自分たちの使命であると考える修道会が登場した。いわゆる病院修道会（アントニオ修道会など）がそれで、彼らは貧しい人々や捨て子にも手を差し伸べ、聖書のなかで奨励されている憐れみの業（マタ25章）を果たそうとした。彼らは典礼による神への賛美をもはや救いにいたる最高の道とはみなさず、隣人愛こそがそれであると考えた。こうして病院修道会においては、いわば垂直的な方向性が水平的なものに取って代わられており、この点で彼らは、托

鉢修道会の存在を先駆けたことになる。もちろんこれらの会の修道士たちにとっても、神が目的であることに変わりはないのだが、彼らの場合、神に直接集中しようとするのではなく、まず助けを必要としている隣人に向かう。つまり、間接的な神の代弁者と向き合おうとするのである（マタ25:41-45）。

十字軍は、特殊な性格の修道会、すなわち騎士修道会をも生み出した。これは、それまで既成の修道会が全く接点をもたず、ただ一般信徒たちのみがかかずらっていた生活、すなわち戦士としての生活を営もうとする修道会であった。この修道会のなかに、社会全体にますます重要性を帯びてきた一般信徒たちの生活形態と、修道制を結び付けようとする試みの、最初の兆しを見て取ることができる。

中世盛期から後期へ移る過程で、つまり13世紀初頭に、修道制の歴史において再び新たな時代が始まった。半聖半俗の生活形態と、托鉢修道会が現れるのである。後者のうちでは、ドミニコ会とフランシスコ会が最も重要な存在であった。

中世後期の敬虔史のなかで最も目立つ特徴のひとつは、一般信徒と修道士の中間的な形態が発展してきたことである。信徒修道士（助修士）は確かに中世盛期にも存在した。しかし、特にシトー会の助修士がそうであるが、彼らは一生涯にわたって誓願を保っていたので、ほとんど事実上の修道士であった。中世後期の初頭、とりわけ女性たちの間で宗教的解放を求める欲求が非常に強く、彼女たちは、半聖半俗の新しい生活形態を作り上げていった。それは修道生活の規範に従うものではあったが、特に誓願については期限付きで、隠遁することもなく、修道士的というよりははるかに平信徒的に組織されていた。ベギン会や男子ベギン会の運動は12世紀の終わりに今日のベルギーから生まれ、13世紀にはさらに広がった。またハデウェイヒ、マクデブルクのメヒティルト、マルグリット・ポレートらの神秘家により、文学的に重要な作品が生まれた。これらはベギン会の女性によって、もしくは彼女たちに向けて書かれたものである。彼女たちの共同体は、はじめのうちは女子シトー会の修道院に、後には女子ドミニコ会の修道院になることも多かった。イタリアでは、托鉢修道会に付属する男女の第三会が、ベルギーの半俗半修の生活形態に対応するものであった。第三会の出現は、悔い改めの運

序章 修道制と文化——中世 27

I-4 15世紀の時禱書に描かれた、さまざまな托鉢修道士たち
右上よりカルメル会士、フランシスコ会士、ドミニコ会士、左下はアウグスチノ隠修士会士
1450年頃の写本、パリ国立図書館蔵

動の現れであり、それはとりわけイタリア自治都市内、あるいは都市間の絶え間ない争いに対する反動、もしくは経済の中心地である都市に蓄えられる新たな富に対する反動を示すものであった。後にはさらに、とりわけ「デヴォーティオ・モデルナ」(新しい敬虔) 運動における共同生活兄弟会のように、これらを混ぜ合わせたような形態のものも生まれている。

　托鉢修道会もまた、新しい生活の仕方を選択した。すなわち、ベネディクト会の「一所定住」(stabilitas loci) という理想——つまりある決まった修道院に一生涯留まるという誓願——とは全く正反対に、彼らは町から町へと移動して、宣教が必要であるとみなした土地で説教をした。ここで宣教というのは、フランチェスコ自身がエジプトで試みたような、異教徒たちの改宗という意味でのみ理解されてはならず、とりわけ都市の住人のために、説教を通して彼らがより深くキリスト教化されることとして理解されなければならない。そのために、かつての修道会が寂しい場所を好んだのに対して、小さき兄弟会 (フランシスコ会) や説教者兄弟会 (ドミニコ会) は、自分たちの修道会を都市内に建てた。これは、根本的に異なる考え方の現れである。つまりこれらの兄弟たちにとっても、まず大切なのは、神に近づこうとすることであったのだが、それを典礼による神への賛美や観想によってなすよりは、むしろ隣人に慈しみをもって教えることによって実現しようとしたのである。もちろん彼らは、教理問答のレベルに留まっていたのではなく、監視役まで引き受けるにいたった。すなわち托鉢修道会は、教皇による「異端審問」の担い手となったのであり、とりわけ異端との対決をその使命の 1 つとしていたドミニコ会が、これに関わることが多かった。他方フランシスコ会は、和解の仲介をすることによって、都市内の争いを緩和するのに多大な貢献をした。

　ところで、こうした新しい使命は、必然的に一般信徒との以前よりはるかに密接な交際と、そのことによる彼らの文化への参加を意味している。彼らのもとに行くべきであるなら、その文化に関わらなければならなかった。この点、フランシスコ会はとりわけ「民衆に近い」存在であり、それぞれの国の言葉で書かれた、数多くの宗教的な詩や散文を生み出すことになった。また説教活動のために、口伝、古典文学、聖人伝、さらには民間伝承をも部分的に取り入れた「説教集」が編まれた。

托鉢修道会の修道院では、造形芸術作品もまた、数多く生み出されている。とりわけ際立った例だけを挙げるなら、フィレンツェにおける托鉢修道会の最大の聖堂、すなわちフランシスコ会に属するサンタ・クローチェ聖堂は、初期ルネサンスの画家や彫刻家たちの手によって装飾が施されている。すなわちジョット、ガッディ、ドナテッロ、ドメニコ・ギルランダイオ、ルカ・デッラ・ロッビアといった芸術家たちである。彼らの作品のほとんどは、その報酬を一般信徒たちが支払った。というのも彼ら信徒たちは、修道院の聖堂を自分たちの墓所として使いたかったからである。フィレンツェのドミニコ会修道院（サン・マルコ）のように、修道会の会員（フラ・アンジェリコ）にフレスコ画を描かせることは、芸術家たちが修道会に入会することがほとんどないのと同様、あまりみられることではなかった。サヴォナローラの説教を聴いて修道士になったというバッチョ・デッラ・ポルタ、修道士名フラ・バルトロメオは、あくまで例外的な存在だったのである。

　宗教の領域における托鉢修道会のきわめて重要な貢献のひとつは、長期的には世俗文化のなかに入り込んでいくことになる神秘主義を育んだことであろう。神秘主義の敬虔の形は、すでにこの世にあって神との直接的な出会いに至ろうとすることである。この目的のために、民衆の言葉で書かれた自伝的、伝記的、教訓的、そして分析的な数多くの作品が生まれた。それらのなかでも今日最も有名なのは、ドミニコ会士マイスター・エックハルト（1260頃-1328）の説教集である。彼の霊性はきわめて抽象的、哲学的で、これは「花嫁神秘主義」や「受難神秘主義」が主流をなしていた当時にあっては、かなり特殊な性格のものだった。しかし彼の神秘主義が文化史や心性史に与えた影響は、その排他的な印象が想像させるよりも、はるかに深いものである。というのもそこには、魂を分析するための「道具」が用意されているからで、それらは「内面性」「感化」「本質的」「究めがたい」といった語彙のうちに、世俗化されつつも、概念としてはなお生き続けているからである。

　自然科学に対して重要な貢献をした知識人がとりわけフランシスコ会士たちの中に多いのは、その修道会の創始者が自然を、神の被造物として力強く賛美したことと結びついているのかもしれない。最も有名なのは、ロジャー・ベーコンと彼の数学、物理学、言語学などの広範囲にわたる著作群である。そこでは実験というものがかつてないほど高く評価され、他のあらゆる

権威と同等、もしくはそれ以上の価値が認められた。一方ドミニコ会にも、同様に優れた自然科学者アルベルトゥス・マグヌスがいた。トマス・アクィナスの師であった彼は、特に植物学の領域で、古代以降はもはや行われなかったような研究に取り組んだ。

　他の学問領域においても、基礎的な環境が整備されていった。これは、特に13世紀には、大学の神学部と托鉢修道会の間に密接な人的交流があったからであり、また1356年に教皇ベネディクトゥス12世が、修道士たちに勉学を義務付けたからでもあった。カトリック教会の思想家の中で最高峰をなすのは、ドミニコ会士トマス・アクィナスである。彼の教えは1879年以来、教会法上もすべての神学者に対して義務付けられたのであるが、すでに14世紀においても、教導職によって承認されたカトリック神学はトミズムと同一視されていたと言っても、決して誇張ではないであろう。また当時哲学者として彼に劣らず評価されていたのは、トマスの友人でもあったフランシスコ会士、ボナヴェントゥラである。同じ修道会の思想家ウィリアム・オッカムは、自らそれを意図したわけではなかったが、近世以降における世俗化の流れに哲学的基礎を用意した。彼は、証明可能な知識と教条的な信仰とを区別した——その厳密な形での区別に新しさがあった——が、そこには「神の仮説の究明」を断念する可能性もまた、隠されていたのである。そして、その可能性を初めてしっかりと摑んだのは啓蒙主義であった。

　中世後期、半聖半俗の修道生活や托鉢修道会などの新しい現象によって、修道制のいわば「景観」は豊かになったにもかかわらず——それはますます脱宗教化していく社会の要求に修道制を合わせていくためでもあったのだが——また度重なる改革の努力にもかかわらず、修道制の生活形態は14世紀以来民衆に対する魅力を失い、受け入れられなくなっていった。このことはどの修道会の歴史を繙いてみても認められるところである。修道士の数が目立って減少していることだけをみても、それは明らかである。確かになお新たに修道会を設立しようという動きもあり、例えば、パウロス会、ジェスアティ会、コレット・クララ会、アンブロシウス会、ビルギッタ会などが生まれている。しかしこれらは、社会のなかに大きく広がることはなかった。ますます世俗化する修道士や修道女たちの生活については、14世紀と15世紀の数多くの文献の中で言及されている。多くのかつては有名であった修道院

I-5 フラ・アンジェリコ「キリストの磔刑と聖人たち」(部分)
1441-42年、フィレンツェ、サン・マルコ修道院

が、貴族の世話をする施設になってしまった(例えばフルダ)。それに加えて、有力な托鉢修道会内部での、あるいは修道会の間での、また教区の聖職者との長引く争いによって、信仰の信頼性も喪失することになる。こうした争いは、信者の獲得競争に起因することもあれば、教義上の対立に端を発することもまた少なくなかった。修道会内部のものとしては、とりわけ清貧論争や教会分裂に伴う争いがあり、フランシスコ会とドミニコ会の間ではマリア論論争などがあった。そしてこうした争いは、時に流血にまで至ることもあった。もちろん、このような状況の中でも、会則を守って模範的な生活を送っていた修道院や個人を挙げるのはたやすいであろう。しかしながら宗教改革の際、多くの修道士や修道女がこの生活形態を自発的に放棄してしまったという事実は、これがすでにどれほど疲弊していたかを示すものである。

　たとえ修道院で多くの写本家たちが引き続き重要な仕事を行っていたとしても、書物制作の場は確かに、都市や王侯たちの宮廷に移動していた。つまり一般信徒たちによる仕事の領域がますます増えていった。それでも中世後期に、文化史的に重要な文学作品が修道士たちによって生み出されていたこ

とは疑う余地がない。例えばフランシスコ会士ニコル・ボゾン（1300頃）によってアングロ・フレンチ語で書かれた教訓的、風刺的文芸作品がある。また14世紀におけるドイツの最も重要な叙情詩人は、決して宗教的な詩ばかりを創っていたわけではないのだが、ザルツブルクの修道士であった（もっともこの人物については、大司教自身が修道士を名乗っているに過ぎないとも言われている）。

　造形芸術においては、修道院聖堂はこの時代、確かに教区教会に遅れをとってはおらず、改築や改装をすぐれた芸術家たちに依頼していた。しかしながら需要がそれほどなかったため、中世盛期の大規模な建築ラッシュが続くことはなかった。修道院の豊かな装飾もまた、自前の作業所の仕事ほんの一部分を占めるに過ぎなくなった。

　修道院の文化的貢献を、文学、芸術、音楽、学問、そして教育といった、慣習的に文化の主要な担い手とみなされている領域のみに制限することは、もちろん不十分であろう。今まで言及してきた分野の外に、中世の修道院において育まれた構想が、その時代の全社会に影響を及ぼしているような領域が広がっているのである。これらの構想は、一般社会に引き継がれながら、つまり世俗化されながら、修道院文化がヨーロッパに教えてくれた進歩的な遺産であった。ここで進歩的というのは、歴史の流れのなかで後々まで価値を認められているということである。

　修道士たちが経済の発展に貢献したこともまた、広い意味での文化形成とみなすことができる。とりわけ原始林を伐採して作った耕地や、修道院の周辺にできた多くの開拓地などは、彼らに負うところ大である。この現象は中世初期に限らず、中世盛期になっても盛んにみられた。また果樹や野菜の栽培がアルプス以北にまで普及したのも、修道院の菜園という手本に負うところが大きい。特に進歩的であったのは、シトー会修道士たちであった。彼らは、自給自足を旨としていたので、水利経済をさらに発展させ、鉱山業に寄与した。また後になって初めて実現された技術上の多くの刷新は、フランシスコ会士たちによって準備されたのである。彼らはとりわけ光学と数学に携わっていた。

　それに劣らず大切であるのは、またいくつかのヨーロッパ的心性の形成に

修道院が貢献したことである。というのは、個々の信心業（例えば受難のキリストに対する信心）のような、宗教的姿勢を示す数多くの個々のやり方がまず修道院で育成され、その後一般信徒にまで受け入れられ、それらが彼らの信心の全く日常的な要素になった、ということが認められうるからだけではなく、修道院に由来する、本来は宗教的な生活の構造が、世俗の生活の中に組み入れられたということも明らかだからである。例えば聖務日課が引き継がれて、日中を（1日を）12時間に区分することが普及したことなどがこれにあたる。

労働を積極的に評価する姿勢もまた同様で、これは古代とはまったく逆の価値観だが、まずベネディクト会が、そして他の修道会もまた肉体労働を義務付けたことに由来している。一方でまた精神的労働、つまり勉学に対する高い評価もまた、修道院に根をもつもので、初期の大学、特にパリ大学の教授たちの大部分は、托鉢修道会に所属していた。また修道院で実践されていた修道院長選挙の方法は、多くの都市で主要機関の選挙の手本とされていたようである（特に多数決の原理や選挙公約など）。

さらには、中世修道院の慣習規定に身体を衛生的に保つよう定められていることが文明の進歩に与えた影響についても、言及しておく必要があろう。また、人間の存在理由である愛という理想——それは典型的なヨーロッパ的理想像であるが——その理想が形を整えるために、花嫁と花婿との（すなわち魂とキリストとの）神秘的な愛というヴィジョンは、確かに重要な役割を果たした。これは、シトー会の修道士クレルヴォーのベルナールによって初めて、また感動的に描かれたものであるが、このテーマの世俗的な定式化、とりわけトリスタンの物語やミンネザングなどは、修道院で育まれたこのヴィジョンに感化を受けたものであるという説もある。

修道院と文化との結びつきについては、おそらく上に挙げた以外にも、明らかにされるべき点が多々あることだろう。ヨーロッパの人間が自分のことを真面目だと感じることができるのは、それが態度に表れているときだけだというのは、おそらくキリスト教的規範が世俗化された現象の1つであるとみなしてよいであろう。この規範は、特に修道院によって形作られてきた。修道院の多くの著述家たちは、次のような理由で「笑い」を非難した。つまり、キリストは確かに泣くことはあったが、笑うことはなかった、というの

である（実際、新約聖書のどこにもそのような記述はない）。したがって、伝統的なヨーロッパ文化において羽目をはずすことは、ただ「逆さまの世界」の枠内でのみ、すなわちカーニバルにおいてのみ容認される。悲しみや、少なくとも真面目であることを根本的な生活の姿勢であると考えるのは、最初は修道士にとって、また後にはキリスト教徒一般にとって、そしてさらにはキリスト教の世俗化した後継者にとっても、ごく自然なこととなった。

最後に注目しておきたいのは、中世の修道士たちが使った言葉のなかで、意味の変化を伴いながら、われわれの日常に入り込んでいる概念が少なからずあるということである。とりわけ宣教時代の修道院における翻訳者たちは、ゲルマンの言葉にはそれに相当する言葉のない多くの概念を、ラテン語から翻訳しなければならず、新しく語を作る必要に迫られた。例えば「救い」(Erlösung)、「著名な」(namhaft)、「元気づける」(erquicken) などの語のもとになった古高ドイツ語は、そのようにして生まれたものである。またフランス語の「ギャラリー」(galerie) は、クリュニー派の諸聖堂に共通してみられた列柱廊（回廊）を表す語から借用された。「密告」(délation) は、修道院参事会の集会では、仲間の修道士たちの罪を告発しなければならないという規定に由来している。イタリア語の「食事」(collazione) は、修道院の夕方の集会の後の軽食 (collatio) から来ている。さらには、修道院に由来する地名も少なくない。例えば、ミュンヘン (München)、ミュンスター (Münster)、ザンクト・ガレン (St. Gallen)、アルトミュンスター (Altmünster)、アプツドルフ (Abtsdorf)、クロスターノイブルク (Klosterneuburg)、サン・モーリス (St. Maurice)、アベヴィル (Abbeville)、マルムティエ (Marmoutier)、アバディア (Abbadia)、ウェストミンスター (Westminster)、アボットフォード (Abbotsford) などがそうである。

同様に修道院由来の人名もある。クロースターマン (Klostermann, 修道士)、メンヒ (Mönch, 修道士)、ルモアン (Lemoine, 修道士)、カペ (Capet, 頭巾を被った人)、クラウストリアー (Claustrier, 修道院の住人)、モナコ (Monaco, 修道士)、アボット (Abbot, 修道院長)、マンク (Monk, 修道士) などがその一端である。

II 近世以降

　一般に中世という時代は、修道士の時代であるとみなされている。しかし中世後期になると、特にスペイン、イタリア、そして神聖ローマ帝国といった国々で様々な修道院改革運動があったにもかかわらず、原初の情熱はあまり多くは残っていなかったと言ってよい。オランダの改悛説教師ヘールト・フローテ (1340-84) から始まった革新運動「デヴォーティオ・モデルナ」(新しい敬虔) は、より個人的かつ人格的な霊性という新しい道を示したが、さしあたっては修道院の伝統的な生活形式からは疎遠なものであった。アウグスチノ修道参事会のヴィンデスハイム修族は、15世紀を通してオランダ、ドイツ、フランス、そしてスイスで急速に広まり、1500年には90を超える修道院を結びつけていたのだが、この修族によって初めて「デヴォーティオ・モデルナ」は、修道生活に大きな影響力を持つようになった。

　宗教改革前夜、ほとんどの都市には、複数の修道院が存在していた。フランシスコ会とドミニコ会をその代表とする托鉢修道会は、人々の司牧に携わっていただけではなく、大学の教授としても活動していた。郊外には、たいてい観想修道会があり、しばしば互いに競合していた。それにもかかわらずカトリック教会は、16世紀初頭の危機に対して、適切な処置を講じることができなかった。必要とされていた包括的な教会改革は、真摯に進められたようには見えず、多くの修道会の会員たちは、ルターの新しい教えに喜んで同調した。人文主義者たちの間でも、修道院に対する考え方は一致していなかった。エラスムスは、修道士に対して非常に批判的であったが、一方トマス・モアは、ロンドンのカルトゥジア会に入会すべきかどうか、長年にわたって考えていた。ギヨーム・ブリソンネー (1540頃-96) やルフェーヴル・デタープル (1450頃-1536) のような第一世代の人文主義者たちは、たいてい修道院を廃止するよりは改革することを考えた。第二世代の人文主義者たち、ドイツではウルリヒ・フォン・フッテン (1488-1523) やフィリップ・メラン

ヒトン (1497-1560) などがこれに属していたが、彼らは修道制に対してあまり積極的な考え方を示さなかった。

1378年の「大教会分裂」(シスマ)以来要請されてきた全面的な教会改革の遅延、宗教改革、そしてとりわけプロテスタント側の支配者たちが修道院の世俗化に強い関心を抱いていたこともあって、16世紀には、スカンジナヴィア (1527-36)、イングランド (1529-39)、スコットランド (1559-60)、アイルランド (1536-60) で、すべての修道院が廃止された。神聖ローマ帝国の一部地域の多くの修道院も同様の運命を辿り、ベネディクト会でもブルスフェルト修族のほとんどすべての修道院が、当時プロテスタンティズムに同調していた。また、一般信徒を「空位聖職禄大修道院長」として任命することが、1516年の政教条約によって法的に承認されていたフランスでも、数多くの修道院が同様の運命を辿った。こうして宗教改革の時代に、ベネディクト会とシトー会では、1260もの修道院を失った。

プロテスタント側の領邦君主たちは、「領主の宗教は領民の宗教」(cuius regio, eius religio) という原則に従って、多くの修道院の所領を自分たちの領邦に組み入れ、その財産を廷臣や貴族たちに与えた。あるいはまた、修道院の財産を没収したり、修練者の受け入れを禁止したりして、修道院の存在基盤を奪っていった。農民一揆も、特に神聖ローマ帝国の南部で、修道院とその所有地に多大の損害を与えた。より自覚的になってきた農民たちは、自分たちにますます高い要求を突きつけてくる世俗の荘園領主に対してと同様、領主としての修道院に対しても反抗した。彼らが自らの行動を神学的に正当化しようと試みた時、ルター自身は支配者階級の側にとどまったものの、プロテスタントの説教者たちは農民一揆を支援した。そのなかには、この世での公平な神の国の実現を説いたトーマス・ミュンツァー (1489-1525) もいた。

プロテスタンティズムが勝利を収めることのできなかったヨーロッパの南の国々では、事態は異なった展開を見せた。16世紀のスペインでは、すでに1350年に設立された聖ヒエロニュムス修道会の新しい多くの修道院や、アビラのテレジア (1515-82) と十字架のヨハネ (1542-91) による指導のもと改革された男女のカルメル会などによって、修道生活の著しい広がりがみられた。イタリアでは、ヴェネツィアの名家の子息であるパオロ・ジュスティニアーニ (1476-1528) がカマルドリ会を改革し、モンテ・コローナの隠修士

たちと改革派の修族を形成していくなかで、全教会の活力のためには隠修士の存在が必要かつ重要であることを示唆した。

フランスでの修道会をめぐる事態は、16世紀にきわめて多くの諸問題に直面し、30年ものあいだ続くことになる宗教戦争が始まった1563年には、著しい状況の悪化が見られた。多数の修道院が略奪されたり、また改造されて要塞として使われたりした。オランダでは、カルヴァン派である北部諸州の1566年における蜂起と、ハプスブルク家の支配からの自由を獲得しようとする彼らの戦いに、多くの修道院が悩まされていた。この戦いによってオランダは1579年、カトリックとプロテスタントの地域に分割された。神聖ローマ帝国では、1618年から48年の三十年戦争によって動乱の時代が、そして修道会にとっては損失の多い時代が続いていた。

このような状況のなか、トリエント公会議（1545-63年）の第25総会で、教会は、長らく待たれていた修道生活の再建に着手した。司教たちには、その管轄権のもとにある修道院を定期的に視察し、必要な改革を行うよう勧告がなされた。修道女に対しては、厳格な禁域生活をより保障された環境で行うよう指示され、それによって女子修道院の多くは郊外から都市へと移住した。長上のより厳しい選出方法によって、信頼できる任用が可能となった。司教の監督下にない諸修道院については、総会を開き互いに監視し合えるように、修族としてまとめられることになった。このようにして理論的には大きな問題は解決されたが、講じられる措置が一夜にして達成されることはなかった。修道院の多くは、あくまで自らの独自性と伝統を主張したからである。しかしそれでも、ほどなくラインタールやバイエルン、またスイスのドイツ語圏には、カトリック教会の刷新の中心地、すなわち反宗教改革の中心地となる修道院が数多く現れるようになった。

ベネディクト会については、今日のドイツとオーストリアにまたがる地域で、メルク修道院を中心として次第に修族が形成された。メルク修道院では、ベルンハルト・ペツ（1683-1735）とヒエロニュムス・ペツ（1685-1762）の兄弟が18世紀初頭に、膨大な巻数を擁する『古今修徳叢書』（*Bibliotheca ascetica antiquo et nova*）をはじめとして、文献集成という学問的に卓越した仕事を成し遂げた。イギリスの修道院は、フランスにある自分たちの修族に亡命して生き延びた。しかし学問上より重要なのは、やはりフランスのベネディクト

会である。もっともロレーヌの枢機卿シャルル・ブルボン (1554-1610) の保護のもとで1595年と1597年に開かれたベネディクト会の総会は、1598年にサン・モール修族の設立が宣言された以外、あまり成果がなかった。後のヴェルダンのサン・ヴァンヌ修道院の院長ディディエ・ド・ラ・クール師 (1550-1623) によって行われた改革は、大いに期待がもてるもので、1604年にサン・ヴァンヌ修族が設立されるに至った。1622年には、クリュニーの院長ジャック・ド・ヴニ・ダルブーズがサン・モールの改革を行おうとして失敗したが、1628年にブルターニュで、1636年にシェザール・ブノワで、初期の2つの改革グループが、これに歩調を合わせた。1629年に委託を受けてクリュニーの空位聖職禄大修道院長になった枢機卿リシュリューは、フランスのすべてのベネディクト会修族が連合した大修族、という壮大なヴィジョンを抱いて、もう一度改革を試みたが、1642年の彼の死後は、この計画についてもはや聞くことはなかった。なぜなら多くの修道院は、このヴィジョンに心動かされることはなかったし、ローマも手を貸すどころか、及び腰の対応に終始したからであった。それでもクリュニー修族は、最後には改革を受け入れ、フランス革命が勃発した時点で、まだ35の修道院を持っていた。

　サン・モール修族は、とりわけ神学と歴史叙述に力を入れた。なぜなら長上たちは、中世修道院の衰退の原因を知的教養が欠けていることにあるとみなしたからである。修道士たちは、しっかりとした知識を持ってはじめて、修道院での孤独な祈りや黙想という真の生活に耐えることができる、と彼らは考えた。17世紀後半から18世紀にかけて、この修族の修道士たちは、ジャン・マビヨン師 (1632-1707) の指導の下で、とりわけ次のような編纂事業に着手した。まず、全9巻の浩瀚な『ベネディクト会聖人伝』(*Acta Sanctorum Ordinis Sancti Benedicti*)、ついで6巻からなる修道会年代記、そして『ガリア・クリスティアーナ』(*Gallia Christiana*) である。『ガリア・クリスティアーナ』はフランスの歴代司教や大修道院長のリストを収録しており、1790年までに13巻を刊行、その後は19世紀の後半になってようやく続巻が刊行され、完結に至った。さらには、フランスにおける代表的な史料集成で、全13巻に及ぶ『ガリアおよびフランスの歴史家集成』(*Recueil des Historiens des Gaules et de la France*)、また『フランス文学史』(*Histoire littéraire de la France*) をも刊行し

Ⅱ-1 メルク修道院(オーストリア)

たが、後者は1790年にフランス革命によって編纂作業が突然中止されるまでに、12巻が既刊となっていた。加えて教父たちや中世の著述家たちの数多くの批判的校訂版もまた、ここで編纂された。

シトー修道会については、その改革運動はすぐに衰えてしまった。フランスでは、ノルマンディーのラ・トラップの大修道院長、アルマン・ジャン・ル・ブティリエ・ド・ランセ(1626-1700)という歴史的に非常に優れた指導者がいたにもかかわらず、1789年の時点で、オクターヴ・アルノルフィーニ(1579-1641)が1605年に立ち上げた厳律派(トラピスト)に与すると表明していたのは、230ある修道院のうち、わずか55の修道院だけであった。世代を継いで修道士たちに影響を与えたランセの理念は、その著作『修道生活の聖性と義務』(*De la sainteté et devoirs de la vie monastique*)に書き残されている。シトー会では、分裂した二派が競合しながら存続し続け、それは決して好ましいこととは言えなかった。しかしフランス革命のあと、彼らの修道生活が時代の大変動に耐えて生き残ってゆくうえで決定的な役割を果たしたのは、国外へと移住し、大修道院長オーギュスタン・ド・レストランジュの指導のもとでいっそうの贖罪の行を課せられた、フランスのトラピストたちであっ

た。彼らはまずスイスのフリブール州に逃れ、ヴァルサントのかつてのカルトゥジア会修道院に滞在したが、修道士や志願者たち——そのなかにはかつてのベネディクト会士もいた——はまもなく大人数になり、ヴァルサントの施設では全員を収容しきれないほどだった。その後も彼らは遍歴を余儀なくされ、ナポレオンが失脚したのち、ようやくフランスへの帰還を許される。そして1827年にレストランジュが亡くなるまでに、フランスには12の修道院と6つの女子修道院が設立されていた。

　近世にはしかし、既成の修道会が改革されただけではなく、新しい修道会や共同体も成立した。彼らは高い修道院の塀に隠れて世俗から自らを遮断するのではなく、病人や社会的弱者を積極的に助けることによって、キリストのまねびを実践しようとした。すでに中世後期に、フィレンツェの聖ヒエロニュムス兄弟会（1442年）やボローニャのドミニコ会兄弟会（1443年）のような一般信徒の共同体があり、病人や貧しい人々の世話をしていた。より重要であるのは、例えばテアティノ会である（1524年設立）。これはティエネの聖カイエタヌス（ガエターノ・ダ・ティエネ、1480-1547）によってローマに創立された一般信徒と司祭の兄弟会で、後に「アウグスティヌス戒律」を採用し、イタリアでかなりの広がりを見せた。創立者の1人であるキエーティの司教ジョヴァンニ・ピエトロ・カラファは、後の教皇パウルス4世である（在位1559-65）。定収入もなく、托鉢もせずに共同生活を送るこの兄弟会は、厳粛な典礼の儀式を行い、人々の宗教性を深め、病人の世話をし、聖職者の教育を改善したが、そのためにまた後にはギムナジウムを設立した。1528年には、フランシスコ会の改革派であるカプチン会が独立してこれに続き、無私の精神に貫かれた社会活動を通じて、今日に至るまで人々の司牧に貢献している。

　1533年にはバルナバ会が生まれた。この会の呼称は、ミラノにある修道院の名からとられたもので、別に「聖パウロ修道聖職者会」、あるいは単に「パウロ会」とも呼ばれる。医師のアントニオ・マリーア・ザッカリーア（1502-39）、法律家のバルトロメオ・フェラーリ、数学者のジャコモ・アントニオ・モリージャによって設立されたが、当初は、敬虔な一般信徒の共同体にすぎなかった。彼らはほどなく司祭職につくことを選び、1530年以来、

聖務日課の祈りを行う共同体の生活を営むこととなった。彼らはまた改悛説教者としてローマで活動したが、それがもとで宗教裁判の対象となったため、教皇が介入し、彼らを認可して「アウグスティヌス戒律」を与えた。彼らは後のイエズス会と同じように、教会の高位聖職者の地位に就こうとしたり、それを受けたりしないよう義務づけられ、イタリア、フランス、スペイン、オーストリアで、若者の教育事業と民間伝道活動に携わった。

　1540年には、反宗教改革に最も影響力のあった修道会であるイエズス会が教皇に認可された。イエズス会士たちの修道生活には、定住禁域も聖務日課の祈りも修道服もなかった。彼らは、自分たちの活動領域を修道院にではなく「世俗」におき、したがって多くの新しい修道会と同様、「すべての人々」に仕えるために禁欲的な特別の修行を諦めた。神聖ローマ帝国では、彼らは1544年にケルンで、1551年にはウィーンでその地歩を固めた。そして続く何年かの間に、帝国の南部地域で数多くの神学院を設立した。1616年にイエズス会は、37管区に559の修道院を持つまでに拡大した。この時期の会員数は1万3100人、そして18世紀半ばにはすでに2万3000人を数えた。イエズス会はとりわけ宣教活動において活発であった。すでに1542年にはインドに渡り、1547年にアフリカ、1549年に日本、そして1563年には中国へと赴いた。中国で彼らは、その天文学や数学に関する知識のゆえに、また中国の文化への適応力のゆえに皇帝に深い感銘を与えた。新大陸においては、1549年にブラジルへ、1568年にペルーへ、1572年にメキシコへ、1586年にパラグアイへ、1591年にチリへ、そして1611年にはカナダへと渡った。しかしながら、宣教地にあって彼らが示すその土地の慣習や文化への適応は、特にフランシスコ会やドミニコ会からの批判を引き起こした。その結果イエズス会は、1770年に南アメリカにおける彼らの「イエズス会王国」を手放さざるを得なかった。

　社会活動の領域におけるイエズス会の活動は実に目覚ましいものだったが、教育・文化の領域において彼らは、それ以上の影響力を発揮した。彼らの設立した学校、ギムナジウム、神学院は、最初は修道会の後続の若い人々のためのものであったが、まもなく一般にも利用できるものとなり、18世紀半ばには15万人もの大学生と研究者を抱えるに至った。1551年には、修道会最初の大学、コレギウム・ロマーヌム（Collegium Romanum）が開設され

II-2
フィリッポ・ネリ
銅版画、1726年、パリ国立図書館蔵

た。これは司祭養成の権限をもつ大学で、現在のグレゴリアナ大学にあたる。1552年には、教皇やその他の後援者の支援のもと、神聖ローマ帝国の聖職者養成のために「コレギウム・ゲルマニクム・エト・フンガリクム」(Collegium Germanicum et Hungaricum) が設立された。さらにその他の国々でも大学の創設が相次いだ。

1540年に設立された修道会にはまた、グラナダ出身の神の聖ヨハネによる、聖ヨハネ病院修道会がある。この会は、病人の世話に専念し、瞬く間に大きく広がった。1540年にはさらにソマスカ会も、教皇の認可を受けている。この会は、1532年にヴェネツィアの貴族であった聖ジロラモ・エミリアーニ (1486-1537) によって設立された。彼は戦争で捕虜になった折に回心し、まずヴェネツィアの孤児や貧しい人々、病人の世話に専念した。30歳のころラテン語を学び、司祭に叙階されると、ヴェネツィアに孤児院を開設し、そこで定期的に授業が行われるよう計らった。その後ヴェローナ、ブレシア、ベルガモ、そしてコモに救貧院を作った。しばらくの間、ただ1人の司祭であるエミリアーニを中心としたゆるやかな結びつき、という状態が続いたあと、やがて2人の裕福な司祭が加わり、ベルガモとミラノの間にある

小さな町ソマスカに本部を置く共同体として体制が整えられた。スフォルツァ公の支援を得てエミリアーニは、1537年にペストで亡くなるまで、ミラノで会の拡大に努めた。1568年に「アウグスティヌス戒律」を受け入れ、正式に修道会となると、聖カルロ・ボロメオの力強い支援のもと、会は全盛期を迎えた。イタリア、スイス、オーストリアの多くの町で、彼らは貴族の教育のための学校、ギムナジウム、神学校を設立した。19世紀になるとその活動は著しく衰退したが、20世紀には、南北のアメリカ大陸で新たに修道院が設立された。

1564年には、かつて商人であった聖フィリッポ・ネリ (1515-95) のオラトリオ会が、教区司祭会として認可された。フィリッポ・ネリは最初、貧しい者たちや病気になったローマへの巡礼者たちの世話に専念していた。1551年に司祭に叙階された彼は、聖ヒエロニュムスに捧げる司祭の共同体を設立し、ここからオラトリオ会が発展した。音楽を伴った非常に活気のあるミサによって、オラトリオ会は社会の様々な階層の人々を惹きつけた。また福音を説くにあたっての明朗な説得力のゆえに、あるいは病院での献身的な奉仕のゆえに、彼らは非常に高く評価された。彼らは共住生活を営み、勉学を奨励した。そして会からは、多くの傑出した学者が輩出している。例えば、会の第2代総長で後に枢機卿になったカエサル・バロニウス (1538-1607) は、12巻に及ぶ教会史を著した。そして同じ会のオドリコ・リナルディ (1596-1671) がこれを受け継ぎ、さらに9巻を付け加えた。またトマーゾ・ボツィオ (1548-1610) は、紀元後数世紀の教会史を著しただけではなく、教会におけるシンボルや記号についても包括的に論じた。フィリッポ・ネリは、さらに3つのオラトリオ会をローマに設立し、他にナポリ、サン・セヴェリーノ、ルッカ、フェルモ、パレルモなどにも設立した。フランスでは、ピエール・ド・ベリュル (1575-1629) が、最初のオラトリオ会を創立した。フランス革命のときまでに、会員数はおよそ750人に達し、70の修道院が開設された。その多くが聖書研究に専念した。イギリス国教会から転向し、後に枢機卿になったジョン・ヘンリー・ニューマン (1801-90) は、イギリス中部のバーミンガムに最初のオラトリオ会を設立し、そこで神学的に貴重な数々の著作を著した。ロンドンの第二のオラトリオ会がこれに続き、イギリスにおけるカトリックの知識階級に感銘を与えた。

1583年には、ルッカの薬屋ジョヴァンニ・レオナルディ（1541-1609）によって、聖母の司祭会が設立され、貧しい子供たちの教育を自分たちの主要な使命であるとした。この修道会は、おもにイタリアで広まった。より大きな重要性を持っているのは、聖カミロ・デ・レリス（1550-1614）によって1584年に設立されたカミロ会である。彼は、はじめ臨時雇いの兵士であったが、後に召命を受けた。司祭と一般信徒の兄弟からなるこの修道会は、病人への奉仕に一意専心励んだ。1591年に「アウグスティヌス戒律」を受け入れ、修道会として認可されてから、ほとんどのカトリック諸国に急速に広がり、その精力的な無償の奉仕のゆえに、各国の政府から招かれることもしばしばであった。定収入は病院からの収益のみで、会員たちは修道会の内外でいかなる役職にも就くことを禁じられた。戦時には、戦場でも奉仕活動を行った。ドイツにカミロ会が設立されたのは、ようやく19世紀になってからのことだったが、ドイツの会は、アルコール中毒患者を収容するための施設を初めて用意した。

教育に専念する会としては、1597年にエスコラピオス修道会（ピアリスト会）が設立されている。正式名称は「敬虔な学校の神の母の貧しい律修聖職者修道会」で、会員たちは、無償で貧しい子供たちのために授業を行うことから活動を始めた。名望高いスペインの司祭ホセ・デ・カラサンス（1556-1648）が加わると、会は飛躍的に発展した。1617年には「アウグスティヌス戒律」を受け入れて修道聖職者会として認可され、会員たちは彼らの活動を無償で行うよう義務づけられた。まもなく修道会は、イタリア、ボヘミア、モラヴィア、ポーランド、ドイツに広がった。今日なお会員たちは多くの国々で教育事業に携わっている。

既存の女子修道会は、ためらうことなく改革を受け入れることが多く、自らの神秘的体験の意義を過大評価することが時にあったとしても、その祈りの生活のために真摯な努力を続けた。女子カルメル会や、後には新設された聖母訪問修道女会が指導的な役割を果たしただけではなく、女子ベネディクト会、女子シトー会、フォントヴロー会、また女子修道参事会もまた同様であった。有名なフランスの女子修道院ポール・ロワイヤルは、決して孤立した現象ではなかったのである。北フランスには、イギリスから追放された

修道女たちのための修道院がいくつかあった。彼女たちは、祈りの生活を続けることができるよう、スペイン統治下のネーデルラントから移住してきていたのであった。

　しかしながら、宗教改革後の女子修道院においては、力点の置かれ方に幾分ずれが見られるようになった。修道士と修道女のための二重修道会で、しかも男子よりも女子修道院長の方が上位におかれているビルギッタ修道会は、すでに14世紀の末に成立していた。8人の子供を世に送り出した寡婦であるスウェーデンの聖ビルギッタ（1303-73）は、エルサレムでの聖霊降臨の際の原始教団を引き合いに出して、福音に仕えることにおいては女性も男性と同等の価値があると主張した。そのビルギッタがなお禁域共住を受け入れていたのに対して、中世後期のベギン会やその他の共同体は、教会の認可なくして、キリストに従うまったく新しい道を進んでいった。彼女たちは、しばしば教会当局と衝突し、生き残るためには第三会に──ほとんどの場合フランシスコ会かドミニコ会の第三会であったが──加わらなければならなかった。

　時代を先取りしていた感があるのは、お告げの聖母修道女会、別名聖アンブロシウス修道女会であった。この会は1408年、3人の未婚女性によって、福音の名にもとづいて病人の世話にあたるためにパヴィアで設立され、ジェノヴァの聖カタリナ（1447-1510）もこの会に属していた。1431年に会は「アウグスティヌス戒律」を受け入れ、ロンバルディアやヴェネツィアに広がったが、17世紀初頭には廃止された。

　これと同様の慈愛的精神を基調としていたのが、ウルスラ会である。この会は、幻視者アンジェラ・メリチ（1474-1540）によって、若き女性への教育を通してキリスト教的愛を実践するために設立され、「ヤコブのはしご」として仲間たちのために働いた。巡礼に赴いたり、貧しい人々や病人の面倒を見たりするうちに、彼女を中心として1525年、女性たちがひとつのグループを作ったのが始まりである。彼女たちは病人や死にゆく人々の世話をし、また少女たちの教育に専念した。当初は修道院を持たず、既婚女性にも簡単に入会が許可された。女性たちは、それぞれ自らの家で生活し、短いマリアの日課祈禱、悔悛詩編、そしてメリチ自身による祈りを家で唱えるだけであった。彼女たちはまた毎日ミサに行き、聖体をしばしば受けるべきであると

され、月に1度は集まりを持って、互いに霊的に強め合い、奉仕活動のやり方について話し合った。時おり補足的に断食を行うことはあったが、その他には特に懺悔の行などはなかった。1535年に、その責務をよりよく果たすことができるよう、28人の会員が盛式誓願を立てた。しかし修道会は、拘束力のある規定を依然として持たないままであった。1566年に枢機卿カルロ・ボロメオは、ウルスラ会の会員たちをミラノに呼び、そこで彼女たちは枢機卿の許可を得て、慈善的活動の妨げにならない程度の緩い共住生活を採り入れた。まもなくミラノでウルスラ会は、18の修道院に600人の修道女たちが住むまでになった。しかしながらアンジェラ会などのように、共住生活をしないグループもイタリアにはいくつかあった。

1596年にはアヴィニョンでフランソワーズ・ド・ベルモン(1572-1628)が、そうした生活形態での活動を始めた。彼女に従ったウルスラ会の修道女たちは、修道服もなく誓願を立てることもなく「世俗」で生き、活動した。すでに1608年にはパリに入っていたが、何人かの貴族の会員は、共住生活を採り入れることを望み、教皇はしばしためらった後これを1612年に許可した。その他の会則は、時とともに次第に採り入れられたが、各修道院は教区司教の管轄下にあってそれぞれ独立していた。フランス革命前夜、ウルスラ会はフランスに350の修道院、9,000人もの会員を持つまでになっていた。そしてその中には、信仰のゆえに断頭台に散っていった者たちもいた。19世紀、および20世紀には、ウルスラ会は多くの女学校を設立した。

同様の趣旨のもと、フランソワ・ド・サル(1567-1641)と、たくさんの子供を抱える寡婦であったシャンタルの聖フランシスカ(ジャンヌ・フランソワーズ・フレミオー・シャンタル、1572-1641)によって、1610年に聖母訪問修道女会が設立された。この修道女会は、修道院(当初は司教館だった)をよりどころとしつつも、「世俗」で慈善活動に専念することを重視した。年配の会員たちも歓迎された。1618年にはリヨンに第二の修道院を設立したが、リヨンの大司教は、修道服も聖務日課の祈りも共住生活もないような修道女たちを許容しようとはしなかった。教皇が介入し、フランソワ・ド・サルは、譲歩せざるを得なかった。修道女たちは「アウグスティヌス戒律」を採用したが、義務づけられたのは聖母マリアの聖務日課のみだった。1640年以降、各修道院に少女のための全寮制学校が併設されることとなったので、修道女

II-3
シャンタルの聖フランシスカに
聖母訪問姉妹会の会則を授ける
フランソワ・ド・サル
18世紀の絵画

たちはなお教育事業に携わることができた。各修道院はそれぞれ独立して、教区司教のもとに属していた。フランシスカが亡くなったとき、修道院はすでに86を数え、フランス革命前夜には168に達していた。

1633年には、愛徳姉妹会（聖ビンセンシオの愛徳姉妹会）が、フランスのシャティヨン・レ・ドンブの司祭ヴァンサン・ド・ポール（ヴィンセンシオ・ア・パウロ、1581-1660）により、慈善活動を行うことを目的として設立された。同会は今日では、カトリックの修道会の中できわめて大きな勢力となっている。当初はごくゆるやかな共同体から出発し、女性のための看護婦養成事業を行ったり、無料で医薬品を提供したりしていたが、1633年にヴァンサン・ド・ポールは、未婚女性のための修練院のある修道院を設立し、パリの本部には、孤児院も併設された。聖務日課の祈りはなく、1日2回簡単な黙想をおこなうだけであった。看護婦養成期間と修練期間はかなり長く、あわせて5年もかかり、その後さらに3年間の実習期間があった。本部の権限

はあまり強くはなかったが、修道会は急速に広がり、18世紀には290の修道院に1500名の修道女を数えるまでになった。世俗化された修道会とみなされたため、この修道会はフランス革命を生き残り、今日では全世界におよそ3万名もの会員を擁している。

より波乱に富んでいるのは、1640年にメアリ・ウォード（1585-1645）によって設立されたメアリ・ウォード会の歴史である。メアリ・ウォードは、カトリックの旧家の娘で、イギリスの宗教改革の後もカトリックの信仰に堅く留まった。最初は北フランスのサントメールにあるクララ会修道院に身を寄せていたが、やがてイギリスの修道女たちのために、私費を投じて付近のグラヴリーヌに修道院を設立した。祖国での宣教を夢見つつも、イエズス会の支援を受けて彼女は、1617年にリエージュ、ケルン、トリーアにも修道院を設立した。ローマ、ペルージャ、ナポリの修道院がこれに続いたが、禁域制度をもたないことや、並はずれて活発な宣教活動のゆえに、教皇は修道会を認可することを拒んだ。それに怯むことなく、彼女はさらにミュンヘン、ウィーン、プレスブルク（現ブラチスラヴァ）に修道院を設立したが、そのた

II-4
孤児を愛徳姉妹会の修道女に託す
ヴァンサン・ド・ポール
19世紀の絵画

II-5 メアリ・ウォードの肖像

めにミュンヘンのとある修道院に監禁され、会の修道女たちを他の修道会に移すことを認めざるを得なくなってしまう。後に彼女はローマに赴いて教皇に直訴し、1634年に、すべての罪状に関して赦しを得た。メアリは1645年に祖国で亡くなり、その後会員たちは、青少年の教育事業や福音宣教において多大の功績をあげたにもかかわらず、修道会が公に認められたのはようやく1693年になってからであり、完全に認可されたのは1703年のことであった。19世紀および20世紀に修道会は大きく広がり、様々な教育施設や寄宿舎を設立したが、第2ヴァチカン公会議後は深刻な後継者問題に見舞われているようである。

18世紀のバロック時代は、ある意味では修道生活の最盛期と言えた。それは宗教と文化の統合を目指した時代であった。老朽化し、またしばしば不便であった修道院の諸施設は部分的に取り壊されたり、新しく建て直されたりして、バロック化された。豪華な建造物が出現し、当時の傑出した芸術作品で装飾された。例えば、メルク、ゲットヴァイク、ザイテンシュテッテン、

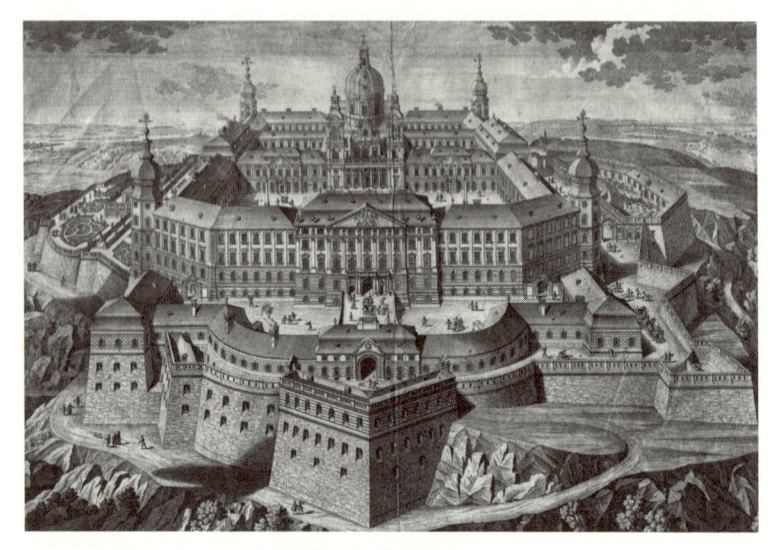

II-6 ゲットヴァイク修道院の完成予想図
ルカ・フォン・ヒルデブラントの設計図に基づく18世紀の銅版画

リリエンフェルト、ハイリゲンクロイツ、ヴァインガルテン、オットーボイレンなどの修道院がそうであった。そして質素と清貧を旨とするはずのカプチン会やフランシスコ会までもが、自分たちの聖堂を飾り立て、この時代の聖堂は、被造物の一致を誇示すべく、多くの光と喜びを放ったのである。こうした流れに先鞭をつけたのは、ローマのイエズス会の本部聖堂イル・ジェズで、この聖堂は、1568年から77年にかけて建設された[図12-6](463頁)。

またこの時期多くの修道院は、公のための学校を設立した。1624年にはベネディクト会が、ザルツブルク大学設立の総責任を委ねられたほどであった。修道院の付属聖堂はしばしば一般信徒に開放され、その結果、その造形芸術は広範囲にわたる影響を及ぼすことになった。そしてまた修道士たちは、その時代のあらゆる知識を集積した図書館を整備した。図書館は、皇帝の接見の間と並んで、修道院のなかで最も美しい部屋の1つであった。われわれはそれを今日なおメルク、ザンクト・フロリアン、アドモント、ザイテンシュテッテン、ガミング、リリエンフェルトで確かめることができる。絵画の収集室も作られ、とりわけザイテンシュテッテンのそれは、今日なお非常に

注目すべきものである。自然科学関係の施設や鉱物の収集室が設けられることも稀ではなかった。クレムスミュンスターでは、1748年から58年にかけて、天文観測用機器を備えた巨大な天文観測塔が建てられた。オットーボイレンの修道士たちは、ドイツ最初の熱気球を離陸させた。一方シュッセンリート修道院の1人のプレモントレ会修道士は、飛行機の製作に挑んだ。多くの修道院が自前のビール醸造所を持ち、灌漑設備や近代的なトイレを作り、農業の分野における多くの進歩の先駆者となった。修道士たちは、中世後期のような質素な部屋の代わりに、広々とした寝室を与えられた。修道院のバロック芸術は時に王宮や領主館をも凌駕し、全体芸術として神の栄光を称えたのだった。

　そしてこの時代はまた、たいていの修道院や修道会が、最も多い会員数を抱えていた時代でもあった。1300年には600であったシトー会男子修道院は、18世紀の終わり頃には785あった。1260年頃に7,000人ほどであったドミニコ会修道士は、1690年には3万人を超えた。1300年頃すでに3万5,000人の会員を確認できるフランシスコ会修道士は、1500年には5万人、そして1768年にはカプチン会を除いてもすでに7万人を数えた。クレムスミュンスターのベネディクト会修道士は、1419年にはわずか13人であったが、1777年には113名になっていた。17世紀には、隠修士たちでさえ、彼らの生活物資供給を確実にするため、小さな修族を形成した。

　1760年以降の啓蒙主義とフランス革命による危機は、多くの修道院にとって突然予期せぬ形で訪れた。啓蒙主義は修道制に敵対する立場をとったため、18世紀末期には、新しい修道会が設立されることはほとんどなかった。重要な働きをなしえたのは、アルフォンソ・マリーア・デ・リグオーリ（聖アルフォンソ・リゴリオ、1696-1787）によるレデンプトール会だけであったが、その彼らにしても、会を存続させていくのは困難を窮めた。ほとんどすべてのカトリックの国で、教皇の承認の有無にかかわらず、些細な理由でかなりの数の修道院が閉鎖された。フランスでは、ルイ15世が「律修聖職者委員会」（Commission des Réguliers）を任命して以降、400もの修道院が閉鎖された。1773年に教皇クレメンス14世は、パリ、マドリード、リスボン、ナポリからの圧力に屈して、すでに1756年と1768年にブルボン王朝の領土から追放

されていた、イエズス会の解散を命じた。貴族たちは、修道院があまりに多くの特権を享受していると考え、修道院の財産の分け前にあずかりたいと望んでいたのである。ピョートル1世（大帝）とエカテリーナ支配下のロシアと同様、皇帝ヨーゼフ2世は1781年に、帝国領内の観想修道会のすべての修道院の閉鎖を命じた。なぜなら彼の考えによれば、そこの住人たちは一般社会に何の貢献もなしていないからであった。この結果700の修道院が閉鎖された。教育事業や慈善活動に携わっている修道会だけが存続することを許され、それ以外の修道院ではすべての財産が国家によって没収され、しばしば捨て値で売却された。修道士たちは教区司祭になるか、わずかばかりの年金を受け取るかのどちらかであったが、新しい小教区を作るために支給される資金は、ごくわずかであった。多くの修道院は、あっさりと取り壊され、他の建築物の石材として再利用された。

フランス革命から1815年のウィーン会議によるヨーロッパの新体制まで、同様の状況が続いた。この期間に「生き延びて」いたベネディクト会修道院は、中央ヨーロッパ全体でわずか30ほどであった。スペインやポルトガルにおいてさえ、多くの修道院の財産が一時的に没収された。一方ドイツでは、

II-7　ソレーム、サン・ピエール修道院

1803年の帝国代表者会議によって、全国的に閉鎖が自由にできるようになった。多くの修道院が、学校、兵舎、精神病院、刑務所などに転用されるか、さもなければ取り壊されたが、その際、数知れないほどの芸術作品が失われることになった。

しかしながら、このような悲劇的災禍が過ぎ去ると、ロマン主義の時代精神にも助けられ、多くの修道会が再生した。すでに1814年には、イエズス会の解散が取り消された。バイエルンでは、ベネディクト会がルートヴィヒ1世（1825-48）に謁見する機会に恵まれた。ルートヴィヒ1世は、教育事業や慈善活動を求めていたが、ランツフートやオーバーシェーネフェルトの女子シトー会、アルトミュンスターの女子ベネディクト会、ミュンヘンのフランシスコ会にも再び活動することを許可した。ベネディクト会は、アンデクス修道院とその広大な所有地を取り戻し、さらに新しい修道院ザンクト・ボニファツを王宮の隣に建設する許可まで得た。1855年、アメリカ合衆国で最初のベネディクト会修道院を設立したのは、バイエルンのベネディクト会であった。

フランスでは1833年、在俗司祭のプロスペル・ルイ・パスカル・ゲランジェ師（1805-75）が、サン・モール修族の伝統に則ってソレーム修道院を復興させた。彼は自らも修道服を身にまとい、修道院長に選出された。ソレーム修道院は今日、グレゴリオ聖歌の研究でもよく知られている。また1850年にフランス、ヴォーバンの森にピエール・キ・ヴィール修道院が、司祭ジャン・バティスト・ミュアール（1809-54）によって設立された。これは隔離された場所で司祭たちに使徒職の準備をさせるためのものであったが、やがて厳格な規律を持つベネディクト会の観想修道院に発展した。モンテ・カッシノでは1851年、ペドロ・カサレット師が厳格に戒律に従った原初の共住生活を復活させようとし、その結果、1871年に新しい修族が生まれた。

ドイツのボイロンでは1863年に、フランスの模範に倣って、兄弟である2人の教区司祭マウルス・ヴォルター（1825-90）とプラキドゥス・ヴォルター（1828-1908）が、かつてのアウグスチノ修道参事会の修道院を、ベネディクト会修道院として再興させた。この修道院の修道士たちは、典礼の研究に専念した。そしてここボイロンをあたかも光源として、そこからさらなる修道院建設の波が広がっていった。男子修道院については、例えばプラハ

(1880年)、ゼッカウ (1883年)、マリア・ラーハ (1893年)、ゲルレーヴ (1904年)、エルサレムのドルミシオン (聖母永眠修道院、1906年)、トリーアのザンクト・マティアス (1922年)、ヴァインガルテン (1922年)、ルブリン (1924年) など、また女子修道院については、プラハの聖ガブリエル (1889年)、ベルギーのママルドレ (1893年)、アイビンゲンの聖ヒルデガルト (1904年)、ケレンリート (1926年) などがある。ベネディクト会の再興はさらに、オットーボイレン、メッテン、ニーダーアルタイヒなどでも実現した。1884年には、ボイロン出身のあるベネディクト会士が、中世初期のアイルランドとアングロ・サクソンの修道士たちの伝統に倣った、宣教ベネディクト会ザンクト・オッティリエン修族を設立した。この時期のベネディクト会はまた、傑出した霊的著作家や学者を多数輩出した。

19世紀には、慈善活動を使命とする、さらに多くの修道会が設立された。そうした使命を掲げる女子修道会の数は、1800年の時点では30ほどだったが、1803年から19世紀の終わりにかけて、これに70もの新しい会が加わった (プロテスタントのものは含んでいない)。マラードルフの「聖家族の貧しきフランシスコ修道女会」や、1897年に聾啞、盲目、身体障害の子供たちの世話のために設立された、ウルスベルクの「聖フランシスコ第三会の聖ヨゼフ修道女会」といった修道女会の会員たちはほとんどどこでも、プロイセンにさえ受け入れられた。というのも彼女たちは、労働者階級の貧困と苦境に手を差し伸べようとしていたからである。彼女たちはまた、障害者、労働不能者、売春婦などの、社会から排斥された人々の世話も引き受けようとした。

しかしおそらく、こうした修道会のなかで最もよく知られているのは、ジョヴァンニ・ボスコ (聖ドン・ボスコ、1815-89) のサレジオ会であろう。彼は男女の修道会を組織したが、男子修道会であるサレジオ会は、産業都市トリノにおいて絶望的に劣悪な環境に置かれていた青少年たちをそこからから解放し、彼らに実践的な教育を施すため、1859年に設立された。今日では95の国々で1万7,000人ものサレジオ会会員たちが、人々への奉仕活動に携わっている。

とはいえ修道会にとって、まったく反動なしに時が過ぎていったわけでは

II-8 ソレーム修道院長、
プロスペル・ゲランジェ師
19世紀の銅版画、パリ国立図書館蔵

なかった。1834年には、ポルトガルの自由主義的な政府が修道院を閉鎖した。スペインでも、1821年だけですでに800もの修道院が閉鎖されていたにもかかわらず、1835年にもまた同じ悲劇が襲った。1848年には、スイス、そしてピエモンテをはじめとするイタリアの修道院がこれに続いた。1866年にはイタリアでさらに4,000もの男女修道院が閉鎖されたが、管理者としてさしあたりは留まることを許された修道士たちもいた。1873年には、ローマ市内およびローマ管区内の修道院が、修道会の本部修道院にいたるまで、閉鎖に追い込まれた。皮肉なことに、イギリスでは再び共同体の居住が許可されたが、これは寛容を対外的にアピールするためのものだった。1875年にプロイセンでは、観想修道会を悩ませた文化闘争が開始された。フランスでも1880年と1901年の法律制定後に同様の抑圧政策が起こり、そうした動きは拡大する一方であった。新しい修道院設立の重心は、一時的に外国に移った。

一方で19世紀には、宣教会が爆発的に増加した。一例を挙げれば、1848年に聖霊宣教会、1849年に聖クラレチアン宣教会（マリアの汚れなき御心の子宣教会）、1854年に聖心宣教会、1862年に淳心会（スクート会）、1866年にコ

ンボニ宣教会、1868年にアフリカ宣教師会、1875年に神言会（ステイル宣教会)、1885年に宣教ベネディクト修道女会、1909年にはミル・ヒル宣教会が設立されている。これらの宣教会はいずれも、教育、医療、開発援助といった社会活動において高く評価されたが、この点ではプロテスタントの共同体も同様の活動を行っていた。1836年にプロテスタントの牧師テオドール・フリートナー（1800-64）は、カイザースヴェルトにディアコニッセ（奉仕女会）とその養成所を設立した。1866年にはルートヴィヒスブルク近郊のカールスヘーエ福音兄弟会がこれに続いた。イギリスでは、オックスフォード運動のなかから、国教会系のフランシスコ会やベネディクト会が生まれた――もっとも国教会の主教たちのほとんどは、これに否定的な立場をとっているのだが。20世紀になるとこのような動きはさらに勢いを増し、特に第二次世界大戦後は、スカンジナヴィア諸国やフランスにも広まった。フランスでは、ロジェ・シュルツ（1915-2005）がクリュニー近郊に有名なプロテスタントの修道院「テゼー」（Taizé）を設立し、若者たちを惹きつける大きな魅力を放っている。

第2ヴァチカン公会議の後、多くの修道会は、後継者不足や社会への適応の難しさといった問題に否応なしに直面している。ますます世俗化の進む世界にあって、修道会は教会内でのその役割について、しばしば再考を余儀なくされた。しかし容赦のない損失を甘受しなければならない一方で、教皇ピウス12世によって1947年、幅広い在俗会の存在が認められるなど、キリストに従う新たな方向が指し示されてもいる――もっともオプス・デイ（Opus Dei）のように、判断に留保を要する存在もあるようだが。そしてさらに、アフリカの隠修士シャルル・ド・フーコー（1858-1916）を範と仰ぐ「イエスの小さい兄弟会」や「イエスの小さい姉妹の友愛会」、あるいはマザー・テレサの「神の愛の宣教者会」のような、新しい共同体も生まれている。後者は現代のカルカッタにおいて、貧しい人々や瀕死の人々のために、言葉では言い表せないほどのことを成し遂げているのである。

第 1 章

ベネディクト会

ORDO SANCTI BENEDICTI

ウルリヒ・ファウスト

石山穂澄
朝倉文市
［訳］

1. 歴史的展開

　本書で扱われている他の修道会が、まだいずれも存在していなかった頃、数世紀にわたってヨーロッパの歴史へ、文化的に決定的な影響を与えたのはベネディクト会修道院であった。けれども、『ベネディクトゥス戒律』（以下『戒律』とする）に従っていたこれらの修道院は、教会法上はまだ修道会を形成していなかった。1893年7月12日の小勅書『スムム・センペル』（*Summum semper*）をもってようやく、教皇レオ13世（在位1878-1903）が、すでに幾つかの修族にまとまっていたベネディクト会修道院の連盟を設立させ、上席大修院長をその代表者としたのである。ただし、この役職に修道会総長の持つ全権を委ねることはしなかった。

　今日の「ベネディクト修道会の修族連盟」、或いはより簡潔にいうところの「ベネディクト会連盟」の起源は、ヌルシアのベネディクトゥス（480/90-555/60）と彼の『戒律』にある。この『戒律』は、彼の死後2世紀をかけてようやく幾多の修道院に根付いていき、アニアーヌのベネディクトゥス（821没）の行った活動をへて、西欧全体で通用するただ1つの戒律となったのであった。

　ヌルシアのベネディクトゥスの生涯に関する唯一の資料は、彼の死後およそ30年の後、大教皇グレゴリウスによって記された『対話』（593/594年）第2巻に収められた伝記である。エジプトには修道士の父アントニオスが、ガリアには聖マルティヌスがいた。そこでグレゴリウスは、イタリアの大修道院長であるベネディクトゥスが行った奇跡を称えようとしたのである。教皇グレゴリウスは、この「伝記」の著者ではないとする試論もあるが、これは納得のいくものではない。『対話』には確かに伝説風なところがあるが、その核にはやはり歴史的事実があると考えられる。それによるとベネディクトゥスは、480年から490年の間に、市民階級の両親の息子としてサビニ地方のヌルシアに生まれた。彼はローマで学問を修めるが、大都市における不道徳な営みに反発を覚え、早々にこれを打ち切ってしまう。彼の召命は、孤独への憧憬と結び付いていた。この孤独を、彼はまずサビニ山中のアッフィレ

1-1 聖ベネディクトゥスに写本を献呈する、モンテ・カッシノ修道院長デシデリウス
11世紀の写本（モンテ・カッシノ）、ヴァチカン図書館蔵

に求めるが、続いてローマから東に約75kmほどのところにある、アニオ谷のスビアコに移る。そこで彼は、3年の間洞窟に隠棲していた。近くに住んでいた修道士の一団は、ベネディクトゥスを自分たちの長に招いた。しかし厳格さ故に彼はそこで失敗し、スビアコへ戻った。間もなく多数の修徳者たちが彼を追ってスビアコへ行くと、彼はその者たちと共に山中に12の修道院を創設した。ベネディクトゥスの導く中心的な修道院は、湖岸にあった。けれども1人の嫉み深い司祭が、彼を非常にてこずらせたので、ベネディクトゥスはスビアコを去り、数人の修道士と共にローマとナポリの間にあるモンテ・カッシノに移り住んだ。彼はそこで異教の礼拝所を破壊し、聖マルティヌスを称える礼拝堂を建てた。彼が洗礼者聖ヨハネを称える第二の礼拝堂を山頂に建てると、そこには独立した単一修道院も成立した。そしてこの修道院のために、彼は『戒律』を記した。『戒律』を記すにあたって、ベネディクトゥスは、自分の修道院だけを念頭に置いていたのではなく、地理上別

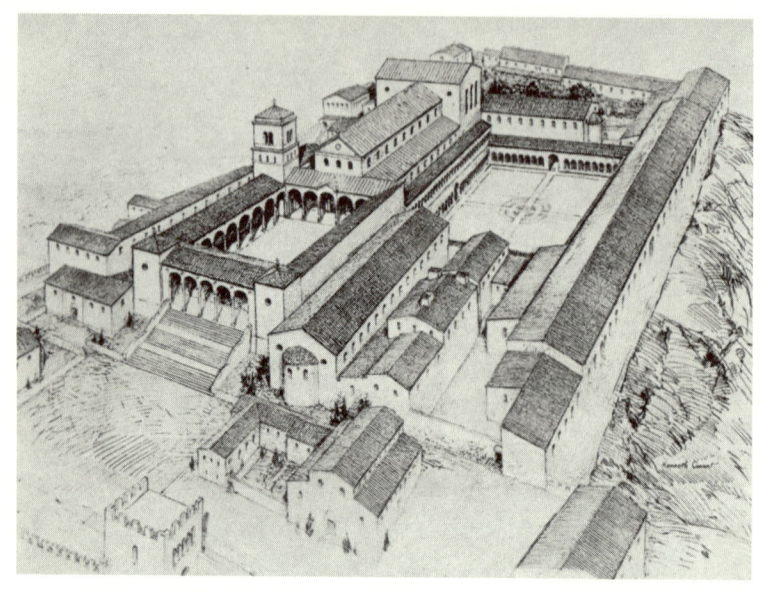

1-2　11世紀頃のモンテ・カッシノ修道院（K. J. コナントによる復元図）

の位置にあり、気候を異にする修道院のことも考えていた。そうとはいえ、彼は、修道会を創設することまで意図していたわけではなかった。ベネディクトゥスの影響は、その存命中には特に図抜けたものではなかった。彼と縁故があった身分ある人々は、教育のため、自分の子弟を彼に委ねた。彼の修道士たちの一部は、教養ある家庭に生まれた者たちだった。ベネディクトゥスが司祭であったことについては、グレゴリウスは言及していない。彼は、ベネディクトゥスの記した『戒律』が中庸をえていることを称賛し、次のように言っている。「彼の生涯と生き方とをより詳細に知りたいと思う者は、この『戒律』の規定のうちに、彼が師としてその生き方で範を示したことのすべてを見出す。この聖人の生き方こそがまさに、その教えだったのだ」（『対話』2, 36）。

　グレゴリウスの書には、ベネディクトゥスが生きた時代をうかがわせる叙述が2つある。ベネディクトゥスは、アプリア地方カノッサの司教サビヌス（566頃没）と、ローマの滅亡について語り合っているのだが、ローマがトテ

ィラ王 (552没) によって征圧されたのは、546年12月17日のことである。また、トティラが、モンテ・カッシノを訪れたことについてもグレゴリウスは報告している (『対話』2, 14-15)。ベネディクトゥスは、もはや自分の修道院を去ることはなかったようである。彼は妹の修道女スコラスティカを、モンテ・カッシノの墓所に埋葬させた後、自らも修道院創設中、555年から60年の間に亡くなった。

577年、ベネディクトゥスの死後そう長くたたないうちに、ベネヴェント公ゾトに率いられたランゴバルド人の集団が、モンテ・カッシノ修道院を完全に破壊してしまった。しかし修道士たちは、『戒律』の原本を持ってローマへ逃れることができた。教皇ペラギウス2世 (在位579-590) は、彼らをラテラノ宮殿近くの修道院に受け入れた。『戒律』の手稿は、後にラテラノの教皇図書館に収められた。717年以降、大修道院長ペトロナクスがベネディクトゥスの修道院に入り、モンテ・カッシノが新たによみがえった。750年頃、教皇ザカリアス (在位741-752) が、そこで生活していた修道士たちに『戒律』の原本を返還した。729年には聖ヴィリバルト (700頃-787) が、巡礼途上にモンテ・カッシノを訪問しており、この地の修道生活の様式をアングロ・サクソンの修道院に伝えたようだ。というのも664年のウィットビー宗教会議では、ローマ式の典礼が採用されることとなったが、そこで『戒律』が勝利を収めるまでには至らなかったからである。

883年にサラセン人が、モンテ・カッシノを脅かすと、修道士たちは『戒律』の原本をテアノへと運んだが、そこで原本は886年の火事のため灰燼に帰してしまった。しかしカール大帝は、787年にモンテ・カッシノで原文の写しを作らせており、それを大修道院長のテオデマルスがアーヘンの宮廷図書館に送っていた。この版も現在では行方が分からなくなっている。また修道士のグリマルトとタットーはライヘナウ図書館の司書レギンベルトのために、インデン修道院 (コルネリミュンスター) で『戒律』の正確な写しを作成していた。グリマルトは、840年にザンクト・ガレン大修道院長になった時、この版を携えていった。それ以来この版は、「ザンクト・ガレン写本914」(Codex Sangallensis 914) として、当修道院の図書館に保管されることとなった。

『戒律』の伝播は、非常にゆっくりとしたものだった。577年にモンテ・カッシノが破壊された後、140年の間、ベネディクトゥスは忘れられたかに

思われた。この時代のイタリアでの『戒律』の普及については、何も分かっていない。南フランスでは、620年頃に初めて『戒律』の普及が確認されるようになる。当時コルンバヌス派の修道士たち（615年に没したアイルランド人コルンバヌスの戒律を遵守していた）は、自分たちの戒律を『戒律』や他の修道慣習と結び付けていた。こうして始まった混合修道戒律の時代には、むしろ『戒律』の方がコルンバヌスの戒律を前に影の薄い存在となった。例えば632年のソリニャック、649年のサン・ヴァンドリーユ、651年のフルーリーにこの様子が見られる。660年頃にはガリア南部（レランス島）で混合修道戒律に従っていた様子を確認することができる。スペインの修道院でも、7世紀には『戒律』は優勢ではなかったようである。オーストリアやバイエルンで最も古い修道院（ザルツブルクのザンクト・ペーター、ヴェルテンブルク）でも、最初は『戒律』に従った生活を送っていたわけではなかった。また、後代の修道士からベネディクト会士の鑑と目されたイギリスの修道士、尊者ベーダ（735没）も、『戒律』だけを遵守していたのではないようである。

743年と744年のフランケン教会会議で、ようやく『戒律』はフランク王国の修道院に対して拘束力を有する戒律とされた。744年に創設された聖ボニファティウスの寵児フルダ修道院では、『戒律』が完全に遵守されていた。これは初代大修道院長ストゥルミが1年間モンテ・カッシノで過ごしたことがあり、そこで行われていた慣習を自分の修道院に受け継いだことによる。789年カール大帝が、『一般訓令』(Admonitio generalis) で修道院に学校を導入するよう命じると、そこでは間もなく支配者や修道院の支援者の子弟たちが教育されるようになった。カール大帝はまた『学問奨励に関する書簡』(Epistola de litteris colendis) で、修道士たちに教育の刷新に参加するよう要請している。彼らの写字室と図書館とが、その際大きな役割を演じた。われわれは、830年頃の「ザンクト・ガレン修道院平面図」に、カロリング期の施設というものの理想像を見ることができる［図1-13］。最大級の修道院は、当時400から600を越えるほどの羊皮紙写本を図書館に所蔵していた。例えば、ライヘナウの図書館がそうであった。

カール大帝がすべての修道院で一様に『戒律』を遵守させようと努めたのに続いて、インデンの改革大修道院長アニアーヌのベネディクトゥスは、ルートヴィヒ敬虔帝の支援を受けて、『戒律』と「同じ一つの慣習規定」(una

1-3 クリュニー修道院第三聖堂
17世紀の銅版画

consuetudo)とを定着させるべく力を尽くした。816年8月23日の修道勅令で、『戒律』は帝国の掟として、またフランク王国のすべての修道院に対し拘束力を持つ規範として宣言された。ベネディクトゥス2世と呼ばれたこの改革大修道院長（アニアーヌのベネディクトゥス）の出現以降、われわれは本当の意味でベネディクト会修道院について語ることができるようになる。それまでの修道士と修道院という概念は、816年以降、ベネディクト会士とベネディクト会修道院という概念で置き換えることができる。

カロリング帝国の解体は、経済的、精神的危機を招いたし、これに伴って、修道院生活も衰微していった。サラセン人、ノルマン人、ハンガリー人たちは、修道院までも略奪の対象にした。教会の復興は、とりわけ910年に創設され、長期間持続的に影響力をふるった改革修道院クリュニーの名と結び付いている。その最後にして偉大な大修道院長ペトルス・ヴェネラビリス（1155没）が亡くなるまで、クリュニーの改革は同時代の教会に大きな影響を与え続けた。修道士の頃には、ヒルデブラントという名であった教皇グレ

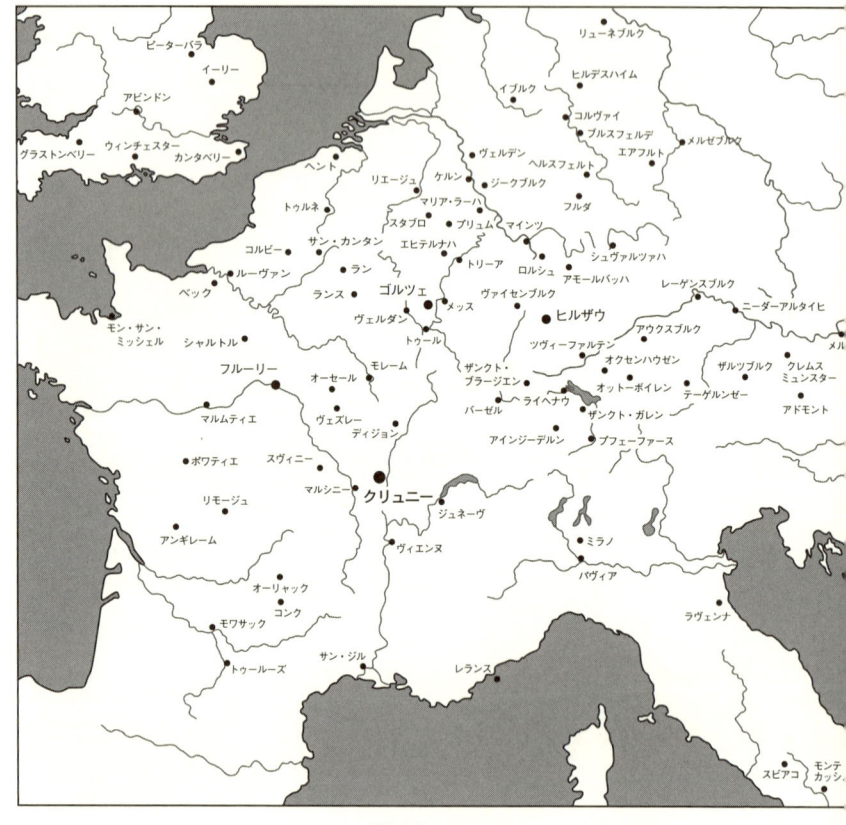

1-4 クリュニー改革時代の主なベネディクト会修道院

　ゴリウス7世（在位1073-85）は、この改革の動き、叙任権闘争（グレゴリウス改革）という精神的基盤の中から現れてきた。修道院聖堂での荘厳な典礼が、独特な形で、クリュニーの修道士の生活様式を規定していた。改革連合の中心をなすこの修道院には、1,500以上の修道院が従属していたし、またその図書館は、フランスで最も豊かな蔵書を誇っていた。

　ドイツでは、クリュニーに従属する修道院の数はわずかであった。K. ハリンガーは、ドイツの約160の大修道院を統括していたロートリンゲンのゴルツェ修道院を改革の中心と考えている。この修道院連合は、クリュニーの

それのように中央集権主義的に組織されていたのではなく、ただ共通した修道院慣習規定を遵守することでまとまっていた。他の改革修道院と並んで、ヒルザウ修道院は、特に「クリュニーの秩序」（ordo cluniacensis）を守っていたが、この修道院連合に統合されてはいなかった。ヒルザウの大修道院長ヴィルヘルム（1091没）は、クリュニーの諸慣習をシュヴァルツヴァルトの地域的気候的条件に適合させた。古い私有修道院的なイメージに代わって、修道院の行動の幅を拡大する新しい法秩序が現れてきた。教皇が、この新しい法秩序の保証人とされた。畑や作業所、厩舎で働き、修道士たちに制約されることのない宗教的生活を可能にする助修士の導入も新しいものであった。もっとも手仕事をそのように評価、分担することは、『戒律』の文言に一致するものではなかった。改革の拠点であったヒルザウは、帝国内に複数の修道院を創設させたり、再興させたりしたが、これらを一つの修族にまで拡大することはなかった。

新しい修道会（シトー会、プレモントレ会、アウグスチノ修道参事会、托鉢修道会）が創設されたことで、ベネディクト会は、12〜13世紀にその独占的地位を失っていった。中世後期の封建制の危機は、経済的衰退をもたらした。数多くの修道院が、貴族の世話をする場になってしまった。教皇ベネディクトゥス12世は、1336年に大勅書『スンマ・マギストリ』（Summa magistri）で、ベネディクト会を30の管区に統合することを定めた。巡察と管区総会が諸問題に対応することになった。しかし変化し始めるのは、ようやく1417年のペータースハウゼン修道院でのマインツ・バンベルク管区総会以降のことであった。ドイツではその後、カストル、メルク、ブルスフェルトで改革の動きが生まれた。イタリアのサンタ・ジュスティナ修道院連合、スペインのバリャドリード修道院連合が、ドイツでの復興の模範となった。北ドイツや隣接する国々の大修道院が結合したブルスフェルト連合は、カルトゥジア会の霊性から強い影響を受け、文化創造的な活動を自覚的に断念していた。しかし彼らに歴史的意義が欠けていたわけではない。そのことは、歴史学の領域における彼らの業績が裏付けている。

約1,550あったベネディクト会の自立修道院のうち、約半数が16世紀のうちに、宗教改革の結果として衰退した。イギリス、アイルランド、スカンジナヴィア、オランダでは、この流れが特に激しかった。ドイツでは、ベネデ

ィクト会は95の男子大修道院と、75の女子大修道院、その上さらに42の修道分院を失った。

フランスでは、17世紀の初めにヴェルダンでサン・ヴァンヌ修族と、パリのサン・ジェルマン・デ・プレ修道院を中心とするサン・モール修族とが形成されたことで、ベネディクト会が復興していった。フランスの178ある修道院には、約3,000人の修道士が生活していた。J.-L. ダシェリは、このパリの大修道院に蔵書豊富な図書館を建てた。J. マビヨンは、そこで古文字学と古文書学の創始者になった。しかし1790年2月13日、国民議会は、修道士の誓願を禁止し、すべての修道院を閉鎖する。これはフランスでの修道院の完全な没落を意味していた。

ドイツでは、すべてのベネディクト会修道院を唯一つの修族に統合しようという試みは、司教たちの抵抗にあい失敗したが、それでも1617年にはベネディクト会ザルツブルク大学の創設に成功した。17、18世紀に成立した、壮麗な聖堂と、蔵書豊かな図書館を有するオーストリア、スイス、南ドイツの修道院は、バロック期の修道院文化の全盛を証明するものである。しかしドイツにおけるこの文化は、1803年に教会財産が没収されたために消失してしまった。フランスがライン左岸を併合すると、領地を失った世俗君主たちは、教会の土地でこれを埋め合わせた。このようにして104の大修道院と38の修道院あるいは分院が滅びていった。ただオーストリアとスイスでは、一連の大修道院が存続し続けた。イタリア、スペイン、ブラジルでは、ほとんどすべてのベネディクト会大修道院が、19世紀の反宗教的な法律の犠牲になった。

ルートヴィヒ1世（在位1825-48）が、かつて自国内で盛んに文化的な活動を行ったベネディクト会修道院を再建し、そしてそれらに司牧、学校、学問といった活動を委任し始めた時、バイエルンには1803年に閉鎖された修道院の神父たちがまだ生きていた。アウクスブルクのザンクト・シュテファン、オットーボイレン、メッテン、シャイエルン、ヴェルテンブルクが、1830年以降にルートヴィヒ王によって復興された修道院の第一陣である。メッテン、ミュンヘンのザンクト・ボニファツ、アンデクス、ヴェルテンブルクが、1858年から再創設されたバイエルンのベネディクト会修族を形成した。1847年、メッテンのボニファツ・ヴィマー師が、ペンシルヴェニアに合衆

1-5　サン・ジェルマン・デ・プレ修道院　17世紀の銅版画

国初のベネディクト会修道院セント・ヴィンセントを創設すると、1856年、これにミネソタ州カレッジヴィルのセント・ジョンズ修道院が続いた[1]。スイスのベネディクト会士たちは、1854年にザンクト・マインラートを創設、これにその他の定住が続いた。ベネディクト会連盟最大の修道院は、今日アメリカに見られる。

フランスでは、1832年以降の修道制の復興は、プロスペル・ゲランジェ師と彼のソレーム修道院に始まり、バイエルン以外のドイツでは、マウルス・ヴォルター師が1863年にボイロンを創設、このボイロンは、ドイツ、ベルギー、オーストリア、イギリス、ブラジルにある数多くの大修道院の母修道院となった。19世紀半ばからは、大修道院長カサレットのもとスピア

---

[1] 現在日本にある唯一のベネディクト会修道院である、三位一体ベネディクト修道院（長野県富士見町）は、このセント・ジョンズ修道院を母院としている。ベネディクト会は戦前（1931年）に一度ドイツから来日したが、第二次世界大戦の混乱の中で閉鎖された。戦後、1947年にセント・ジョンズ修道院が改めて来日し、東京・目黒に聖アンセルモ修道院を設立した。同修道院は1999年に「三位一体ベネディクト修道院」と改称して富士見に移転し、現在に至っている。

1-6 聖ベネディクトゥスと
聖スコラスティカ
15世紀のフレスコ画
スビアコ、
サクロ・スペコ修道院
上の聖堂

コに始まるスビアコ修族が、様々な国の幾つもの管区に広がっていった。1887年に創設された宣教ベネディクト会ザンクト・オッティリエン修族は、ドイツ最大の大修道院（ザンクト・オッティリエンとミュンスターシュヴァルツァッハ）を有するだけでなく、アフリカ、朝鮮、南北アメリカにも修道院を有する。ベルギー修族も、ザイール、インドに宣教区を有し、世界的に広がっている（アイルランド、ポーランド、ドイツ、ポルトガル、フランス、等々）。オリヴェト会、ヴァロンブローザ会、カマルドリ会、シルヴェステル会といったかつての自立の修道会は、今日ではベネディクト会連盟内の修族となっている。5つの最も古い連合は、カッシノ修族（モンテ・カッシノのあるイタリア）、イギリス修族、ハンガリー修族、スイス修族、オーストリア修族である。修族とは、複数の自立修道院が連帯し、連合体的組織（例：バイエルン修族、オーストリア修族、スイス修族）ないしは中央集権的な組織（例：ザンクト・オッティリエン修族、ハンガリー修族）を形成したものである。今日

では21の修族が存在しており、これらがベネディクト会連盟を形成している。教皇座でのこの「修道会」の代表者は、上席大修院長で、この人は同時にローマのサン・アンセルモ大修道院長であり、またアベンティーノの丘にある国際ベネディクト会カレッジの学長でもある。1996年に、在任中の大修道院長および投票権を持つ修道院長たちは、アメリカ人マルセル・ルーニーを5年間の任期でベネディクト会連盟の8代目上席大修道院長に選出した。ドイツ語圏のおよそ50の修道院は、ザルツブルクの大修道院長会議で統合され、その代表者は1994年以来、シャイエルンの大修道院長ベルンハルト・ランベルトである。

今日では、世界中にあるベネディクト会修道院で生活している修道士は約9,000人いる。それに加えて修道女約10,000人が禁域制の修道院に、10,000人のシスターが禁域のない修道院に暮らしているが、彼女らは皆ベネディクトゥスの妹である聖スコラスティカを保護聖女とし、『戒律』に従って生きている。

2. 戒律、組織、服装

ベネディクト会修道院とその文化は、フランス革命の結果、ほぼ完全に衰退してしまったが、それでも19世紀になると『戒律』を新たに意識することで復興するに至った。聖書を別とすれば、写本の形でこれほど多く伝承されている書物は、『戒律』以外にない。この数十年の研究によってようやく、『戒律』にモデルがあったことが明らかになってきた。それは6世紀の初めローマ近郊で書かれた、『師父の戒律』(Regula Magistri) である。古代には剽窃などという概念はなかった。だから『戒律』のある部分が『師父の戒律』からそのまま引き継がれているということは驚くにはあたらない（『戒律』: 序文5-45, 50; 1章1-11; 2章1-18a, 18b-25, 30, 35-37; 4章1-7, 9-59, 62-74; 5-7章）。ベネディクトゥスは多くの部分を省略したり、短くしたり、章立てを引き締まったものにしたりしている。歴史校訂的研究では『師父の戒律』が先行していると推定することで、完全な価値転換が図られた。当初は西洋修道制の父としての権威が危ぶまれたのだが、聖ベネディクトゥスと彼の『戒

律』の名望は、歴史的真実に照らされることでその意義が失われるようなものではなかった。彼の真の功績がこれまで以上に明らかにされたのである。

共住生活(Koinobitismus)は、『戒律』の根本規律である。共住修道士(Koinobit)とは、戒律に従い、大修道院長の指導のもと、修道士共同体の中で、自身の「宗教的兵役」を果たす修道士のことである。修道院での生活の中心に立つのは大修道院長で、修道院全体の指導も、修道士1人1人への配慮もこの人の義務である。ベネディクトゥスは、大修道院長を修道院におけるキリストの代理人だとしている(『戒律』2と63)。大修道院長は、その人品においてキリストを代理するが故に、父とも呼ばれる。ベネディクトゥスが、大修道院長に与えているあらゆる助言の最終的な目標は、魂の救済である。何らかの決定を下さなくてはならない時、大修道院長は修道院のすべての者を招集し、修友たちの協議に耳を傾ける。さほど重要でない案件に際しては、単に年長者の協議会だけを招集する。大修道院長の選出は、修道院のすべての者によって行われる。『戒律』は、全会一致による選出についても、少数派ではあるが「より見識のある者たち」が、ある特定の候補者を選ぶ可能性についても述べている(『戒律』64, 1)。この少数派が、本当により見識のある者たちであるかどうかを判断するのは司教の義務である。共同体が比較的大きいものであれば、大修道院長は自身の補佐のために協力者を選出する。その第一の者たちは、十人係長と呼ばれ(『戒律』21)、彼らには10人からなる集団を監督する義務がある。複数の十人係長が置かれる場合には、副院長1人(『戒律』65)が大修道院長を補佐する場合ほど、分裂の危険は大きくない。『戒律』は、大修道院長によって任命される他の役職修道士たち、つまり修道士の体の健康に気を配る総務長、修練長、宿泊世話係、看護係、門番についても言及している。「神の家は賢き者によって賢明に管理されなくてはならない」(『戒律』53, 22)という原則はすべての者に適用される。

「真に神を求める」(『戒律』58, 7)者は、修道院に受け入れられる。修練士の修練期間は1年間で、その間に『戒律』が3度朗読される。その後、彼らは修道院の祈祷所で、すべての修道士の立ち会いのもと、口頭での誓約(promissio)と、誓願修道士の署名した文書による宣言(petitio)とからなる修道誓願を行う。この修道誓願をもって修道士は定住(stabilitas)、修道院での生活(conversatio morum)、従順(oboedientia)という三重の義務を負う。修道

誓願を行った日によって、修道院における修友の順位は決定される。

『戒律』では、修道士の日々の仕事は、祈りと労働と、勉学の時間とに分けられている。平均的な起床時間をあげるなら、午前2時といったところであろう。それから修道士は、徹夜課へと向かうが、これは夏なら1時間、冬には約1時間半続く。夜明けに、彼らは賛課を行う。これらは修道士が、その「なすべき役割を果たす」(『戒律』16, 2)、2つの最も大事な祈りの時なのである。それに続く活動は、4度聖務日課によって中断される。他の時間は、読書と労働に費やされる。特に言及されているのは、畑、庭、作業所、住居、厨房、パン焼き所、粉挽き所での労働についてである。

夏場には、およそ14時30分頃、正餐を取る。食事は、料理したものが2品で、それに加えて野菜や卵、場合によっては魚やサラダ、そしてパンとワインが供されたが、肉が供されることはない。その後再び読書と労働が、晩課まで続き、それから夕食となるのである。日没に修道士たちは、もう一度集まり、共同で読書となる。終課、つまり夜の祈りの後、修道士たちは暗くなる前に床につく。彼らは大きな寝房で眠る――個室は中世後期以降にようやく登場してくる。生活のすべてが共同体の中で公に営まれた。

1日の平均的な時間配分に関して、われわれは夏と冬とを区別しなくてはならない。つまり夏には、3時間半の礼拝、30分の観想、4時間の読書、6時間半の労働、8時間半の睡眠と、食事に1時間、冬には夜誦（徹夜課）の後に観想が続く。そして読書と労働は、夏より少ない。その代わりに礼拝と睡眠に当てる時間が、長めに取られている。冬には、1回だけ食事が出される。休養（レクリエーション）のための時間は、定められていない。常に沈黙が支配している。修道士たちは、何らかの理由のある時にだけ話をする。食卓での朗読が妨げられないよう、食堂に限って、身振りで意思の疎通をはかる。夜の間は、固く沈黙を守るよう定められている。ただ来客のある時には、沈黙を破ることが許されているが、「しかしそうとはいえ、極めて真摯にまた非常に控えめに行われるように」(『戒律』42, 11) すべきである。目覚めと共に大いなる夜の沈黙は終わる。というのも、「礼拝のために起床する時には、互いにしっかりと励まし合って、寝坊の者が言い訳できないようにしなくてはならない」(『戒律』23, 8) からである。『戒律』(48, 21) には「修友は定められた時刻には他の修友と共にいてよい」とあるが、これは修道士たちが互

いに交流し、語り合うことが許されている時間がある、ということなのである。四旬節には、修道士は饒舌を慎まねばならない。昼夜を通じて最も貴重な時間は、ミサに捧げられている。『戒律』には8つの祈りの時間が示されている。つまり、夜課（徹夜課）、朝課（賛課）、一時課、三時課、六時課、九時課、晩課、終課である。8の数はおそらく修道院の伝承によるものであろう。その数もその規定も、単純に聖書から明らかになるものではない。修道士たちにとっては、初期のキリスト者たちと同様に、間断なく祈ることがひとつの掟だった。

　私有財産というものは存在せず、すべてが共有される（『戒律』33）。すべての者に厨房係、配膳係が義務付けられている。食堂での食事の間、1人の修友が食卓での朗読を行う。配膳係、朗読係は週ごとに交代していく。おおよそのところ、これが『戒律』に従った修道院での生活である。

　『戒律』は、決して修道院での生活を規定する唯一の規則ではない。これと並んで常に、時代に合った修道院慣習規定、つまり『戒律』の施行規則と諸慣習とを定めた規定がある。だからすべての改革連合体に、そのような修道院慣習規定があった。クリュニーやヒルザウにも、中世後期やトリエント後の修族にも同様に。今日の修族にも、総会（大修道院長と各修道院の代表）によって決定され、教皇座の承認を受けた定款がある。例えばバイエルンのベネディクト会修族で目下通用している定款は、1989年に公布されたもので、霊的な部分と法的な部分とに分かれている。そこには、「修族の使命とは、福音の精神と聖ベネディクトゥスの『戒律』の精神において、これに属する修道院での生活を高め、修道院相互の援助と協力とを可能にし、諸々の課題と問題とを共同して克服することに寄与することである」とある。『戒律』は、不変の、細部にわたって硬直した、そしてどんな時でも遵守されうるような法典ではない。それ故に、総会――これは教皇座の諸権利を侵害することはないが、修族最高の権威を有している――による上記のような定款には、「修道士の生活を守り、高め、そしてそれを現今の必然性と需要とに適合させること、並びに一般的な法或いは定款で認められた権限を行使することは、修道会総会の使命の1つである」と記されている。バイエルンのベネディクト会修族の頂点に立つのは大修道院総長で、修族を代表して法に関わるあらゆる事柄を扱う。例えば、彼は修道院での大修道院長の選出を指導

1-7 ソドマ「聖ベネディクトゥス伝連作」より「パンの奇跡」
フレスコ画、1505-08年、モンテ・オリヴィエート・マッジョーレ修道院

したり、選出された大修道院長を承認したりする。

　修道院では通常3年おきに、教会法に則った巡察が行われる。巡察師は、修道院の宗教的、時間的な事柄に関して全般的な状況を入念に視察することになっている。巡察に基づいた重要な指示と決定とは協定文書にまとめられ、参事会員（Kapitulare）に告知される。『戒律』とは違って、定款は、教会法に沿った3年間の有期誓願を定めており、これに終生誓願が続く。参事会員とは、終生誓願をした修道士、つまり少なくとも4年間修道院にいる修道士のことである。大修道院長は、ある特定の場合には、修道士総会に賛成を求め

ねばならない。それと共に年長者総会（修道院長、副院長、総務長そして修道士集会で選ばれた助言者）が、大修道院長の小協議会を形成している。大修道院長は修道院総会によって任期無期限で選出されるが、70歳を超えた時点で上席大修道院長に辞職の旨を申し出る。

バイエルンのベネディクト会修族の修道院は、修族を結成して以来、教皇インノケンティウス11世によって免属とされている。つまり当該の司教の裁治権の下にあることを免ぜられている。これは今日では、修道会のすべての修族に適用されている。けれども司教は、修道院に併合されたり、修道院が取り仕切っている小教区に対する裁治権は有している。また、大修道院長の就任時に祝別を与えるのも教区司教である。

1年の修練期の始まりにあたって、志願者には修道服が与えられる。彼が受け取るのは、チュニカ（着用の際には革のベルトないしは布の聖紐で縛る長い服）に加えて、頭巾のついたスカプラリオ（幅広の、肩から足までたれた布地）である。盛式誓願の際——この時には入会以来少なくとも4年が経っていることになるが——修道士はククラを受け取る。これは、ひだの多い、マントに似た上衣で、式典の際（例えば共唱祈禱の際など）に身につけられる。修道服の色のためにベネディクト会士たちは、「黒衣の修道士」と呼ばれている。

3. 霊性

J.ヴァイスマイアーは1983年に、霊性を規定して次のように言っている。「霊性とは聖霊なるキリストとともに生きることである」と。ベネディクト会に特有の霊性というものがあるのだろうか？ ベネディクト修道会士ジャン・ルクレールが、修道院霊性について記した多数の著作は、この問いに対して肯定的な解答を与えてくれる。けれどもベネディクト会的な霊性とは、どのように捉えうるのだろうか？ 多数存在する文献の中から、ここでは幾つかの戒律註解書と宗教作家を挙げてみよう。

最初の戒律註解書を記したのは、長い間パウルス・ディアコヌス（799年モンテ・カッシノにて没）であると考えられていた。実際にはこの著作は、コルビー修道院の修道士ヒルデマール（850年頃没）の手によるもので、彼は上部

イタリアのチヴァーテ大修道院で修道生活を指導したとされている。彼の弟子によって作成されたこの著作の写しが、3本現存している（821-26年頃）。9世紀にはすでに、コルビーの修道院慣習を克明に描写したこの註釈書が、修道院生活のひとつの「手引書」と見なされていた。817年から829年の間に、ムーズ河畔のサン・ミーエルの大修道院長スマラグドゥスは、『戒律』を一語一語解説した。その際彼は、アニアーヌのベネディクトゥスの『戒律類典』(*Codex regulatum*)を用いつつ、古い修道院戒律を引用してきている。インデンの帝国大修道院長が行った修道院改革の精神に則ったこの註釈は、12世紀に至るまで盛んに普及していった。ブルグント出身のモンテ・カッシノ大修道院長ベルンハルト（1263-82）が執筆した『戒律の釈義』(*Expositio in Regulam*)は、当時繁栄期にあったベネディクト会修道院において営まれていた霊的生活を証明するものである。14世紀から15世紀への転換期には、カストルやメルクの改革をうけて、重要な『戒律』註解書が数多く記された。その執筆者には、ヨハネス・シュリットパッハー、ゼンギングのマルティヌス、カストルのヨハネスらがいる。神秘主義的な著作家だったカストルのヨハネスは、神への道を示そうとしていたのであり、その大著は広く読まれた。

1624年にリヨンで印刷されたアントニオ・ペレスの『聖ベネディクトゥス戒律の註釈書』(*Commentaria in Regulam S. Patris Benedicti*)は、サンタ・ジュスティナ修族とバリャドリード修族の改革の努力を反映した書である。サン・モール修族の碩学マルテーヌ師は、1690年にそれまでで最も包括的な註解書を記した。彼は、その中で聖なる修道士たちの生涯や古い修道院戒律、修道院の規則、慣習といったものから個々の事例を数多く引き整理した。サン・ヴァンヌ修族からは、1732年に大修道院長カルメによる註解書2巻が刊行された。彼は歴史的知識と修道院霊性とを結び付けている。修道院の復興期のものとしては、ソレームの大修道院長ドラット師による註釈書（1913年）と、マレズーの大修道院長マーミアンの手になる書物『われわれの理想としてのキリスト』(*Christus unser Ideal*, 1922年)を挙げることができるが、後者は註釈書というよりもベネディクト会の精神的態度の心得書である。1952年にボイロンの修道士B. シュタイドルが刊行した註解書は、古い修道院制度に関する広範な知識から生まれたもので、先人たちの多くが著した教育的な著作に比較して、長足の進歩を遂げたものであった。フランスのベネ

1-8 『戒律』を執筆中のベネディクトゥス
12世紀の写本、シュトゥットガルト、ヴュルテンベルク州立図書館蔵

ディクト会士アルベール・ド・ヴォギュエの8巻からなる著作は、当時も今も画期的な作品である。1961年、彼は『戒律』における大修道院長とその修道士に対する姿勢とを論じた書物を著わした。1971〜72年の註解書6巻に続いて、1977年には神学的・霊的な註釈書が刊行された。彼はとりわけ『戒律』と、その『戒律』に霊感を与えてきた聖書とを対比している。聖書からの引用だけでなく、聖書との類似点も検証されている。その際、聖書に由来する表現は要約である『戒律』よりも、『師父の戒律』においてしばしばより明確に認められる、ということが明らかにされる。たとえそこに聖書に由来するものをもはや見出せなくても、ヴォギュエは教父学的・修道院的根源を辿っていく。

「修道的な教養をなすすべてのものは、言ってみれば2つの単語で象徴的に表現し、かつ要約する事ができる。つまりは、文法と終末論である。1つ

には神に近づくため、また神から知覚したものを表現することができるようになるために文学的教養が必要とされた。けれども、永遠の生を志向するがために、繰り返して新たにその文学的教養を超えていくことが重要であった。そしていざ永遠の生が問題となると、文学的教養が意味するすべてのものを超越しようというこの努力が最も強く、また最も頻繁に表現された」(J. ルクレール)。

ルクレール師は、天上の諸事物を敬虔に見つめることが、中世の修道院文学における最も重要なテーマであるとしている。その際修道士たちは、地獄よりも天国に思いを致すことの方が多かった。時折は地獄に思いが向かうにしても、やはり天の祖国への愛、天上のエルサレムへの賛美、天上への憧憬が重要なのである。中世後期には「死の技術」(ars moriendi) が一つの主導概念であったにしても、10世紀から12世紀までの修道士たちは天上のエルサレムを想い、いつの日にかそこに至る恩寵にあずかるよう祈っていた。修道院文学に見られる具象的な言葉は、象徴的に想起することで力を持つ。永遠の至福を直接に扱っているわけではない作品でも、修道士たちにとって重要なのは、ほとんどいつでも天上である。ベネディクトゥスの霊的な息子たちは、修道院生活の目標として、天上のエルサレムを目指す。山に登るという思想は、オリゲネスにあってすでに、徳のますます高い段階へと登っていくことを意味していた。一歩登るごとに、修道士は、天上のエルサレムへと近づく。キリストの昇天は、ひとつの宗教的プログラムなのである。修道士たちは、主が昇天した後の使徒のように、じっと天国に瞳を向けている。その姿を見ることはなくとも、修道士たちは主を愛し、自分たちの存在で、すべての人が見つめるべき方向を示している。

ベネディクト会の文学では、繰り返し、天使の生と修道士の生とが比較される。天使が天上で行っている神への崇拝は、修道士が日々の生活の内で行う祈りの意味を分かりやすいものにする。「ルカによる福音書」(20:36) によれば、人間は天において天使に等しいものになるという。それ故に、信仰の目でもって現在の生をも天使の生と関連付けねばならない。結局のところ修道院生活と、そこから霊感を与えられた文学との課題は、すべての人間に、人々が地上のためだけに創造されたのではないということを明らかにすることである。肉欲を精神の欲と置き換えるなら、修徳の否定的な面が強調され

る。しかし大事なのは、肯定的な面である。つまり神へ向かって上昇していくことであり、人間の最終目的、つまり永遠の至福へと向かうことである。これをバイエルンのプリューフェニング修道院出身のボト（1170頃没）は、神の家に関する論文で次のように言っている。「われわれは、使徒たちの生涯という形をとって呈示されてきた規範を、つまり天上のものたちの姿を目にし、この手本に倣って宗教的生活の工房を築きたいと望んでいる」。修道院生活が目標とするところは天である。つまり「我らが整えるべき家に関して、ひとつの命令が胸の内に与えられている。つまり、昇りゆくことが。時の流れの中、修道生活の進展に伴い、われわれはこの「昇りゆく」という形をとって、世界から旅立つことになるのだ。すばらしき幕舎のある場所に、そう、神の家に至ることを目指して」。

われわれがベネディクト会の文化的業績について語ることができるようになるのは、『戒律』が修道院生活を規定する唯一の掟と見なされるようになってから、つまり、9世紀以降のことである。宗教文学、芸術、音楽等々の分野における個々の業績と並んで、ベネディクト会とその文化が、労働や規律に対し肯定的な態度をとるヨーロッパ的心性の基盤を形作ったのである。

4. 写字室と図書館

中世初期、修道院は主に口頭で意思が伝達される社会に浮かぶ、文字の孤島だった。そこでまずは、修道院で文書が作成され、それが普及していく組織的な条件を見てみよう。ドイツで最も重要な修道院のうち、例えば、聖ボニファティウスが創設し愛したフルダでは、『戒律』は始めから、つまり744年以来遵守されていた。初代大修道院長ストゥルミはモンテ・カッシノで修道士としての研鑽をつんだ人物で、学問的な気風とともにその地の慣習をもフルダに伝えた。カロリング期の修道院というものの理想像である、830年に成立したザンクト・ガレン平面図には、写字生専用の部屋がある[図1-13]。要するに写字室（Skriptorium）とそこで制作された作品を保管する図書館とは修道院の一部をなすものであった。カール大帝がフルダの大修道院長バウグルフ（在職780-802）にあてた『学問振興に関する書簡』（*Epistola de*

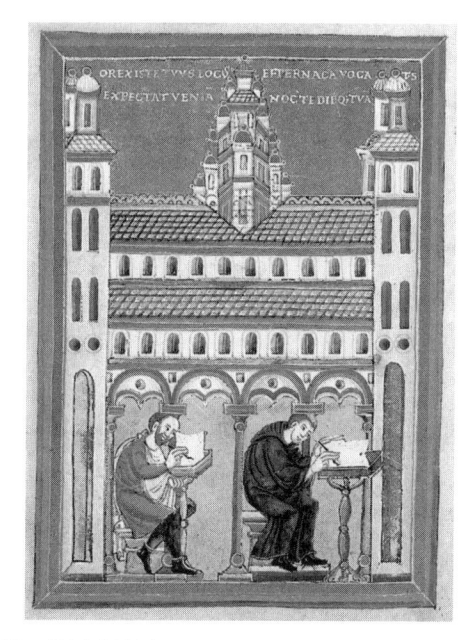

1-9 写本制作に精を出す写字生たち
「エヒテルナハの典礼用福音書」、1039-40年、ブレーメン国立・大学図書館蔵

litteris colendis) に、われわれはカロリング・ルネサンスの綱領を示す文書を見ることができる。大修道院長フラバヌス・マウルス（在職822-842, 856没）のもと、フルダは指導的な役割を果たす文化の中心地となり、この長は後世の者から「ゲルマニアの教師」(Praeceptor Germaniae) と呼ばれた。カール大帝は、書簡で修道士がひたすら学問に励むよう要請したし、そしてこれら修道士たちは何処にいても、古典古代の著作家たちや教父たちの文章を守るよう励ましを受けていた。ザンクト・ガレンの写字室は、聖堂の東内陣の北側にあり、6つの窓で必要な光を取り込んでいた。7つの書き物机が窓の間に置いてあり、その他に中央には大きな机と写字生の椅子が、またインクと顔料のための箱、羊皮紙と筆写するための手本とが入った長持が置かれていた。

写字室の上階には図書館があった。この図書館の写本の大部分は今日もなお、ザンクト・ガレンに保存されている。写字室の管理者は、通常「アルマ

1-10 羊皮紙の買い入れと裁断
「ハンブルク聖書」、1255年、コペンハーゲン王立図書館蔵

リウス」(armarius)、つまり修道院の司書であった。写本は、写字室で羊皮紙に書写された。山羊や羊、子牛の皮から肉や脂、毛をはがし、石灰溶液の中で鞣す。このようにして羊皮紙を作り出せば、毛の側と肉の側が、どんなに色と構造において違っていても、その両面に物を書くことができた。

　修道士の筆写活動は、彼らが修道院学校で受けた一般教養を前提としており、書法や写本装飾といった技術的な知識を仲介するのが写字室だった。フルダやヒルザウに連なる修道院では、12人の修道士が写字室で働いていた。9世紀のザンクト・ガレンにおける写字生の数は、この数を何倍も上回っていた。さらにクリュニー修道院では、写字生は共唱祈禱を一部免除されていた。というのも筆写は苦労多く、また同時に芸術的な仕事でもあったからだ。たった3本の指で筆を操るだけではあるが、それでも筆写は大変な仕事だったのだ。筆写用の手本は、別の大修道院、或いは教会で貸し出された。7〜8,000の羊皮紙写本を今に伝えるカロリング朝時代は、ベネディクト会の写本彩飾の大いなる時代でもある。古典の手本に倣ったカロリング小文字体が、当時一般に使われていた文字で、読みやすいこと、均整がとれていること、そして合わせ文字が少ないことで際立っている。1冊が書き終えられると、

その書はなお校正者によってチェックされた。もっとも長い期間にわたり隆盛を誇った写字室は、コルビー、フルーリー、サン・タマン、ザンクト・ガレン、ライヘナウのそれであろう。

1人の修道士でどれくらい転写することができたのだろうか？　有能な写字生なら、日に3～6葉写したであろう。2段組になっている頁を6頁写せば、それは非常に良い業績だった。そうなるとその写字生は、1年の内に聖書を丸ごと1冊写せたことになる。例えばザンクト・エメラムのオットロー（1070以降没）は、ミサ典書を19冊、聖福音集を3冊、朗読集を2冊、詩編を1冊、朝課書を4冊、聖アウグスティヌスの著作を2冊筆写した。ライヘナウの司書レギンベルトは、生涯で42巻もの書を筆写した。

修道士が写字室で写本を作成するのには、幾つかの方法があった。（1）文章を口述する方法。この場合には、1冊の原本から、同時に複数の写本を作成することが可能になった。（2）原本を帖に分け、各写字生が1帖ずつ預かり、筆写する方法。比較的早く1冊作成できるところに利点があった。そしてもうひとつは、（3）1人の写字生が作品全体を写す方法である。

われわれに古典の文献や教父たちの著作が無数に伝えられているのは、勤勉な修道士たちのおかげである。今日大小の図書館に保存されている中世の写本は、写字室で生まれたものである。良き規律のもとにあった修道院でこそ、図書館は高く評価され、書物が愛された。修道士たちが図書館を構築し始めた頃、ギリシア古典の著作はまだほんのわずかしかなく、これらにしても大抵がラテン語に翻訳されたものにすぎなかった。6世紀までのキリスト教関係の著作は、その大部分が現存している。7～9世紀には、新しく加わったものはわずかだったが、10世紀にはさらに少なかった。中世初期の図書館の蔵書に関して、中世教父学が話題になるのは不当なことではない。

中世の図書館の蔵書目録は、部分的には現存している。修道院図書館の拡張していく様子を一般化すると、次のようになる。つまり、8世紀に始まり、9世紀に大きく拡大し、10世紀にある種の停滞を見、11世紀にはさらに拡充し、12世紀に最盛期を迎えた。北フランス、ベルギー、イタリア、ドイツには、極めて豊かなコレクションが存在していた。幾つか数をあげてみると、概数だけを問題とするしかないが、クリュニーには570冊、コルビーに400～500冊、ライヘナウに800～900冊（11世紀）、ザンクト・ガレンには

1,000冊（12世紀）の蔵書があった。これらすべての図書館にまさっていたのがフルダだが、正確な数をあげることはできない。700冊の書物を所有したモンテ・カッシノとボッビオは、イタリアの華であった。イギリスの大きなコレクションの蔵書目録は、伝えられていない。図書館の規模は様々であったかもしれないが、蔵書の構成は類似している。典礼慣習に関する書物が何処でも見られるのは自明のことである。教会法に関する諸著作、註釈集、作者不明の註釈集は、「神性について」（De divinitate）という収集名で収蔵されていた。教父に関して言えば、アウグスティヌス、ヒエロニュムス、大グレゴリウスは常に揃えられており、大グレゴリウスの『道徳論』（Moralia）を欠いている図書館はまずなかった。アンブロシウスと尊者ベーダも大抵の図書館に見られる。また9〜11世紀に成立した神学書もしばしば目に付く。例えば、フロルス、ハルバーシュタットのアマラリウスとハイモ、ヒンクマール、スマラグドゥス、セドゥリウス・スコットゥス、フラバヌス・マウルス、ヴァラフリド・ストラボ、パスカシウス・ラドベルトゥス、ラトラムヌス、クリュニーのオド、フルーリーのアッボ、シャルトルのフルベルトゥス、カンタベリーのランフランクスとアンセルムスなどである。図書館の全蔵書の半数以上を占めたのが、こうした神学関係の著作である。

最近の数十年の研究で、ラテン語の文献はすべて、それが伝えられている限りでは、何より修道院図書館によって保持されてきたことが証明された。9世紀に古典の著作家を最も多く所蔵していた図書館は、フルーリーであった。ゴルツェの図書館では、300冊のうち126冊が自由科目に関する書物である。修道院がこの種の文章に関心を示したということは、教会が古代の人々の教育制度、方式、教材をほぼそのまま継承し、それを自分たちの使命という目的のために利用した、ということから説明がつく。修道士の書物への愛は、教育的な実用文学から、古典古代の作家の方へと急速にその向きを変える。彼らはその後入念に、古典古代から継承したものを守っていくが、特に、古典ラテン語の文献を保持していた。だから8〜12世紀に、当時よく知られていた古典文学の作品で失われたものはなかった、というのももっともなことである。

修道士の功績は、例えば、タキトゥスの著作の伝承によく示されている。コルヴァイでは『年代記』（Annales）1〜10巻の写本が発見された。9世紀の

1-11 ザンクト・ガレン修道院図書館

写本で、おそらくフルダで制作されたものであろう。『年代記』の続本と現存する『同時代史』(*Historiae*) のすべては、11世紀にモンテ・カッシノで制作された写本として伝承されており、これらは今ではフィレンツェのラウレンティアーナ図書館にある。キケロの著作の完全なコレクションは、コルヴァイで制作された。9〜10世紀の写本で『ゲルマニア』(*Germania*)、『雄弁家についての対話』(*Dialogus de oratoribus*)、『アグリコラ』(*Agricola*) が伝えられているのは、ヘルスフェルト修道院のおかげである。この写本もおそらくはフルダで作成されたものであろう。

古典の精神の伝承に関して最大の功績を果たしたのは、フルーリー、フェリエール、サン・ドニ、ザンクト・ガレン、フルダ、ボッビオ、モンテ・カッシノといったベネディクト会修道院図書館である。1911年、クリュニーの千年祭に際して、E. バベロンは8〜12世紀の修道院司書たちの功績を次のように語った。「中世の修道士は古典古代と新しい時代を結ぶ精神的仲介者である。人類の精神が生き生きと発展する中で、突然に断絶が、それ以前にあったすべてのものとの断絶が生じたことはなかったということ、この断絶によってわれわれの文化が衰退し、幾世紀もかけたものが精神的後退の

憂き目を見るようなことはなかったということ、これは彼らのおかげなのである」。

17、18世紀の修道院でも、図書館は修道士の学問的仕事の前提だった。バロック期の立派な図書館には、大変価値のある写本やインキュナブラ、書物が所蔵されていた。そのようなコレクションについて最良のイメージを今日に伝えてくれているのが、アドモント（写本1,100冊、インキュナブラ900冊、書物13万冊を所蔵）と、ザンクト・ガレン（写本2,000冊、インキュナブラ1,635冊、書物10万冊を所蔵）の図書館である。

5. 神学と哲学

神学者は数多くいるが、ここではわずか数人を挙げることしかできない。ザクセン人ゴットシャルク（870以前没）は、両親によってフルダの修道院に預けられた。両親がこの修道志願児童に代わって修道誓願を行った。彼は、修道院にあることを身の不運と想い、両親が行った誓約から解放されることを欲し、829年のマインツの教会会議で実際にこれを果たした。彼はフランスやイタリアを転々とするが、繰り返し当時の教養の中心地である修道院に行き着くのだった。ゴットシャルクは、教父学や中世初期の文献に通じており、大半の同時代人と同様に、読んだものを編集したが、それだけではなかった。彼はその著作『予定説について』（*De praedestinatione*）と、『三位一体について』（*De trinitate*）の中で独自の思考を展開し、教会の公式の教えと衝突するようになる。そしてその二重の（永遠の至福か永罰かの）予定説のために848年マインツ教会会議で異端者とされ、オーヴィレール修道院に監禁された。1930年以降、この厄介でエキセントリックな、そしてひどく不運な、伯の息子の様々な著作が発見されたり、彼が執筆したものと確認されたりしている。悩み多きこの人物は、詩も書いているが、それは大半が宗教的な内容のものであった。

北ドイツの極めて重要な修道院コルヴァイの母修道院でもある北フランスのコルビー修道院は、有名な写字室を有していただけではなく、そこではまた価値ある神学論文が生まれている。聖体について教理史上興味深い論文を

著したのは、パスカシウス・ラドベルトゥス（859没）とラトラムヌス（868以降没）である。それぞれにまったく異なった立場を代表していたものの、両者とも博識で、頭脳明晰な思想家であった。パスカシウス・ラドベルトゥスは、その論文『キリストの聖体と聖血について』（*De corpore et sanguine Christi*）で、実在的現存を主張した。彼にとっては、たとえ存在形態（modi）が異なっていても、歴史的キリストと聖体のキリストは同一のものであった。ホスチアの変化（mutatio）によって、ナザレのイエスという物質的存在が、聖体の中の非物質的な存在と向かい合う。ミサ聖祭は、パスカシウス・ラドベルトゥスにとっては、神秘的な、だが現実の犠牲なのである。存在するのはただひとつの犠牲だけで、すべてのミサ聖祭は、時間と空間の中でただ一度のこのキリストの犠牲を写したものなのである。「教会と我らの魂のために、ゴルゴタでの偉大で、一切を包括する救済の犠牲が、ミサの中で繰り返され、救済の果実が個々人に分かち与えられる」。この学識あるコルビーの修道士が「聖体の神学者」と呼ばれたのは、もっともなことである。また、「マタイによる福音書」への註解書12巻、神学の徳に関する論文『信仰・希望・愛について』（*De fide, spe et caritate*）3巻、ならびにマリア論と聖人伝研究に関する論文といった、他の著作も伝えられている。この独創的な思想家は、多くの点で同時代人に先んじていた。彼は史料を用い、教父の言葉を引用し、また時には教父の名を挙げて批判もした。

ラトラムヌスは、ラドベルトゥスの弟子であった。どんな神学上の問題が扱われる場合でも、彼は徹底して他者の意見を論駁した。彼は、自分の師の聖体説にも異論を唱えずにはいられなかった。論文『主の聖体と御血について』（*De corpore et sanguine Domini*）の中で、彼はキリストの現在を、魂における神的な恩寵の作用と説き、聖体のキリストの実在的現存を否定している。ラトラムヌスによれば、ミサ聖祭はキリストの歴史的な犠牲の死の記念祭にすぎない。『キリストの誕生について』（*De nativitate Christi*）やゴットシャルクにならって二重の予定を説く『神的予定について』（*De praedestinatione Dei*）といった論文でも、彼はカトリックの教理学から逸脱している。思考の鋭さにもかかわらず、大胆な弁証法がラトラムヌスにとっては、命取りになってしまった。他方で彼は、東方教会に対してローマ教会のクレドにおけるフィリオクエを正当化し、ローマ教皇座の首位権を擁護した。『霊魂の量について』

(*De quantitate animae*)と『霊魂について』(*De anima*)には、哲学者としてのラトラムヌスの姿が見られる。前者は、アイルランド人修道士マカリウスの心理学に対する反論であり、後者は、魂についての伝統的な教会の教えについて問うたカール禿頭王への解答である。教父たちの見解を多数引き、入念に検討し、独自の註釈を施している。『霊魂について』は、ぼろぼろになった古典古代の伝統を復興させようという努力が行われたカロリング朝時代に、まさに典型的な作品である。これは、方法論的には、この時代と後の数世紀の学者にとって模範となるものであった。12世紀になってもラトラムヌスの手法を超える者は、まずいなかった。

カロリング・ルネサンスの輝かしい代表者で、非常な愛書家でもあったのは、フェリエールのルプス（862頃没）である。この古典古代の友は、著作『三題について』(*Liber de tribus quaestionibus*)と『論文集』(*Collectaneum*)の中でゴットシャルクの論を弁護している。かつてはサン・ドニの修道士であったランスのヒンクマール（882没）は、ゴットシャルクに反論して、意志の自由を強調した。法学の素養があった彼は、この学説の実際の帰結を見極めていた。

フルダの大修道院長にしてマインツの大司教であったフラバヌス・マウルス（856没）は、書物への愛と古典古代への熱狂を、神学に対する感覚と結びつけた。彼は、聖書の多くの書に対し註釈書を執筆した。聖書の四重の（歴史的、寓意的、比喩的、神秘的な）意味によって、彼の釈義は定められているものの、神秘的な意味については、彼はほとんど論じていない。著作『事物の本性について』(*De rerum natura*)で、彼は22巻を費やし、神学と宇宙論の概略を描き出した。世界の精神的基盤は、神の遍在に貫かれており、世界の物質的な素材以上に現実のものである。人間精神は、事物の神秘的な核にまで突き進まねばならない。この書でフラバヌスは、後の中世宇宙論を用意した。また『聖職者要綱』(*De institutione clericorum*)で、この有名なベネディクト会士は、一種の司牧神学を呈示している。アクチュアルな問いに対し、教父の精神に則った解答が与えられている。彼は古い教会の教えを伝えたかった。フラバヌスは、修道院という環境のもと、そのイメージ世界で、独創的な思想家にはなれなかった。われわれは、彼をむしろ、中世教父学の典型的代表者と呼ぶことができる。ベネディクト会のこの数世紀の中で、神学は、まだそ

1-12 大司教に自著を献呈するフラバヌス・マウルス
『聖十字架の称賛について』、フルダ、840年頃
ウィーン、オーストリア図書館蔵

れがスコラ哲学において得ることになるような意義には達していなかった。

　J. ルクレールは、1946年、ベネディクト会が数世紀間にわたって展開したこの神学を「修道院神学」という概念で表現した。これを例えば修道院生活の神学と理解すべきではない。これは、神学を一側面に限定するものではなく、神学を追求するある特定の方法を問題としたものである。またこの言葉は、教父学とスコラ哲学の間に位置する修道院著述家たちの神学という歴史的現象をも表すことになるだろう。しかしこれらの著述家たちを、単に教父学の延長線上（つまり中世教父学）、あるいはスコラ哲学への準備段階（つまり前スコラ哲学）にある人々と見なしてはならない。この神学は、修道院での神を求める生を前提としている。修道院で追求された神学は、修道士の生活を経験することと関連している。それは聖書を読むことと教父を研究することの上に構築され、より高い認識へと向かうべきものであった。その神学は、祈りと観想のうちに完成する。信仰の真実を救済史的に見つめることは、心からの祈りの恩寵において頂点に達する。

他にも多数の著作家がいて、ここでそのすべてに言及することはできない。しかし9世紀が終わりに近づくにつれて、文芸活動が後退していく様子が確認される。規律の衰えは、知的探求を妨げる形で作用した。新しい文芸活動の前提条件が整うには、クリュニー、ゴルツェ、その他中心地の修道院改革を待たねばならなかった。典礼によって厳密に規定されたクリュニーの生活が、知的探求を妨げる形で作用したかどうかは、研究によって様々な回答を得るところであろう。

修道院の数世紀の中では、伝承されてきた信仰上の財産を研究し、不動のものにすることが著作家にとってとりわけ重要であった。聖書の文言と教父の言説に註釈を施すことが、何にも勝る彼らの目的であった。一方でこれまで見てきたように、伝承を合理的に浸透させることに尽力していた独創的な頭脳の持ち主もすでに存在していた。ベネディクト会士カンタベリーのアンセルムス（1109没）の姿から、われわれは、いかにして神学が1つの思弁的な学問になるのかを非常によく理解することができるであろう。北フランスのベック修道院でアンセルムスは、1060年以来、教師、副院長、それから大修道院長として生きた。彼は神学のために不滅の貢献をし、そして正当にもスコラ哲学の父と呼ばれるに至った。アンセルムスは、その著作の中で、信仰と理性の関係を省察した。彼は弁証法を研究方法として用いた。アンセルムスは、その際形而上学と神学とを互いにしっかりと結び付けている。信仰の真実を合理的に浸透させることが彼の研究の目的であった。彼の『プロスロギオン』（*Proslogion*）には、本来、基本方針を示す『理解を求める信仰』（*Fides quaerens intellectum*）という題があった。この論文で扱われているのは、『モノロギオン』（*Monologion*）と同様、神の存在と特性についてである。ここに見られる神の存在証明は、よく知られており、また様々に議論されるものである。それは、考え得る限りの完全性に満ち満ちた神が存在すると考えることによって、実際に神の存在が与えられもする、というものである。信仰という事実が、「存在論的証明」によって、悟性による認識になるという。神そして非存在という両概念は、アンセルムスにとっては同一のものとなりえなかった。『三位一体信仰について』（*De fide Trinitatis*）でも、神の本質について論じられている。三位一体という概念は、アンセルムスが示そうと試みているところによれば、神の本性に対応している。「位格」という概念は、三

位一体においては関係として理解されるべきである。

論文『神はなぜ人となられたのか』(*Cur Deus homo*) では、初めて受肉の原因が究明されている。キリストによる贖罪に関するこの理論で、アンセルムスは今日に至るまで通用する救済論を打ち立てた。この著作が、彼を時代の偉大なる神学者にした。また『処女懐妊と原罪について』(*De conceptu virginali et originali peccato*) は、原罪の本質と、アンセルムスによれば生殖行為に付随して起きるという、原罪の受け継ぎとを論じている。

『文法学者について』(*De grammatico*) と『真理について』(*De veritate*)、そして『自由意思について』(*De libero arbitrio*) では、哲学的、神学的、修徳的な問題が論じられている。カンタベリーの大司教として死んだアンセルムスは、最初の思弁神学者である。アウグスティヌスとトマス・アクィナスの間にあって、彼が偉大なカトリックの神学者の中でも、特に傑出した人物であるということに、疑問をさしはさむ余地はないだろう。しかしアンセルムスをスコラ哲学の偉大な思弁的学者たちから隔てているものは何であろうか？ それはおそらく、彼の心情のあたたかさにある。彼にあっては、思索することは、愛情を持って形而上学的に観ることになる。悟性による探求のあとに続くのは、彼にあっては常に心からの祈りなのであって、双方が浸透し合うのである。だからアンセルムスは、感動的な祈禱と瞑想をも記した。「そのようにしてアンセルムス、本当に全く非凡なる天才、時代の一つの謎であるこの人は、ベネディクト会学派の栄誉ある全盛期を、また中世初期の修道士が神学のために成し遂げたすべてのものを、最も美しい形で締めくくった。アンセルムスは、それ自体一つの現象である。彼の前にそのようなことをなす人などいなかったし、誰も彼の後に続くこともなかった。彼は色褪せることのない光である」(J. de ヘリンク)。

6. 歴史叙述

学識あるベネディクト会士の主な仕事は、歴史叙述であった。修道士たちは、時代の経過する中で神の救済計画が実現すると考えていた。修道院で歴史叙述が熱心に行われたということは、ただそのようにのみ正しく理解でき

るのである。

　アングロ・サクソンの宣教師たちが復活祭周期表をフランク王国に持ち込むと、この周期表から年代記が生まれた。ほとんどどの修道院にも、一つないしは複数の周期表があった。その構成はというと、1頁で19年が示されていたので、14枚、ないしは28頁で、月と太陽のめぐりが一致した。この期間が復活祭年と呼ばれ、532年あった。修道士たちは、年代記（周期表）の幅広の縁に、自分たちにとって伝える価値があると思われることを書き留めていった。そのような復活祭周期表の1つが、コルヴァイから伝えられており、そこには様々な手になる書き込みが見られる。その覚書がやがては年代記になったのだが、これがなければ8、9世紀に起きた歴史的出来事の年代を確定することは不可能であっただろう。カール大帝は、修道院の年代記に大きな意義を認めていた。このような記録は、大抵が無記名で伝承されているので、いつでもある大修道院のものと特定することができるわけではない。

　年代記の他にも周年記念禱名簿（necrologium）なるものがあり、そこには死亡の記載だけではなく、歴史的出来事も書き込まれた。これが成立したのは9世紀の終わり頃で、ライヘナウとフルダのものが最も興味深い。カロリング朝時代には「アナレス」（annales）と呼ばれる年代記が60あるほか、わずかながら「クロニカ」（chronica）と呼ばれる年代記も伝えられている。こういった年代記よりも多数現存しているのが、聖人伝にかかわる記録、つまり伝記や聖人伝集、受難録である。聖人伝は、今日で言うところの伝記ではないものの、歴史的な史料を含んでいる。パスカシウス・ラドベルトゥスの『アダルハルドゥス伝』やリムベルトの『アンスカール伝』のように、完全に信頼できるものも数多くある。伝記とともに奇跡物語もあった。聖人の起した奇跡の記録は、その時代の文化史、道徳史にも等しいものである。聖人の遺骨を移葬することは「トランスラティオ」（translatio）と呼ばれるが、この「移葬記」にも歴史的な素材が含まれている。また聖人崇拝から殉教者録が生まれた。817年のアーヘン教会会議では、一時課の後、ベーダの殉教者録を読み上げることが定められていた。この他に祈禱兄弟盟約名簿と、盟約を交わしている修道院に修道士の死を告知するための死者名簿（Totenrotel）も挙げておくべきであろう。

　すべての大修道院で、1つの部屋或いは建物（domus cartarum）に重要な記

録が保管されていた。サン・ヴァンドリーユに関しては、すでに833年に、そのことが証明されている。司書は、しばしば「カルタールム・カストス」(cartarum custos)、つまり文書(証書)の番人でもあった。文書によって保証された既得権や特権は、この人の手で守られていた。9世紀～12世紀の歴史叙述家たちは、修道院文書庫(archivum)を熱心に利用した。そこで、文書を確実に守るために謄本も生まれた。ザンクト・ガレンとクリュニーでは、文書がほとんど途切れることなく伝えられてきたが、その一方で他の修道院では、火事や強盗、略奪によって文書庫は壊滅してしまった。文書庫には教皇や皇帝、その他重要な人物の書簡も保管されていた。しかし一方では、こういった文書であっても、中世には頻繁に偽造が行われたことを念頭に置いておくべきである。捏造や改竄は、日常茶飯事だった。本物の文書を紛失したことがしばしば動機となって、そのような偽造品が作られた。そうすることで、合法的な所有権を維持しようとしたのである。

　もっぱらベネディクト会修道士によって担われてきたこの豊かな歴史叙述の営みを、その全体にわたってここで扱うことは不可能である。そこで、歴史の編纂に特に抜きんでていた幾つかの修道院を取り上げることで、その実像をかいま見たい。1つの修道院が歴史の編纂に関して成し遂げたことをわれわれに示してくれるのは、フルーリー(サン・ブノワ・シュル・ロワール)大修道院である。フルーリーは、一般的な見解によれば、673年7月11日の移葬以来、聖ベネディクトゥスの遺骨を秘蔵していたという。この基金豊かな大修道院で、地方史や世界史が、伝記や奇跡物語と同様に著された。大修道院長エモワンが1004年頃に記した『フランクの歴史』(Historia Francorum) 4巻は、それ以前のフランスの歴史史料を集めて書かれた重要な作品とされている。聖マリアのフーゴーが1109～10年に著した『教会史』(Historia ecclesiastica)は、そのタイトルにもかかわらず、むしろ世界年代記である。この人はまた、840年から1108年までの出来事を『当代フランク諸王録』(Liber modernorum regum Francorum)の中で記述している。フルーリーのアッボは、『ローマ教皇伝抜粋』(Excerptum de gestis Romanorum Pontificum)を編んだ。大修道院長の一覧『フルーリー大修道院長事績録』(Gesta abbatum Floriacensium)は、大修道院長エモワンの手によるものである。『聖ベネディクトゥスの奇跡』(Miracula S. Benedicti) 9巻は、複数の著作家によって執筆された。第1巻を記

したのはアドレヴァルド（878頃没）で、これは聖ベネディクトゥスの聖遺物の委譲とフルーリー修道院の起源について報告している。また879年までの奇跡についての報告が付け加えられている。この著作は、ルートヴィヒ敬虔帝時代の貴族に見られる無政府状態や、ロワール渓谷へのノルマン人の侵入といった9世紀の出来事を知る上で大きな意義を持っている。4巻から7巻までは、奇跡についての報告よりも歴史的な事実を多く提供してくれる。第8巻の執筆者は、ラドゥルフス・トルタリウスで、この巻は11世紀、フィリップ1世時代の日常の出来事を伝えてくれている。

フルーリーでは、聖人伝も書かれた。エモワンは、世界史の枠組みの中で『大修道院長聖アッボの生涯と殉教』（*Vita et martyrium S. Abbonis abbatis*）を描き出している。フルーリーのアンドレアスは、細やかな感情移入の能力を駆使して、1029年にブールジュ大司教として没した大修道院長ゴーズランの生涯を描いている。大修道院長アッボ（1004没）は、聖エドムンド伝の執筆者である。その他の伝記として、修道士フーゴーによる聖サケルドス伝、アドレヴァルドによる聖アイグルフ伝、ヴィタリスによるレオンの聖パウルスの生涯、イゼンバートによる聖ヨドクスの生涯が挙げられる。以上、ロワール渓谷にあるこの有名な大修道院での歴史編纂活動を列挙してみたが、この他にもまだ謄本や文書の収集、それに周年記念禱名簿がある。

それ以前、つまりカロリング朝やオットー朝時代、ドイツの幾つかの修道院にも歴史叙述の分野で注目に値するものがあった。年代記（アナレスやクロニカ）は、ボーデン湖畔で書かれていた。ライヘナウでは、『シュヴァーベンの世界年代記』（*Chronicon Suevicum universale*, 768-1043年）が成立したが、残念ながら原本は現存していない。その他には『ライヘナウ年代記』（*Annales Augienses*）がある。有名な年代記作者にヘルマン・コントラクトゥス（1054没）がおり、彼は最古のドイツ年代記を執筆した。彼の世界年代記は、イエス・キリストの生誕に始まり、筆者の死まで続いている。叙述の内容は信用に足るもので、年代も正確である。そしてこの愛すべき学者の精神的地平が、その世界年代記を中世歴史叙述の最高傑作にしている。ベルトルト（1088頃没）は、この世界年代記をおおよそ20年ほど先へ書き進めた。

ヴァラフリド・ストラボにより韻文形式に改作された、大修道院長ハイトの『ヴェッティの幻視』（*Visio Wettini*）はとりわけ、修道士や他の同時代人た

ちがどのようにカール大帝を評価していたのかを示している。ライヘナウの周年記念禱名簿、それに名高い祈禱兄弟盟約名簿もまた貴重である。これらはおそらく、歴史叙述の分野にとって、ドイツ語圏で最も重要な史料であり、ザンクト・ガレンやプフェーファーのものに勝る価値を有している。ライヘナウの聖人伝研究を代表するのは、『聖マルコの奇跡』(*Miracula Sancti Marci*)、『主の御血の委譲』(*Translatio sanguinis Domini*)、『シメオン伝』(*Vita Simeonis*)、『聖メギンラート伝』(*Vita S. Meginrati*)といった著作である。

ライヘナウから遠からぬ有名なザンクト・ガレンでは、『アレマニア年代記』(*Annales Alamannici*)の続刊、『ザンクト・ガレン小年代記』(*Annales Sangallenses breviores*)並びに『ザンクト・ガレン大年代記』(*Annales Sangallenses maiores*)が成立した。ノートケル・バルブルスは、殉教者録の執筆者であり、『カール大帝事績録』(*Gesta Caroli Magni*)の執筆者でもあるのだが、これは中世にはただ作者不明のまま伝承されていた。皇帝カール3世はザンクト・ガレンを訪れた際、この著作が執筆されるきっかけを作った。「委任者である皇帝は、アインハルトの著作や年代記をひもとけば、ザンクト・ガレンの修道士に尋ねるよりも、歴史についてより良い知識を十分に得ることができた。けれども、彼はそうした歴史に興味をもっていたのではなかった。彼が聞きたいと思ったのは、歴史書が語ることのない事柄、曾祖父が物語ってくれるような、一見意味のないささやかな出来事だった。ノートケルの話す物語をいたく気に入った彼は、これが文字にされることを望んだ」(F. ブルンヘルツル)。ラートペルト（884以降没）が記した『ザンクト・ガレンの事績』(*Casus Sancti Galli*)は、自らの修道院の歴史を綴ったものでありながら、ドイツ史を多くの点で補足するものでもある。中世最良の語り手の1人と目されるエッケハルト4世（1060没）は、883年から971年の間の『事績』を書き継いだ。この修道院史は、「中世ドイツの文化史を解明する上で最も有益な史料の一つ」(Ph. シュミッツ)とされてきた。926年のハンガリー人の襲撃に遭って命を落としたリクルジン・ヴィボラータの生涯を記録したのは、ハルトマン（1000年頃）である。

この他にはフルダ、コルヴァイ、モンテ・カッシノなどで盛んに歴史叙述が行われた。イギリス、ベルギー、スペインにも同様に、この分野で功績のある修道院が数多くある。托鉢修道会とスコラ神学が影響力を振っていた数

世紀の間、ベネディクト会士たちは歴史叙述に、以前のような意義を見出さなかった。しかし中世後期の改革修族には、歴史に対する感覚もそなわっていた。シュポンハイム、そしてヴュルツブルクのザンクト・ヤーコプの大修道院長ヨハネス・トリテミウス (1516没) は、非常な愛書家で、その歴史書は史料収集にかける彼の非常な熱意をうかがわせるものであるが、歴史的批判には欠けている。

フランスのベネディクト会士のメナール、ダシェリ、モンフォーコン、クスタン、デュラン、マルテーヌ、ジェルマン、リュイナール、タサン、ラミーらは、17世紀の歴史研究に極めて重要な役割を果たした。しかしこれらの人々といえども、当時最も偉大な知識人の1人、ジャン・マビヨン (1632-1707) には及ばなかった。彼の年代記は、ベネディクト会の総史を記そうという最初の試みであった。彼はクレルヴォーのベルナールの著作の批判校訂版を編集し、『ベネディクト会聖人伝』(*Acta Sanctorum OSB*) を刊行した。6巻におよぶ『古文書論』(*De re diplomatica*) で、マビヨンは学問的古文書学と古地理学の創始者となった。論文『修道院における学問研究について』(*Traité des études monastiques*) で、彼は、ラ・トラップ大修道院長アルマン・ド・ランセに反論して、修道士たちが学問的研究を行うことの意義を主張した。この「サン・モール学派の第一人者」は、自身の名声にもかかわらず常に慎ましく敬虔な修道士であり続けた。

サン・モール修族の範にならって、ニーダーエスタライヒにあるメルクのベルンハルト・ペツ師 (1683-1735) は、弟のヒエロニュムス・ペツ (1685-1762) に支えられながら、複数の修道院で歴史研究に励んだ。その研究旅行の成果を、この有名な司書は、『逸話の宝庫』(*Thesaurus anecdotorum ...*) と『古今修徳叢書』(*Bibliotheca ascetica ...*) にまとめた。弟のヒエロニュムスは、『オーストリア歴史家集成』(*Scriptores rerum Austriacarum*) を刊行した。マルティン・クロップ (1701-79) は『メルク叢書』(*Bibliotheca Mellicensis*) で、メルクの文学史家として有名になった。同じくニーダーエスタライヒにあるゲットヴァイクの大修道院長ゴットフリート・ベッセル (1714-48) は、自身の修道院について極めて貴重な年代記を記し、尊敬を受けた。17〜18世紀の間、オーストリアの諸修道院は、文芸に関して非常に実り豊かであった。

多くのバイエルンの修道院も似たような状況だった。その際まず第一に、

レーゲンスブルクのザンクト・エメラムを挙げることができる。領主大修道院長ヨハネス・クラウス (1742-62) とフロベニウス・フォルスター (1762-91) は、自ら高名な学者だっただけではなく、偉大な振興者でもあった。ザンクト・エメラムは、彼らのもとでドイツのサン・ジェルマン・デ・プレに、つまり学芸修道院となっていったのである。ヨハン・エンフーバー (1736-1800) は、レーゲンスブルク教会会議史を記したし、ローマン・ツィルンギブル (1740-1816) も教養ある修道士であり、かつ著作家であった。カール・マイヒェルベック (1669-1734) は、1724年と1729年の『フライジンクの歴史』(*Historia Frisingensis*) 2巻で、ベネディクトボイエルンの学問的名声を確立させた。彼が1727年と1730年に著した『ベネディクトボイエルン年代記』(*Chronicon Benedictoburanum*) 2巻は、初のドイツ修道院史で、方法において批判的であり、また同時に描写において生き生きと描かれていた。ツヴィーファルテンのマグノアルト・ツィーゲルバウアー (1689-1750) は『聖ベネディクト修道会文学史』(*Histria rei litterariae Ordinis Sancti Benedicti*) の原稿を残した。それをケルンのベネディクト会士オリヴァー・レギポン (1689-1758) が1754年、アウクスブルクで4巻本として刊行した。

ドイツのマビヨンと称えられたのがザンクト・ブラージエンの領主大修道院長マルティン・ゲルベルト (1764-93) である。彼は、シュヴァルツヴァルトにあるこの修道院の学問研究の後援者だっただけでなく、修道士たちを励まし、精神的に導くことを心得ていた。領主大修道院長に叙任される以前からすでに、彼は神学の分野(『神学の基礎』*Principia theologiae*, 8巻、1757年)、教会史や世俗史の分野、また典礼史や音楽史の分野で、国際的に高名な学者であった。『聖なる音楽と歌』(*De cantu et musica sacra*, 2巻、1774年)、『古アレマニアの典礼の記録』(*Monumenta veteris liturgiae Alemanniae*, 2巻、1777年)、『シュヴァルツヴァルトの歴史』(*Historia Sylvae Nigrae*, 3巻、1783-88年) は、中世以降で最も高名な、ザンクト・ブラージエンのこの大修道院長の手になり、今日に至るまで高く評価されている。ゲルベルトは、大規模なドイツ教会史、『ゲルマニア・サクラ』(*Germania sacra*) の刊行も計画していた。数年にわたって彼はこの大きな学問的企図のための史料を収集し、教会財産が没収されるまでに数巻が発行された。ザンクト・ブラージエンの修道士たちは、フランスのサン・モール修族の学者たちと活発に交流していた。ザンクト・ブラ

ージエンの歴史家のなかでは、マルクヴァルト・ヘアゴット（1694-1762）が抜きん出た存在で、修道院研究に欠かせぬ著作『修道院の規律』(*Disciplina monastica*) を残している。

7. 建築

ここでは、ベネディクト会の美術史を記すことなどはできない。そのためには何巻も必要となるであろうし、それでも終わらせることはできないだろう。カール大帝以前、修道院内に芸術的な営みなどほとんど存在していなかった。『戒律』が唯一のものとして通用するようになった後、カロリング・ルネサンスによって、文学への熱狂とともに、建築や造形芸術の分野にも新しい刺激がもたらされた。カロリング朝時代の修道院や聖堂は、今日ではほぼ完全に姿を消してしまったが、830年のザンクト・ガレン修道院の理想的平面図は、カロリング期のベネディクト会修道院の姿をわれわれにイメージさせてくれる [図1-13]。W. ヤコブセンによれば、この修道院平面図は、816年、817年そして819年のアーヘン改革教会会議とはさほど緊密に関係してはいないという。教会会議では、外来者が食堂で食事することは禁じられたが、一方でザンクト・ガレンの平面図には食堂に外来者用のベンチが1つ認められるのである。写本1092として修道院図書館に保管されている、112×77cm大の羊皮紙の片面には12世紀のマルティヌス伝が、もう片面にはこの「ザンクト・ガレンの修道院平面図」が記されている。4つの羊皮紙片が縫い合わされてできていて、多数の建物（聖堂、回廊、作業所、家畜小屋、等々）のある修道院施設の平面図が赤色で記されている。そしてそこに詳細な説明が書き込まれている。書き込みのインクは黒みを帯びた青色で、文字にはカロリング朝の大文字・小文字が使われている。大修道院聖堂が施設の核で、南には修道院禁域が続いている。この聖堂から見て東に修練士や病人のための部屋が、北に院長や外来者用の住居が、西に農場に関係する家畜小屋や穀物庫がある。酒蔵や大修道院長の住居から浴室、鶏小屋に至るまで書き落とされているものは何もない。全体は、計量単位が明確でないので、その理解の仕方によって195×132mとも145×100mとも言えるが、この大きさは

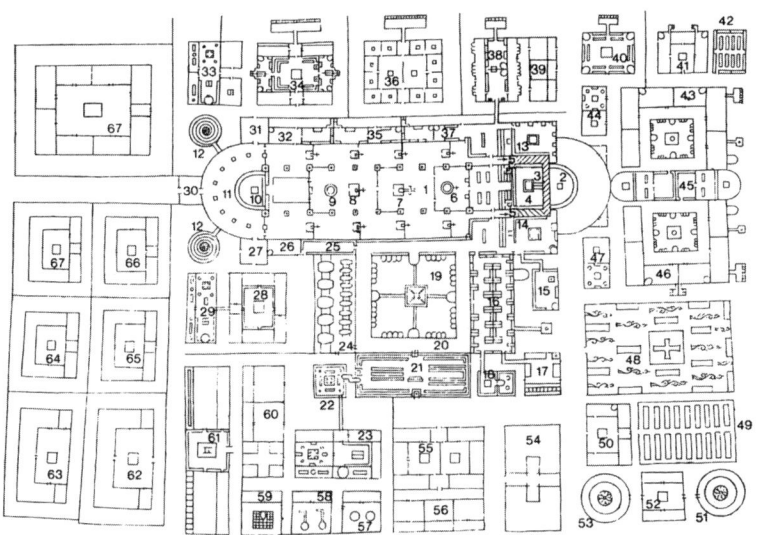

1-13* ザンクト・ガレン修道院平面図（ライヘナウ修道院で825-30年に成立した原図をもとに作成）
図版作成はW. エアトマン、挿図説明はH. ラインハルト（1952年）とW. ホルン（1974年）による

1　聖堂
2　聖パウロの祭壇
3　聖ガルスの棺
4　聖母マリアと聖ガルスの祭壇
5　地下聖堂入口
6　朗読台
7　十字架祭壇
8　両ヨハネの祭壇（洗礼者と福音史家）
9　洗礼盤
10　聖ペテロの祭壇
11　前庭
12　聖ガブリエルと聖ミカエルの塔
13　写字室（1階）図書館（2階）
14　聖具室（1階）祭服室（2階）
15　聖体・聖香油準備室
16　修道士用の暖房室（1階）修道士用の寝室（2階）
17　便所
18　修道士用の浴室・洗面所
19　中庭
20　回廊
21　食堂（1階）修道士用の衣服室（2階）
22　修道士用の厨房
23　修道士用のパン焼き所・醸造所
24　修道士用の酒庫（1階）食料庫（2階）
25　修道士用の応接の間
26　巡礼者宿泊所と救貧院の管理人住居
27　巡礼者宿泊所と救貧院への入口広場
28　巡礼者宿泊所と救貧院
29　巡礼者宿泊所と救貧院用の醸造所・パン焼き所・厨房
30　身分ある外来者用の住居と院外者の学校への入口広場
31　門番の住居
32　門番の住居
33　身分ある外来者の住居の厨房・パン焼き所・醸造所
34　身分ある外来者用の宿泊所
35　院外者学校の校長の住居
36　院外者の学校
37　旅の修道者用の居室
38　大修道院長の住居
39　大修道院長用の厨房・貯蔵室・浴室
40　瀉血のための家
41　医師の家
42　薬草園
43　回廊付き施療院
44　施療院の厨房・浴室
45　施療院と修練院用の二重礼拝堂
46　回廊付き修練院
47　修練院用の厨房・浴室
48　墓所、果樹園
49　菜園
50　菜園管理人の家
51　鶏小屋
52　鶏・がちょうの番人小屋
53　がちょう小屋
54　穀物庫
55　作業所
56　副作業所
57　粉挽き所
58　脱穀所
59　乾燥場
60　製樽所、木工工房、醸造用の穀物庫
61　馬・雄牛の厩舎と番人小屋
62　雌牛の厩舎と番人小屋
63　妊娠した雌馬ならびに若馬の厩舎と番人小屋
64　豚の厩舎と番人小屋
65　山羊の厩舎と番人小屋
66　羊の厩舎と番人小屋
67　未詳

1-14 コルヴァイ修道院聖堂の西正面

今日のアインジーデルン修道院の施設に比肩しうるものであろう。

施設の心臓部をなすのは二重内陣の聖堂で、そこにある修道士と一般信徒のための領域には狭い通路と門を通って出入りするようになっていた。聖堂には数多くの祭壇が備え付けられていたが、これは『戒律』に記された信徒修道士共同体が、司祭修道士共同体へと変わりはじめていた印である。平面図にある聖堂の東側の造り（十字交差部を形成する翼廊、矩形内陣、後陣）は、806年に着工され816年に聖別されたライヘナウ大修道院聖堂と非常に類似している。直角通路の地下聖堂に関しては、ジッテン（800年、或いは9世紀初頭）やコルヴァイ（約836年）、そしておそらくはフュッセン（845年頃）と比較することができるだろう。半円形の前庭がある西側の造りは、カロリング期のケルン大聖堂やロルヒにあるラウレンティヌス聖堂のそれと比較することができる。

カロリング朝時代、聖堂の建材はまだほとんど天然の石と煉瓦だけだった。8〜9世紀には、多くの修道院が建てられた。聖堂の平面図から、建築が次

第に発展していくのが確認できる。翼廊と、小さな後陣のある側面礼拝堂とは新しいもので、これらは明らかにその起源を修道士に求めることができる。修道士のために内陣を拡大しなくてはならなかった。そこで翼廊が創り出され、拡張が行われた。これにより聖堂は、十字形平面図となった。翼廊と後陣の間には長方形の内陣が付け加えられた。2つの廊の交差点には十字交差部ができた。その上方にはしばしば十字部塔が聳えた。円柱に代わって正方形の柱が現れた。身廊の上方には平らな木天井があり、側廊と内陣とはヴォールト構造になっていた。西の後陣は、ザンクト・ガレン平面図の聖堂にあるのと同様のものが、フルダやヘルスフェルトの聖堂にも見られる。コルビー、フルダ、ザンクト・ガレン、ヴェルデンでは、西の後陣の前に、第二の翼廊が作られた。今日もなお現存するコルヴァイの西構えは、半円形の後陣で終わっているのではなく、直線を描いて終わっている。

多くの修道院で注意をひくのは、聖堂と礼拝堂の数である。ザンクト・ガレンの修道院平面図には、合わせて3つの礼拝所がある。9世紀以降、多数あった礼拝の場をただ1つの聖堂の中にまとめようという努力が始まる。8世紀には50mの奥行きの聖堂が、すでに大きい部類に入っていた。しかしオーセールのサン・ジェルマン聖堂は、865年にしてすでに、ほぼ100m長の廊を有していた。数多くの巡礼者が尊敬する聖人の聖遺物を訪れることができるようにするため、8世紀には内陣の下に広い地下聖堂施設が建造され始めた（例：サンスやレーゲンスブルクのザンクト・エメラム）。半円形の周歩廊によって巡礼者たちは、聖人の墓所の側をより容易に移動することができるようになった（環状地下聖堂）。9世紀には、多くの修道院聖堂で列柱に囲まれた正方形の空間が設けられた（前庭）。

ザンクト・ガレンの修道院平面図にすでに、双塔を見ることができる。9世紀の半ば頃、オーセールとジュミエージュでもこういった塔が建造された。コルビーを手本にして822年から844年の間にコルヴァイに建てられた、初の三廊式十字バシリカは、ザクセンの聖堂建築にとって画期的なものであった。ヘルスフェルトの修道院聖堂ではすでに、張り出した翼廊が2つの小後陣によって東へと広がっていた。スイスにおけるカロリング建築の最も美しい実例として現存しているのが、ミュスタイア修道院の聖堂である。この聖堂と、そこにあるすばらしいフレスコ画が、間違いなくこの建物をヨーロッ

パ有数の芸術の地たらしめている。

1000年をすぎると、至るところで熱に浮かされたように建築活動がおこってくる。それはロマネスク様式という、汎ヨーロッパ的かつ修道院的様式から大きな影響を受けていた。11〜12世紀に建てられたヨーロッパで最も美しいロマネスク様式の聖堂を求めると、大抵ベネディクト会の大修道院聖堂が挙げられる。その際典型的なのは、翼廊から始まる小後陣を持ったベネディクト会式の内陣形式である（2つか4つ、或いは6つの副内陣）。この建築構造の起源は、10世紀のクリュニー大修道院聖堂（クリュニー第二聖堂）に求めることができる。この建物は、大修道院長フーゴー（1109没）のもと、12世紀に改築された（クリュニー第三聖堂）。

大聖堂内の内陣周歩廊もベネディクト会の影響によるところが大きく、これはしばしば放射状祭室によって拡大される。聖遺物崇敬や行列が行われたり、ミサを祝う祭壇の数が増加した結果、このような建築面での拡大がおこった。ジュミエージュは、イギリスの大聖堂（カンタベリー、ウィンチェスター、グロスター、ウスター、ノリッジ）における内陣周歩廊に手本を提供した。放射状祭室ではしばしば中央礼拝堂が他より際立っていた。例として、サン・サヴァン、ランスのサン・レミ、オルベなどを挙げることができる。フルーリー、クリュニー、カンタベリーでは東側に第二の翼廊がある。イーリー、ダラム、チチェスター、マリア・ラーハ、ヒルデスハイムのザンクト・ミヒャエル等々の聖堂には、西側に第二の翼廊がある。上部に作り付けの二階席がある玄関廊（ナルテクス）が初めて建造されたのは、トゥルニュのサン・フィリベール、リモージュのサン・マルシャル、シャルリューといったベネディクト会聖堂で、後にはクリュニー、ヴェズレー、フルーリーにも認められる。玄関の間上部の二階席は、巡礼者を受け入れ、もてなすためにも使われた。11世紀には、そのような二階席が翼廊の南北の内壁にも作り付けられた（ランスのサン・レミ、カーンのサン・ニコラ、カンタベリー、ウィンチェスター）。

ロマネスク様式の聖堂に見られる半円筒ヴォールトのために、側壁にはかなりの圧力がかかり、内壁が倒壊することもしばしばあった。倒壊の危険を減らそうと、水平方向にかかる圧力が垂直方向に移された。尖頭アーチは、この目的のために、おそらくベネディクト会の建築士によって考案されたものと思われる（ウシジー、シャペーズ、サン・イポリットに初めてこの尖頭アーチ

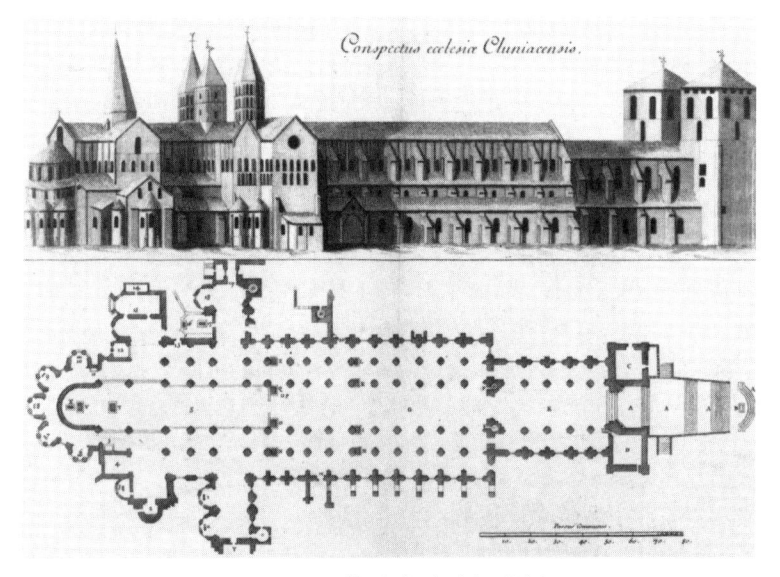

1-15 クリュニー第三聖堂の立面図と平面図
P. F. ギファールによる銅版画、1713年

を確認することができる)。1080年頃、カーンのサン・ニコラでは、長方形の平面図の上方に、初の大ヴォールトが設けられた。そこでは交差ヴォールトを使って、内陣の半円の形に合わせようという、これまた初めての試みがなされた。ノルマン人は、1066年以降、ゴシック様式の端緒をイギリス(グロスター)にもたらした。ダラムの大修道院聖堂は、1093年にゴシック様式で建造された。0.3329mを1とする、古代アレクサンドリアの学校に由来する計量単位を、ベネディクト会の建築家たちは使用していた。

ロマネスク様式やゴシック様式の大修道院聖堂に見られる巨大な建造物は、修道院での典礼上の必要性をはるかに越えていた。大建造物を説明するために聖遺物崇敬や巡礼というものを引き合いに出してくる人々もいる。しかしすべてのベネディクト会聖堂が、トゥールーズにあるサン・セルナンのような巡礼聖堂だったわけではない。このような聖堂建築の背後には、まさにある神学が、献堂式を祝う典礼の中で表現されている神学が存在している。賛美歌「聖なるエルサレムの都」(*Urbs Jerusalem beata*)によって、聖堂の中、

天のエルサレムがこの地上において予誦される。

　際立った様式を備えていた改革の拠点、クリュニーやヒルザウにも目を向けてみよう。クリュニーに関しては、われわれは3つの聖堂建築を区別しなくてはならない。910年以降のクリュニー第一聖堂、これについては何もわかっていない。大修道院長マヨールスのもと981年に聖別されたクリュニー第二聖堂。そして最後に1100年頃に建造されたクリュニー第三聖堂。クリュニー第三聖堂は、ローマにサン・ピエトロ大聖堂が新しく建築される（16世紀）までの間、キリスト教徒にとって最大の聖堂であった。1088年〜1113年までの聖堂ないしは修道院建造は、クリュニーにならって行われた。平面図は、二重十字架の形をしていた。第二の翼廊、内陣周歩廊、放射状祭室も見られる。内部では水平性が優勢で、一方垂直性は翼廊の上方に聳え立つ塔によって強調された。絵画や彫刻が、数百の柱頭と同様に、内部を飾っていた。クリュニーに見られる三廊式の玄関廊や2つの西の塔、五廊式の身廊、大翼廊、比較的小さな翼廊を持つ五廊式の内陣は、しばしば他の手本となった。玄関廊には、二階席とブルグンド初の十字肋材ヴォールトが建造された。

　クリュニーの諸慣例を継承した改革修道院ヒルザウでは、聖堂を建築する際、ヴォールトは採用されなかった。ヒルザウに連なる聖堂のほぼすべてが、平天井バシリカである。これらの聖堂では、正方形の型が平面図の基礎をなしていた。身廊は、正方形4つ分の長さだった。クリュニー第二聖堂の平面図を受け継ぐ際、7つの後陣は、5つに減らされ、翼廊から発する内陣は小後陣になった。ヒルザウには、西塔のある開放式アトリウムが受け継がれた。クリュニーに倣って、ヒルザウでも地下聖堂は取り入れられなかった。ヒルザウによって創設されたり、改革されたりしたスウェーデン、バイエルン、テューリンゲン、オーストリアの修道院に対するヒルザウの影響は相当なものがあった。例えばアルピルスバッハ、グロースコーンブルク、ロルシュ、パウリンツェラ、そしてシャフハウゼンにある諸聖人に捧げられた平天井柱廊バシリカなどが挙げられる。シャフハウゼンには、1100年に建造された、2つの回廊と修道院図書館のあるヒルザウ式の修道院施設が現存している。

　ドイツには、クリュニー第三聖堂やヴェズレーの巨大な修道院聖堂、或いはダラムやカンタベリーといった大聖堂に比肩しうるものはほとんどない。

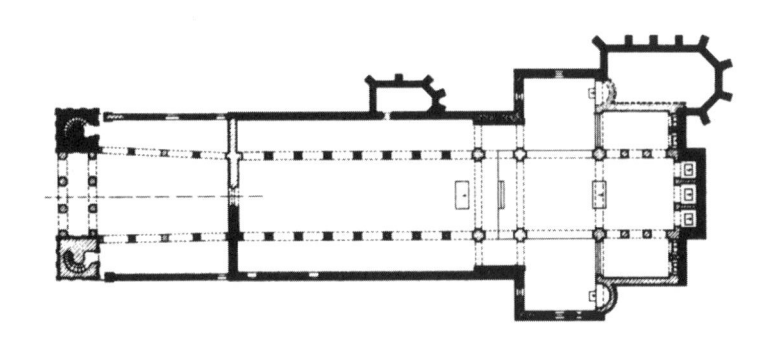

1-16 ヒルザウ修道院聖堂（1091年献堂）平面図

　ベネディクト会にとって衰退、或いは、文化的に貧しい時代が数世紀続いた後、修道院建築は、18世紀のバロック期にもう一度頂点を迎える。今回はオーストリア、バイエルン、シュヴァーベン、フランケン、そしてスイスといったドイツ語圏の国々でのことだった。フランスでは聖職禄の一時管理のために、イギリスではヘンリー8世によるすべての修道院破壊のために、このような繁栄期はやってこなかった。

　1648年のヴェストファーレンの和平、そして1683年のトルコ人に対する勝利の後には、崩れかけたり、復興が必要な修道院を改築したいという要望、そして復興に際しては有力者や権力者の城に劣らないものにしたいという要望があちこちで見られる。メルクとゲットヴァイク、オットーボイレンとヴァインガルテン、バンツ、ザンクト・ガレン、アインジーデルンは、17世紀終り頃から18世紀にかけて、ベネディクト会が懸命に努力した成果なのであり、このような努力はもちろん他の高位聖職者修道会（アウグスチノ修道参事会、プレモントレ会、シトー会）の修道院にも認められる。「巨額が費やされた背景には常に、「神の国」（Civitas Dei）をこの地上に具現するものとしての修道院を作り上げようという理想がある。世界の秩序、国家の秩序、修道院の秩序は、同じ原理によって統括されていることが示されなくてはならなかった。18世紀、これを示し得たのは建築装飾だけであった。その揺れ動く線の中ではすべてのものが作用しあっていた」（W.ブラウンフェルス）。ほぼすべての修道院が、土地を睥睨する丘陵地や、円錐状の山の上に建てられた。

1-17 オットーボイレン修道院

　修道院長ベルトルト・ディートマイアの委任を受けて、ヤーコプ・プランタウアーが、1701年からメルク修道院の壮大な施設の建造に携わった［図II-1］(39頁)。高位聖職者区域は聖堂前に、作業区域と修道士区域は南側に配置することが前もって決められていた。内陣が入口に向かう形の聖堂の配置形式には問題が残った。大理石の間と図書館は、縦翼から張り出すように作られ、聖堂前の前庭の側面にきた。そこで、来訪者用の後方区域が、聖堂のファサードや塔とともに新しい正面部を形成した。聖堂は、1746年壮麗に聖別された。ヨーゼフ・ムッゲナストによって完成されたこのバロック建築は、ドナウ河に張り出した岩の上にあり、オーストリアのシンボルになった。メルクからほど近いゲットヴァイクでは、大修道院長ゴットフリート・ベッセルが1718年の火事の後、修道院の再建に取り掛かった。ルカ・フォン・ヒルデブラントが設計図を作ったが、その壮大な構想が完成を見ることはなかった［図II-6］(50頁)。

　18世紀にヴァンゲン出身の鍋釜製造業者の息子が、オットーボイレンの帝国高位聖職者に出世し、このことで高位貴族の仲間入りをした。このルーペルト・ネス(1710-40)が、1711年以降、修道院と聖堂の再建の主唱者となった。彼はF. ベーア、J. J. ヘアコーマー、Chr. トゥンプらの設計図よりも、

クリストフ・フォークト師の設計図を優先的に採用した。1725年までには、図書館のある修道士用の建物と皇帝の間のある西翼とが完成していた。修道士総会が、古い聖堂の横に位置し東向きではない新しい聖堂の定礎式を大修道院長に許可したのは、ようやく1737年のことであった。新しい大修道院長アンセルム・エルプ（1740-67）は、1747年にJ. M. フィッシャーを聖堂の建築士として招いた。この聖堂は、ヴァインガルテンの聖堂と並んで、バロック様式の聖堂建築の頂点に位置付けられることになる。オットーボイレンの建築はすべて完成したが、一方でヴァインガルテンの理想的平面図は実現しなかった。

8. 音楽

典礼の為には、音楽的研鑽を積むことが必要であった。そこで修道院学校の生徒たちに対して既に、聖歌の授業が行われていた。しかし音楽理論もまた、研究されていた。というのも、音楽は四科の1つだったからである。

ベネディクト会士たちは、自分たちの修道院だけでグレゴリオ聖歌をローマ歌法で歌っていただけではなく、宣教の地にも、その歌法を持ち込んだ。グレゴリオ聖歌で注目に値する学校といえば、ガリアではクリュニー、アルジャントゥイユ、フェカン、フルーリー、モワサック他多数、ドイツではザンクト・ガレン、ライヘナウ、ヒルザウ、スペインではリポル、イギリスではウィンチェスターであった。

「歌い手」（cantores）とは違い、「音楽家」（musici）は、この科目の理論家であった。9世紀の半ば以降、修道院に彼らの姿が見られる。彼らの研究の基礎となっていたのが、カッシオドルス（487頃-583）の『音楽諸要綱』（*Institutiones musicae*）と、とりわけボエティウス（470-524）による510年の『音楽要綱』（*Institutio musica*）で、これらは古典古代の音楽に関する知識を伝えるものである。修道士アウレリアヌス（レオーム修道院？）の著作『音楽指針』（*De disciplina musicae artis*）は、9世紀半ばのもので、8つの教会旋法の特性を研究している。この著作から分かることは、旋律を歌い通すことで音楽を習得していた、ということだが、始めは練習曲の音節が、後には全楽節が、その旋

律の基礎に据えられた。二声音楽は、9世紀以降に登場してくる。聖歌の旋律に第二声が付け加えられていった（オルガヌム）。音程としては、8度、5度、4度が問題になっている。

ザンクト・ガレンでは、トゥティロ（テュオーティロ、909頃没）とノートケル・バルブルスの2人を挙げることができるだろう。というのも、彼らの名はトロープスやセクエンツィアの発展と結び付いているからである。ノートケルは、そもそも極めて優れたセクエンツィア詩人であった（例：「生の半ばで死す我ら」 Media vita in morte sumus）。ザンクト・ガレンのトロープス・セクエンツィア音楽は、西洋音楽史において重要な地位を占めている。旋律の動きは、ネウマで歌詞の上に書き留められた。ネウマの書かれている最古の写本は、859年の写本397として、修道院図書館に見出すことができる。ノートケル・ラベオ（1022没）も音楽の問題について記している（四音音階とオルガンパイプの長さ）。

サン・タマンのフクバルトは、『和声学』（De harmonica institutione）の著者である。『音楽教程』（Musica Enchiriadis）は、彼の著作として広く伝えられてきたが、これはおそらくヴェルデンの大修道院長ホーガー（902没）の手によるものである。

ヒルザウのヴィルヘルムは、音楽理論を扱った論文『音楽と音について』（De musica et tonis）を記した。ライヘナウでもまた、単に歌を歌うだけではなく、例えば大修道院長ベルノ（1048没）の『トナリウム』（Tonarius）に見られるように、音楽についての省察がなされていたし、またヘルマン・コントラクトゥス（1054没）は、『音楽について』（De musica）の中ですべての譜表についての説明を行っている。今日なお聖歌音楽に使われているような四線譜表は、アレッツォのグイド（1050頃没）が採用し、その著作のなかで説明したものである（『知られざる聖歌に関する書簡』 Epistola de ignoto cantu と『リズム規則集』 Regulae rhythmicae）。だがグイドはまだ角符を知らなかった。彼はまだネウマや文字を使っていたのである。

修道士ミヒェルスベルクのフルトルフス（1103没）は抄録『音楽について』（De musica）とトナリウムを1つ記した。シュヴァルツヴァルトにあるザンクト・ゲオルゲンの大修道院長テオゲールも、1100年頃音楽理論に関する著作を執筆した。9世紀から11世紀まで、主にフランス、スペイン、イギリス、

1-18 *ノートケル・バルブルス*
11世紀前半の写本、クラカウ、ジャジエルースカ図書館蔵

ドイツの修道士たちが、オルガンを発展させ、建造した。しかしそれは、まだ非常に小さい楽器であった

　ここでは、ベネディクト会の音楽史すべてを取り上げることはできない。中世盛期、後期の音楽は、近代初期と同様に修道院で発展したということは疑うべくもない。18世紀には、修道士という枠を超えて、才能ある一般信徒が修道院の教会音楽に参加し、これに寄与したことで音楽は発展した。これに関連して、ヨーロッパ音楽文化の中心地の1つ、ザルツブルクとそのベネディクト会修道院、ザンクト・ペーターを見てみよう。モーツァルト家のザンクト・ペーターへの宗教的、また友好的な結びつきを示すものとして、ヴォルフガング・アマデウス・モーツァルトによる、2つの作品を挙げることができる。未完成のままのミサ曲、ハ短調KV427/417aを、1783年10月26日にザンクト・ペーターの修道院聖堂で演奏することで、彼は妻コンスタンツァの快癒を祈って行った誓約を果たした。しかしこの誓約は、単にこのように一義的に定義できるものではない。ナンネル・モーツァルトの日記

の書き込みにあるように、このコンスタンツァが初演の際にはソロを歌った。モーツァルトの生家は、ハーゲナウアー一族のものであった。この一族の息子、カイェタン・ハーゲナウアーは1764年、ザンクト・ペーターでベネディクト会士になった。カイェタンは、ヴォルフガングの年上の友人であり遊び仲間であった。着衣式に際して未来の修道士は、ドミニクスの名をもらった。初ミサのために13歳のヴォルフガング・モーツァルトが、1769年秋、「ドミニクス・ミサ」KV66ハ長調を作曲し、これが1769年10月15日に演奏された。このミサ曲は、初ミサの参加者たちから極めて優美との称賛を受けた。初ミサの食事の後、モーツァルトは30分間ザンクト・ペーターの大オルガンで即興演奏を行い、聴衆を驚嘆せしめた。ドミニクス・ハーゲナウアー師は、1786〜1811年、歴史ある修道院ザンクト・ペーターの大修道院長を務めた。

1786年1月31日、ドミニクス師が大修道院長に選出されると、ミヒャエル・ハイドンが「ミサ・サン・ドミニキ」(Missa S. Dominici)と「テ・デウム」(Te Deum)を作曲し、彼に敬意を示した。双方とも1786年3月27日、厳かな大修道院長聖別式の際、ザンクト・ペーターにて初演となった。ミヒャエル・ハイドンがザルツブルクへやってきた1763年以降、ザンクト・ペーターはこの作曲家にとって宗教的中心地でもあり、彼の弟子や友人たちの集まる場ともなった。ザンクト・ペーターのために彼が作曲した典礼曲は、数え切れないほどである。修道院の1200年記念祭のために、ハイドンはいわゆる記念祭ミサ曲を作曲した。1782年8月31日、大修道院長ベーダ・ゼーアウアー(1753-85)の記念誓願式典の際には、ハイドンの「アプローズ」(Applausus)が演奏された。

1737〜1750年、ヴァインガルテンの大修道院聖堂に大オルガンを制作した有名なオルガン建造家にヨーゼフ・ガーブラーなる人物がいる。彼の息子が、1757年にオットーボイレンの修道院に入会していた。修道士の身内の者を引き立てるようなことは望ましくなかったので、カール・ヨーゼフ・リープがオットーボイレンに2つの内陣オルガンを建造するため招かれた。左側の精霊オルガンは、2つの手鍵盤とペダルの上に27の音栓を持ち、右の三位一体オルガンは、4つの手鍵盤とペダルの上に63の音栓を持っている。三位一体オルガンに関しては、側面の二階席に巨大なオルガンを建造するとい

う困難な課題に対し、リープは天才的な解決策を見出した。彼は中央の柱を16フィートのペダルパイプという、響く外装で覆ったのである。その他のペダルと、主鍵盤、3番・4番目の手鍵盤のパイプは横に並べて、柱の後ろに置かれた。ペダルとオルガン奏者の上方に据えられた主鍵盤とは、二階席の両方向に響きわたっていくプロスペクトを有している。ヴァインガルテンとオットーボイレンにあるものが、南ドイツのオルガン建造術の最高傑作であるが、他のベネディクト会のバロック聖堂でも同様に、オルガン建造のための苦心がなされた。

9. 自然科学

「病人の看護が何よりも優先されなくてはならない」(36, 1) と『戒律』にはある。それゆえ中世の修道院では医学 (ならびに薬剤学、植物学) に殊に力が注がれた。修道士たちは、病を患う巡礼者や貧しい者たちをも助けようとした。修道院の薬餌室や救貧院が人々に求められ、また高い評価を受けた。医学に関する古典的な著作も修道院図書館に収められていた (『ヒポクラテス、ガレノス、ソラノスの一致について』 *Liber de concordia Hypocratis, Galeni et Surani*)。モンテ・カッシノの医学は、9世紀から11世紀までその名をはせた。大修道院長ベルタリウス (883没) は、処方箋の収集を行った。大修道院長デシデリウス (教皇ヴィクトル3世として1087没) は、奇跡について報告しているが、その際医学的所見も述べている。カッシノの修道士アルフォンス (サレルノの大司教として1085没) は、『脈拍について』(*Liber de pulsibus*) と、四気質に関する論文を書いた。サレルノでは、修道士コンスタンティヌスがイスラムの医学知識を継承した。『コンスタンティヌス著作集』(*Corpus Constantinianum*) は、15世紀に至るまで医学研究の基礎でありつづけた。モンテ・カッシノの大修道院長ベネディクトゥスは、皇帝ハインリヒ2世に砕石術を施し、その際一種の麻酔を使用した (バンベルク大聖堂の墓標に記述がある)。フラバヌス・マウルス (856没) は、その著作『自然と宇宙について』(*De physica sive universo*) の第6巻と第18巻を薬理学と治療学にあてている。医学は物理学の分野内で扱われていた。

修道院では、薬剤に用いる植物や薬草を扱った本草書 (*Hortuli*) も記された。薬草園は、修道院で生まれたものである。ライヘナウの大修道院長ヴァラフリド・ストラボは、薬草園についての教訓詩を444行のヘクサーメターで記した。

フラバヌス・マウルスの論文『計算について』(*De computo*) は、中世の数学にとって一定の意義を持つものであった。フルーリーのアッボ (1004没) は、ヴィクトリウス・アクィタヌスの『カルクルス』(*Calculus*) についての注釈書を記した。そこには、ローマの計算盤 (abacus) を使った計算規則で最も古いものが収められている。ジェルベール (教皇シルヴェステル2世として1003没) は、スペインのリポルで、数学と天文学についてのアラビア人の知識を習得した。彼を通じてアラビア数字がヨーロッパに受け入れられることとなる。ジェルベールは『計算盤を使った計算規則について』(*Regula de abaco computi*) と、『除法について』(*De numerorum divisione*) を記し、また、改良型計算盤の構造を定めた。各列の各々の玉は、1つの特定の数字 (apex) を表しており、空いた場所は0を表していた。この複雑な計算機は、14世紀まで使用されていた。ジェルベールは、幾何学を用いて、土地測量や高さの算定をした。彼はまた、十二進法でのローマ式の分数に代えて、十進法を使った分数計算を行った。11世紀には、ヘルマン・コントラクトゥスが、天文観測儀 (Astrolabium) に関する初めての研究をラテン語で記している。もっとも、ユークリッド (エウクレイデス)、アポロニウス、アルキメデスといった偉大なギリシア人の著作はベネディクト会の修道院図書館には見られない。これらの人物を紹介したのは、東方の修道士たちであった。

1740年、バイエルンとオーストリアの大修道院長たちは、ベネディクト会が運営するザルツブルク大学のために、クレムスミュンスターに天文台を設けることを決定した。しかしそこに50メートルの高さの数学塔が建てられたのは、ようやく1748年から1758年のことであり、この塔の最上階と屋上のテラスに天文台が設けられることになっていた。数学と物理学の教授であったイルゼー修道院出身の大修道院長オイゲン・ドーブラー師が、1746年から1762年まで、クレムスミュンスターの天文台の指導にあたった。彼の後継者であるプラキドゥス・フィクスルミルナー師は、当時最も新しい器具を調達し、その観測と計測は時代の最先端にあった。18世紀の天文学者

たちの関心は、まだ主として自分たちの生きている惑星系を探求することにあった。別の修道院では博物標本室が建造された。総じて、自然科学の進歩に対するベネディクト会の貢献は、歴史学の分野における彼らの功績ほど重要なものではなかった。

10. 教育制度

『戒律』によれば、修道士になるには修道誓願、或いは両親による奉献が必要であった（『戒律』59）。両親によって修道士になるよう定められた修道志願児童（pueri oblati）の他に、修道院には常に子供たち（infantes）が教育のため預けられていた。例えば、『戒律』(63, 18-19) には「少年や若者は礼拝堂や食卓で、きちんと自身の順位を守らなくてはならない。彼らは、分別のつく年齢に達するまで、修道院の外でも他のどこにいても、監督を受け、秩序を守るように指導されなくてはならない」とある。この少年たちは、読み書きに通じ、文法に精通していなくてはならなかった。787年のカール大帝による『学問奨励に関する書簡』に続いて、789年には、「どの修道院も学校を運営し、そこで子供たちが詩編、つまり読み書き、さらには歌、そして計算、文法、すなわちラテン語を習得できるようにすること」という命令のある重要な勅令が出された。修道院は、領主、寄進者の一族、高貴な身分の者たち、慈善家などの子弟を受け入れ教育した。817年アニアーヌのベネディクトゥスは、ルートヴィヒ敬虔帝の支援を受け、大修道院長たちの教会会議の場で、「今後、修道院は修道志願児童のためだけに院内学校を運営すること」という決議を通過させた。それ以来多くの修道院が、院内学校とともにもう一つ、一般信徒のための院外学校を持つという抜け道を選択するようになった。830年のザンクト・ガレンの修道院平面図には、2つの施設に関わるさまざまな部屋が記されている。生徒数についての報告は、ほとんどないが、その数は確実に今日の学校の生徒数をはるかに下回っていたであろう。授業の模範は、古典古代の三科と四科であった。しかし古代の人々とは違って、三科では文法、修辞学、詩学、法学が、四科では天文学、博物学、算術、幾何学、復活祭周期表を算定するための計算が教えられていた。古典古代の

カリキュラムに見られる弁証法と音楽はなかった。修道院内学校では聖歌を歌うことも教えられた。ザンクト・ガレンの修道院平面図には、学校のところに8つの小室が記入されている。これはおそらく8つの異なった教授段階を示唆するものであろう。修道院学校の保護育成は、責任感ある大修道院長たちにとって、重要な関心事であった。12世紀初頭、修道院学校は衰退し始める。クリュニーなどは修道院学校を持とうとしなかった。教育制度における修道院学校の地位は色あせ、次第に司教座聖堂付属学校、さらには大学に取って代わられた。

　ベネディクト会は、1617年から1810年まで、ザルツブルクに独自の大学を擁していたのだが、これなくして南ドイツのベネディクト会修道院におけるバロック文化は、ほとんど考えられないだろう。この大学は、スイス、シュヴァーベン、バイエルン、オーストリアのベネディクト会連盟によって営まれていたのであり、ウィーン、ライプツィヒと並んで、18世紀前半におけるドイツ最大の大学の一つだった。その他、若い世代の哲学・神学的修養のための小修道院教育施設が存在していたし、1888年以降ベネディクト会は、国際的な神学大学である、ローマの聖アンセルモ大学を運営している。

　17、18世紀、一部の修道院には、重要なギムナジウム（エッタールやクレムスミュンスターの騎士アカデミー）を持つものもあった。典礼と並んでベネディクト会の特色が際立っていたのは、まさにこの学校教育においてであった。スイス修族、バイエルン修族、オーストリア修族、イギリス修族、ハンガリー修族、アメリカ・カッシノ修族といったベネディクト会修族は、カレッジと学校とを有し、それらは今日に至るまで大きな名声に浴している。

文献

全般

Benedicti Regula, ed. R. Hanslik, Wien ²1977

Die Benediktus-Regel, lateinisch-deutsch, hg. im Auftrag der Salzburger Äbtekonferenz, Beuron 1992

C. Butler, Benediktinisches Mönchtum, St. Ottilien 1929

Y. Chaussy, Les Bénédictines et la Réforme catholique en France au XVIIe siècle, Paris 1975

G. M. Columbas, Un reformador benedictino en tiempo de los reyes católicos. Garcia Jimenez de Cisneros. Abad de Montserrat, Montserrat 1955

Gregor der Grosse, Der hl. Benedikt. Buch II der Dialoge lateinisch/deutsch (hg. v. der Salzburger Äbtekonferenz), St. Ottilien 1995

K. Hallinger, Gorze-Kluny, 2 Bde., Graz ²1971

S. Hilpisch, Geschichte des benediktinischen Mönchtums, Freiburg/Br. 1929

H. Jakobs, Die Hirsauer. Ihre Ausbreitung und Rechtsstellung im Zeitalter des Investiturstreites, Köln/Graz 1961

D. Knowles, The Monastic Order in England 943-1216, Cambridge 1940

E. Martène, Histoire de la Congrégation de Saint-Maur (hg. v. G. Charvin), 9 Bde., Ligugé/Paris 1928-54

F. Prinz (Hg.), Mönchtum und Gesellschaft im Frühmittelalter, Darmstadt 1976

Die Satzungen der Bayerischen Benediktinerkongregation, Metten 1989

P. Schmitz, Histoire de l'Ordre de Saint Benoît, 7 Bde., Maredsous ²1948-56, deutsch 4 Bde., Einsiedeln 1947-60

B. Senger (Hg.), Die Beuroner Benediktiner-Kongregation, Beuron 1989

P. Weissenberger, Das benediktinische Mönchtum im 19. u. 20. Jahrhundert, Beuron 1953

J. Wollasch, Mönchtum des Mittelalters zwischen Kirche und Welt, München 1973

Ders., Cluny — Licht der Welt. Aufstieg und Niedergang der klösterlichen Gemeinschaft, Zürich 1996

W. Ziegler, Die Bursfelder Kongregation in der Reformationszeit, Münster 1968

霊性

G. Braulik (Hg.), Herausforderung der Mönche. Benediktinische Spiritualität heute, Wien 1979

J. Leclercq, Wissenschaft und Gottverlangen. Zur Mönchstheologie des Mittelalters, Düsseldorf 1963
［邦訳：ルクレール『修道院文化入門』、下記参照］

文学・精神科学

F. Brunhölzl, Geschichte der lateinischen Literatur des Mittelalters 1-2, München 1975/91

建築

W. Braunfels, Abendländische Klosterbaukunst, Köln ²1976 〔邦訳：ブラウンフェルス『西ヨーロッパの修道院建築』、下記参照〕

W. Jacobsen, Der Klosterplan von St. Gallen und die karolingische Architektur, Berlin 1992

W. Vogler (Hg.), Die Kultur der Abtei St. Gallen, Zürich ²1992 〔邦訳：フォーグラー『修道院の中のヨーロッパ』、下記参照〕

音楽

Das Benediktinerstift St. Peter in Salzburg zur Zeit Mozarts. Musik und Musiker — Kunst und Kultur, hg. v. Erzabtei St. Peter u. a., Salzburg 1991.

M. Gerbert, Scriptores ecclesiastici de musica sacra potissimum, 3 Bde., St. Blasien 1784

Stiftsbibliothek St. Gallen. Codices 484 u. 381, kommentiert u. hg. v. W. Arlt u. S. Rankin unter Mitarbeit v. C. Hospenthal, 3 Bde., Winterthur 1996

K. Könner, Der süddeutsche Orgelprospekt des 18. Jahrhunderts. Entstehungsprozeß und künstlerische Arbeitsweisen bei der Ausstattung barocker Kirchenräume, Tübingen 1992

自然科学

K. Ferrari d'Occhieppo, P. Placidus Fixlmillner. Kremsmünsters bedeutendster Astronom, in: FS Cremifanum, Linz 1977, 75-79

G. Loria, Storia delle matematiche 1, Turin 1929

R. Ofner, Die Pflege der Medizin im Benediktinerorden, in: Studien und Mitteilungen zur Geschichte des Benediktinerordens und seiner Zweige 4 (1883) 89-102

教育

G. Baumert, Die Entstehung der mittelalterlichen Klosterschulen und ihr Verhältnis zum klassischen Altertum, Delitzsch 1912/13

定期刊行物

Benedictina, Rom 1947ff.

Revue bénédictine, Maredsous 1884ff.

Studia Monastica, Barcelona 1959ff.

Studien und Mitteilungen zur Geschichte des Benediktinerordens und seiner Zweige, Raigern 1880ff.

邦語文献

『聖ベネディクトの戒律』古田暁訳、すえもりブックス、2000年

聖グレゴリオ大教皇『対話——聖ベネディクトの生涯と奇蹟』ヨーゼフ・シュメールバッハ訳、中央出版社、1951年

坂口昂吉『聖ベネディクトゥス——危機に立つ教師』南窓社、2003年
『聖ベネディクト——西欧的修道院制の確立者』朝倉文市編訳、平凡社、1979年
　平凡社　1979
『聖ベネディクトゥスとその修道院文化』(上智大学中世思想研究所『中世研究』創刊号)、
　1982年
『アンセルムス全集』古田暁訳、聖文舎、1980年
D. ノウルズ『修道院』朝倉文市訳、1972年
J. ルクレール『修道院文化入門——学問への愛と神への希求』神崎忠昭／矢内義顕訳、知
　泉書館、2004年
W. ブラウンフェルス『西ヨーロッパの修道院建築——戒律の共同体空間』渡辺鴻訳、鹿
　島出版会、1974年
関口武彦『クリュニー修道制の研究』南窓社、2005年
W. フォーグラー『修道院の中のヨーロッパ——ザンクト・ガレン修道院にみる』阿部謹
　也訳、朝日新聞社、1994年

【追補】
B. C. テーラー『1500年の知恵——聖ベネディクト入門』古田暁監修、聖ベネディクト女
　子修道院訳、ドン・ボスコ社、2007年

第 *2* 章

シトー会

ORDO CISTERCIENSIS

ペーター・ディンツェルバッハー(中世)
ヘルマン・ヨーゼフ・ロート(近・現代)

平 伊佐雄
[訳]

1. 歴史的展開

多くのベネディクト会士たちのもとで、中世盛期における「修道制の危機」が引き起こした反動としては、モレームの修道院長ロベール (1028-1111) の反動が、おそらく最も成果のあるものであった。1098年にロベールがディジョン南方にあるシトーの孤独な地に修道院を創設しようと、21人の同じ志の仲間たちと共に彼の古巣である修道院を去った時には、彼もこのことがある新しい修道会の基礎をも据えることになるとは、予想していなかったはずである。彼の目的は、修道士の父であるベネディクトゥスの諸規定に厳密に従い、孤独の生活を営むことにあった。豊かになったモレームでは、修道士の大半が『ベネディクトゥス戒律』よりも、より快適なクリュニーの慣習を志向していたから、このような生活は困難であったのである。確かに、ロベールは、およそ1年の後に教皇ウルバヌス2世により「新修道院」を去り、彼の本来の修道院長の職務に復帰するよう強要された。しかし、シトーではアルベリック修院長の下で共同体は存続したのである。この共同体は1100年の教皇特権によって外部の介入から保護され、それをもってベネディクト会の一分派への発展が始まった。つまり、シトー会という分派である。シトー会はかつて、その公式名称において、自ら「聖なる」(Sacer) と名乗る唯一の修道会であった (Sacer Ordo Cisterciensis, 略号：SOC, ただし現在の正式名称は Ordo Cisterciensis, 略号：OCist)。

もっとも、当初は生活方法の禁欲的な厳格さが、修道院の拡大を阻んでいた。しかし、1113年に著名な在地の騎士家系の子息であるフォンテーヌのベルナールの決心、つまり、ほかならぬこの貧しい修道院にて世を捨てるという決心が大きな転換をもたらした。人を惹きつけてやまない彼の人柄が、さらに30人の親類をシトーへと加入させたのである。彼らの準備した財産や教会、また世俗の大立者との関係などによって、シトーの存続が確かなものとなっただけでなく、拡大もまた確実となった。ベルナールの入会後1か月で、早くも修道院長スティーヴン・ハーディングは、新しい修道院の設立に向けて13人の修道士を派遣することが可能になり、新院を「改革の強化」、

2-1 シトー修道院と
シント・ヴァースト修道院との
祈禱兄弟盟約を示す図
右手の人物が
シトー会第3代総長
スティーヴン・ハーディング
12世紀の写本
ディジョン市立図書館蔵

フィルミタス (Firmitas) と意味深く命名した (今日のラ・フェルテ修道院)。さらに1114年にはポンティニー、1115年にはクレルヴォーとモリモンが設立され、これらの修道院は、4つの首席大修道院として、修道会の中で優越した地位を享受することになるのである。

3番目のシトー会大修道院であるクレルヴォーの設立院長たるフォンテーヌのベルナール (1091-1153、後にクレルヴォーのベルナールとして最も著名な修道会の聖人となる) の人を魅了し動かす才能が、以下で述べるような、教会史上類例を見ない爆発的規模でのシトー会の拡張に大きく関与していたことは明らかである。当会では、あらゆる年齢の人々が、共誦祈禱や禁欲、労働を通じて神に仕えることができると確信し、貴族の城からだけでなく、都市から、またベネディクト会の諸修道院からも、この修道会への入会許可を取り付けようと出かけていったのであった。ベネディクト会の修族であるサヴ

ィニーは、シトー会に合流した（1147年）。労働を辞さない農民たちもまた、助修士（Konversen）として、入会が可能であった。ベルナールは、1人でさらに65の修道院を設立し、彼が死んだ年には、総計で344の修道院が存在した。そしてその100年後には、647のシトー会修道院が数えられた。

ドイツにおいてシトー会は、その最初の居住地を1123年にアルテンカンプに設立し、中世を通じてその数は、およそ100を数えることになる。オーストリアでは当会は、1130年にライン修道院を設立、イングランドでは、1129年にウェイヴァリ修道院、スペインでは1140年にフィテロ修道院を設立した。イタリアでは、最初の居住地はティグリエトであった（1120年）。1143年に修道会は、スウェーデンのアルヴァストラをもってスカンジナヴィアにも達した。北欧でのシトー会は、最北に位置する居住地をトロントヘイムのさらに北にあるトートラ（ノルウェー）に見つけることになる。ヨーロッパで一番東にある居住地は、ルーマニアのケルクであろう。極西では、アイルランドのアベイドルネイがあり、最も南方にあるものは、カストロ・マリム（ポルトガル）とサンタ・マリーア・デル・アルコ（シチリア）であった。1152年、修道院総会は、修道院の設立、あるいはさらなる諸修道院の受け入れを無条件に禁止したが、これは、当時行いうる組織形態においては、もはやこのように大きくなった連合体をコントロールすることができなくなったことを示すものであった。個々の修道院の規模は、12人の構成員からなる最小のものから、800人の修道士と助修士を抱えたいくつかの都市まがいのコロニー（12世紀のグランセルヴァや、いくらか少人数のイングランドのリーヴォー）まで、種々様々であった。

修道会の拡大は、高まりつつあるあらゆる宗教的な運動がそうであるように、当初の理念から部分的にそれてゆくことを暗に意味していた。とりわけ、（ベルナールによって完全に意図された）サヴィニーの諸修道院の入会が、この意味において影響を与えたのである。サヴィニーの諸修道院は、修道院の教会領主的な収益を保持しており、手仕事の代わりに、従属農民と十分の一税支払い義務のある教会の給付によって生活を営んでいたからである。まもなく、大部分の他のシトー会修道院もまた、富裕なベネディクト会修道院と若干異なるか、あるいは、もはやほとんど異ならなくなった。1169年には教皇アレクサンデル3世が、かつての修道会の精神を復旧させようと試みたのだ

2-2 西ヨーロッパの主なシトー会修道院

2-3 第2回十字軍の出陣にあたり、フランス王ルイ7世の前で説教する聖ベルナール

が、それも無駄に終わった。

　しかし、何度も教会政治上の目的に修道会構成員たちの服務を利用したことにより、多くのシトー会修道院の瞑想の中で生きるという追求を無為なものにしてしまったのもまた、まさに教皇権であった。ベルナールは、説教を通じて貴族と騎士を第2回十字軍（1146-48年）に引き入れるよう指示を受けて、それを効果的に実行したから、第3回と第4回十字軍（1184-92年／1204年）の組織は、修道会の高位聖職者たちに広く及んだ。この聖職者たちは、十字軍遠征国家にも居住地を設立したのだが、それは当国家とともに没することになった。その他の任務には、南フランスの異端者、カタリ派に対する説教があり、北フランスの軍隊による当派根絶への関与があった。このアルビジョワ十字軍（1209-19年）の後には、シトー会の修道院長たちが、主要な司教管区（トゥールーズ、ナルボンヌ、カルカソンヌ）の司教座に着いた。しか

し、来るべき異端との戦いは、とりわけドミニコ会によって引き受けられることになった。ちなみにドミニコ会の創設者は、1205年にシトーを訪れた際、会に加わることを真摯に考えたのだった。戦いに関する似たような手引きはまた、ムーア人と戦う国土回復運動のためのシトー会系騎士修道会の設立においても示される。最も著名なのは、スペインに莫大な所領を獲得していたカラトラバ騎士修道会である。この修道会は1人の修院長と1人の騎士修道会総長によって共同で率いられており、前者は常に、モリモン修道院によって設立された修道院の1つからやって来た修道士であった。

バルト海沿岸の諸国においても、統治し布教すべき異教徒がいまだ存在しており、シトー会は特に積極的に、一部では今しがた言及した騎士修道会の構成員の援護をうけて協力した。トライデンのテオデリヒ（プフォルタ修道院のディートリヒ）は、1202年に新しい騎士修道会、刀剣騎士修道会すら創設した（1237年にドイツ騎士修道会に併合）。マリエンフェルト修道院から来たリッペのベルンハルト（1224没）は、奇跡を起こす十字架をもって戦うのみならず、武力を用いてもリーヴ人と戦った。フランドルのシトー会士の1人、アルナのバルドゥイン（1243没）は、帝国教会から独立した教皇の領域をバルト海沿岸諸地域に設立することさえ試みた。しかしながら、とりわけ刀剣騎士修道会が1233年のレヴァルの戦いにおいて、これを阻止してしまった。東部に設立されたシトー会の諸修道院は、スラブ人たちのキリスト教化と同時に、部分的には少なくともドイツ人優位の下で彼らを服従させるのに貢献していた。これらの修道院は、長いことドイツ人のみに開放されていたから、例えばボヘミアにおいては、チェコ人たちの入会を可能にするには(1349年)、まず皇帝が仲裁に入らねばならなかった。しかし、シトー会の諸修道院は、修道士たちによってその土地に呼び寄せられたドイツ人、オランダ人入植者たちとともに、進歩的な西部の法制や経済形態および耕作技術もまた広めたのであった。

これらの発展は、多くの点で等しくシトー会を他の修道会に近づけることになった。シトー会の修道院は、まさにそのような大きなグルントヘル、あるいは、ベネディクト会修道院よりもいっそう大きなグルントヘルにさえなり、その所有地を賃貸しするのみならず、修道院の労働者、すなわち、助修士たちを通じて経営させたのである。最後には、実に使用人や武装した奉公

人まで雇い入れた。元来、装飾のなかった聖堂は、壁画、多彩なガラス窓、さらには小塔（Dachreiter）までも備えるようになり、墓所として利用されることになった（例えば、プラハ近郊のケーニヒザール修道院とプシェミスル家の関係のように）。

　その上、内部不和も起こった。1197年に修道院総会の準備のために、ある委員会が創設された。修道会顧問会である。しかし、その一員となることは権力の獲得を意味したため、1263年には、委員の構成に関して、シトーとクレルヴォーとの間で最初の対決が持ち上がったのである。かつて自らがフォンフロワド修道院長であった教皇ベネディクトゥス12世は、1335年に財政管理改革ならびに教皇の権力強化を目的に大勅書を発布した。その大勅書には、教皇庁の最終的監督権が留保されていた。同時に、修道院長の地位は弱められ、修道院構成員のそれは強められるべきであるとされていた。そして修道士たちには、贅沢になった衣食を放棄すべきである、と求めていた。当時既に、その後もまた同様ではあるが、多くの修道士たちは当初の生活態度の簡素さに固執しなくなっており、なかでも共同の寝室は、独居房のために放棄されていたのである（ただしマウルブロンなどのように残されたところもあった）。しかし、さまざまな改革への努力は、根本的な諸変化をもたらすことはなかった。14世紀の大惨事、特にペストは、少なからぬ修道院をも荒廃させていたから、修道士や助修士の数はますます少なくなり、多くのグランギア（経営農場、ラテン語のgranum＝穀物に由来）は、閉鎖せざるを得なくなった。それにもかかわらず修道会は、1500年頃になお738の男子修道院と654の女子修道院を擁し、修道者たちは、中世盛期におけるよりかなり少ない人数ではあるものの、各院にて生活を営んでいたのである。

　シトー会修道女たちはその数と敬虔さにおいて、修道士に少しも引けをとるものではなかった。1125年頃、修道会の最初の女子修道院が創設された。シトーの近くに位置するタールである。修道女たちも、初めは彼女らの耕地を部分的に自ら耕作していた。12世紀には、シトー会修道士たちによって宗教上の指導を受けるため（修道女たちの保護 cura monialium）、ベネディクト会の女子修道院、並びにベギン会は、しばしばシトー会の監督下に置かれた。まもなく、修道士たちはこのことによって自らに負担がかかりすぎると感じたために（しかも、今日のベルギーのように、宗教的な女性運動がとりわけ多く

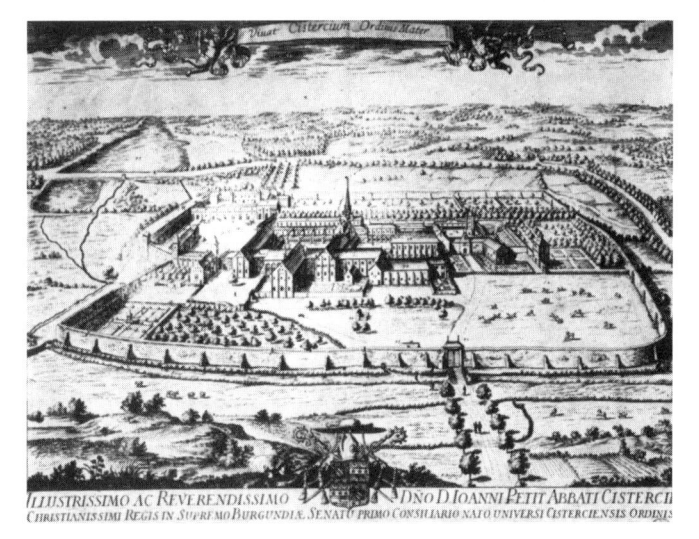

2-4 シトー修道院全景　17世紀の銅版画、ディジョン市立図書館蔵

の女性支持者を得たところでは、実際にそうであったのだが）、修道院総会は、1220年にこれ以上の女子修道院の編入を禁止し、1228年には一切の新設をも禁止したのである。それゆえ、例えばザクセンのヘルフタなど、いくつかの修道院は、法的には修道会に属さずにシトー会の慣例を遵守していた。もっとも、教皇たちは、このような修道院や先の女性共同体を受け入れるように再三にわたって指示を出していた。そして既存の修道院が、新たな修道院の設立に踏み切ることも多かった。ドイツ語圏では、中世において約300の女子修道院が数えられた。

　修道会の女子部門においても、ほぼ男子部門と同じような発展の経過を辿った。一例を挙げれば、ジグマリンゲンのヴァルト修道院のように、およそベネディクト会の女子修道院と異なるところのない、特定の貴族のための修道院があったことである。14世紀のペストによる深刻な損害が多くの修道院を廃止へと導き、その所領は、一番近くにある男子修道院のものとなった。とりわけシトー会の女子修道院は、貴族の女性たちが老後を過ごす場として選ばれることが多かっただけに、中世後期になると修道会の理念は、ますます顧みられることが少なくなっていった。

近代の始まりは、シトー修道会にとって重要な問題をもたらした。宗教改革を通じて修道士たちや修道女たちは、北ヨーロッパ、そしてドイツの広域から姿を消したのである。プロテスタントの領邦君主たちの地域では、修道院の施設は、療養、あるいは教育の場といった新しい用途が与えられなければ（マウルブロン、ベーベンハウゼン、ハイルスブロンなど）、荒れ果てるに任されてしまったのである。若干の修道院は、神学教育のための福音派教会施設（ロックム、リダッグスハウゼン）、あるいは福音派の女子律院（ヴィーンハウゼン、イーゼンハーゲン、ベルステル）へと変貌を遂げた。

空位聖職禄、すなわち教会聖職禄の委譲のことであるが、15世紀から17世紀のフランス、スペインそしてイタリアにおいて、特に大修道院の司教、枢機卿、そして信徒への委譲は、当修道会に大きな損害を与えた。とにかく、それは修道院の規律の退廃と同様に甚大な経済的損害をもたらしたのである。トリエント公会議（1545-63年）の改革公布は、侯や聖職者の抵抗にあったため、わずかな成功を収めただけであった。それでも、修道会はその後（1579年）、少なくともシトーと4つの首席大修道院は、空位聖職録を保持することができた。

しかし、宗教改革と宗教闘争の時代におけるシトー会の没落は、内なる革新が必要不可欠であるとの見解が、日増しに重きをなしてゆくのを後押しした。そしてそれに伴って、諸教皇によって支持された、いわゆる修道会刷新が起こった。その際、手本として分離主義のスペイン（カスティリア）モデルが利用された。この局地的な原理は、あらゆるところで事実上貫徹され、元来の国を越えた修道会の組織を解体させたのである。ドイツにおいては、1595年にフェルステンフェルト修道院が最初の連合を提案し、この連合から上部ドイツの修族が、ザーレム修道院長の監督の下で成立した。いくつかの南ドイツの修道院は、相応の政治的な勢力をもって帝国等族に数えられた（ザーレム、カイスハイム、バイント、ローテンミュンスター等々）。フランスでは、トゥールーズ近郊のフイヤン大修道院の修道士たちが、フイヤン修族、すなわち、事実上はフイヤン会として、1つの新しい修道会を結成したのである（1577年）。当会の修道士たちは、とりわけその厳格な禁欲生活によって傑出していた。

元来の厳格で禁欲的な生き方への回帰を企図して、17世紀の初めにクレ

ルヴォーに始まった「厳律派」(Observantia strictior) は、急速に普及して、伝統的な「寛律派」(Observantia communis) と対立するに至った。一部の激しい論争の後、1683年に達成されたある妥協案が、差し迫った分裂を防いだ。これによって修道会の内部で2つの規律が承認されたのである。厳格主義者を率いたのは、一時、修道士へと転向した空位聖職禄大修道院長、ラ・トラップのアルマン・ド・ランセ (1626-70) であった。一方ドイツの女子修道院の改革は不調で、そうした動きに対して、会を脱退して司教の裁治権の管理下に入る、という形で応じる修道院も少なくなかった。

とりわけバロック建築ブームに示される、17〜18世紀の短い外見上の隆盛期に、啓蒙主義の時代が続いた。この時代は、修道院制度の存在根拠がますます疑問視され、世俗化の背景の中で生起することになる修道院廃止を先取りした時代であった。フランスでは、フランス革命 (1790年) が200のシトー会修道院を廃止へと導き、その中には、シトー修道院も含まれていた。廃止の波は、ベルギー (1797年)、スペイン (1809年) とポルトガル (1830-35年)、イタリア (1811年)、そしてスイス (1841-48年) において、深刻な損害をもたらした。ハプスブルクの領内では、既に18世紀の80年代にヨーゼフ

2-5 ラ・トラップ修道院

2-6 ラ・トラップ修道院長
アルマン・ド・ランセの肖像
イアサント・リゴー（1654-1743）画、
ラ・トラップ修道院蔵

2世の啓蒙主義的改革が、17のシトー会修道院の廃止をもたらしていた。ドイツにおいて修道会は、46の男子、そして83の女子修道院を失った（1802-03年）。30年の後、ドイツ語圏には、バーデンのリヒテンタール女子修道院、ザクセンのマリエンシュテルン、マリエンタール女子修道院を含む、13の修道院が存立するのみであった。

こうした危機的な状況は、新たな意識と新たな組織を強いることになった。そして19世紀には、閉鎖された修道院の中から再出発を果たすものも出てきたが、そうした際には、厳格な禁欲生活（菜食主義）、沈黙の掟（手話）、そして手の労働によって際立っていた厳律派（トラピストとも呼ばれる）に、大きな人気が集まった。寛律派のシトー会との違いがあまりにも大きかったため、トラピストは1892年に教皇レオ8世の教示によって、正式かつ法的にも修道会から脱会し、独立した「ラ・トラップの聖母・改革シトー修道会」を創設した。1902年以降、当会は厳律シトー会と呼ばれる。1990年には、この修道会は、女子1691人からなる91の女子修道院と男子1341人からなる78の男子修道院を数えた[1]。

2. 会則、制度、服装

　修道会の制度に関する最も古くて重要な文書は、1114年にスティーヴン・ハーディングによって提示された『愛の憲章』(Carta Caritatis) である。この憲章は、各々の版の正確な作製時期は明らかではないが、1265年までに何度も補足されている。その基本的意図は、統一的なしきたりを重視しながらも、クリュニーに比して個々の修道院により大きな自立性を認めることにある。簡素さと厳格さが、全てのシトー会士の生活形態を形成することになった。4つの首席大修道院の修道院長たちは、特権的な地位にあり、彼らはシトーの修道院長を罷免することができた。

　修道会を統率する機関は、修道院総会であり、毎年、聖十字架称賛の祝日前夜（9月13日）から、7日間ないし10日間にわたり開会された。総会は、理論的には修道会の全ての修道院長から構成されていた。これにより権力を集団に分与した1つの統治形態が形成された。修道院長が君主のように統治するという、クリュニーの原理を継承しなかったのである。シトー会がほぼヨーロッパ全域を包有しながら拡大する一方、この機関の主たる問題は、当時の旅程が遅緩であることにあった。従って事実上、修道院総会に実際に訪れることができたのは、修道院長たちのうち、およそ3分の1だけであった。それゆえ、かなりの者が、スコットランド、アイルランド、ポルトガル、シチリアの高位聖職者たちのように、4年に一度のみの来訪を義務付けた特権を享受していたのである。その他の修道院の場合は、無断欠席となった（院長の解任があり得る）。それにもかかわらず、この修道院総会は、他の修道会の制度と比較して推奨に値すると思われたらしく、1215年には教皇インノケンティウス4世が、修道院総会の模範として他の修道会に紹介している。

　制度における重要な構成要素は、系列関係の構造であった。新設立の度に、

---

(1) 厳律シトー会（トラピスト）は、1896年に来日して北海道上磯町に灯台の聖母トラピスト修道院を設立、また女子厳律シトー会（トラピスチン）は1898年、函館市に天使の聖母トラピスチヌ修道院を設立、それぞれに修道院の数を増やしながら（男子1、女子4）今日まで活動を続けている。寛律シトー会は来日していない。

そこに修道士たちを派遣した母修道院による査察が行われた。すなわち、母修道院長もしくは院長の代理人が、修道院規律やその他の関連事項を定期的に検査したのである。ここでもまた、ある種の水平的な権力分散が守られていた。つまり、ある娘修道院の院長に対する措置にあたっては、他の修道院の院長たちが、同じ系列関係にある修道院と協議しなければならなかったからである。同じ原理が、母修道院の修道院長の新たな選出の際にも援用された。

特に在地の司教からの独立を目指していたシトー会修道院に対する教皇特権は、繰り返し『愛の憲章』と総会の決議録 (Instituta) に現れている。1132年、教皇インノケンティウス2世は、シトー修道会に対して司教区会議への出席を免除し、1169年にはアレクサンデル3世が、司教の意志に反して任命された全ての修道院長たちを完全に承認することを保証した。そして1184年にはルキウス3世が、全ての修道会をそれぞれの司教の監督下から解放したのである。

修道院の禁域内には、固有の建造物をもつ実用的な2つの修道院が存在していた。共誦祈禱修道士たちの修道院と助修士たちのそれである。助修士たちは、有髯や衣服によっても修道士たちと区別され、修道院長の選挙に関与することもできなかった。彼らは、手の労働を妨げることがないように、修道士への昇進が禁じられ、書物を読むことさえ許されていなかった。

女子修道院は、修道会の一部を形成しており（第二会ではない）、男子と同じように修道女と助修道女に分かれていた。修道女たちは1人の父修道院長によって視察された。父修道院長は、例えば女子修道院長の選挙の際には、議長の地位をも占めた。多くの系列関係修道院をもつ女子修道院長たちは、毎年の修道院総会を催していた。しかも、スペインやイタリアにおける若干の女子修道院長たちは、ふだんは司教に留保されていた権利（例えば、説教、告解）を行使することさえあった。これは、1210年にインノケンティウス3世が禁止した。

中世の末期には修族の形成により、シトー修道院の権威には翳りが見えた。しかしそれでも、ジェローム・ド・ラ・スシエールは1564年に「修道院総長」の称号を受けている。寛律派は、1868年からその構成員をローマの大修道院総長の下に招集した。1933年の修道院総会では、修道会の管理につ

2-7 修道院の集会室で説教する聖ベルナール
1450年頃の写本（ジャン・フケー画）、シャンティイ、コンデ美術館

いて、ある新しい憲章を採択した。1年後、この憲章は教皇の許可を受け、修道会の内部の強化に寄与したのである。寛律派は、今日、全世界で12の修族に分かれており（ドイツの修道院マリエンシュタットやヒンメロートはその中のメレラウ修族に含まれる）、各修族の議長たちが、修族総会と並んで実権を握っている。その場合、修道会総長は、仲間のうちの筆頭として名誉上席を授かっているだけであった。それに対して、1892年に固有の修道会として教皇によって承認された改革シトー会（トラピスト）は、中世の範例にならって、系列原理によって定められた中央集権的な構造を多分にもっていた。修道院総会は、最上級の機関である。当修道会は、17世紀以来、ノルマンディーのラ・トラップ大修道院のある急進的な改革から発展し、改革を通じて、変らぬ沈黙の下での観想生活を再び規範に挙げたのであった。ドイツ語圏においては、今日、3つの修道院が存立している。アイフェルの男子修道院マリアヴァルト、上部オーストリアのエンゲルスツェル、並びに、アイフ

ェルの女子修道院マリアフリーデンである。

シトーで最初に生活をした修道士たちは、まだ黒いベネディクト会士の衣服を身につけていた。しかし、彼らは、早くもアルベリック大修道院長（在職1099-1108）の下で、伝統的な修道制と距離を置いていることを外部に対しても示したいと望み、簡素な白ないし灰色の修道服とキュキュレ（外套、共誦歌隊のガウン）を身にまとったのである。そのため、彼らは「白い修道士たち」とも呼ばれた。毛皮や靴は、雌牛の革で作られたもの以外は禁止された。

近世においては、キュキュレは、かろうじて典礼の式服として見なされるだけであり、日常の衣装は、時折、院長の流儀に応じて、頭巾の省略、袖無しの上着、チングルム、カフスボタン付きの袖といった、多くの聖職者スタイルを持った。

2-8 マウルブロン修道院を建設中のシトー会士たち
祭壇画、1450年頃、マウルブロン修道院博物館蔵

3. 霊性

多くの男女を魅惑したシトー会の理念とは、何であったのか。それは言うまでもなく、広く児童献身者から構成されているベネディクト会と異なり、修道会に自発的に入会した大人たちがいることであった。

シトーは、再び『ベネディクトゥス戒律』に忠実に従い、最初のベネディクト会修道士の簡素さに帰還する、という理念を定めていた。これは、真の貧困を包含するものであった。中世盛期には、教会の富に対する反動が起こっていたし、宗教的な目的も「使徒のように」、また、「裸のキリストに従い、貧しく」あることにあったから、この構想は大きな成功を収めたのである。それは、魂の救済のために、多くの俗人によるシトーの修道士たちへの寄進を促すことになった。もっとも、寄進財産の受領によって元来の清貧の理念は弱まっていくことになったのではあるが。

もちろんシトーでは、ベネディクト会と同様に修道生活の中心的な構成要素として、共同の典礼や詩編祈禱を実践していた。しかしながら、ベネディクト会と同じような祈禱時間の拡大は行われなかった。時間は、禁欲と同じくらい、瞑想にもまた与えられていたからである（いくつかのシトー会の諸修道院では、例えば、マウルブロンのように、鞭打苦行のための固有の部屋を持っていた。しかし、ベネディクト会修道院とは異なって、浴室はなかった）。

当世紀の最も影響力ある教会の著作家と呼んで差し支えないであろうクレルヴォーのベルナールの時代以降、修道会の霊性は、受肉した神の敬虔なる崇拝によって形成されている。ベルナールは、各々の信者たちの魂として、『雅歌』の花嫁の解釈をオリゲネスから引用し、そこから実にドラマ的な愛の物語を作り出した。さらに彼は、彼の修道士たち各々の霊的経験に直接訴えかけた。「汝ら自身に問いなさい……誰かある者が、キリストの口による宗教的な口づけを一度だけでも感じたならば、そのとき、その者自身の経験がその者の気持ちをさらに動かすのだ……」（『雅歌について』 *Super Cant.* 3.1）。全中世を通じて、花嫁の神秘は、ここにはっきりと示されている。さらにベルナールは、キリスト中心神秘主義の第二の構成要素、すなわち受難の考察

についてもまた、それがあまり詳細なものでないにせよ、5つの傷についての瞑想を紹介することで、1つの基盤を生み出している。彼の著作の中には、幼児キリストを考察する試みまであり、人となった人間に対する本質的な献身について、ヨーロッパ・キリスト教世界にとって模範的な方法で的確に述べられているのである。確かに、神秘主義への傾向は、中世盛期のベネディクト会において全く知られていなかったわけではない。しかしながら、特に12世紀のシトー会が、その傾向を西欧における宗教の歴史の中に根付かせたのである。

その激情を強調する霊性の典型的な例として、ホイラントの修道院長ギルバート（1172没）の考察を引用しよう。「十字架の甘さ」は、受難具のもたらす救済を客観的・神学的に扱った創作として古くから高く評価されている作品だが、ギルバートの実践的神秘主義はこれを、霊的な経験に解釈し直してみせる。魂の花嫁は、こう語っている。「甘い枕は、私にとって、愛するイエス、汝の頭の荊冠であり、甘い寝台は、私にとって汝の木の十字架である。その中で私は、生まれ、育てられ、創造され、新しく生み出された。私は喜んで汝の受難の祭壇に、私の記憶の住処を調えた」（『雅歌』2）。愛と苦悩は、特有の方法で融合されるのである。

このような概念を具体的な体験へと変えることは、とりわけ、修道会の女性たちに残された課題であった。13世紀の多くの優れた女子神秘思想家たちは、この修道会に属していたのである。彼女たちの一部は、以前はベギンとして生活していた。トンガーのルイガルト（1296没）のようなつつましい女性が、受難のキリストとの幻視的な出会いについてのみ語る一方で、ナザレトのベアトレイス（1200-1268）のような知識人は、自らの体験をみごとな語り口で表現してみせた。とりわけ、ザクセンのヘルフタ修道院は、13世紀の末期には神秘主義の中心地となり、マクデブルクのメヒティルトや大ゲルトルート、ハッケボルンのメヒティルトに宿所を提供したのである。

シトー会の霊性におけるもう1つの構成要素は、聖母マリア崇敬である。修道会の全ての聖堂は、神の母に捧げられており、多くの修道院が神の母を名称に掲げている（パレ・ノートルダム、サンタ・マリーア・デル・パルーディ、マリエンシュテルン、リエーフェ・フローヴェルク）。ベルナールは、神の恩寵をさらに先に送る「水道管」として神の母を敬慕していた。修道会の奇跡の

2-9 アロンゾ・カーノ「聖ベルナールの幻視」
1650年頃、プラド美術館蔵

書には、非常に多数のマリアの出現が書き留められている。

　トリエント公会議に応じた改革は、シトー会に新しい宗教的な刺激と形式（観想、黙想）をもたらした。バロック時代において、諸修道院は、完全に新しい表現形式に行き着いたのである。それは確かに、共誦祈禱に関して継承されてきた典礼上の核を尊重してはいるものの、時代の様式の中で、多くの補足によって補われたものであった（新しい賛美歌、ポリフォニーのミサ等々）。特に立派な修道院付属聖堂や修道院の新設は、修道制の伝統を変革しようとするひとつの気運を物語るものである。つつましい生活態度の美徳は、18世紀の終わり頃に初めて、多くの修道院において、その魅力を喪失した。中世の範に従うことを誓言している諸改革修族（トラピスト等）にしても、決して修道会の真の伝統を受け継いでいるとは言えないのである。

4. 文学

　中世のシトー会には、たいていの他の修道会と同じように、その宗教的な志向を示すまとまった著作群はひとつだけしかない。中世ラテン語文学の分野にある他の業績は全て、クレルヴォーの大修道院長ベルナールの作品の陰に隠れてしまう。特に、アウグスティヌスや大教皇グレゴリウスに接して磨かれ、さらに、ラテン人古典作家の知識をももちあわせた彼の優れた文体は、当時の人々からも既に称賛されていたのである。彼の散文は、語呂合わせ、頭韻、そして対句法を用い、故意の省略による多くの強調を通じて、聞き手や読者に絶え間ない注意を求める華美なものである。至る所にある聖書の成句が、主題のコードのように作用し、そこにもっとも大胆な言語表現上のヴァリエーションが張り巡らされている。とりわけさまざまなアレゴリー表現の駆使を思い起こしておこう。それは宗教文学と世俗文学とを問わず、直接的にまた間接的に影響を与えたのである。

　彼の主著は、「雅歌」についての諸説教であり、それは、シトー会の霊性の

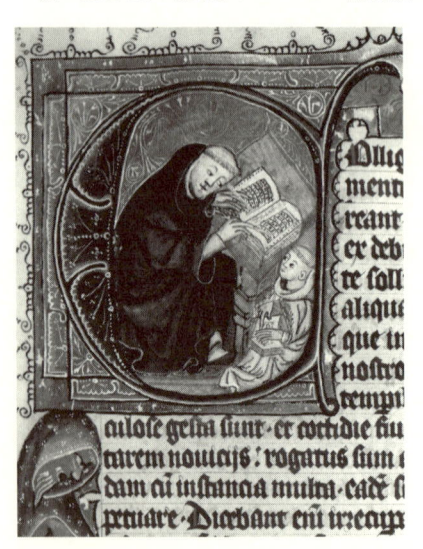

2-10　ハイステルバッハのカエサリウス
『奇跡に関する対話』
14世紀前半の写本、
デュッセルドルフ大学・国立図書館蔵

最終目標、神との結合への最も重要な指導書である。ベルナールは「雅歌」について、1135年から彼の死まで、一度に2章分を超えることなく、注解を記しつづけた。また『神への愛について』(*De diligendo Deo*) は、神秘主義の理論の古典的作品であり、エウゲニウス3世のために書かれた後年の著作『熟慮について』(*De consideratione*) は、教皇庁の実践から深遠な瞑想までを扱った「教皇の鏡」というべき書である。大修道院長の多岐にわたる著作はさらに、さまざまな小冊子（テンプル騎士修道会設立にあたっての称揚文等々）に加えて、説教、寓話、格言、典礼詩、聖人伝などをも含み、そのそれぞれが広く受け入れられ、さまざまな俗語に翻訳された。ベルナールはまた、約500通を数え、その多くが感動的な内容をもつ書簡を残したことでもよく知られている。

ベルナールの時代、そしてまた彼の死後しばらくの間は、第一級の中世ラテン作家が多数存在したが、ここではその中から、リーヴォーのアエルレッド（アイルレッドまたエゼルレッドとも、1109-67）の名のみを挙げるにとどめたい。彼は修練長時代に『愛徳の鏡』(*De speculo caritatis*) を著したほか、イエスの幼児期の秘密についての考察や、キリストとの霊的友情についての著作（12世紀のキリスト教世界においてキケロのそれと双壁をなし、ほかならぬシトー会士たちに多く読まれた『霊的友情について』*De spiritali amicitia*) も残している。

さらに宗教的な叙情詩も現れた。イングランドのあるシトー会士によって1200年頃に書かれ、魂の花婿の神秘的な接近を詩に詠んだ賛歌『甘きイエスへの追憶』(*Jesu dulcis memoria*) や、ヴィレール・アン・ブラバンのアルヌルフ（1250没）による受難の神秘の詩である。ペリのグンテルスは1208年頃に、第4回十字軍についてのプロシメトルム（6脚韻と散文が交互に現れる詩形）をものし、イタリアにおけるバルバロッサの戦いを扱った叙事詩『リグリーヌス』(*Ligurinus*) の著者にも擬されている。

修道会においては、特に奇跡史や幻視が好んで記録され、多くの修道院では固有の奇跡書をもっていたが、ここではハイステルバッハのカエサリウス（1240没）のみに言及しておきたい。彼はとりわけ修練士たちのために書かれた『奇跡に関する対話』(*Dialogus miraculorum*) において、修道生活の様子を生き生きと記録した。また、シェーンタールのリヒャルム大修道院長は、13世紀の初めに『人間に対する悪魔の罠とたくらみについての啓示の書』(*Liber revelationum de insidiis et versutiis daemonum adversus homines*）において、邪悪な霊によってびっしりと浸された世界を描写した。

シトー会の著作家たちはまた、民衆語文学の創始者として、しばしばその名を挙げられる。フランスの宮廷恋愛詩人たちの中には、高齢になってから自ら回心してシトー会士になった者が何名かおり、その中にはヴァンタドゥールのベルナールやボルンのベルトランのような高名な詩人も含まれていた。マーレイのティボーは1185年頃、フランス語で戒めの詩を書いており、フロワモンのエリナンは、12世紀の終わり頃、その『死の詩』（*Vers de la mort*）をもって、擬人化された死についてのフランス語による最初の文学作品を生み出した。彼は、俗生活から転向する際に、その詩を彼の友人に送ったのである。「死を思え」（Memento mori）や「世界は空虚」（Vanitas Mundi）といったテーマは、やがて中世後期には、極めて頻繁に取り上げられるところとなる。

13世紀の中頃に、ある無名の修道会所属員が奉仕的恋愛の3段階について、ドイツ語の小冊子を著した（『理想的な生活のための聖なる規律』）。この時代には、特にナザレのベアトレイスのような、修道会の女性神秘思想家たちが登場する。ベアトレイスは、古フラマン語の散文による『聖なる奉仕的恋愛の7つの流儀について』（*Van Seuen Manieren van Heilege Minnen*）を残している。この作品では、純潔と、量ることのできない無私の愛の認識を得るためには避けられない歩みのうちに、魂の上昇が実現することが示されている。また、ヘルフタの大ゲルトルート（1256-1301/2）が自ら筆を執った啓示の第二の書たる『神の愛の使者』（*legatus divinae pietatis*）は、その言語的完成度の高さには驚くべきものがあるが、内容的にはシトー会的要素よりも、ベネディクト会的要素がまさっている。

ほぼ13世紀の中頃以降は、かつてセンセーションを巻き起こした頃の修道会の勢いが、もはや感じられなくなる。そしてそれに応じて、すぐれた著作家たちもまたいなくなった。12世紀にはあれほどの卓越した人材が豊富に揃っていたにもかかわらず、である。中世後期のシトー会の著作で最も広く伝わったものは、おそらくは1335年頃に著された、敬虔な生活に関する修道者と俗人双方のための手引書である『ザクロの木』（*Malogranatum*,「雅歌」8:2を参照）であろう。本書は、ボヘミアの修道院ケーニヒザールを舞台とし

ており、その修道院長の1人がその著者に擬されているが、問答形式の三部構成をとり、神秘的飛躍についての古典的な三状態の教義（浄化、啓示、合一）がそこに反映されている。またディギュールヴュのギョームの寓意的な文学作品は、フランス語圏外にも受け入れられた。1330年から58年にかけてシャーリス修道院に在籍したギョームは、とりわけキリスト者の人生とキリストの現世での生活とを、巡礼の旅としてイメージ豊かに描き、挿画にも革新的な図像表現を採り入れた。一方、リヒテンタールのシトー会修道女レグラの著した聖人伝『聖なる少女と婦人の書』（1460年）は、さしたる影響を及ぼさなかった。

　近世においては、広く文学的に有名になった修道会の著作家はごくわずかである。ブリュッヘ近郊のレ・デューヌの修院長シャルル・ド・ヴィッシュ（1666没）と、ボンヌフォンテーヌの修道士ベルトラン・ティシェ（1670没）は、シトー修道会の文学史を著したが、そこでは明らかに神学と修徳文学が圧倒的であった。ドイツ語には「クニッテル詩形」（Knittelvers, Knüttelvers）と呼ばれる詩形があるが、この呼称は、韻文をたしなんだ修道院長ベネディクト・クニュッテル（Benedikt Knüttel, 1732没）の名に由来するものだという説もある。またリリエンフェルトの修道院長であり、1827年以降はエルラウの大司教となるフェルソ・エルのラディスラウス・ピュルカー（1847没）は、彼の叙情的、そして叙事的な著作によって、オーストリア・ハンガリーの宗教生活に永続的に影響を及ぼした。ヴェッティンゲンのアルベリヒ・ツヴィシヒ（1854没）は、詩人にして作曲家であり、とりわけその『酪農家の詩』（Schweizerpsalm）で有名であった。ハイリゲンクロイツ修道院のマインラート・ノセック（1946没）は、この時代の最も重要なシレジア方言の作家と見なされていた。

5. 建築と造形芸術

　1113年以後、修道会の財産が急速に増大したので、木造の聖堂や修道院は、石造建築にとって換えられるようになった。他の修道会の居住地と同じく、シトー会も都市のような施設を設置しており、塔を持つ壁によって囲ま

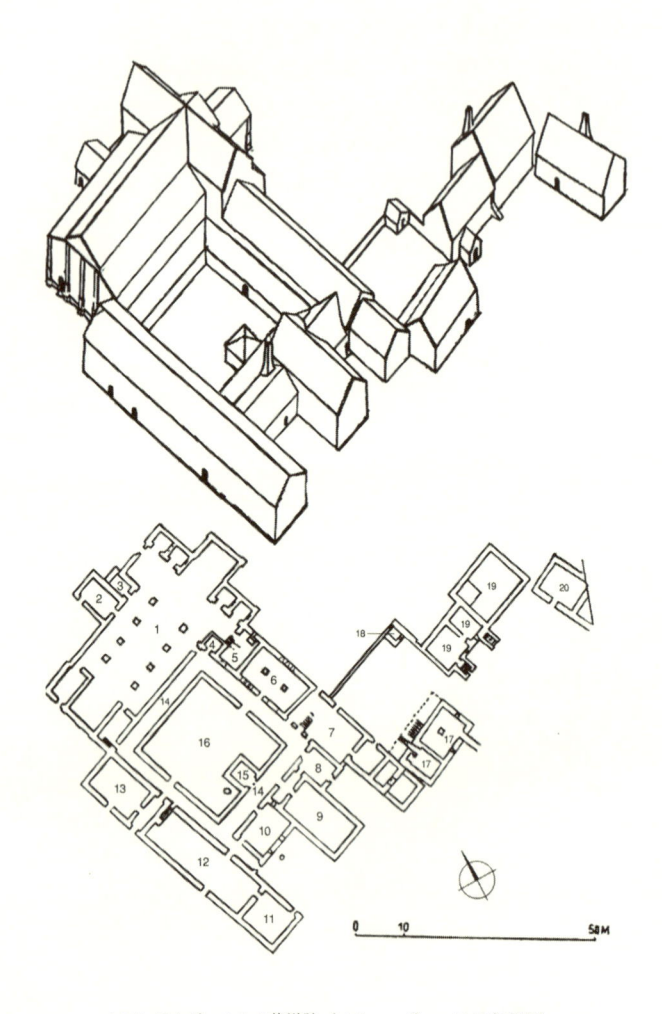

2-11* アルヴァストラ修道院（スウェーデン、1143年創設）

1：聖堂　2・3：後に増築した礼拝堂　4：アルマリウム　5：聖具室　6：集会室
7：助修士集会室　8：暖房室　9：食堂　10：厨房　11：作業場　12：助修士用食堂
13：貯蔵室　14：回廊　15：噴泉室　16：中庭　17：修道院住居　18：入口
19：病室　20：賓客館

れた中には、聖堂や修道院の他に、家畜小屋、鍛冶場、パン焼き場等々の自前の建築物を備えていた。マウルブロン（バーデンヴュルテンベルク）やポブレート（スペイン）では、今日においてもそれらを容易に見ることができる。

シトー会修道院の典型的なプランについては、叙述よりも図版をご覧いただいたほうがよいだろう[図2-11]。1143年に設立されたスウェーデンの大修道院アルヴァストラには、クレルヴォーに由来する修道会の典型的な建物の配置が具現化されている。

全ヨーロッパの白い修道士たちは、ここに表されているベルナールの意図に添ったプランに従ったのである。それにともなって、シトー会の厳格さとブルゴーニュ様式は至る所に普及し、その時々の地域的伝統と結びあわされた。また、貴族の設立者のイメージも、建築様式の決定に関わることになった。例えば、バイエルンのホール式聖堂（ハレンキルヒェ）のように設立者のイメージが修道会のイメージと合致したところでは、そのイメージもまた支配的になり得たのである。聖堂と禁域施設との有機的結合は、祈りに捧げられたひとつの閉ざされた世界を作り出した。修道士たちは、回廊から聖堂に

2-12　フォントネー修道院聖堂の内部

2-13 セナンク修道院聖堂

直接進入し、会衆もいなかったから、在俗聖職者の聖堂にあるような西側のファサードの特別な造形は必要なかったのである。塔は自尊心の象徴と見なされ、禁止されていた。

　初期の建築は、簡素さを前面に出した造りになってはいるが、そこには卓越した石材加工の技術が駆使されてもいた。建築彫刻、壁画、多彩色のガラス窓はなく、十字架を除けば彫像もない。ただ簡素な典礼具があるだけだった。そして、黙想から気を逸らすような装飾を一切排したその空間にあっては、移ろう自然光のみが、唯一の造形的な構成要素であった。設立期の建物が残るフランスのフォントネーやセナンクといった修道院は、こうした往時の雰囲気を今によく伝えている。

　しかしながら、ほどなくシトー会はゴシックの技術と形式表現法を、まずは浄化され、簡素化されたヴァリエーションで受け継いだ。そしてここでも、根源的な簡素さという命題が、ゆっくりと実現されていった。例えば、支柱によってのみ内陣と隔てられた周歩廊（1180-1210年）をもつ、ポンティニー（ヨンヌ）修道院の付属聖堂の内部は、本質的には、もはや同時代の他の聖堂建築と異なるところはなかった。その違いはむしろ、台座をもたない添え柱

シトー会 143

2-14 マウルブロン修道院食堂（レフェクトリウム）

（片蓋柱）を支える持送りの、純粋に幾何学的なもしくは抽象的・植物的な意匠といった細部に宿り、持送りは多くの建築において、修道会の精神を映す鏡のような存在だったのである。しかしやがては、柱頭彫刻（例：ハイルスブロン）、扉口彫刻（例：プフォルタ）、壁画（例：ペーペンハウゼン）、彩色窓（例：ゾンネンカンプ）が取り入れられることになる。エブラッハ修道院のファサードには、巨大なバラ窓（1280年）があしらわれており、このバラ窓は

もはや、いかなる司教座聖堂のそれに比しても遜色のないものである。備品にもまた、例えばオートリヴ修道院の聖務共誦席 (15世紀後半) が示すように、この時代には具象的な装飾が施されるようになった。またキアラヴァレ・ミラネーゼ修道院のように、より古い建築物がゴシック様式に改装されることもあった。この修道院では、12世紀の聖堂に、華美な装飾をもつ多層の塔が加えられ、その増築にあたっては、修道会に属さない外国の芸術家たちも雇い入れられたのであった。

修道会の建築術は、ドイツや東欧におけるゴシックの受容にとって極めて重要なものとなった。12世紀末から13世紀初頭にかけてのシトー会の急速な拡大の際に、ゴシック様式の設計や工員たちをフランスから取り込み、そして、当時の最も近代的な建築様式の実例を同地にもたらしたことは明らかである。多くの平面図に見える様式、すなわち、周歩廊のない、方形で仕切りをもつ内陣は、クレルヴォーの初期の聖堂に倣ったものである。他方で、修道会の建築物はまた、他の建築の模範としての役割をも果たしており、例えば、マクデブルクの大聖堂は、マウルブロン修道院のシトー会ゴシック様式を取り入れていた。また、当然ながらそれは地域的な要素とも結び合わされ、例えばシレジアのシトー会ゴシック建築は、ほぼその大部分が煉瓦ゴシック様式に属している。

写本挿絵に関しては、スティーヴン・ハーディング大修道院長の下で、ロマネスク時代の他の写本にも見いだせるような、具象的で装飾的な細密画の制作が可能になった。もちろん完全な彩色ではなく、色ペン画としてではあったが。ベルナールの時代には、装飾画はなくなり、あとは時折、飾り文字形の字体が、修道会の書物芸術を表すだけであった。12世紀の後半以降、これに変化が現れた。写本は、次第に別の過渡的スタイルの一般的細密画で装飾され、それからゴシック様式の細密画で装飾されたのである。例えば、ハンブルク国立図書館にある1260年頃の華美な聖務日課書のような、多くの優れた彩色写本は、後期ゴシックの写字室から生まれている。私たちは、中世後期からシトー会の写字室では世俗の文学が模写され、挿絵が付けられていたという情報さえつかんでいる。1372年には、アメルンクスボルン修道院において王侯の依頼人のために、宮廷叙事詩『ヴィーガロイス』(*Wigalois*) の彩色写本が制作された。そしてこの時代の終わりには、印刷所

2-15/16 シトー会の写本の飾り文字
大グレゴリウス『ヨブ記講解』の写本（12世紀初）、ディジョン市立図書館蔵

も設置されており、中でもツィンナ修道院は、1492年から93年にかけて、約500の木版画を添えた聖母マリアの詩編を刊行したのである。

　近世になると修道会の発祥の地では、空位聖職禄の保有制度のゆえにごく一部の修道院に限られてはいたが、大建築設立の動きが起こった。シトー修道院をバロック様式で再建するにあたり、設計を担当したのは、かのニコラ・ルノワール（1810没）であった。ドイツの諸地域のシトー会は、旧来の修道院施設の改装にこだわる傾向が強く、エブラッハ、ハイリゲンクロイツ、ハイステルバッハ、カイスハイム、マリエンシュタット、ザーレム、アルテンベルクの各修道院のように、聖堂内部のみがその時代の様式で改装され、建物自体は中世のまま維持されるというケースが目立った。ツヴェットル修道院では、旧来の聖堂にバロック様式の塔をもつファサードが継ぎ足された。修道院施設の方については、中世のまま無傷で残されることも多かった。たいていの修道院施設は、中には何もない状態で保存され、ハイリゲンクロイツ修道院に見られるように、新設された聖堂の中に組み込まれることもあった。シェーンタール、グリュッサウ、あるいはザンクト・ウルバンのように、古い聖堂で2つの塔を備えている例は、シトー会建築の伝統からはずれた存在として見逃すことはできない。修道会のバロック様式の聖堂の中で最も美しいのはおそらく、修道院聖堂ではなく、ビルナウ巡礼教会（1747-50年）と、フィアツェーンハイリゲン（十四聖人）巡礼教会（1743-1772年）の2つであろ

2-17/18
シトー会の写本の飾り文字と挿画
大グレゴリウス『ヨブ記講解』の写本、
12世紀初、ディジョン市立図書館蔵

う。

その後は世俗的な建築の範例に従って、堂々たる複合的な施設が建てられた。例えば、ザーレムやエブラッハ、あるいはロイブスといったいくつかの大修道院では、その政治的な役割に応じて、豪華な皇帝の広間が建物の重要な要素を成していた。図書館もまた、ヴァルトザッセンやツヴェットル、ないしリリエンフェルトのように、重々しい印象を強調する使命を果たしていた。

ロココ様式の最も美しい修道院設備をもつものは、リンツ近郊のヴィルヘリング修道院である。1733年の火災の後、一貫した建築指導もなく造られたにもかかわらず、きわめて感動的な内部空間が、とりわけ茶色、白そして金色の調和をもって、快活な後期バロックの理想像をまさしく伝えている。祭壇画とフレスコ画の多くは、マルチノとバルトロメオ・アルトモンテの作品である。

初期擬古典主義の内装は、とりわけザーレムやエーベルバッハにおいて維持されている。しかしながら、もはや中世におけるような一貫した建築の特徴を求めても無駄である。今や、俗人も礼拝に立ち入り、それに対応して信徒席が身廊を占めていたから、典礼上も過去の教会様式との断絶が生じていたのである。

6. 音楽

初期教会の起源に回帰するという動きの中で、スティーヴン・ハーディング（1134年没）は、アンブロシウスの賛歌をその原形式において利用したいと願っていた。それゆえ、真正なものと見なされている歌をミラノから手に入れた。元来のミサに関しては、メッスにて維持されていると思われていた。この歌に基づいたシトー会のことさら簡素な声楽は、多くの同時代人にとっては耳慣れない、許しがたいものに感じられた。そして、教会暦年の祝祭を、通例のように典礼上ことさら強調しなかったことも、そうした印象に拍車をかけたのだった。交誦聖歌集の更新に関する委員会を統率しているベルナールの原則は、音楽を通じて（造形芸術におけるような）言語の転換を行うこと

を許していなかった。その意味で後の総会もまた、ポリフォニー採用の試み（1217年）といった、音楽のさらなる発展に関するさまざまな適応を禁止したのだが、結局は妥協しなければならなかった。このような条件では、中世の修道会が、著名な作曲家たちを生み出すことがなかったのも無理からぬことであった。中世末期になって初めて、声楽のみのグレゴリオ聖歌に代わり、祝祭日にオルガンやオーケストラ伴奏付きでポリフォニーの声楽が鳴り響いたのである。というのも、1486年に修道院総会がオルガンの演奏を許容したからである。

ルネサンスとバロックの時代には、もはや伝統的な聖歌音楽の特性に理解が示されることはなかった。修道会総長クロード・ヴォーサン（1670没）は、典礼用の楽譜をローマの形式に従って変更させたのである。17～18世紀の多くの修道院では、食事時の朗読ですら、室内楽にとって換えられた。修道会への入会志願者は、入会の前に、音楽的能力を試されることも稀ではなかった。

スイスのザンクト・ウルバンやザーレム、同様に女子修道院であるラートハウゼンやヒンメルスプフォルテンは、徹底した音楽育成で特に知られている。これらの修道院では、おそらく完全なオーケストラを編成することすら可能だろう。作曲家としては、既に言及したラディスラウス・ピュルカーの他、シレジアのヒンメルヴィッツ修道院のヌキウス院長（1620没）、フイヤン会のルクレティオ・クインティアーニ（16世紀末没）、コンスタンティン・ラインドル（1798没）、ヨハネス・シュライバー（1800没）、また、ザンクト・ウルバンからはマルティン・フォークト（1854没）らの名が挙げられる。パイプオルガンは、とりわけフュルステンフェルトやザーレム、ヴィルヘリング、オリヴァに設置されたものが有名である。

7. 神学

大修道院長スティーヴン・ハーディングは、音楽の領域と同様に、聖書のキリスト教の原典についてもまた、起源に回帰することを求めた。このことは、修道会の到達目標としての、ほぼ「原典批判をした」新しい「ウルガタ」

2-19 ダヴィデと楽師たち
「スティーヴン・ハーディングの聖書」
12世紀初の写本、ディジョン市立図書館蔵

版をもたらしたのである。この初期の文献学の業績は、旧約聖書に関してはユダヤ人学者の招聘の下で生まれたものである。

　中世盛期の修道会の著作は、当初、宗教教育、秘儀伝授、聖人伝等々の部類に属していた。当時の分類ではまだ、神学という分野は存在しなかったのである。既に挙げたクレルヴォーのベルナールは、修道会の重要な著作家として際立っている。言うまでもなく、彼の「雅歌」についての注釈は、神学的著作、すなわち聖書解釈と見なされてもいるし、あるいは、彼の小冊子『恩寵と自由意志について』(*De gratia et libero arbitrio*) は、恩寵の教えと見なされているのである。かつてのベネディクト会修道士、サン・ティエリー大修道院のギョーム（1085/89-1148/49）は、否定的、肯定的な神秘神学の融合を、『自然と愛の尊厳』(*De natura et dignitate amoris*) という教理書の中で行った。その著作において彼は、理性と愛の関係を議論したのである。特に、秘儀伝授的小冊子、彼の『神の山（カルトゥジア会修道院）の兄弟たちへの書簡』(*Epistola ad fratres montis Dei*) は、しばしば間違ってベルナールのものと見なされたりしたが、広く流布していた (約300のテキストがある)。その中心命題は、修道士が既にその生活の中で神を感受する経験にありつくことができるように、意志の不安に基づき、「存在する神にではなく、神が存在するその存在となること」(258) である。ステラ大修道院のイサーク院長 (1169没) は、教会論的マリア学 (『教会と神の母との諸比較』) を構想した。

伝説に包まれたフィオーレのヨアキムには、典型的な修道会の霊性の特徴を感じさせるところはあまりない。彼は、1177年以後、カラブリアのシトー会修道院コラッツォの修道院長となったが、霊感を与えられた歴史神学者とでも呼ぶべき存在であった。三位一体論的に区分された救済史は、「父の時代」つまり恐怖で制圧された奴隷の時代は旧約聖書から、また、「息子の時代」つまり純真なる従順と贖罪の時代は、新約聖書から構成されている。そして、その一部は始まり、また一部は来たるべき修道士の時代、つまり「永遠の福音」と愛の時代は、聖霊とその自由に満ちた王国なのである。ヨアキムの著作の一部は、さまざまな教会会議によって有罪判決を下されたが、後の多数の歴史哲学者たちによって、同様にまた終末期の即時開始を待望する分派として有罪となった集団によって、継受されたのである。ミュンツァーとルターは、ヨアキムを高く評価し、とりわけ後者は、ヨアキムの諸著作を初めて印刷した。薔薇十字団、ベーメ、ヘーゲル、シェリング、ソロヴィヨフ、シュタイナー、ユング、さらに、カンディンスキーの絵画に、またヒトラーの第三帝国にまで、ヨアキムの歴史構想は影響を与えることになったのである。

中世後期の最も重要かつ独自の修道会神学者と見なされるジャン・ド・メリクールは、1345年頃にある命題論集注解を公表したが、彼はオッカムの門弟として教皇により有罪とされた。エブラッハのコンラート (1399没) の命題論集注解もまた、いくつかの他の論文とともに広く伝わっていた。さらにボヘミアでは、ケーニヒスタールのマテウス・シュタインフース (1427没) が、例えば、「マタイによる福音書」や「詩編」、また賛歌についての注解を著した。彼の主著もまた、同様に広く受け入れられた命題論集注解であった。

トリエント公会議後の改革の意味については、枢機卿ジョヴァンニ・ボナ

(1674没)が検討している。彼の修徳神学の諸著作や典礼の注釈は、彼が所属していたフイヤン会の精神を反映したものである。多くの顔を持つスペインのシトー会士の司教、ロブコヴィッツのカラムエル (1606-82) は、放縦な倫理神学者として誤認され、再三非難されてきた。彼は、最も難解な神学的諸問題はいわば自然科学的に解くことができる、とその『不敵なる教説』(*Mathesis audax*) に記している。ホーエンフルトの修道院長クヴィーリン・ミクル (1767没) は、未刊行ながら百科事典を編み、アルダースバッハのシュテファン・ヴィースト (1797没) は、インゴルシュタット大学の教授として、全6巻の神学的文学史を世に出した。ハイリゲンクロイツのニヴァルト・シュレーグル (1939没) は、ウィーン大学の教授として韻律をもつ聖書の翻訳を行ったが、この翻訳は公にすることが許されなかった。より新しい時代では、ケンタッキーのトラピスト大修道院ゲッセマニのトマス・マートン (1968没) による修徳的=神秘的著作が、大きな成果を収めた。

8. 歴史叙述と法学

シトー修道会は、とりわけ歴史叙述に勤しんできた。デンマークのソール大修道院は、1162年に王国の年代記を作成する目的さえもって設立された修道院であった。この分野においては、なによりもまず、1132年に15人の学友とともにモリモン大修道院に加入し、教養高く、1138年からはフライジングの司教となったバーベンベルク家のオットー (1158没) を挙げなければならない。特に、アウグスティヌスとオロシウスに基づく天地創造から最後の審判までの世界年代記『二つの国の歴史』(*Historia de duabus civita-tibus*) は、基調として悲観的ではあるが、叙任権闘争の衝撃の後にも、未だ世界を維持しているのは修道士たちだけであるとして、彼らの功績をたたえている。時事的な記録である『フリードリヒ帝事績録』(*Gesta Frederici*) は、ホーエンシュタウフェン家、とりわけオットーの甥であるフリードリヒ・バルバロッサを賛美したものである。

フロワモンのエリナンは、優れたラテン語の書き手でもあったが、634年から1204年までの内容豊かな世界年代記を残した。1212年から1216年まで

自らアルビジョワ十字軍に参加したヴォー・ド・セルネーのピエールは、カトリックの見地からその作戦を善悪の戦いとして叙述した。ボヘミア史の最も重要な叙述の1つは、ケーニヒザール修道院長ツィッタウのペトルス(1316-38年)によるものであるが、一方でフィークトリングの修道院長ヨハネス(1347没？)は、その『正確なる歴史の書』(Liber certarum histriarum)において、自らが中世後期における最もすぐれた歴史叙述家の1人であることを証明している。

フエルタ修道院のアンヘルス・マンリケ(1649年にバハドズの司教として没)は、全4巻よりなる1236年までの修道会史を公刊した。この書は、1世紀の後にドイツ語に翻訳された。カスパー・ヨンゲリヌス(1669没)は、フランスの修道院文書を徹底して調査し、重要な史料集を作成した。修道会の家系研究あるいは伝記研究は、ほとんど総括されていない。一般的な教会史では、数巻からなる著作であるトレ・フォンタネ修道院長フェルナンド・ウゲリ(1670没)による『イタリア・サクラ』(Italia sacra)が、注目すべき著作である。歴史補助学の領域では、キアラヴァレ・ミラネーゼ修道院長のアンジェロ・フマガッリ(1804没)が功績をあげている。19世紀においては、ツヴェットルのレオポルト・ヤノーシェク(1898没)が、全ての男子修道院とその創始についての厳密な一覧を公刊した。オーストリア＝ハンガリー管区の修道士たちは、全5冊よりなる史料集成と諸研究『クセニア・ベルナルディーナ』(Xenia Bernardina, 1891年)を共同で編集した。メーレラウのグレゴール・ミューラー(1934没)は、1888年にドイツ語の最初の修道会雑誌『シトー会クロニクル』(Cistercienser-Chronik)を創刊、編集した。彼は同誌に、修道会史についての基本的な論説を執筆した。修道院総会規定集(1933-41年)の編纂者は、トラピスト会大修道院スクールモンのジョゼフ＝マリー・カニヴェ(1952没)であった。

法学の研究は、当初、修道会では禁止されており、中世後期になってようやく始められた。その際、1339-1342年にコルバッツの修道院長ヨハネスが、有名な最初の法律の摘要書を作成した。近代のシトー会士たちは、一層集中して法の研究に専心し、その際には特に、修道会特権の確定が明確な研究対象となった。これについてはザーレムのラファエル・ケンディヒ(1758年没)が、大がかりな研究論文を起草した。これ以外の研究集成は、修道会の総長

たちによって促された。既にクリソストモ・エンリケス（1632年没）が、法史料のみならず、修道会の聖人たちの伝記資料もまた編纂していた。彼の『メノロギウム』（*Menologium*）は、修道院での日常生活に利用するために、1952年に再刊された。エンリケスは、いわば人文主義によって駆り立てられ、包括的な歴史研究にも専念した、修道会の学識ある新しい世代の始まりに位置しているのである。

9. 自然科学

シトー修道会においては、農業経営と技術の実践が非常に促進されたため、自然科学の理論的研究への貢献はささやかなものにとどまっていた。ベルナールの門下生であるクレルヴォーのアルシェルは、心理学のハンドブック『心と魂について』（*De spiritu et anima*）を著した。この書は、誤って聖アウグスティヌスの名前で流布したため、さかんに読まれた。ステラのイサークによる同様な叙述は、アルシェルに捧げられている。モリモンの修道院長オド（1161没）やオーベリヴの修道院長ギヨーム（1186没）は、もちろん象徴的な解釈においてではあるが、数学の教育に携わった。

それに対して、バロック時代の諸修道院においては、自然科学への取り組みがまさに流行し、物理学に関する展示室や博物品の収集室が設置された。著名な研究者には、植物学者のパオロ・ボッコーネ（1633-1704）や、メキシコの皇帝マクシミリアンの随員であり、チャプルテペックの国立博物館の設立者でもあったノイクロスター修道院のドミニク・ビリメック（1813-1884）がいた。

10. 教育制度

修道院では、既にヌルシアのベネディクトゥスがそうであったように、ベルナールやシトー会の他の著作家たちが、敬虔なる学校を思い描いていた。修道院は、新しく作られた聖職者の学校と競争関係にあったのである。聖職

者の学校では、世俗の学問と古典古代の著作家たちが授業計画にあり、そこから大学が生まれていた。それに対して、シトー会では、「聖霊の講堂」にて、いわば一種の宗教的な学芸として、神の探求が行われたのであった。初期のシトー会では、修道会外部での魂の司牧活動をきっぱりと拒絶していたから、修道会にはしかるべき職業教育は存在しなかったのである。確かに、いくつかのシトー会女子修道院では、時折、教育のために少女たちが迎え入れられることがあった。しかし、これは修道会の指導で禁止されていたことであった。

1243年に、学識のあるスティーヴン・レキシントンがクレルヴォーの修道院長になった時、状況は初めて変化した。彼は、教皇の協力を受けて、競合している托鉢修道会を手本にし、パリにひとつの学院を設立した。この学院は聖ベルナールの名前を掲げたが(聖ベルナール学院)、そこでは、まさにそのベルナールが論敵アベラールの姿にだぶらせていたこと、すなわち、スコラ神学が教えられた。教育施設は、他の重要な大学都市にも設立された。かつて自らがシトー会士(ジャック・フルニエ)であった教皇ベネディクトゥス12世(在位1334-42)によって、特に研究が促されたが、托鉢修道会のように非常に際立った教師を生み出すことはなかった。

トリエント公会議以降、若い修道士たちは主として大学で研究をおこなった。ニーダーエスタライヒの諸修道院は、1802年に国の認可を得て、ハイリゲンクロイツ大道院内に固有の神学院を設立した。

青少年教育は、ようやく1744年から(シレジアのラウデン修道院のラテン学校で)取り組まれた。ヨーゼフ主義に強要されて、ほとんど全ての修道院が教育活動に従事することになり、今日においては一般的なこととなっている。ただし厳律派においては、教育事業は依然として例外的な取り組みにとどまっている。

11. 経済活動

中世におけるシトー会の文化的業績としてとりわけ強調されているのは、経済活動であり、これは他の修道会のそれよりも遙かに勝っているものであ

2-20 テル・ドエスト修道院（ベルギー）の穀倉、13世紀

る。既に規則によって求められている孤独に居住することを通じて、当時のヨーロッパにおいて、多くの修道院がいまだ手中にない原生林の開墾の中核となったのである。いくつかの名称は、開墾活動を思い起こさせるものである（例えばヒンメロート）。修道士の手の労働、修道院の自家経営という規約は、既にシトー会の最初の規定（1134年頃）に定められている。そのために必要となる所領（所有地、水路等々）の獲得は、明文をもって容認されているのである。修道会は、自らの独立のために、中世盛期においてある進歩的な経済戦略を発展させた。まず第一に、共誦祈禱修道士であっても、自らの手で労働をしたこと。まもなく肉体労働は、経営管理と同様に助修士、すなわち修道会の構成員の役割となった（それに対してベネディクト会士の場合は、通常、修道士自身ではなく、奉公人や隷属民を動員し、封建地代を徴収した）。修道院に寄進された土地、あるいは修道院が購入した土地には、組織的に個別農場（グランギア）が設立され、その農業生産物によって修道士たちの生計を確保したのである。グランギアは、しばしば開墾地に設置されたのだが、既存の諸村落内に設置されることも稀ではなく、その場合、当地の住民は、追

2-21 イェルク・ブロイ「穫入れの中で祈る聖ベルナール」
1500年頃、ツヴェットル修道院聖堂

放されたのであった(「農民追い出し」)。グランギアは自ら大農場に発展した。クレルヴォーは、13世紀にひとつのグランギアだけで、約3,000頭の羊を保有し、ツヴェットルでは、1311年に少なくとも2,000頭の羊を保有していた。イングランドでは、修道会は羊毛市場を意のままにしていた。シトー会はまた、ことのほか鉱業に取り組んだところでは(例えば、ハルツにある修道院ヴァルケンリート)、効果的な水利技術、水車、鍛冶場等々に関しても尽力していたのである。製鉄は、クレルヴォーが好んだ専門分野であった。過剰に生産されたものは、都市において、中でも修道院自身の商館(都市館)で売却した。このことで、当地の商人たちと衝突することもあった。ぶどう栽培もまた、修道士たちにとってひとつの関心事であった。いくつかの修道院では、既に12世紀の中頃には、グラーツ近郊のライン修道院のように居酒屋さえ営み、そこで修道院のワインを売りに出していたのである。生産物はますます市場志向性をもつようになり、それにともなって修道院の自家経営の原理

から離れていった。そのうえシトー会は、必要不可欠な原料、例えば塩や鉄のような原料も供給した。修道院総会は、多数の指示や命令を通じて諸修道院の商業活動を規制したにもかかわらず、シトー会は、既に12世紀の終わりには、商業において重要な原動力となっていた。この発展は、都市における流通税特権や公課免除によって促進されたものであったが、そのことが、市民である商人や小売商たちを不利な立場にしたのである。

　増加する都市館の数は、中世後期におけるシトー会の活動に特徴的なものであった。都市館の設立により、都市の市場への立ち入りが可能になったのである。例えばザーレム修道院は、とりわけ塩の販売のために、約30の都市に都市館を所有していた。それらの都市の中には、ザルツブルク、ユーバーリンゲン、コンスタンツ、エスリンゲン、ウルム、シャフハウゼンが含まれている。塩は、自ら経営するか、助修士によって経営された煮沸場から——その一部は修道院自らの船で——コンスタンツへと輸送され、当地の都市館で取り引きされた。東部にある多数の修道院もまた、例えばドベランのように、塩獲得のための自家施設を使用していた。ドベラン修道院では、既に1200年以前から自らの製塩所を所有しており、これはメクレンブルクで最も重要な製塩所であった。シトー会士たちは、また、海岸都市 (例えばヴィスマル) にある彼らの都市館を介し、保存用食品 (とりわけ塩漬けのニシン) と穀物を伴ってハンザの遠隔地商業に関与したのである。

　早くも12世紀の後半以降、修道会は、次第にかつての伝統的な方法で経営するように移行していった。権限や水車や農隷を獲得し、完全な意味における封建的支配を確立したのであった。例えば、エルデナ修道院は、あるグランギアから形成したグライフスヴァルトを1249年にポメルン侯に貸与している。これは慣習的なレーエン付与である。中世末期には、多くのシトー会大修道院が、修道院の自家経営を極端に縮小させた。とりわけ14世紀の決定的な経済的危機にあっては、修道会だけが難を逃れられるはずもなく、以後その傾向が一層強まったのだった。

　技術の分野において、また組織の分野においても、シトー会士たちの経営管理が修道会の枠を越えて果たした模範的役割は、ヨーロッパの物質的文化の発展における重要な位置を彼らに確実なものとしたのである。

文献

全般

A. ALTERMATT, Die Zisterzienser in Geschichte und Gegenwart. Ein Literaturbericht, in: Cisterzienser Chronik 88 (1981) 77-120

J. B. AUBERGER, L'unanimité cistercienne primitive. Mythe ou réalité, Achel 1986

J. BESSE, Cisterciens, in: Dictionnaire de Theologie Catholique 2, Paris 1923, 2532-2550

Cistercian Studies Series, Kalamazoo

M. COCHERIL, Dictionnaire des Monastères Cisterciens, Rochefort 1976ff.

K. ELM/P. JOERISSEN/H. J. ROTH (Hg.), Die Zisterzienser, Bonn 1980/82

J. JÄGER, Klosterleben im Mittelalter. Ein Kulturbild der Glanzperiode des Cistercienserordens, Würzburg 1903

L. J. LEKAI, I Cistercensi, Pavia 1989

DERS./A. SCHNEIDER, Geshichte und Wirken der weißen Mönche, Köln 1958

E. NADOLNY, Die Siedlungsleistungen der Zisterzienser im Osten, Würzburg 1955

B. PENNINGTON (Hg.), The Last of the Fathers. The Cistercian Fathers of the Twelfth-Century, Still River 1983

H. ROCHAIS/E. MANNING, Bibliographie générale de l'ordre cistercien, Rochefort. 1979ff.

A. SCHNEIDER (Hg.), Die Cisterzienser, Köln ³1986

Studies in Medieval Cistercian History, Spencer/Kalamazoo 1971ff.

J. SYDOW/E. MIKKERS/A.-B. HERTKORN, Die Zisterzienser, Stuttgart 1989

F. VAN DER MEER, Atlas de l'ordre cistercien, Haarlem 1965

F. WINTER, Die Zisterzienser des nordöstlichen Deutschlands, Gotha 1868

Zisterzienser-Studien 1-4, Berlin 1975/79

制度

J. B. MAHN, L'ordre cistercien et son gouvernement, Paris 1951

霊性

L. BOUYER, La spiritualité de Cîteaux, Paris 1954

G. VON BROCKHUSEN, Zisterziensermystik, in: P. DINZELBACHER (Hg.), Wörterbuch der Mystik, Stuttgart 1989, 527-530

E. MIKKERS, La spiritualité cistercienne, in: Dictionnaire de Spiritualité 13, Paris 1988, 738-814

DERS., Spiritualität der Zisterzienser, in: Analecta Cartusiana 35/2 (1983) 32-51

F. DE PLACE, Bibliographie pratique de spiritualité cistercienne médiévale, Le May sur Evre 1987

R. THOMAS, La tradition cistercienne, Chambray-les-Tours 1979

DERS., Mystiques cisterciens, Paris 1985

文学

E. Brouette/A. Dimier/E. Manning, Dictionnaire des Auteurs Cisterciens, Rochefort 1975/76

R. Thomas, Initation aux auteurs cisterciens, Rochefort 1978

建築と造形美術

J. Dahmen, Deutsche Zisterzienserkunst, Köln 1974

M.-A. Dimier/J. Porcher, Die Kunst der Zisterzienser in Frankreich, Würzburg 1986

G. Duby, Der hl. Bernhard und die Kunst der Zisterzienser, Stuttgart 1981

H. Hahn, Die frühe Kirchenbaukunst der Zisterzienser, Berlin 1957

C. Norton/D. Park, Cistercian art and architecture in the British Isles, Cambridge 1986

H. De Segogne, Abbayes cisterciennes, Paris 1943

定期刊行物

Analecta Cisterciensia (Analecta Sacri Ordinis Cisterciensis), Rom 1940ff.

Cistercian Studies, Chimay 1966-90

Citercienser-Chronik, Bregenz 1889ff.

Cistercium, Zamora 1949ff.

Citeaux in de Nederlanden, Westmalle 1950-63; seitdem: Citeaux Commentari Cistercienses, Westmalle / Brecht 1963ff.

Collectanea Cisterciensia (Collectanea Ordinis Cisterciensium Reformatorum), Westmalle u. a./ Forges 1934ff.

Notizie cistercensi, Florenz 1968ff.

Rivista cistercense, Casamari 1984ff.

邦語文献

ルイス・J・レッカイ『シトー会修道院』朝倉文市/函館トラピスチヌ訳、1989年

『シトー修道会初期文書集』灯台の聖母トラピスト大修道院編、灯台の聖母トラピスト大修道院、1989年

今野國雄「『シトー修道会生誕小史』試訳」「シトー修道会会憲『カルタ=カリターティス』の成立とその試訳」「シトー修道会の経済活動」(『西欧中世の社会と教会』所収、岩波書店、1973年)

岸ちづ子「シトー修道院『創立小史』(Exordium parvum) 試訳——シトー修道院創立史の諸問題1」(九州大学文学部『史淵』第110輯、1976年)

朝倉文市「シトー創立者たちの精神と聖ベネディクト会則」(『英知大学キリスト教文化研究所紀要』創刊号、1987年)

——「シトー創立者たちの精神——その理念と現実」(ノートルダム清心女子大学『年報』第11号、1985年)

ピエール・リシェ『聖ベルナール小伝』稲垣良典、秋山知子訳、創文社、1994年
聖ベルナルド『雅歌について』全4巻、山下房三郎訳、あかし書房、1977-96年
『キリスト教神秘主義著作集2　ベルナール』金子晴勇訳、教文館、2005年
『修道院神学』(中世思想原典集成第10巻) 矢内義顕監修、平凡社、1997年
サン・チェリのギョーム『黄金の書・観想生活について・神の山の兄弟たちへの書簡』高橋正行訳、あかし書房、1988年
フェルナン・プイヨン『粗い石——ル・トロネ修道院工事監督の日記』荒木亨訳、形文社、2001年

【追補】
F. フェルテン「12世紀の修道会と修道女——プレモントレ会、シトー会と敬虔な女性たち」(甚野尚志編訳『中世ヨーロッパの教会と俗世』所収、山川出版社、2010年)
L. プレスイール『シトー会』杉崎泰一郎監修、「知の再発見」双書、創元社、2012年
大貫俊夫「中世盛期におけるシトー会修道院の保護形態」(『法制史研究』第62号、2013年)

第3章

カルトゥジア会

ORDO CARTUSIENSIS

ジェイムズ・レスター・ホッグ

梅津教孝
［訳］

1. 歴史的展開

カルトゥジア会[1]は、とりわけシトー会のような一連の他の改革修道会と同様、11世紀の末にケルンのブルーノによって設立された。ブルーノは、彼自身おそらく司祭叙階を受けたことはなかったにもかかわらず、1056年以降、ランスの司教座聖堂付属学校の長を、そして1075年からは同市の大司教の文書局長を勤めていた。しかし、この時代の多くの「エリートたち」と同様に、彼は自分が隠修士としての生活を送るべく召命を受けていると自覚していた。少し後にシトー修道会の改革運動が始まることになる、ベネディクト会の修道院であるモレームの近くのセッシュ・フォンテーヌである試みをした後、ブルーノは、ベネディクト会に属するグルノーブル司教であるシャトーヌフのユーグの監督のもと、グランド・シャルトルーズ（グルノーブルの北に位置するフランス・アルプスへと続く山塊）の、ほとんど道もないような山の中に居を定めた。この標高1180メートルの場所に、彼は1084年の初

3-1　グランド・シャルトルーズ修道院

3-2　F. リバルタ「聖ブルーノ」
旧ポルタ・コエリ修道院聖堂祭壇衝立、1627年
バレンシア美術館蔵

夏、6人の同志と共に、サン・ピエール・ド・シャルトルーズの住民たちの助けを得て、そして新しい修道会を作ろうというような意図は全くないまま、いくつかの粗末な木の庵室と一宇の石でできた礼拝堂を建てた。これはカサリブスといい、現在の修道院からおよそ2キロメートル離れていた。この庵室は、同時代にできた類似の多くの隠者のための定住地よりも長く存続し、カルトゥジアと呼ばれた。ブルーノは、教皇ウルバヌス2世の懇請に従うために、6年後にシャルトルーズを去らねばならなかった。ブルーノのかつての弟子であった教皇は、叙任権闘争のために大きな苦悩の中にあったのである。しかし、教皇宮殿でのブルーノの滞在は短かった。表向きは感謝しながらもレッジョ大司教座を断り、1091年に、今日のカラブリアのセッラ・サン・ブルーノの近くに身を引いた。そこに彼はもう1つの庵室であるサンタ・マリアを建て、ここで1101年10月6日にこの世を去った。カラブリア

―――――――

(1) ラテン語表記 Ordo Cartusiensis, 略号: OCart. 我が国では「カルトゥジオ会」「シャルトルーズ会」などと呼びならわされてきたが、本文にある通り、ブルーノが最初に建てた庵室がカルトゥジアと呼ばれ、また『新カトリック大事典』にも「カルトゥジア会」で項目が立ててあることから、「カルトゥジア会」と表記する。

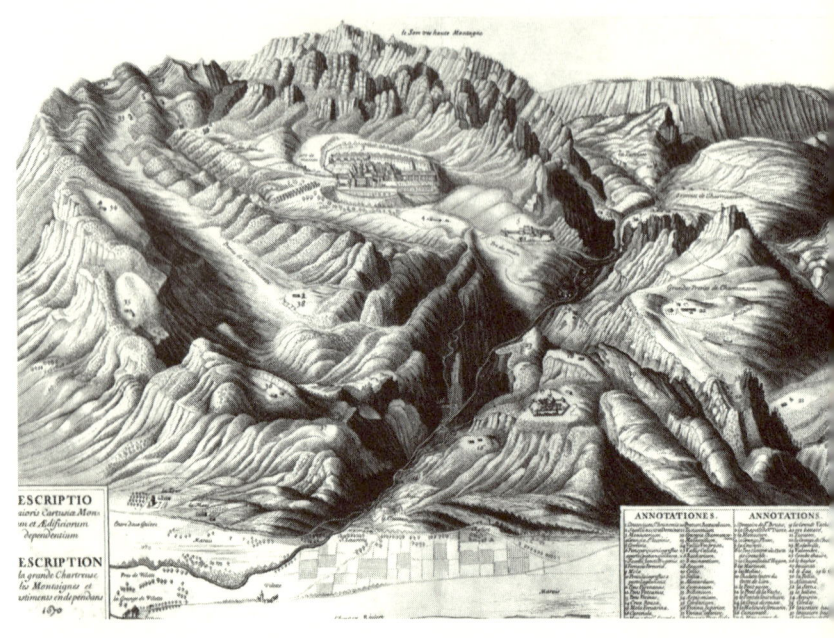

3-3　グランド・シャルトルーズ修道院とその周辺　17世紀の銅版画

に建てられたこの庵室は、修道会創設後にそのように呼ばれるようになっていたグランド・シャルトルーズからは独立して発展し、恐らくはカマルドリ会に依存して、規律のうちでも共住に関する部分が多くを占めていた。その上サンタ・マリアは1193年から1514年までシトー会に組み込まれていたが、この1514年以降はようやく、再びカルトゥジア会士がここに住むようになった。

　ブルーノがグランド・シャルトルーズを去らなければならなかった時、彼の仲間たちは非常に動揺した。しかしこの危機はすぐに克服された。そして5代目の修道院長（Prior）であり、尊者ピエールやクレルヴォーのベルナールと親しかったグイゴ（在職1109-37）のもとで、1127年頃に『シャルトルーズ慣習律』（Consuetudines Cartusiae）が書き記された。一番最初に建てられたシャルトルーズの建物は、1132年1月30日に雪崩によって崩壊し、その後に、現在のグランド・シャルトルーズがある場所に新たに建設された。

13世紀の中頃に、修道院長とグランド・シャルトルーズの修道士共同体との間の優位性に関して起こった修道会内部の争いは、ドミニコ会総長フンベルトゥス・デ・ロマーニスによって調停してもらわねばならず、この問題は1255年2月16日に合意に達した。13世紀における修道会の拡大は、新設が31と、確かにそのスピードをいささか落としはしたが、14世紀にはその数は106にまで達した。そしてその内の13がネーデルラントに建てられた。一方、15世紀になると停滞が再び目立つようになった。もちろん14世紀と15世紀における分院のいくつかは、都市の周辺領域にも建てられた。例を挙げれば以下の通りである。既に1257年にはパリ近郊のヴォヴェール、パルマ（1285年）、ブリュッヘ（1318年）、マインツ（1320年）、カオール（1328年）、ナポリ（1329年）、コブレンツ（1331年）、トリーア（1331年）、ケルン（1334年）、ストラスブール（1335年）、プラハ（1342年）、フライブルク（1345年）、ヴュルツブルク（1348年）、リエージュ（1357年）、カストル（1362年）、ロンドン（1370年）、エアフルト（1372年）、ニュルンベルク（1380年）、ハル（1378年）、コヴェントリー（1381年）、ディジョン（1383年）、ユトレヒト（1391年）、フランクフルト・アン・デア・オーダー（1396年）、ベルン（1397年）、バーゼル（1401年）、ヴェネツィア（1422年）、ヴィルフランシュ・ド・ルエルグ（1450年）、サヴォナ（1480年）、レーゲンスブルク近郊のプリュル（1483年）、そしてルーヴァン（1491年）。このことは恐らくは、より確かな安全性に対する欲求、ならびに設立者の求めに応えようとする意図に由来するものであろうが、その際には、教会所領をもたず極めて限定された固有財産によって、荒れ地のただなかで隔離された生活を送るという本来の理想は、ある部分放棄されなければならなかった。同じように、元々は12名の修道士と1人の修道院長ならびに16名の助修士に限定されていたものが、時とともに、2倍の規模、さらに後には3倍の規模のカルトゥジア会修道院が創設された。これらの例としては、パークミンスター（イギリスのサセックス）やアウラ・デイ（サラゴサ）が挙げられる。そもそもは女性をカルトゥジア会の荒れ地から完全に遠ざけておくつもりで雇っていた労働力を用いて、16名の屈強な助修士たちは、カルトゥジア会の土地を十分に耕すことができたと思われる。しかし、年老いた助修士は否応なしに交替させられざるを得なかった。助修士への召命が減少してゆくとともに、「奉献士」（Donati）という新しい階層が導入された。

これは修道誓願はしないが清貧のうちに暮らすというものであった。修道士の地位に昇格しようという助修士たちの努力は、1453年、1470年そして新たに1889年に、総会によって阻止された。個々の修道院で飼われる家畜の頭数制限は、コストの上昇のために変動せざるをえなかった。

14世紀にボローニャの修道院長ニッコロ・ダルベルガーティ（1375-1443）が枢機卿に挙げられ、教皇の重要な平和の使節の役割を委ねられた。大シスマの間、カルトゥジア会もまた2つの党派に分かれてしまった。グランド・シャルトルーズとフランスの修道院は、アヴィニョンにいる教皇の裁治権に従ったが、一方その他多くのカルトゥジア会修道院は、ローマの党派に従うべきだと思っていた。ローマに従った方の修道院は、彼らのうちで最も古い創建であるという理由から、ザイツをその中心修道院と定めた。修道会の再統合は、ローマ派の総長で、シエナのカタリナのかつての秘書でもあったステファノ・マコーニ（1424没）によって基本的に成し遂げられた。

宗教改革とそれに続く大変動によって、39のカルトゥジア会修道院が失われた。その中には、イギリス管区全体や、とりわけドイツ、スイス、ネーデルラントの修道院が含まれていた。他方では、16世紀には15の新しい修道院が作られた。その内の7つは、スペインとポルトガルに建てられた。かなりの数の修道士がルター派、あるいはイギリスの教会や別のところで新たに作られた教会共同体に加わった。しかし、イギリスやネーデルラントのカルトゥジア会のもとで起こった激しい抵抗は、殉教の原因ともなった。宗教改革前夜、この修道会はその尊敬すべき規則によって依然として傑出しており、当時成立期にあったイエズス会の助けとなった。

17世紀にはさらに20の新しい修道院ができたが、その内の12はフランスに作られた。しかし、18世紀になると、もう成長はなくなった。1つのカルトゥジア会修道院を建てるのに必要な広さの土地における基金の準備金が枯渇しており、事実上、これ以後に建てられた全ての修道院は、後援者たちが時々支援をするなかで、修道会の費用によって建設されたのである。17世紀の末、グランド・シャルトルーズの施設は、その歴史上8番目の大火の後、修道院長イノサン・ル・マソン（在職1675-1703）のもとで再建された。彼は有能な管理者であると同時に、優れた宗教著作家でもあり、単に修道会の歴史研究を奨励しただけではなく、ジャンセニスムに反対し、その広がりを北

3-4
ヤン・ファン・エイク
「ニッコロ・ダルベルガーティの肖像」
1430-35年頃
ウィーン美術史美術館蔵

西フランスに限定させた。その他に、かれはトラピスト会のアルマン・ジャン・ド・ランセ（1626-1700）との間で、本来のカルトゥジア会の規則に関する激しい論争を行なった。17世紀を通じて、修道会の拡大に伴う死者のためのミサと創設者のための代願の膨張が重荷となってきた。1世紀以上にわたって、各々のカルトゥジア会修道院には祭壇は1つしかなかったため、はじめのうちはめったに行なわれなかったミサが、場合によっては、修道院ミサとして、私的ミサの3倍の数挙行されなければならなかった。

1775年と1783年、皇帝ヨーゼフ2世は、ロンバルディア、オーストリア、フランドルにある28のカルトゥジア会修道院の解散を命じた。彼の考えによれば、観想的修道制は社会に有益な奉仕をしていないためであった。1784年には、スペインにあった16の修道院は、もはやグランド・シャルトルーズの監督下に置かれない国家修族へと統合された。フランス革命前夜、修道会は126の修道院を抱えていたが、革命およびナポレオンの支配という暴力的な変革によって、事実上全部が除去されてしまった。51人の修道士が殉教した。

1815年のフランス王政復古の時、パール・デュー（スイス）にいたカルトゥジア会士の小さなグループが、グランド・シャルトルーズの再開のために、

3-5 グランド・シャルトルーズ修道院長
イノサン・ル・マソンの肖像
銅版画、1695年頃
パリ国立図書館蔵

ロマン（ドフィネ）にこっそりととどまっていた他のグループたちと結び付いた。これをもって、フランスそして続いてイタリアにおいて、修道会の革新が始まった。この革新は、グランド・シャルトルーズの修道院長ジャン・バティスト・モルテーズのもとで推進力を得た。しかし一方、ポルトガルの修道院はフランス革命を生き延びたものの、1834年の反教権主義的な立法によって閉鎖された。スペインでも1835年に同じようなことが起こった。イタリアのカルトゥジア会修道院は、1868年に廃止されたが、何人かの修道士が管理人として留まった。さらに後になると、宗教的な努力に対して好都合な雰囲気が醸成され、スペイン、イタリア、スイス、イギリスそしてスロヴァニアにおいて、カルトゥジア会修道院の再開が認められた。これらの修道院のうちのいくつかは、1903年に終わることになる国家による追放令によって放り出されたフランスのカルトゥジア会士たちを受け入れるために作られたものである。フランスの大多数のカルトゥジア会修道院は、1901年に立ち退きが行なわれたが、グランド・シャルトルーズの修道士に関しては、力ずくで追放せざるをえなかった。彼らは最終的には、ファルネータ（ルッカ）の修道院に居を定めたが、戦時の混乱のさなか、そこから1940年に戻っ

てきた。モントリュー（ヴァール）やセリニャック（アン）といったフランスのいくつかのカルトゥジア会修道院は、既にその前に取り戻されていた。

第2次世界大戦後、イタリアの、例えばトリスルティ、パヴィア、フィレンツェそしてピサなど一連のカルトゥジア会修道院は、後継者がいなくなったために閉鎖されなければならなかったが、一方、ドイツのカルトゥジア会修道院は、デュッセルドルフ＝ウンターラートといった都市周辺領域から、アルゴイのバート・ヴュルツァッハ＝ザイブランツ近郊のマリエナウへと移転させられた。ボールガールの修道女のためには、レイヤンヌ（アルプ・ド・オート・プロヴァンス）が建てられた。スペインとイタリアの修道女は、1967年にかつてのシトー会の修道院であるスペインのボニファサ（カステロン・デ・ラ・プラナ）へと移転した。一方、イタリアの修道女は1977年に、一時的ではあるが、修道士に代わってヴェダナ（ベッルーモ）に入った。彼女らは1995年に、サン・フランチェスコ女子修道院の一団とともに、デゴ（リグリア）の新しい修道院へと移った。第2次世界大戦後、男子修道士のための新しい修道院が、ヴァーモント州のマウント・エキノックスに建てられた。これは、新世界における最初の修道院であり、今一つの修道院がブラジル南部に建設中である。アルゼンチンでの建設も現在話題になっている。第2次世界大戦後の極めて志願者が少なかった時期の後、そして第2ヴァチカン公会議の後、より積極的ないくつかの展開が新たにまた確認される。1975年に4人からなるフランスのカルトゥジア会士の一団が、パリゾ（モントーバン）に定住し、初代のカルトゥジア会修道院の清貧と質素を取り戻そうとして、粗末な小屋を建てた。しかし彼らの活動は、修道会からは承認されていない。

既に12世紀には、女性のための修道会支部も成立していた。まだアルルのカエサリウスの戒律にしたがっていたと思われるサン・タンドレ・ド・ラミエールの修道女たちは、1140年と1150年の間に、シャルトルーズの慣習に関する情報を求めていた。トゥーロン近郊のモントリューの、そして後にはルポゾワール（オート・サヴォァ）のカルトゥジア会の修道院長であったジャン・デスパーニュ（1160没）が『シャルトルーズ慣習律』（*Consuetudines Cartusiae*）と典礼用の写本を送った。しかしベルナール・ド・テュルの規範集である『改革について』（*De Reformatione*, 1247年）によって初めて、修道女

たちがカルトゥジア修道会に編入されたことが裏付けられるのである。この間に、サン・タンドレ・ド・ラミエールの修道女たちは、プレバイヨンへと移り、フランスとイタリアのアルプスの人里離れた谷間で、女性のための修道院建設は一定の広がりを見た。しかし彼女らは、乏しい資産状況のもとであらゆることを耐え忍んだ。そして、戦争や伝染病のために、いくつかの修道院についてはこれを放棄しなければならなかった。これは、ここへは十分な人がやって来なかったためでもある。

13世紀後半以降、新しい修道院を人里からあまり離れていない所に建設するという展開のあり方は終わりを告げた。中世末期には、いくつかの修道院は非常に貧しく、そのために修道女たちは、若い娘たちの教育を引き受けた。しかし、修道女の数を収入に合う形で制限するということに、総会は固執していた。16世紀の宗教戦争のために、一層の困窮が不可避なものとなった。プレモル、サレット、ゴスネーそしてブリュッヘの修道院は略奪を受けた。しかし、ジャンセニスムが受け入れられることはなかった。イノサン・ル・マソンは、修道女のために霊的な著作と、生活指導のための1冊の入門書を著した。ブリュッヘの修道院は1873年に、ヨーゼフ2世によって解散させられ、その他の全ての修道院も、フランス革命の進行に伴い1794年までに消滅した。ゴスネーの女子修道院長は、ギロチンによって命を落した。

グランド・シャルトルーズ再興の後、オジエに修道女の一群が集まった。グランド・シャルトルーズは、彼女らがボールガールを購入する手助けをした(1822年)。いくつかの修道院建設がこれに続いた。モントーバン(1854年)、ノートル・ダム・デュ・ガール(1870年)がそうである。フランスで1901/03年の反教権的な法律が制定された後に、モッタ・グロッサ(ピネロロ・イタリア)が作られ、モントーバンの修道女を受け入れた。一方、ノートル・ダム・デュ・ガールの修道女たちは、ベルギーに一時滞在した後に、かつてのシトー会修道院であったノナンクへと戻った(1928年)。修道女たちがボールガールにとどまっていたにもかかわらず、トリノ司教区のかつてのフランチェスコ会の修道院に、1912年、新たな修道院であるサン・フランチェスコが建設された。現在、およそ66のカルトゥジア会女子修道院がある。

2. 会則、組織、服装

『シャルトルーズ慣習律』は、グランド・シャルトルーズにおいて遵守されているものについての詳細な叙述を求めたポルト、サン・シュルピスそしてメイリアの修道院長たちにあてられたものである。ブルーノは会則を著すことはなかった。しかし、たとえその規定の一部が共同体の現実の経験に由来するものだとしても、『慣習律』が彼の考えを反映しているということは想定される。序文の中で、グイゴはいかなる独自性もはっきりと否定し、そのかわり、カッシアヌス、ヒエロニュムスそして『ベネディクトゥス戒律』を重要な出典として、その名を挙げている。彼らの居住地の外ではいかなる宗教上の勤めも行なわず、観想を厳格に守っていたカルトゥジア会にとって、その重心が隠遁的な規律に置かれていたとしても、共同体的な生活の要素も存在した。朝課、賛課そして晩課は、教会の中で毎日唱えられた。一方、残りの聖務日課は、日曜日と祝日を除いて、庵室で唱えられた。日曜日と祝日には、食堂で一堂に会しての食事も行なわれた。普段の食事は庵室で摂られていた。ミサは最初のうちはめったに行なわれなかった。しかし、13世紀になるとミサの、そして祝われる祝日の数は増え始めた。20世紀の後半には再び、孤立を強調する原初的な理想像への顕著な回帰が見られた。ポルトのそれ (1115年) に見られるような隠者の共同体は、最初はグランド・シャルトルーズからは独立しており、所轄の司教に従属していた。『シャルトルーズ慣習律』によって我々は、実際に行なわれていた規律の遵守に関する詳細な像を手にすることができる。これは、シェーズ・デュー、クリュニーそしてフランスのいくつかの司教区から恐らくは借用し、隠遁者の共同体の必要のために、教会音楽を伴わない簡素化された典礼上の規定、財産管理のためと修道士たちの孤独を確保するために、谷を下って、作業場、物置、助修士と財産管理係のための宿泊施設、食堂そして聖堂をもつ独特の小さな修道院であるコルリーに定住した、助修士たちの種々の活動に関する叙述、客人に対する限定された慎ましいもてなしに関する指示、そして隠遁生活を神を求める有効な方法であるとする賛辞を含んでいる。『シャルトルーズ慣習

3-6 スルバラン「食卓のカルトゥジア会士たち」
1630-35年頃、セビーリャ美術館蔵

律』は、1133年12月22日に、教皇インノケンティウス2世によって認可された。

　1271年には、決議や通達の包括的な集成である『旧会憲』(Antiqua Statuta)が認可され、これによって『シャルトルーズ慣習律』は事実上廃止された。1368年に『旧会憲』は、ほぼ1世紀にわたって出されてきた総会の通達を含む『新会憲』(Nova Statuta)によって補完された。そして1509年には『第三会憲』(Tertia Compilatio)が加わった。1510年、全て効力をもっていたこれら3つの集成は、『シャルトルーズ慣習律』と共に、アモールバッハによってバーゼルで印刷された。

　1140年に修道院長アンテルム（在職1139-51）によって召集された第1回の総会は、この修道会の創設をあきらかにしている。管区司教たちは、その修道院長たちが参事会を訪問しているまさにその修道院に対する裁治権を放棄した。参事会は、1155年からフランス革命までは毎年召集され、1837年に

は再開されて、今日では2年に1度開催されている。決議は、総会において、公式にグランド・シャルトルーズの修道院長、並びに1年ごとに交替する8人の構成員からなる顧問委員会の前で報告された。このようにして、確認を必要とする全ての処置は、その都度新しい顧問委員会によって裁可されたのである。第2ヴァチカン公会議以後、臨席する全ての修道院長に、立法への関与が呼びかけられている。総会は、2年に1度行なわれる巡察（Visitation）のための管区巡察者をも任命した。1301年から1443年まで、修道会は18の管区に分けられていたのである。1年以上にわたる行政権は、グランド・シャルトルーズの院長のもとにあり、彼は、総会によって指名された4人の修道院長を、必要に応じて意見聴取のために呼ぶことができる。全ての修道院長（prior）——彼らを統括する大修道院長（abbas）というのは、この修道会では一度も考えられた事はなかった——は、職を辞する際には総会に届けなければならない。

「カルトゥジア会は一度も改革されたことはない。何故ならば、一度も歪められたことがないからである」という文章はよく知られてはいるものの、しかしながら、数世紀にわたって、会則には数多くの補足と変更が加えられてきた。アンテルムのもとで、典礼上の補足が議決され、1170年には48章からなる『バシレイオス慣習律』（Consuetudines Basilii）が裁可された。根本的な変更は、『ジャンスランの定め』（Statuta Jancelini, 1222年）や、修道院長ベルナールの『改革について』（De Reformatione, 1248年）の中に取り込まれた。水とパンによる本来の断食は、1週間に3日から1日へとその回数を減らされた。そして修道士たちは、もはや自分自身のためにのみ料理をすることはなくなった。修道院長たちの外界との接触は不可避的なものとなった。何故ならば、12世紀には36の新しい修道院が建設されたからである。その内の28は今日のフランスにあり、その他は、ロンバルディア、ブルゴーニュ、シュタイアーマルク、アラゴンそしてイングランドに散らばっていた。ヒュー・オヴ・アヴァロンは、グランド・シャルトルーズの財産管理係、そしてウィザムの修道院長を勤めた後、リンカーン司教として1200年にその生涯を終えた。その他のカルトゥジア会士はフランスの司教座に挙げられた。アンテルムもそうであり、彼がこの世を去った時、彼はベレー司教を勤めていた。

1582年、修道会総長ベルナール・カラス（在職1566-86）のもとで、『新会

憲集』(*Nova Collectio Statutorum*) が公布された。これは、トリエント公会議 (1545-63年) の規定と修道会の権利とを合致させるものであった。ミサの規定とそれ以外の規定への区分が行なわれた。1567年の総会は修練士の長の職務を導入したが、フランス革命までは依然として修道院長代理が重要な役割を演じていた。

修道会の会憲は1926年に、『カルトゥジア修道会会憲』において、現行教会法 (Codex Juris Canonici) と調和させられた。『カルトゥジア修道会新会憲』(*Statuta renovata Ordinis Cartusiensis*, 1971年) とミサ規定 (Ordinarium) との形における根本的な改訂は、第2ヴァチカン公会議の後に行なわれたが、さらに、1991年に、『カルトゥジア修道会会憲』(*Statuta Ordinis Cartusiensis*) として、新しい教会法との調和が求められなければならなかった。その際に、教会における修道士と助修士との間の厳密な区分は放棄され、典礼暦の根本的な簡素化、ならびに数世紀にわたって常に増加してきていた聖務日課の縮小が行なわれた。これは、隠遁生活と個人的な祈りのためにより多くの時間を割くためであった。朝課と賛課は中世末期までは早朝に祈りが行なわれたにもかかわらず、ずっと夜の聖務であり続けた。別の修道会に属している成人がカルトゥジア会に入りたいと希望する場合、その入会は、数世紀にわたって時には全ての関係者に不利益をもたらしながらも有効であったような、より厳格な規律を持つ修道会へ移動する際の常として、いくつかの例外的な場合を除いて、より困難なものとなった。

衣服としてブルーノは、シャルトルーズ山地の農民たちが身に纏っている粗い布地を用いていた。今日では、修道会の衣服は白い色で、白い革のベルトがついている。14世紀からフランス革命にいたるまで、グランド・シャルトルーズのコルリーには、修道会の衣服を作るための作業場があった。

修道女に関しては、1271年の『第2旧会憲』(*Antiqua Statuta II*) の第34章に、彼女らに関する特別の規定がおさめられている。女子修道院長は、彼女の修道院の管理に責任をおっていた。しかし彼女は、より重要な事柄の場合には、修道女たちの霊的な指導が委託されているカルトゥジア会士である修道院長代理の助言を求めることが期待されていた。修道院長代理をしばしば1人あるいは何人かの修道士が助け、助修士は単にこれらの修道士の手助けをするだけではなく、所有地の経営をも手伝っていたことから、カルトゥジア女子

3-7
ル・シュウール
「ローマに新設する修道院の図面を確認する聖ブルーノ」
(「聖ブルーノの生涯」連作)
1645年頃、ルーヴル美術館蔵

修道院の中には、もう1つ男子修道院があったとも言えよう。カルトゥジア会の生活のあり方のうちの隠修士的な要素は、修道女のためには緩和された。1つ1つ独立した小さな住居の代わりに、彼女らは大きな空間を仕切って生活し、食事は毎日食堂で摂った。くつろぎの場所もしばしば同様に存在した。

　第2ヴァチカン公会議の結果、修道女たちは初めて、修道士のそれとは異なった固有の規定を持つようになった。この規定は1973年に総会で裁可され、1991年には新しい教会法に適合させられた。1973年からは、1つの集会に召集されるようになった。この集会は、これ以後、修道会の総会に引き続いてそのつど全体で行なわれた。ここ数年、修道女には、より大きな孤独が認められている。彼女らの規定は、今日では、修道士のそれに非常に近くなっている。彼女らは今では、それが可能である場合には、自分自身の庵室に居住している。彼女らは修道女祝別の権利をもち、助祭としてミサの際には福音書を読み上げている。

3. 霊性

カルトゥジア会士は自らの生活を、人類全てとの結び付きにおける、キリストのための悔い改めと証であると理解している。彼らが心の純粋さと愛の完全さを求めるのに、固有の意味での修道会独自の霊性は存在しない。内面性に有益で霊的な実践行動は、隠修士としての生活を強調する会則に適う限りにおいて、全て認められている。オーギュスタン・ギュランの著作が現代において証言しているように、仮にカルトゥジア会士の多数が福音書にのみ従って生活しようとしているのだとしても、砂漠に住んだ教父たち並びにカッシアヌスの霊性に対してある程度の好みがもたれていることは、見過ごされてはならない。俗世の放棄と禁欲、断食、独身制そして服従は、観想的な生活と瞑想にとって有益であると見られており、そこでは聖務日課は必要不可欠な典礼上の支えと見做されている。カルトゥジア会の霊性は、本質的には庵室における観想（ヘシュカズム）の上にたてられている。この単調な日々の労働が、個々の修道士たちの祈りの生活の不可欠な部分を構成している。グイゴ2世（1193年没）、ユーグ・ド・バルマ（13世紀）、ルドルフ・フォン・ザクセン（1300頃-77）そしてディオニシウス・デ・カルテイゼル（1402/03-71）を除けば、修道会の中で大きな注目を集めた著述家はほとんどいない。スペインの神秘主義者たちの方が、同じ修道会に属する修道士たちの作品より恐らくは多く読まれていたであろう。

4. 文学

一連の重要な霊的著述家たちの名前を、中世については挙げることができる。即ち、グイゴ2世、アダム・オヴ・ドライバラ（1150頃-1212）、グイゴ・デ・ポンテ（1297没）、ユーグ・ド・バルマ、そしてルドルフ・フォン・ザクセンである。特にルドルフの有名な著作である『キリストの生涯』（*Vita Christi*）は、イグナティウス・デ・ロヨラ、アビラのテレジア、そして

フランソワ・ド・サルらに影響を与えたとされている。15世紀には、ニコラウス・クザーヌスの友人であったディオニシウス・デ・カルテイゼルが、その時代の宗教上の知識を包括的な著作にまとめあげた。カルトゥジア会士たちは著述家としての評価を享受してはいたものの、彼らはすぐに印刷に門戸を開いた。修道会によって印刷されたことが知られている最初の書物はパルマの1477年のもので、『悼まれるべき十字架の歴史――カルトゥジア修道会士による』(*Historia flendae Crucis, per fratres Cartusiae*) というタイトルである。さまざまな時代に、15のカルトゥジア会修道院は印刷所をもっていた。1588年には、リヨン出身のティボー・アンスランが、グランド・シャルトルーズのコルリーで、カルトゥジア会の祭式のための讃歌を印刷した。1680年4月28日付けの王の特権を得て、イノサン・ル・マソンは同じくコルリーで、典礼書と修道会の規則を印刷させた。この特権は1686年4月30日に拡充され、その後、修道会長の書物が、とりわけ『修道会史』(*Annales*) が印刷された。印刷所は1793年まで存続し、コルリーから全部でおよそ40タイトルの書物が出版された。もっと大きな印刷所が19世紀後半に、モントルイユ・シュル・メールのカルトゥジア会修道院に建てられた。これは、この地の修道院が1901年に解散した時トゥルネーに、そしてその後パークミンスターへと移された。

　グイゴが『シャルトルーズ慣習律』の第27章で書物の重要性を強調し、中世においては修道士たちが写本を熱心に書き写して、例えば、グランド・シャルトルーズやケルン、エアフルト、ブクスハイム、バーゼルなど一部には多くの蔵書をもつ図書館が建てられたにもかかわらず、カルトゥジア会はけっして学識のある者たちの修道会ではなかった。それは、たとえバーゼルやケルンのカルトゥジア会修道院が、ユマニスムの運動において一定の役割を果たしていたとしてもそうである。ケルンにあるカルトゥジア会修道院や、その他、オランダやベルギーの多くの修道院は、デヴォーティオ・モデルナの普及にも活発に関与した。1437年に総会は、教会法に対しあまりにも注意を向け過ぎることに警告を発し、1462年には占星術に、1489年には大胆な予言の解釈に、そして、1380年、1470年、1504年には錬金術に対しても警告を発した。1542年にはエラスムスの著作が禁じられ、ギリシア語やヘブライ語の研究に時間を費やさないよう修道士に促された。ケルンにあるカ

ルトゥジア会修道院からは、16世紀を通じて、ヨハネス・ユストゥス・ランツベルク（ランスペルギウス、1490-1539）やラウレンツィウス・ズリウス（1522-1578）といった重要な著述家たちが輩出した。ブルゴス近郊のミラフローレスのカルトゥジア会修道院出身のアントニオ・デ・モリナは、『聖職者のために』(Instruccion de sacerdotes) を著したが、これはトリエント公会議後の時代の聖職者教育に大きな影響を及ぼした。

　最近では、ヴァルサント（フリブール州）の修道士で、後にヴェダナ（ベルーノ）の修道院長になったオーギュスタン・ギュラン（1877-1945）の遺作となった霊的な著作が、かなりの反響を得ている。

　女性のカルトゥジア会士の文学作品に注目すべきものはない。しかしそれでも、ポルティアン修道院長マルグリット・ドワン（1310没）やゴスネーのアンヌ・グリフォン（1641没）、そしてノナンクのテレサ・ブン（1967没）が、神秘主義的な著作を書いている。

5. 建築と造形芸術

　カルトゥジア建築様式というものは存在しない。カルトゥジア会の修道院建築プランの基本要素、例えば、小さな個々の住宅として作られている修道士たちの庵室への通路となっている大きな回廊や、修道院聖堂が付属している集会所の建築複合体などは、利用可能な建築用地に相応して形成された。狭隘な谷間である、例えばグランド・シャルトルーズ（1084年）やポルト（1115年）、ヴァロン（1138年）、ル・ルポゾワール（1151年）、ヴァル・サン・テュゴン（1173年）、カゾット（1171年）、ペシオ（1173年）、モンテ・ベネデット（1200年）などは、ここでは必然的に発展の可能性を抑制していた。一方、都市部のカルトゥジア会修道院は、しばしば自由に展開することができた。初期にはしばしば木造に限定したことによる簡素さや単純さは、長もちする建築様式へと席を譲った。カスティーリャのエル・パウラル（1390年）や、パヴィア（1396年）、ミラフローレス（1441年）、ヘレス・デ・フロンテラ（1478年）などにみられる装飾的な建築作品は、14、15世紀に由来する。バロック時代には、修道会は、グラナダ（1506年）に見られるように、同時代

カルトゥジア会 179

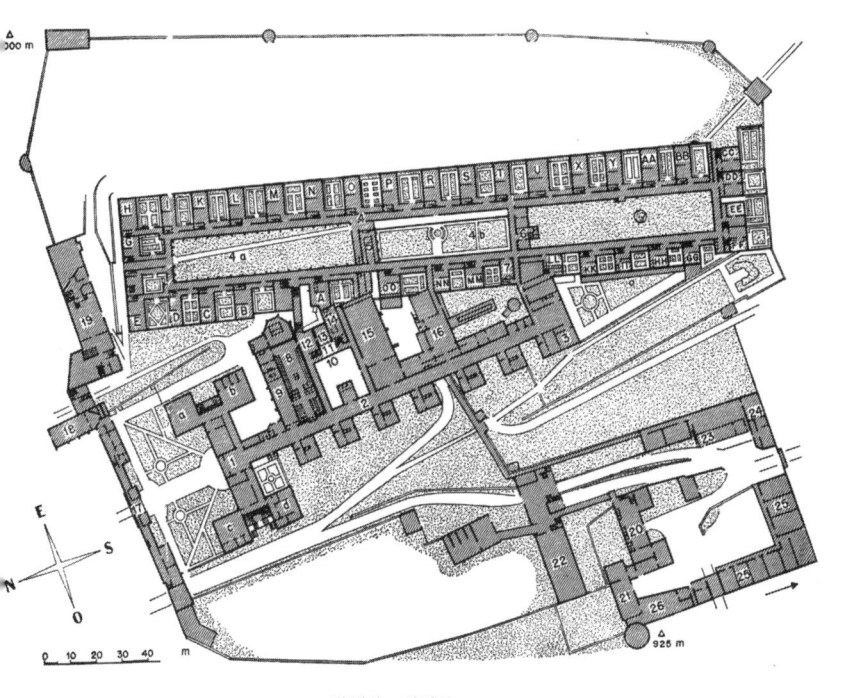

3-8* グランド・シャルトルーズ修道院の平面図

シャンベリーとグルノーブルの間に位置し、1084年に創建された、カルトゥジア会の中核修道院。建造物は12世紀から14世紀に建てられたものを一部残しているが、その他は1676年の火災の後に建て直された。

1 修道会総会時の修道院長
　たちの庵室
　a フランス棟
　b ブルゴーニュ棟
　c イタリア棟
　d ドイツ棟
2 修道会の祭式執行者の
　回廊
3 総会長の庵室
4 大回廊
　a ゴシック部
　b 墓地
5 墓地礼拝堂
6 図書室
7 サン・ルイ礼拝堂
8 聖堂
9 助修士の礼拝堂
10 小回廊
11 時計塔
12 教会堂入り口
13 助修士の集会所
14 司祭修道士の集会所
15 食堂
16 調理場
17 門
18 女性の礼拝堂
19 洗濯場
20 パン焼き場
21 かつての製粉所
22 かつての蒸留所
23 鍛冶場
24 建具場
25 家畜小屋
26 車庫

A, B, C, ... 庵室

の建築思潮に従っていたが、同時に、既に存在する多くのカルトゥジア会修道院も新しい様式で飾られた。歴史の皮肉の結果として、今日修道会によって営まれているカルトゥジア会修道院のいくつかは都市の中心の近くにある。例えば、ルッカ近効のファルネタ（1338年）や、バルセロナ近郊のモンタレグレ（1413年）、ブルゴス近郊のミラフローレス、ヘレス・デ・フロンテラ、サラゴッサ近郊のアウラ・デイ（1564年）、そしてエボラ（1587年）などがそれである。しかし、ヴァーモントやブラジル、南フランス、リグリアに建てられた新しい修道院は、完全に人里離れた所にある。

女子修道院のうちでは、レヤンヌとデゴに新たに建てられたもののみが、カルトゥジア会の本来の特徴を示している。人里離れた所にあるノナンクやベニファサといった修道院は、かつてのシトー会のものであった。全部でおよそ273の建物を数えることができる。

創設から数世紀間、修道士たちがより確実に隠修士的な生活をするようにと建てられて、財産管理係と助修士が住んでいたコルリーは、1679年に事実上最終的に解散した。ほとんどの居住地においては、修道士たちはすでに数世紀前から、本来のシャルトルーズ修道院へと移っていた。

3-9 パヴィアのカルトゥジア会修道院全景

3-10
パヴィアのカルトゥジア会修道院、大回廊と聖堂

　芸術の保護者として、修道会は、しばしば不本意ではあっても、一定の役割を果たした。技巧を凝らしたパヴィアのカルトゥジア会修道院は、修道会が意図したわけではないが、人類の重要な文化遺産である。ミラノ公ジャン・ガレアッツォ・ヴィスコンティによって、創設者の家族のための記念に建てられたこのカルトゥジア会修道院は、3世紀にわたって建設が続けられていた。この間、数多くの有名な芸術家たちが、スフォルツァ家の支配のもとで、その調度をさらに飾り立てていたのである。最終的に、修道院教会堂は、隠修士の共同体のためであるよりはむしろ司教座聖堂といった方がよいものとなった。何故ならば、豊かに飾られた回廊と豪華なミラノ公の宮廷は、厳格な修道会の生活にははとんど適さないものだったからである。部分的にパトロンによって注文され支払いが行なわれていたとはいえ、ほんの数例をあげるだけでも、エル・パルラルやミラフローレス、グラナダ、ナポリ、ガッルッツォ、ピサ、パドゥラにある傑作群は、修道会によってあっさりと受け入れられたのである。

6. 自然科学

多くのカルトゥジア会修道院、例えばグランド・シャルトルーズやトリスルティ、ヴァルデモッサなどは、周辺の役にも立つ薬学の研究を行なっていた。トリスルティなどは第2次世界大戦後に道路工事が行なわれるまで、容易に近づくことはできなかったにもかかわらずである。フランス革命前夜、グランド・シャルトルーズは、周囲に対して病気の動物の治療までも行なった。1802年にトリノのアカデミーは、ピエモンテにあるカルトゥジア会修道院ペシオ出身の修道士クミーノが著した『茸の特徴』(Specimen fungorum) という基本図書を出版した。

7. 社会的活動

『シャルトルーズ慣習律』は、当初自らを「キリストの貧者」と名乗った修道士たちの隠修士的な生活の故に、喜捨に関しては積極的な態度を示してはいなかったが、後には多くのカルトゥジア会修道院が、それも都市部の修道院だけではないのだが、貧者の苦しみを和らげることに大いに意を用いた。1529年、総会が行なわれている土曜日に、1万1千にものぼる人々がシャルトルーズの前にある橋までやってきて、喜捨を受けようとした。フランス革命まで毎週、グランド・シャルトルーズは、周辺の様々な場所で大量のパンを、料理の残りと共に分配していた。革命の少し前には、毎年100名が衣服を与えられ、サン・ローラン・デュ・ポンの司祭を通じて、2,000リーヴルが金のない者たちに与えられていた。

17世紀にはグランド・シャルトルーズは、サン・ローラン・デュ・ポンにある救貧院も支援していた。そのような施設は、ガミングその他でも見出だされる。19世紀末には、コリーが同じような目的で用いられていたにもかかわらず、グランド・シャルトルーズの負担で、サン・ローラン・デュ・ポンには病院までも存在した。多くの田舎のカルトゥジア会修道院も雇

用主として、数世紀にわたって社会的要素であり続けたし、これは過小評価されるべきではない。

8．経済的成果

ほとんどの修道院は、しばしばその建物さえも与える後援者や慈善家によって創建された。都市部のカルトゥジア会修道院のために、個々の裕福な市民は庵室を建て、金銭さえも与えた。そしてそれによって、庵室に居住する修道士たちは、特にその市民たちのために祈りをすることとなっていた。フランス革命まで、ほとんど全てのカルトゥジア会修道院は、農業や林業によって、またしばしば鉱山の助けを借りつつ、自らを扶養していた。そうは言うものの、モンテ・ベネデットやモンブラッコ、モンテ・サン・ピエトロ、バンダ、ベルドリグアルド、カプリ、キアロモンテ、そしてアクスホームといったいくつかの修道院は極貧のままであった。ル・ルポゾワールといった山地においては、シャルトルーズ修道院は羊を飼い、全ての田舎の修道院は自足のために養魚池をもっていた。労働力が限られていたために、中世末期以降、賃金労働者がしばしば助修士や奉献士の補助をしたとしても、シトー会と比較すれば、田舎の土地の規模は、エル・パウラルのような例外はあったとしても、慎ましやかなものであった。

多くのカルトゥジア会修道院は鉱山業に従事しており、とりわけグランド・シャルトルーズの荒れ地の入り口にあるフルヴォワリーにあった製鉄所は、12世紀からフランス革命まで成功を収めていた。そして革命後、その建物は、「シャルトルーズ」というリキュールの生産のために用いられた。というのも、貧窮を和らげるために、修道会は新しい源泉から利益を得なければならなかったからである。修道会に入ろうとする者は、その際に自分のための服を買わなければならなかった。その製法が1605年にまでさかのぼるリキュールは、しかしながら、フランス軍が目をつけて、修道士たちがこれを販売するようになるまで、何世紀にもわたって、自分たちの必要のためにのみ作られていた。今日では、ヴォワロンで市場に出されているが、それでも修道会の構成員たちが、およそ130種類のハーブがブレンドされている

ことを常に監督している。追放期間中、このリキュールは少しの間タラゴナで作られていた。修道会が必要とする金額の約15パーセントがリキュールの販売によりまかなわれている。他のカルトゥジア会修道院でもリキュールは作られている。例えば、トリスルティや、フィレンツェ近効のガッルッツォ、そしてルッカ近効のファルネタなどである。また別の修道院は今日まで余ったワインを販売している。バレンシア近郊のポルタ・コエリはオレンジとアプリコットのプランテーションを作った。ミラフローレスはロザリオに注力している。オーデコロンの作り方がカルトゥジア会士によるものであるのかどうかはいまだ判らない。いずれにしても、修道会はこれについてのライセンス料は得ていない。

カルトゥジア会 185

文献

原典

B. Bligny, Recueil de plus anciens actes de la Grande Chartreuse (1086-1196), Grenoble 1958

C. Bohic, Chronica ordinis cartusiensis, Bde. 1-2: Tournai 1911/12, Bde. 3-4: Parkminster 1922/54

J. Clark/C. de Backer/J. de Grauwe/J. Hogg/M. Sargent (Hg.), The Chartae of the Carthusian General Chapter, Salzburg 1982ff. (ACar 100, 1-23)

C. Le Couteulx, Annales Ordinis Cartusiensis, 8 Bde., Montreuil-sur-Mer 1887-91

I. Le Masson, Annales Ordinis Cartusiensis 1, La Correrie 1687

Ders., Disciplina Ordinis Cartusiensis, Montreuil-sur-Mer 1894, ND Salzburg 1993 (ACar 99, 18-20)

L. Le Vasseur († 1693), Ephemerides Ordinis Cartusiensis, 5 Bde., Montreuil-sur-Mer 1890-93

M. Molin († 1638), Historia Cartusiana, 3 Bde., Tournai 1903-06

G. Schwengel (1697-1766), Werke, 20 Bde., Salzburg 1981-84 (ACar 90)

B. Tromby, Storia critico-chronologica-diplomatica del Patriarca S. Brunone e del suo Ordine Cartusiano, 10 Bde., Neapel 1773-79, ND in 22 Bdn., Salzburg 1981-83 (ACar 84)

歴史

H. Becker, Die Kartause: liturgisches Erbe und konziliare Reform. Untersuchungen und Dokumente, Salzburg 1990 (ACar 116, 5)

B. Bligny, L'Eglise et les Ordres religieux dans le royaume de Bourgogne aux XIe et XIIe siècles, Paris 1960

Ders., Saint Bruno, le premier chartreux, Rennes 1984

Ders./G. Chaix (Hg.), La Naissance des Chartreuses, Grenoble 1986

A. Bouchayer, Les Chartreux maîtres de forges, Grenoble 1s927

M. Früh/J. Ganz/R. Fürer (Hg.), Die Kartäuser im 17. und 18. Jahrhundert (Ittinger Schriftenreihe 3), Ittingen 1988

I. M. Gómez y Un Cartujo de Aula Dei, Escritores Cartujanos Españoles (SDM 19), Montserrat 1970

J. Hogg, Everyday Life in the Charterhouse in the Fourteenth and Fifteenth Centuries, in: Klösterliche Sachkultur des Spätmittelalters, Wien 1980, 113-146

Ders., Kartäuser, in: Theologische Realenzyklopädie 17, Berlin/New York 1980, 666-673

Ders., The Carthusian Nuns: A Survey of the Sources of their History, in: Die Kärtäuser und ihre Welt, Bd. 2, Salzburg 1993 (ACar 62, 2), 190-293

Ders. (Hg.), Die Ausbreitung kartäusischen Lebens und Geistes im Mittelalter, 2 Bde., Salzburg 1990/91 (ACar 63)

Ders. (Hg.), Die Geschichte des Kartäuserordens, 2 Bde., Salzburg 1991/92 (ACar 125)

Ders. (Hg.), Die Kartäuser in Österreich, 3 Bde., Salzburg 1981/82

Ders. (Hg.), Die Kartäuser und die Reformation, 2 Bde., Salzburg 1984 (ACar 108)

Ders. (Hg.), Die Kartäuser und ihre Welt, 3 Bde., Salzburg 1993

DERS. (Hg.), Die Kartäuserliturgie und Kartäuserschrifttum, 5 Bde., Salzburg 1988-90 (ACar 116)

M. LAPORTE (Hg.), Guigues Ier, Coutumes de Chartreuse, Paris 1984 (SC 313)

G. POSADA, Die heilige Bruno: Vater der Kartäuser, Köln 1987

H. RÜTHING, Der Kartäuser Heinrich Egher von Kalkar, 1328-1408 (Studien zur Germania Sacra 8), Göttingen 1967

W. SCHÄFKE (Hg.), Die Kölner Kautause um 1500, Köln 1991

F. STÖHLKER, Die Kartause Buxheim 1402-1803/12: Der Personalschematismus II, 1554-1812, Bd. 1: Die Buxheimer Profeßmönche, Bd. 2: Die Buxheimer Brüder, Bd. 3: Die Buxheimer Hospitesmönche, Salzburg 1987 (ACar 96)

M. ZADNIKAR, Die Kartäuser: Orden der schweigenden Mönche, Köln 1983

会則・組織

J. HOGG, Die ältesten Consuetudines der Kartäuser, Salzburg 1970 (ACar 1)

DERS., The Evolution of the Carthusian Statues from the Consuetudines Guidonis to the Tertia Compilatio, 33 Bde., Salzburg 1989-95 (ACar 99)

DERS. (Hg.), Kartäuserregel und Kartäuserleben, 4 Bde., Salzburg 1984-87 (ACar 113)

霊性

W. BAIER, Untersuchungen zu den Passionsbetrachtungen in der Vita Christi des Ludolf von Sachsen, 3 Bde., Salzburg 1977 (ACar 44)

J. HOGG (Hg.), Kartäusermystik und -mystiker, 5 Bde., Salzburg 1981/82 (ACar 55)

J. HOLLENSTEIN/T. LAUKO, Wo die Stille spricht, Pleterje 1986

R. B. LOCKHART, Botschaft des Schweigens, Würzburg 1987

G. M. LORENZI, Un itinerario di contemplazione. Antologia di autori certosini, Mailand 1983

文学

BRUNO/GUIGO/ANTELM, Epistulae cartusianae. Frühe Kartäuserbriefe, lat./dt., übers. u. eingel. v. G. GRESHAKE, Freiburg/Br. 1993

A. DEVAUX, La Poèsie latine chez les Chartreux. Anthologie avec traduction française, Salzburg 1997 (ACar 131)

A. GRUYS, Cartusiana, 2 Bde. u. Suppl., Paris 1976-78 (überarbeitete Auflage in Vorbereitung)

E. MÖRWARD-SCHMID, The Lyre and the Cross: Incompatibility or Symbiosis of the Poetic Vein and Strict Monasticism in the Poetry of Alun Idris Jones, a Welsh Novice Monk, Salzburg 1994 (ACar 129, 2)

T. PETREIUS, Bibliotheca Cartusiana, Köln 1609

S. AUTORE, Scriptores Sacri Ordinis Cartusiensis, 20 Bde., Salzburg 1993/95 (ACar 120)

建築・造形芸術

J.-P. ANIEL, Les Maisons de Chartreux: Des Origines à la Chartreuse de Pavie (Bibliothèque de la Societé Française d'Archéologie 16), Genf 1983

E. BARLÉS BÁGUENA, Approximación a la bibliografia general sobre la arquitectura monástica de la Orden Cartujana, in: Artigrama 4 (1987), 259-275

D. LE BLÉVEC/A. GIRARD (Hg.), Les Chartreux et l'art XIVe-XVIIIe siècles, Paris 1989

C. CHIARELLI, Le attività artistische e il patrimonio librario della Certosa di Firenze, 2 Bde., Salzburg 1982 (ACar 102)s

F. FISCHER, Der Meister des Hochaltars der Kartause Buxheim, Salzburg 1988 (ACar 126)

S. FISCHER, Das barocke Bibliotheksprogramm der ehemaligen Kartause Marienthron in Gaming, Salzburg 1986 (ACar 58, 3)

J. HOGG, La Certosa di Pavia, 2 Bde., Salzburg 1992/94 (ACar 52)

G. LE BRAS, Les Ordres Religieux: la vie et l'art, Paris 1979, 562-653

叢書

Analecta Cartusiana (ACar), 225 Bde. (Geschichte, Architektur, Spiritualität), Universität Salzburg 1970ff. (NF Pont-Saint-Esprit 1989-94)

Ittinger Schriftenreihe, 4 Bde., Kartause Ittingen 1985ff.

邦語文献

グイゴ「シャルトルーズ修道院慣習律」高橋正行／杉崎泰一郎訳（中世思想原典集成第10巻『修道院神学』所収、平凡社、1997年）

杉崎泰一郎「隠修士とその時代——ラ・グランド・シャルトルーズ修道院を中心に」（『中世の修道制』所収、創文社、1991年）

—— 「荒れ野の楽園と社会——ラ・グランド・シャルトルーズ修道院の成立と発展」（『12世紀の修道院と社会』所収、原書房、改訂版、2005年）

【追補】

鈴木宣明「カルトゥジア会：創立900年を記念して」（『上智史學』第28号、1983年）

第4章

アウグスチノ修道参事会

CANONICI REGULARES SANCTI AUGUSTINI

フーベルト・ショプフ

谷　隆一郎
[訳]

1. 歴史的展開

カトリック教会の他の多くの修道会とは対照的に、アウグスチノ修道参事会（律修参事会、修道祭式者会などと称されることもある。Canonici Regulares Sancti Augustini, 略号：CRSA）は、ある特定の修道院ないし修道院群を起源として生まれたものではない。それはむしろ、何世紀にもわたる一連の歴史的経過の産物であり、中世から近世にかけてのヨーロッパにおいて、さまざまな根から生まれ、さまざまな特徴を刻されてきたのである。

アウグスチノ修道参事会の理念は、使徒的生活（Vita apostolica）を志向している。司祭共同体が一体となって共同生活を営むことによって、原始キリスト教時代のそれを模倣しようとしたのである。

修道参事会はドイツ語でChorherrと呼ばれるが、これは、聖堂内陣を指すChorの派生語であり、そこに集う正規の会員、というのが本来の意味である。それゆえこの語は、司教座聖堂参事会をはじめとする、さまざまな聖堂参事会・修道参事会の会員の呼称ともなる。そして、そこにアウグスティヌスの名が付されるのは、中世盛期以来、彼らが「アウグスティヌス戒律」を生活を律する規則として受け入れてきたからである。もっとも、この戒律自体は極めて一般的な規定に終始しており、これに従う諸参事会の性格を均質に保つような性質のものではない。

司教座聖堂参事会員、つまり修道院長や私有教会の長にではなく司教に直接仕える聖職者たちはまた、司教都市に常勤する聖職者の名簿（canon）に名を連ねるがゆえに、Kanonikerの名でも呼ばれる[1]。そしてこの聖職者共同体の構成員のうち、11〜12世紀にかけての教会改革と、それに伴う聖堂参事会改革の気運の中で、教父アウグスティヌスの戒律に惹かれ、これを共同体の生活の基盤に据えた者たちが——改革に無関心な在俗参事会員（Säkularkanoniker）たちと区別する意味で——律修参事会員もしくは修道参事会員（Regularkanoniker）の名で呼ばれるようになったのである。

---

(1) Kanoniker（ラテン語ではcanonici）という呼称については、教会規律（canon）を遵守する生活に由来するとの説もある。

さて、ヴェルチェリの司教エウセビウス (283頃-371) は、監督下の聖職者たちと共住し、修道者的な生活を送った最初の司教としてよく知られている。偉大な教父にして、北アフリカの都市ヒッポ・レギウスの司教アウレリウス・アウグスティヌス (354-430) もまた、同様の生活を同行の聖職者たちとともに実現させ、そこに司祭的生活と修道者的生活との、ひとつの善き総合が達成されたのである。

「アウグスティヌス戒律」は、清貧、貞潔、従順について、またともに祈り神をたたえることについての、一般に受け入れやすく根本的な規定のゆえに、後の時代、多くの他の修道共同体にとっても極めて有用な基盤となった。現に『ベネディクトゥス戒律』でさえ、アウグスティヌスのそれに多くを負っているのである。そしてアウグスチノ修道参事会だけでなく、プレモントレ会、ドミニコ会、アウグスチノ隠修士会、跣足アウグスチノ会などもまた、その生活の根本に「アウグスティヌス戒律」を据えている。

ところで中世初期には、さまざまな聖職者のための規則が設けられたが、その中でメッスの司教クロデガングのものが格別の重要性を獲得した。それは816年、ルートヴィヒ敬虔帝 (778-840) の下で「アーヘンの司教座聖堂参事会会則」としてカロリング王国の勅令にまで高められ、すべての司教座聖堂において1年以内に導入された。

また、グレゴリウス改革の教会刷新運動が進むに伴って、聖堂参事会員による私的所有の問題が批判の中心点となる。なぜなら、私有財産ということに、多くの聖堂参事会のみならず、全教会が病んでおり、そこにこそ根本悪が潜んでいるとみなされるようになったからである。1059年のラテラノ教会会議もまたそうした認識に立ち、アーヘンの会則では禁じられていないにもかかわらず、聖職者の共同体に対して、財産の共有 (共住生活) を強く要請した。聖職者は、「各々が仕える教会において、敬虔な聖職者にふさわしく寝食をともにし所得を共有すべき」であり、「使徒的な、すなわち共住生活の実現に向け」能う限り努めることが求められたのである (第4条)。1059年のこの規定に、われわれは修道参事会の産声を聞くことができる。この規定に服したあらゆる聖職者共同体は、律修参事会もしくは修道参事会の名で呼ばれた。そして3つの誓約 (従順、清貧、貞潔) の導入がまずフランスで始まり、これが共同体の安定化に貢献したのである。

聖堂参事会改革は大きな広がりとなって西欧全体を覆い、12世紀中葉には150以上の参事会に及んでいた。その改革の中心としては、フランスではアヴィニョンのサン・リュフ、パリのサン・ヴィクトル、またアルエーズ、オーレイユ、ボーヴェのサン・カンタン、イタリアではとりわけラヴェンナのサンタ・マリーア・イン・ポルト、イギリスでは聖ギルベルトゥスが1131年頃に会を創設したセンプリンガムなどを挙げることができる。またドイツでは、初期の中心地としてまずバイエルンのロッテンブーフ（1073年）の名を挙げておかねばならない。重要な推進力はアルザスのマールバッハ（1089年）からも生じたが、同地の修道院長（Propst）をつとめていたのは前期スコラ学者、ラウテンバッハのマーネゴルト（1030頃-1103以降）であった。さらにはトリーア司教区のシュブリンギールスバッハ（1107年）、アーヘン近くのクロスターラート、〔ハルバーシュタット近郊の〕ハマースレーベン、アイフェルのシュタインフェルトも重要な役割を果たした。またザルツブルクの司教座聖堂参事会は、他に比べて修道参事会が密に存在していた同司教区において、改革の中心として機能した。

改革は個々の参事会ごとに行われ、中心となって全体を導くような存在を欠いていたために、その実態は極めて多様性に富むものであった。彼らにとってはただ、使徒的生活（vita apostolica）と共住生活（vita communis）という理念のみが共通のもので、その実現は、改革の導き手である司教、聖職者、あるいは在俗の人々の裁量に拠るところが大きかった。そこで修道参事会は、大きく4つのタイプに分けることができる。すなわち、既存の聖堂参事会を改革したもの、聖職者集団により新設されたもの、隠修士たちが集ったもの、そして救護を目的としたもの、の4つである。

こうしてさまざまな改革の流れが生じるなか、「アウグスティヌス戒律」の本文を巡って激しい論争がもちあがる。この戒律は、容易に一致点を見出し難い2つの部分——「プラエケプトゥム」（praeceptum）と「修道院の規律」（ordo monasterii）——からなっていたが、この点を巡る議論が重ねられ、ついには、より厳しい内容をもつ後者のみをよしとする一派が分離したのである。後に「新参事会」（ordo novus）とも呼ばれるこの一派の祖ともいうべき存在が、クシー近郊にプレモントレ会を創設したクサンテンのノルベルトゥス（1080頃-1134）であった。以来プレモントレ会は、その厳しい中央集権的組

織によって、アウグスチノ修道参事会と並ぶ最も重要な修道参事会としての地位を確立していった[2]。

ロマンス語系の諸国にあっては12世紀以来、ドイツ語圏とは対照的に、修族（Kongregation）の形成、すなわちよく似た改革の方向性をもつ修道参事会どうしでグループをつくる動きが活発に見られた。それぞれの修族ごとに総会が開かれ、規律遵守の徹底がはかられたのである。フランスでは、サン・リュフとサン・ヴィクトルの2修族が早くから重要な役割を演じたが、近世以降はサント・ジュヌヴィエーヴの修族（フランス修族とも呼ばれる）に取って代わられる。イタリアでは、サンタ・マリーア・イン・ポルトとルッカのサン・フレディアーノの両修族の存在意義が薄れると、代わってサンタ・マリーア・デル・レーノ修族、また長らくローマのラテラノ大聖堂を管理してきた聖堂参事会を中心とする修族が前面に登場した。その後数百年を経るうちに、このラテラノ修族には中央ヨーロッパ全域から無数の修道参事会が加わることになる。イギリスでは、創始者センプリンガムのギルベルトゥス（1083/89-1189）の名をとって呼ばれるギルバート会が、大きな広がりを見せた。またポルトガルではコインブラの修族が、スイスではサン・モーリスとグラン・サン・ベルナールの修族が、アルザスではマールバッハの修族が、それぞれ支配的であった。これに対してドイツでは、さしあたり修族らしきものは見あたらず、それぞれのアウグスチノ修道参事会は、しばしば祈禱兄弟盟約などを通じて生じるごく緩やかで個人的な結びつきをもつにとどまったのである。

またこれとは別に、とりわけ病人の世話に尽力することを目的とした修族もいくつか見られた。たとえば、フランスからヨーロッパ全域へと拡がったアントニオ会などの病院修道会[3]や、イタリア、オランダ、ベルギー、ボヘミア、ポーランドの救護所において病人の世話に献身した十字架会などがそれである。

11〜12世紀の教会改革の動きは聖職者共同体の内部に限られたものではなく、他の社会集団にも及んでいた。そして数多くの信徒が、改革派の修道参事会へと殺到した。それゆえほとんどすべての修道参事会は、信徒修道士

---

(2) プレモントレ会については、第5章を参照。
(3) アントニオ会をはじめとする病院修道会については、第6章を参照。

4-1　17世紀のクロスターノイブルク修道院（オーストリア、ウィーン近郊）
J.M. レルヒによる銅版画、1684年

を受け容れていた。改革派の参事会に加わりたいと願う女性たちもまた、同様に遇され、バイエルンやオーストリアの、それもとりわけロッテンブーフやザルツブルクを中心とした改革派の圏内では、参事会の修道院はしばしば二重修道院として設立された。女子修道参事会員たちは、女子修道院長（magistra）の指導のもと、修道院の敷地内に建てられた専用施設で、禁域制を遵守して生活していた。しかし彼女たちはたいていの場合、教会内の序列からも経済的にも男子修道院の下位に置かれ、割り当てられる仕事はもっぱら、神の賛美と祭服の刺繍などの手仕事であった。従属的な立場にあるこうした女子修道参事会は、多くの困難ゆえに設立後100年を超えて続くことは稀であり、創立者一族の女性を受け容れ養う施設として機能していたという一面もあったようである。一方で、とりわけドイツ以外の国々では、数多くの自立した女子修道参事会が設立され、修族を形成したが、その大半は対応する男子の修道参事会の補完的役割を担うものであった（ラテラノ女子修道参事会、聖墳墓女子修道参事会、サン・ヴィクトル女子修道参事会、女子病院修道会など）。

　さて、アウグスチノ修道参事会の存在意義については、その起点となった盛期中世における重要性が、近年の研究成果からも、より明確に浮かび上が

ってくる。新たな社会的、経済的、政治的、精神的、宗教的な力が現出したこの「勃興」の時代にあって、修道参事会の運動は、教会の現状に対する的確な批判として、「使徒的生活」という新しい生活様式を提示してみせた。その運動の成果のほどは、この新しい理念がローマ教皇庁内にまで浸透していたことが雄弁に物語っている。この時代の重要な修道参事会員として、ブルゴーニュ出身の教皇庁尚書長ハイメリクス (1141没)、教皇ホノリウス2世 (在位1124-30)、インノケンティウス2世 (在位1130-43)、アナスタシウス4世 (在位1153-54)、そして後に教皇ハドリアヌス4世 (在位1154-59) となったイギリス人、ニコラス・ブレイクスピアなどの名を挙げることができる。12世紀のうちにこの宗教的生活様式は、アイスランドをも含めた西欧全体に広がった。そして中世後期なると、グリーンランドにまでアウグスチノ修道参事会が設立されたのである。

しかし、根源的な改革に向けて飛躍する力は、この種のすべての運動と同じく、ある一定の時間しか持続しない。それゆえアウグスチノ修道参事会にも、設立後1世紀を経ずして、新たな改革が必要となったのである。第4ラテラノ公会議 (1216年) と、後に教皇ベネディクトゥス12世の教令 (1339年) もまた、年1回の総長会議と規則的な巡察とを命じているが、これらの規定は、国によってかなり異なった効果をもたらすことになった。すなわち、イギリスでは現に改革が実現し、またイタリアでは、もとから強い中央集権的傾向を有していたラテラノ修族に有利な土壌を造り出し、16世紀に頂点に達することになるその繁栄を準備した。一方南ドイツやオーストリアのアウグスチノ修道参事会では、ボヘミアにあるラウドニッツ修道院 (1333年設立) の規則が範として仰がれており、この規則の導入により、会全体に修道生活の際立った革新がもたらされた。

また北ドイツにあっては、改革はいわゆるヴィンデスハイム修族から生じた。この修族の修道院はそれぞれ、デヴォーティオ・モデルナ (新しい敬虔) の運動に精神的な方向づけを与えられ、書物文化の育成を伴う観想的生活を指向していた。それはやがて、豊かな文学的営為へと展開し、アウグスチノ修道参事会員トマス・ア・ケンピス (1379/80-1471) の著作 (『キリストにならいて』) において1つの頂点に達したのである。

宗教改革の前夜、アウグスチノ修道参事会は西欧全体に1,600以上もの修

道院を擁し、規模からも文化的意義からも最大の勢力の1つであった。しかし16世紀の宗教論争は、イギリスからオランダ、北ドイツを越えてスカンジナビアに及ぶプロテスタント圏において、すべての修道院を閉鎖へと追い込んだ。この大きな信仰論争はまた、ドイツの他の地域にある修道院にも深刻な危機をもたらしたが、反宗教改革を貫いたカトリック圏では、すぐに活力を取り戻した。ロレーヌ地方ではピエール・フーリエ (1565-1640) が、「我らの救い主」修族によって修道参事会の改革を進め、この修族はロレーヌからフランス全土やサヴォアにまで拡がった。フランスではまた、パリのサント・ジュヌヴィエーヴを中心に、修道参事会が勢力を伸ばしていった。

ドイツとオーストリアのアウグスチノ修道参事会は17〜18世紀に、司牧においても学究においても、際立った成功を収めた。壮麗極まるこの時代の修道院建築は、彼らが新たに培った矜持を誇示するかのようである。

18世紀後半の社会状況は修道参事会にとって、修道院建築に関して大きな成果を得ていたとはいえ、全体としてはかなり険しいものであった。ハプスブルク帝国の領内では、啓蒙主義者の皇帝ヨーゼフ2世 (在位1765-90) の下、アウグスチノ修道参事会の修道院は、わずか6院を残して、他はすべて廃止され、その資産は没収された。続く惨禍はその数年後のフランス革命で、これにより西欧の修道参事会修道院は一掃される。さらに世俗化の大波が1803年にドイツ全域、とりわけバイエルンで、すべてのアウグスチノ修道参事会修道院を廃止に追い込んだ。こうして修道参事会自体がほぼ消滅に近い状態にまで追い詰められたのである。修道院の所有していた土地はすべて没収され、個人に売却された。真新しい修道院の施設についても同様で、それらは新たな所有者によって別の用途に転用されたり、また破壊されてしまうこともしばしばだった。とはいえ、廃止された修道院の教会は教区教会に、また時には施設の一部が司祭館として用いられることも少なくなかった。なお、カトリック圏でもポーランドとイタリアでは、やはりナポレオン戦争により大きな損害を蒙っていたにもかかわらず、かろうじてアウグスチノ修道参事会の修道院が存続できたのだった。

19世紀には、1823年再建されたラテラノ修族と、無原罪の御宿り修族 (1871年) が中心となって、修道参事会はやや勢力を回復する。そして1907年にはついに、オーストリア修族が結成され、帝国内の6つの修道院 (ザン

4-2 クロスターノイブルク修道院（18世紀の改築時の完成予想図）
J. クナップによる水彩画、1744年

クト・フロリアン、ヘルツォーゲンブルク、クロスターノイブルク、ライヒェルスベルク、フォーラウ、そしてブリクセン近くのノイシュティフト）すべてがそれに帰属することになった。ヴィンデスハイム修族とサン・ヴィクトル修族も、それぞれ1961年に再建された。また1971年にはマリア修族が、フランスのラヴァル司教区内の母院で設立された。これにスイスにある2つの修族、サン・モーリスとグラン・サン・ベルナールを加えた7修族が、アウグスチノ修道参事会連盟を形成している。1959年に発足したこの連盟（Konföderation）は、1人の総長（Abt-Primas）のもと、すべての修道参事会が緩やかな結合を示す組織である。現在、アウグスチノ修道参事会に属する修道院は約100、また修道参事会員は約850名で、15世紀の全盛期に比べ20分の1ほどの勢力にとどまっている。

2. 霊性

アウグスチノ修道参事会が12世紀以来、その司牧における規律と実践を

通じて示した新しい精神は、司祭の生活と人格的な高潔さについて、厳しい見解をもつよう求めるものだった。修道参事会員たちは、司祭職と使徒的生活についての認識を深める一方で、都市や地方で宗教的に高揚した活発な大衆とじかに接し、その霊性にも触れることになるが、そうした司牧活動は時として、全聖職者に向けてのより敬虔な生活の導入の要求や、教皇制度の改革といった、過激な結論へと彼らを導くことがあった。その結果、たとえばブレシアのアルノルドゥス (1154没) のように、あまりに急進的な主張が教会当局の不興を買い、異端として断罪、処刑されることもあったのである。

しかし、たいていのアウグスチノ修道参事会員はそれほど極端な思想に与することなく、修道院におけると同様、典礼の定めるところ、とりわけ聖務日課に従って日々を送った。そして、時間通りに祈禱を行うことをまず第一に心がけつつ、その合間に屋内では研究、写本の筆写、教育、院内の管理、また屋外では畑仕事、司牧、病人の世話など、さまざまな仕事に携わったのである。ともに食べ、眠り、祈ることが義務であることは言うまでもない。

荘厳な典礼やマリア崇敬は、アウグスチノ修道参事会の霊性において、神学研究と同等の位置を占めている。彼らは、たとえば初期のベネディクト会士たちとは異なり、すでに中世から司祭でもあったため、彼らにとって司牧は、観想修道会におけるよりも遙かに大きな意味をもっていた。にもかかわらず、サン・ヴィクトル学派やデヴォーティオ・モデルナの例が示すように、アウグスチノ修道参事会員は、決して観想生活 (vita contemplativa) を捨てたわけではなかったのである。

3. 組織と服装

多種多様な修族の存在からも十分予想されることではあるが、アウグスチノ修道参事会の各修道院の内部組織は、どの改革圏に属するかによって大きく異なっている。そして修道院の長上の呼び方ひとつを見ても、そうした事情をうかがうに十分である。すなわち、ロマンス語圏の諸国では、他の修道会の(大)修道院と同様にAbtと呼ばれるのに対して、ドイツ語圏の諸国ではPropst (司教座聖堂首席司祭の意もある) と称される。また長上の代理は、ロマ

4-3　修道参事会員の服装
左はサン・ヴィクトルの、右はサン・モーリスの修道参事会員
17世紀の銅版画

ンス語圏ではPriorだが、ドイツ語圏ではDekanと呼ばれる。ちなみにこのうちPriorは、ロマンス語圏、とりわけイギリスにおいては、独立した(小)修道院、もしくは従属修道院の長上の呼称でもある。これらの長上はたいてい、正規の修道参事会員による自由選挙によって選出され、その選挙権については、多くの修道院が早くに教皇から認可を得ていた。

　アウグスチノ修道参事会員の服装は、たいていは白い長衣と白の上衣からなっており、後者はやがて短白衣に簡略化された。肩かけはアルムートゥム(冬用、毛皮製)、ないしモツェッタ(夏用、羊毛製)と呼ばれる。18世紀の終わりには、黒い長衣が一般に採用され、短白衣はとくにバイエルン、オーストリア、スイスでは、細い亜麻織の白帯になった。

4. 神学と人文科学

　修道参事会の圏内からの最も偉大な人物として、また12世紀の最も優れた神学者・哲学者の1人として、まずサン・ヴィクトルのフーゴー（1141没）の名を挙げておかねばならない。彼の人格と幾多の著作は、同時代の精神生活と続く数世紀の神学的議論とに比類なき影響を与えた。フーゴーはまた、大変名望ある教師として、パリのサン・ヴィクトル学派の名声の礎を築いた。そしてサン・ヴィクトルのリカルドゥス（1173没）は、三位一体的ペルソナの愛に収斂してゆく神秘神学を形成した。また同時代の歴史神学者としてライヒェルスベルクのゲルホー（1092/93-1169）が挙げられるが、彼はとくに終末についての論をなした。

　歴史研究は大いに奨励された。バイエルンの修道参事会員ベルンリートのパウルス（1156以前没）は、改革派教皇グレゴリウス7世のドイツにおける最初の伝記を著した。またフライジンクのザンクト・ファイト修道院長であったラーエヴィン（1170/77頃没）は、司教オットーの手がけた『フリードリヒ帝事績録』(*Gesta Friderici*) を引き継ぎ、1156年から1160年までを補った。イギリスの歴史叙述家で、やはり修道参事会の一員であったニューバラのウィリアム（1198頃没）は、5巻本の『英国王室史』(*Historia Rerum Angkicarum*) を残した。客観的な記述と深みのある考察ゆえに、同書は12世紀後半の比類なき史料として評価されている。トゥスクルムの司教枢機卿にして大説教家、ヴィトリのヤコブス（1160/70-1240）もまた、そうした歴史家としての資質を備えた人物の1人に数えられる。彼は『東方の歴史』(*Historia Orientalis*, 十字軍史) と『西方の歴史』(*Historia Occidentalis*, ヨーロッパ史) とを著したが、一方で彼の現実に即して鋭く要点を衝く説教用の例話集は、例話文学の古典と見なされている。ウォルター・ヘニングフォード（1347没）は、1346年までの英国年代記を残し、レーゲンスブルクのアンドレアス（1380-1438）も多くの史書を著したが、わけてもその『バイエルン諸侯年代記』(*Chronica de principibus terrae Bavarorum*) のゆえに、アヴェンティヌスによって「バイエルンのリヴィウス」と評された。

さらに、中世後期に精神史や神学の領域で名を馳せた修道参事会員としては、ヤン・ファン・ルースブルーク（1293-1381）とトマス・ア・ケンピスがいる。ルースブルークはフランドルの偉大な神秘家で、ブリュッセル近くのグルーネンダール修道院の共同設立者の1人であった。またトマス・ア・ケンピスは、ヴィンデスハイム修族で最も有名な修道的霊的著作家で、彼の『キリストにならいて』（Imitatio Christi）は、ヨーロッパのカトリック圏において聖書についで多くの版を重ねた書である。この信心書は、あらゆる俗世的なものを蔑することを通して、つまり死と最後の審判を見つめつつ克己と痛悔とをなすことを通して、謙遜と内面の平和へと人を導こうとする。それによって人は神の国にふさわしい者となるのだが、誘惑に満ちた地上でのその労苦多い道を人の耐え得るものとしているのはキリストへの友愛である、と彼は言う。また、ヴィンデスハイム修族の改革の精神を北ドイツのアウグスチノ修道参事会に広めたヨハネス・ブッシュ（1399-1479/80）や、ヨハネス・マウブルヌス（1460頃-1501）もまた、革新運動を担った著作家である。

ヘールト・フローテ（1340-84）の「デヴォーティオ・モデルナ」（新しい敬虔）とは、いわば内面性と実践的感覚とを結びつけようとする霊性刷新運動であり、この運動から生じたヴィンデスハイム修族は、北ドイツ一帯に活力ある修道生活をもたらした。そこでは書物文化、すなわち書写や製本に大きな価値が認められ、それゆえ美術史的にも文化史的にも際立った成果が実現されたのだが、宗教改革時代の大混乱と、その後ほとんどの修道院が閉鎖に追い込まれたために、今日まで残された作品はごくわずかである。またヴィンデスハイム修族を通してアウグスチノ修道参事会は、かの高名な人文主義者、ロッテルダムのエラスムス（1469-1536）とも接点をもっていた。不承不承ながらも彼は、1487年から1491年まで修道参事会に属していた。そして彼の師であったデーフェンテルのシュンティウスは、エラスムスの才能を見抜き、人文主義の精神潮流に触れさせたのだった。

宗教改革は殊にドイツでは、アウグスチノ修道参事会にとって、破局とまでは言えないにしても、厳しい断絶と文化的停滞を意味した。しかし16世紀末に再び新たな精神的高揚が萌したことは、修道参事会員の増加のみならず、いくつかの修道院図書館の拡充ぶりにもはっきりと読み取ることができる。たとえば、バイエルンのヴァイルハイム近くのポリング修道院は、決し

4-4　ポリング修道院　M.ヴェニングによる銅版画、1701年

て大きくもなければ豊かでもなく、その図書館も中世以来、わずかな蔵書を抱えるのみだったが、1631年までにはこれが1,400冊に増え、その1世紀後には、ほぼ十倍にあたる15,000冊を数えるに至る。そして1744年、バイエルンにおけるカトリック的啓蒙の重要な担い手の1人であるフランツ・テプスル(1711-96)が修道院長に選ばれると、ポリング修道院図書館の拡充はさらに加速し、そのテプスルが没した1796年には、蔵書は80,000冊にまで膨らんでいた。当時の南ドイツ全体に眼を向けても、これを超える蔵書を誇ったのは、ウィーンとミュンヘンの宮廷のみだった。ポリングが収集した書物は内容的にも、神学や歴史と並んで、自然科学の全領域をカバーしていた。啓蒙主義関係の書物も数多く揃えており、いわばフランス風百科全書の理念をバイエルンで最初に体現したのが、このポリング修道院図書館であった。

　ところでポリングでは、修道院長テプスルに先立ち、すでにその師オイゼビウス・アモルト(1692-1775)が、その『ポリング哲学』(*Philosophia Pollingiana*, 1730年)によってカトリック的啓蒙の先駆者となっていた。彼は弟子テプスルとともに、ポリングのアウグスチノ修道参事会修道院を、バイエルンの最も重要な学問の府となし、同時にまた厳しい祈りの場となしたのである。

　テプスルはまた、バイエルン科学アカデミーの創設にも大きく関与し、西欧各地の実に数多くのアウグスチノ修道参事会修道院と緊密に連絡を取り合っていた。一例を挙げれば、フランスのサント・ジュヌヴィエーヴ修道院のピエール・フランソワ・ル・クライエ(1681-1776)、ボローニャのサン・サルヴァトーレ修道院のジョヴァンニ・ルイージ・ミンガレッリ(1722-93)、あるいはシレジアのザガン(現ジャガニ)の修道院長、ヨハン・イグナーツ・

フェルビガー (1724-88) などである。テプスルは主著『アウグスチノ修道参事会著作家集成』(*Scriptores ordinis canonici regularis Sancti Augustini*) により、著名な修道参事会員の文献の集大成を企てた。ただし現在バイエルンの公立図書館に所蔵されているこの著作は、多くの興味深い資料を含んでいるにもかかわらず、未だ公刊に至っていない。

バイエルンのポリング修道院の以上のような状況は、バロック時代における南ドイツのアウグスチノ修道参事会修道院のごく一般的な展開の例とみなすことができる。17～18世紀のバイエルンやオーストリアでは、アウグスチノ修道参事会の他の修道院もまた、規模においてはやや劣るものの、それぞれに堂々たる図書館を備えていた。同時にまたそれぞれが物理学や天文学関係の装置の興味深いコレクションを誇ってもおり、自然科学の諸分野への関心の高さがうかがわれる。また、バイエルン最初の学術的な定期刊行物で、後続の学術雑誌の先駆となった『バイエルンのパルナソス』(*Parnassus Boicus*, 1720-44年) を刊行したのも、バイエルンのアウグスチノ修道参事会であった。

神学と歴史学の分野での指導的な人物としては、すでに言及した人々のほかに、クロスターノイブルクのアダム・シャラー (1681没)、ヴェッテンハウゼンのアウグスティン・エラート (1791没) とフランツ・ペトルス (1725以

4-5　ポリング修道院長、
　　　フランツ・テプスルの肖像
　　　18世紀の絵画、ポリング郷土博物館蔵

後没）が挙げられよう。イン河畔のライヒェルスベルクの修道参事会員、イヴォ・ザルツィンガー（1669-1728）は、ライムンドゥス・ルルスの著作の豪華本を通して大いに名を馳せた。他にフォーラウの修道参事会員で歴史家のアクヴィーリン・チェーザル（1720-92）、ポリングの修道参事会員で東洋学者のゼバスティアン・ゼーミラー（1798没）の名も極めて重要である。彼らは自らの研究活動に心血を注ぐだけでなく、修道院付属学校の教師としても活躍し、その水準向上に努めたのである。

5. 建築と造形芸術

中世のアウグスチノ修道参事会の修道院建築は、固有の様式を発展させることはなく、基本的に既存の修道会（ベネディクト会）のそれと異なるところはなかった。多くの修道院はむしろ、その時代の典型的な作例を提供することで美術史に寄与していた。たとえばブリクセン（南チロル、現ブレッサノーネ）近くのノイシュティフト修道院では、後期ゴシックのその回廊のフレスコ画が、南チロルで最も重要なものの1つに数えられる（とくにミヒャエル・パッハーの作品）。しかし中世のもので残っているのは建築の一部もしくは工芸品が主で、中でもよく知られているのは、クロスターノイブルクの「ヴェルダンの祭壇」、ロマネスク時代のエマーユの代表作である。ニコラ・ド・ヴェルダンにより1181年に説教壇装飾として制作したこのエマーユは、14世紀に三連の祭壇衝立に改変され、後にはさらに聖レオポルドの墓所を飾ることにもなった。

17世紀以降、アウグスチノ修道参事会が新たな精神的開花の時期を迎えると、とりわけ南ドイツ・オーストリア圏では——ベネディクト会、シトー会、プレモントレ会の帝国修道院にも共通して見られる現象だったが——強い表現意欲が前面に出、空間的規模の壮大さを強調するバイエルン＝オーストリア的バロック様式として実を結んだ。今やアウグスチノ修道参事会の修道院長は、建築家、職人、芸術家にとって、ベネディクト会の院長と並ぶ、聖界における最も重要な注文主であった。建築計画はたいてい壮大な全体的構想に基づく完全な新建築で、旧来のロマネスクもしくはゴシック様式の建

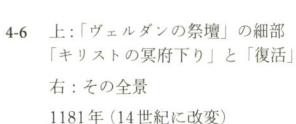

4-6　上：「ヴェルダンの祭壇」の細部
　　　「キリストの冥府下り」と「復活」
　　　右：その全景
　　　1181年（14世紀に改変）
　　　クロスターノイブルク修道院

物は建て替えるか、もしくは全面的に改装が施された。クロスターノイブルク修道院では1730年以降、ドナート・フェリーチェ・ダリオの設計により、スペインのエル・エスコリアル修道院を範とした改築が進められた。またリンツのザンクト・フロリアン修道院の大建築は、はじめカルロ・アントニオ・カルローネが指揮し、1708年の彼の死後はヤーコプ・プランタウアーが引き継いで完成させた、オーストリア・バロックの輝かしい傑作である。時には火災や荒廃といった外的要因による災害が、輝かしい新建築が現れるきっかけとなることもあった（たとえばイン河畔のアウ修道院）。しかし修道院の建物をバロック様式にという意識は徐々に修道参事会全体に浸透し、建て

4-7　ザンクト・フロリアン修道院図書館

替え（ディーセン、ボイアーベルク、ヴァイアルン、ディートラムスツェル、ロアー）、や改築（ポリング、ロッテンブーフ、バイハルティング、バウムブルク、ベルンリート、パッサウ近郊のザンクト・ニコラ）が進められた。

　修道院の構造は旧来とは全く異なるものとなり、堂々たる空間的な広がりの強調に重きが置かれた。それゆえ、高位聖職者のための翼部はストゥッコで豊かに飾られ、皇帝や諸侯や客人用の部屋は、ストゥッコ彫刻やフレスコ画による大がかりな総合芸術に仕立てられた。またアウグスチノ修道参事会が学究により一層の力を注ぐようになったことは、修道院図書館の改築計画へとつながり、豪華な設備をしつらえ、広間や翼部を備えた図書館が造られたのである（ポリング、1775-78年／ザンクト・フロリアン、1744-50年）。さらには、鉱物、貨幣、銅版画などの、それぞれの修道院が抱えるコレクションにも建築上の便宜が図られ、収集室が用意されることがあった（ザンクト・フロリアン、ボイアーベルク）。

　オーストリアでは、とりわけカルローネやダリオといった高名なイタリア

の建築家が重用されたが(ザンクト・フロリアン、クロスターノイブルク、ヘルツォーゲンブルク、パッサウ近くのザンクト・ニコラ)、ヨハン・ベルンハルト・フィッシャー・フォン・エルラハ(父)、ヤーコプ・プランタウアー、ヨハン・ミヒャエル・プルンナーといった、次第に頭角を現しつつあったオーストリアのバロック建築家たちもまた腕をふるった(ヘルツォーゲンブルク、ザンクト・フロリアン、ザンクト・ニコラ)。そしてフレスコ画家には、しばしばバルトロメオ・アルトモンテ(ザンクト・フロリアン)、ヨハン・ミヒャエル・ロットマイアーとダニエル・グラン(クロスターノイブルク)らが起用された。

　一方バイエルンでは地元からの起用が多く、ヨハン・ミヒャエル・フィッシャー、フランツ・アロイス・マイアー、マグヌス・フォイヒトマイアー、ヨーゼフ・シュムッツァー、エーギット・クヴィーリン・アザム、マティアス・バーダーらが活躍した(ディーセン、バウムブルク、ディートラムスツェル、ロッテンブーフ、ベルンリート、ローア、ポリング)。大きな仕事を任された外国人は、グラウビュンデン(スイス)のロレンツォ・シャーシャ、あるいはロヴェレード(スイス)のツッカーリ兄弟など、ごくわずかだった(ヴェイアルン、ガルス、アウ)。フレスコ画家としてはとりわけ、マテウス・ギュンター(ロッテンブーフ、インダースドルフ)、ヨハン・バプティスト・ツィンマーマン(ディートラムスツェル)、そしてヨハン・ゲオルク・ベルクミュラー(ディーセン)が呼ばれた。またストゥッコ装飾の名工として、アウクスブルクのフォイヒトマイアー兄弟(ディーセン)やヴェソブルンナー派の職人たちが知られていた。

　こうした大がかりな建築には、経済面での効率的で見通しのよい計画が欠かせないが、なかには建築費用がかさんで財政状況の悪化を招く修道院もあり、たとえば、伝統あるインダースドルフ修道院などはそれが致命傷となって、ついには1783年に廃止の憂き目を見ることになった。

6. 学術研究

まず自然科学者(天文学・数学)としては、クロスターノイブルクのフロリ

アン・ウルプリヒ (1800没) と、ロッテンブーフのゲラス・カーナー (1816没) の名を挙げることができる。またロッテンブーフの修道院長メスマー (1798没) は、ホーエンパイセンベルクに気象観測所を設置し、ザンクト・ツェーノ (ライヘンハール) のジークムント・アダムは1803年、インキローラーと罫線引機を発明した。学問を積んだアウグスチノ修道参事会員はしばしば大学への道を見出し——少なくとも一時的には——より広い社会を相手に奉仕した。オーストリアでは、世俗化の波にさらわれずにすんだ修道院ではその後もこの慣習が続き、たとえばクロスターノイブルクの修道参事会員ダニエル・トーベンツ (1819没)、ペトルス・フーリエ・アッカーマン (1831没) そしてヤーコプ・ルッテンシュトック (1844没) は、それぞれウィーン大学の教授となった。また1815年にクロスターノイブルクが設けた独自の教育施設 (神学院) は、ウィーン大学神学部に引けをとらぬ存在と認められていた。1941年ナチスにより修道院が接収されるまで続いたこの学院には、アウグスチノ修道参事会の他の修道院からも学生が派遣されただけでなく、オーストリアの多くのベネディクト会修道院もまた、後進の育成をこの学院に頼ったのである。

7. 教育制度

アウグスチノ修道参事会は、当初から学校制度に大きな関心を抱いており、パリのサン・ヴィクトル修道院付属学校は、12世紀初頭には、司教イヴォ (1040頃-1116) のもとで西欧随一の教育施設へと発展した、シャルトルの司教座聖堂付属学校と並び称されるほどだった。こうした重要な教育拠点と並んで、アウグスチノ修道参事会のそれぞれの修道院は、独自の学校を運営しており、それらはしばしば内部向けと外部向けの2部門を持っていた。前者はとりわけ修道参事会の後進に、参事会員としての生活や司牧上の課題に対する準備をさせるという目的を有しており、一方後者は、貴族や後のエリート市民たちの教育のためのものだった。ちなみに、すでに言及したカトリックの啓蒙主義者テプスルは、マリア・テレジアのもとで、とりわけオーストリアの学校教育の改革者として、大いに名を馳せたのである。

文献

概説

Augustiner Chorherrenstifte in Mitteleuropa, in: In Unum Congregati 6 (1959), 100-111

N. BACKMUND, Die Chorherrenorden und ihre Stifte in Bayern, Passau 1966

T. J.. VON BAVEL (Hg.), Augustinus von Hippo, Regel für die Gemeinschaft, Würzburg 1990

F. BONNARD, Histoire de l'abbaye royale et de l'ordre des chanoines reguliers de St. Victor de Paris, 2 Bde., Paris o. J.

K. BOSI, Regularkanoniker und Seelsorge in Kirche und Gesellschaft des europäischen zwölften Jahrhundests, München 1979

P. CLASSEN, Gerhoch von Reichersberg. Eine Biographie, Wiesbaden 1960

Conspectus Canonicorum Regularium Sancti Augustini, Martigny 1983

C. DEREINE, Chanoines, in: Dictionnaire d'histoire et de géographie ecclésiastiques 12, Paris 1953, 353-405

J. C. DICKINSON, The Origins of the Augustin canons and their introduction into England, London 1950

W. HÜMPFNER/A. ZUMKELLER, Die Regeln des hl. Augustinus, in: H. U. VON BALTHASAR, Die großen Ordensregeln, Zurich ²1961, 135-171

W. KOHL, Die Klöster der Augustiner-Chorherren (Germania Sacra NF 2, 2/2), Berlin 1971

F. MACHILEK, Die Augustiner-Chorherren in Böhmen und Mähren, in: Archiv für Kirchengeschichte von Böhmen-Mähren-Schlesien 4 (1976), 107-144

M. SCHMID, Augustiner Chorherren, in: Theologische Realenzyklopädie 4, Berlin / New York 1979, 723-728

J. SIEGWART, Die Chorherren- und Chorfrauengemeinschaften in der deutschsprachigen Schweiz vom 6. Jahrhundert bis 1160 (Studia Friburgiensia NF 30), Freiburg/Ü. 1962

S. WEINFURTER, Salzburger Bistumsreform und Bischofspolitik im 12. Jaherhundert. Erzbischof Konrad I von Salzburg (1106-1147) und die Regularkanoniker, Köln / Wien 1974

A. ZUMKELLER, Das Mönchtum des hl. Augustinus, Würzburg ²1968

組織

C. GIROUD, L'Ordre des chanoines réguliers de Saint-Augustin et ses diverses formes de regime interne. Essai de synthese historique-juridique, Martigny 1961

霊性

R. GRÉGOIRE, La vocazione sacerdotale. I canonici regolari nel Medioevo, Rom 1982

A. SMITH, Chanoines réguliers, in: Dictionnaire de spiritualité 2, Paris 1953, 463-477

神学・精神科学

B. O. Cernik, Die Schriftsteller der noch bestehenden Augustiner-Chorherrnstifte Österreichs von 1600 bis auf den heutigen Tag, Wien 1905

H. Vonschott, Geistiges Leben im Augustinerorden ... am Ende des Mittelalters und zu Beginn der Neuzeit, Berlin 1915

芸術

O. Thulin, Augustiner (Chorherren, Eremiten), in: Reallexikon zur deutschen Kunstgeschichte 1, Stuttgart 1937, 1252-1268

雑誌

Analecta Augustiniana, Rom 1905ff.

Augustiniana, Löwen 1951ff.

In unum congregati, Klosterneuburg 1954ff.

Ordo canonicus, Klosterneuburg 1946-75, 1978ff.

邦語文献

アウグスティヌス『修道規則』篠塚茂訳（中世思想原典集成第4巻『初期ラテン教父』所収、平凡社、1993年）

「メッス司教クロデガングによる司教座聖堂参事会会則」梅津教孝訳（M.-H. ヴィケール『中世修道院の世界』所収、八坂書房、2004年）

トマス・ア・ケンピス『キリストにならいて』大沢章／呉茂一訳、岩波文庫、1960年

今野國雄「聖堂参事会の改革運動」（『西欧中世の社会と教会』所収、岩波書店、1973年）

鈴木宣明「アウグスティヌスの修道霊性」（上智大学中世思想研究所編『中世の修道制』所収、創文社、1991年）

竹島幸一「聖アウグスティヌス戒律」（『聖カタリナ女子大学研究紀要』第4号、1992年）

徳田直広「アウグスティヌスの修道制の成立」（『愛知県立芸術大学紀要』第11号、1981年）

——「アウグスティヌス修道院規則に関する覚書」（『ローマ・アフリカ文化交流史の研究成果報告書』、名古屋大学、1982年

山口正美『ヒッポの司教聖アウグスチノの会則——今日の修道共同体の霊性を求めて』サンパウロ、2002年

【追補】

F. フェルテン「ひとつ屋根の下の教会と俗世——ドイツ中世における聖堂参事会」（甚野尚志編『中世ヨーロッパの教会と俗世』所収、山川出版社、2010年）

第 5 章

プレモントレ会

ORDO PRAEMONSTRATENSIS

ルトガー・ホルストケッター

富田　裕
朝倉文市
［訳］

1. 歴史的展開

　プレモントレ会 (Ordo Praemonstratensis, 略号：OPraem[1]) は、教皇グレゴリウス7世 (在位1073-85) がキリスト教会刷新のために促した全般的な教会改革に即して生まれたものである。この改革の理想に共鳴したクサンテンのノルベルトゥス (1080頃-1134) は、何人かの聖職者と信徒とともに、1120年に北フランスのプレモントレで福音の模範、使徒たちの教え、そして聖アウグスティヌスの規則に従った生活を始めた。女性たちもこれに続いた。彼らは皆、自らの労働によって生計を立て、ともに集まってミサ聖祭を執り行った。

　ノルベルトゥスの指導を端緒として彼の後継者ユーグ大修道院長 (1093頃-1161/64没) のもとで、修道会は、総会・規約・統一的典礼・本部 (母) 修道院による姉妹修道院への巡察権、さらに男女共住修道院の男性または女性の独立共同体への分離を伴い徹底的に組織化された。彼らの創始者の名を取ってプレモントレ会は、ノルベルト会とも言われた。

　1200年頃に修道会が最も発展した時期には、全ヨーロッパと聖地パレスチナに500以上の修道院を擁するほどになった。そのうちドイツにはおよそ150の修道院があり、例えばブランデンブルク、ハーフェルベルク、ラッツェブルクの司教座聖堂参事会がそうであったが、人里離れた地にも小さい修道院があった。ドイツの修道院は、16世紀の宗教改革と1800年頃の世俗化の時代にすべてが閉鎖された。オーストリアのゲーラス、シュレーグル、ヴィルテンの修道参事会は今日に至るまで存続している。同様にベルギー、ハンガリー、ボヘミア、モラヴィアのいくつかの修道院もそうであった。もち

---

(1) 1126年にホノリウス2世から「プレモントレ聖堂の生活形式に従った聖アウグスチノ修道参事会」(Canonici regulares Sancti Augustini secundum formam vitae Ecclesiae Praemonstratensis) として認可されており、正式には「修道参事会」または「修道祭式者会」(新『教会法典』では「参事会」とは「祭式会」のことである。『新カトリック大事典』第2巻、1093頁) だが、単に「修道会」(Ordo) と呼ばれることも多い (章末の邦語文献に挙げた『中世の修道制』、207頁、注7参照)。そこで本文では修道院を形成する組織としての「(修道) 参事会」「修道会」の両方を以下で使うことにし、単に施設を示す場合は「修道院」とした。その会員についても「(修道) 参事会員」「(修道) 会員」と併用するが、いずれもプレモントレ会員のことを示す。

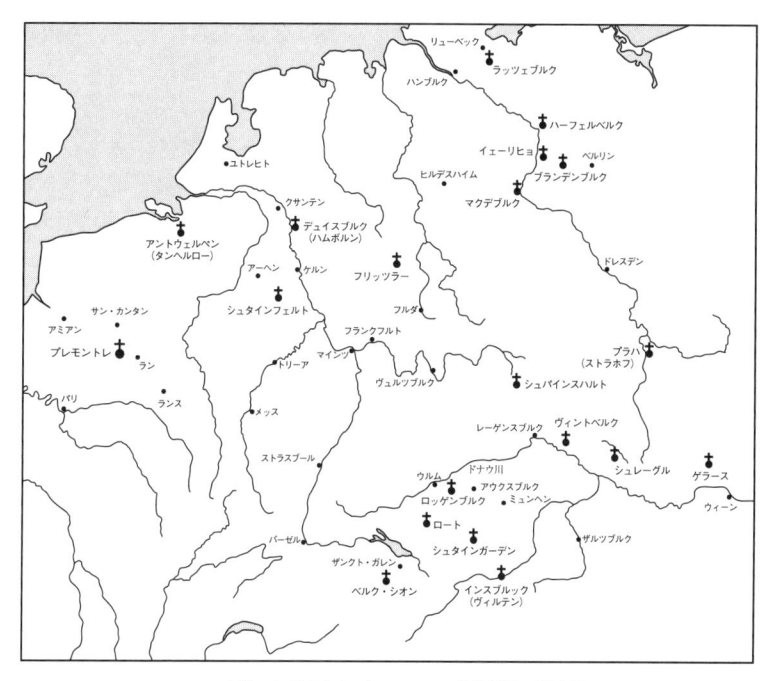

5-1　中欧における主なプレモントレ会修道院の所在地

ろんこれらの地では、フランス革命後と、また共産主義による権力掌握の時代に数十年間の中断を経験した。

　ドイツにおける修道会は、第一次世界大戦後に新たに出発した。今日ある修道院は、オーバープファルツのシュパインスハルト、バイエルン森林地帯のヴィントベルク、ノイ＝ウルム郡のロッゲンブルク、ルール地方のデュイスブルク＝ハムボルン、マクデブルクとヘッセン州のフリッツラーである。1996年時点でのプレモントレ会員はオーストリアでは115人、ドイツでは65人、うち6人は信徒修道士であった。全世界では、男子修道院数は75、司祭968名、神学生241名、修道士121名で、女子修道院数は7、修道女146名であった。さらに20の修道院に227名の修道女が生活しているが、彼女たちは、修道会と連携している司教管理下の6つの共同体に属している。例えば、アルゴイ地方のロート修道院やスイスのウトゥリブルク近郊のベル

ク・シオンなどである。これに加えて、いわゆる「第三会」として、特定の修道院と宗教的に連帯している数多くの男性と女性たちがいる。

1945年以降ドイツでプレモントレ会は、ヴェーレンフリート・ファン・シュトラーテン神父 (1913-2003) によって有名になった。彼のことを人々は親しみを込めて「ベーコン神父」(Speckpater)[2]と呼んだ。彼は「東欧司祭援助」(Ostpriesterhilfe) 運動（教皇庁の管理下にある「苦難にある教会 Kirche in Not」活動）[3]や、亡命者、難民や新しい移住者のための「移動式礼拝運動」[4]を鼓舞し、指導した。1991年に創設された援助活動「助成」[5]もまたプレモントレ会の提案に起因するものである。この運動の目的は、修道会の創立者ノルベルトゥスが極めて献身的に活動したマクデブルクの地[6]での失業問題を緩和し、またこの地のいくつかの教会施設や社会施設を支援することであった。

2. 会則、組織、服装

ノルベルトゥスがプレモントレ会のために採用したのは、教父アウグスティヌス (354-430) の手によると言われる戒律であった。

修道会組織の根本原則については、次のように述べられている。「プレモントレ修道会は、比較的独立性の強い個々の修道院の連合体である。したがって修道誓願は、修道会全体に対してではなく、個々の修道院に対してなさ

---

(2) 当時 (1947年) にタンヘルローの修道院にいたオランダ人のヴェーレンフリート神父は戦後、東欧から追放されてベルギーに流入したドイツ人難民をキリスト教精神で助けるように人々に呼びかけた。その為にまず農家に貯蔵されていたベーコンをこうした飢えに苦しむドイツ人難民に与えるようにしたことからきた名前。http://www.kirche-in-not.de/02-werwir/gruender-lebenundwerk.php# 参照。

(3) 1947年創設。迫害などの司牧的障害を伴う国の人々、特に多くのカトリック信者を含む東欧からのドイツ難民への助力機関。現在は国際的機関として、ドイツのケーニクシュタイン・イム・タウヌス (Königstein im Taunus) に本部を置く。*Lexikon für Theologie und Kirche,* 第3版, Bd. 5, S. 1492-93.

(4) 1950年より、リュックサックを背負いフォルクスワーゲンで各地に出かけて行く司祭の派遣に加えて、ミサ、告解などが可能な聖具一式を中に収納して走る聖堂型の車による司牧活動のこと。

5-2 聖母マリアから修道会服を、
聖アウグスティヌスから
戒律を授かる聖ノルベルトゥス
H. フェルトマン画、1696年
カッペンベルク修道院聖堂

れる。各人は参事会員として、或いは信徒修道士として生涯にわたって、自分を受け入れた当該の共同体に属するものとする(ベネディクト会のStabilitas loci「定住」を参照)。修道女についても同様である」。

　修道会の最高決定機関は、すべての修道院の代表が出席する総会である。総会は巡回視察権を行使し、大綱的規則(Konstitution)を公布する。この大綱的規則のもと、個々の修道院は、それぞれの地域的な必要性にしたがって、まったく異なる細則を作る。したがって修道会創立のときから、それぞれの修道院はほとんどすべての点で、互いに異なっており、しかもそれを法的に認められているのである。例えば日課、ミサの形態、会員たちの活動分野、また修道服ですらそうである。

　総会の長であり修道会の代表であるのは、総院長(Generalabt)である。彼

---

(5) Subsidiaris, 別称 : Hilfswerk für Kirche und Gesellschaft e.V., Magdeburg. http://www.subsidiaris.de 参照。
(6) 修道会設立認可後にシュパイアー帝国議会においてマクデブルク大司教に任職された。在任:1126-34年。『新カトリック大事典』第3巻、1603頁。

5-3 プレモントレ修道院の建設を
　　指揮する聖ノルベルトゥス
　　1530年頃の写本
　　ツァイル城
　　（ロイトキルヒ・イム・アルゴイ）蔵

を4人の修道会顧問（Ordensdefinitor）が補佐する。すでに12世紀に修道会は地域を分割して圏区（Zirkarien）の制度を取り入れた。これは後の修道会も採用することになる刷新のひとつであった。

　ノルベルトゥスがその回心の時以来身につけていた無漂白の毛織物で作った白い懺悔服が、修道会の服装の規範となった。今日ではウールではなく、洗濯の簡単な白い合成繊維が使われている。修道服（ハビット）と肩衣（スカプラリオ）は、幅広の布でできた白い腰帯（チングルム）で結ぶ。聖務日課の祈りの際には、短白衣（ロシェトゥム）と大きいカッパを身につける。これとは異なる特殊な例もいくつか見られる。例えば中世ザクセン圏区では濃紺のマントが着用されていた。また信徒修道士たちは、以前は灰色の作業衣を着ていた。今日では彼らの衣服は白色である。修道女たちの衣服もまた白色で、彼女たちは白いベールで身を覆っている。ハンガリーでは、白いガウンと肩衣にはボタン穴と縫い目に水色の縁飾りがついており、ボタンと腰帯も水色

である。1890年以来、ベルギーとオランダのプレモントレ会員たちは、聖務日課の祈りのとき以外にも頭巾（Capucium）をかぶっている。

3. 霊性

　修道会の目的は、かつても現在も、典礼儀式（聖務日課の祈りとミサ聖祭）を挙行し、あらゆる種類の司牧（教区、学校教育、学外教育、宣教）に携わることにある。すべての修道参事会にみられる典型的な傾向は、ベネディクト会修道士のような修道院での観想的生活から、教区司祭の担うすべての仕事に至るまで出来るだけ多方面の教会活動を行おうとすることである。

　プレモントレ会の霊性の根本原則は、「生活の共同」（communio）である。すなわち1人1人の会員が、仲間である修道士たち、あるいは修道女たちとの生活と労働の共同体へと連帯することである。この「生活の共同」という原理に最高の価値が与えられているので、終生誓願の際には3つの古典的な誓願（清貧、貞潔、従順）とならんで、これが個別に取り上げられる。

　修道会は、比較的独立性の強い個々の修道院から成っているので、霊性に関してそれぞれの独自の強調点を持っており、観想を重んじる修道院もあれば、むしろ修道院外の活動に重きを置く修道院もある。しかしながら「生活の共同」という根本原理のゆえに、共同体の内外で可能なかぎりの司牧を行うことを目指している。というのは共同生活という霊性と、修道院の外での活動という霊性は「生活の共同」という同じ原理の2つの側面だからである。決まった場所にあってしっかり根付いている共同体は、いつも変わらぬ落ち着いた住まいと、病気や老齢の際の安全を保証してくれるし、また修道院周辺の司牧活動の様々な経験を分かち合うこともできる。

　宗教的出発の時代は、また聖人たちの時代でもある。クサンテンのノルベルトゥスの次に最も有名であるのは、司祭であり神秘家でもあった（アイフェルの）シュタインフェルトのヘルマン・ヨーゼフ（1241/42没）と、カッペンベルク伯ゴットフリート（1127没）である。後者はドルトムント近郊のカッペンベルク、コースフェルト近郊のファーラー、そしてヴェッテラウのイルベンシュタットの3つの修道院を創設した。またラッツェブルクの司教た

ち、エーフェルモート (1178没)、イスフリート (1204没)、ルドルフ (1250没) もまた聖人として崇敬されている。アルテンベルク (ラーン) のゲルトルート (1227-97) は福者に数えられるが、彼女はテューリンゲンの聖エリーザベトの末娘である。

4. 文学

修道会には、昔からまた現在もなおごく小さな修道院もあれば、会員数100名を越すような大修道院もある。それに応じてプレモントレ会の文化史的業績は、多様であり、修道院によって異なっている。

ユダヤ人ヘルマンは、1140年頃キリスト教への改宗とカッペンベルク修道院への入会を綴った自叙伝を中世ラテン語で記した。アルンシュタインでは、12世紀に続誦形式での聖母マリアへの賛歌と祈願を初期中高ドイツ語で記した「マリーエンライヒ」(Marienleich) が登場した。同時期にヴィントベルクの写本室で、中部ドイツ語による「詩編」の行間逐語訳と天国の喜びを賛美した賛歌「天国について」(Vom Himelriche) が生まれている。テープル修道院は、新約聖書の最古のドイツ語訳 (1400年頃) の1つを所蔵している。

ほとんどすべての修道院に宗教作家がいたが、そのなかでも非常に有名なのは、ラテン語の韻文的散文で有名なハルフェンクトのフィリップ (1100頃-83)、禁欲に関する論文を記したアダム・スコトゥス (1212没)、修練士のための要理を書いたセルヴェ・ド・レリュエルス (1560-1631)、数多くの神秘的著作を著したエピファーネ・ルイ (1614頃-82)、そして修道会の聖人の辞書と護教的な修道会史を刊行したロッゲンブルクのゲオルク・リーンハルト修道院長 (1717-83) である。

数少ない「世俗的」作家のなかでは、マルヒタールのゼバスティアン・ザイラー (1714-77) が傑出している。シュヴァーベンの方言で書かれた彼の戯曲は今日新たに発見され上演されている。テープル修道院のシュタニスラウス・ツァウパー (1784-1850) は、ホメロスの翻訳家、そしてゲーテの解釈者として優れている。セルヴァース・デムス (1838-1903) は、1857年以降タンヘルローでフラマン語の方言で詩作した。ハンガリーで評価されている

詩人は、ヤーショ修道院のラースロ・メッチュ（1895-1978）である。

5．建築と造形芸術

　男子または女子の修道参事会員が彼らの属する参事会聖堂の内陣に毎日3時間（中世にはさらに長く）も籠もることになる聖務日課のために、プレモントレ会は教会の建築様式を大切に考えている。ほとんどすべての修道院が——その数は約500にのぼる——ロマネスクの時代に建てられた。破壊されたものもあるが、それでも重要な建築物は残った。例えばブランデンブルク、ハーフェルベルク[図5-5]、そしてラッツェブルクの大聖堂、またさらにアルンシュタイン、カッペンベルク、ゲルメローデ、イルベンシュタット、クネヒトシュテーデン、シュタインフェルト、シュタインガーデン、ヴィントベルクの修道院聖堂、およびマクデブルクのウンザー・リーベン・フラウエン（我らの聖母）修道院[図5-4]である。アギラー・デ・カンポ（スペイン）、ドリバラ（スコットランド）そしてフェスラ（テューリンゲン）の修道院廃墟は往時の壮麗さを偲ばせるものである。エルベ河畔のイェーリヒョ修道院聖堂の煉瓦建築様式はエルベ河以東の多くの教会建築の模範となった。

　ロマネスク時代のものとしては、なかでも皇帝フリードリヒ・バルバロッ

5-4　マクデブルクのウンザー・リーベン・フラウエン修道院　M. メーリアンによる銅版画、1650年

5-5　ハーフェルベルクの大聖堂と修道院

サを表したブロンズ石像（ゼルム=カッペンベルクのカトリック教区所蔵）として知られるカッペンベルクのバルバロッサの頭像、ヴィルテンのカリス（ウィーン美術史美術館所蔵）、ゲルラッハ修道士によって作成されたアルンシュタインのステンドグラス（ミュンスターのヴェストファーレン州立博物館所蔵）、クネヒトシュテーデン、シュタインフェルトそしてオルヴィエート（イタリア）のフレスコ画、アルンシュタイン、ハーフェルベルクそしてラッツェブルクの参事会員席[7]の一部がある。

　ゴシック様式の全盛期を物語るものとしてはアラーハイリゲン（シュヴァルツヴァルト）、ドラペー（キプロス）、サンティヴ・ド・ブレーヌ、グラムツォウ（ウッカーマルク）、カイザースラウテルン、ミデルブルクそしてツァムベク（ハンガリー）の教会または廃墟である。建築史上、価値の高いものとしては、例えばバート・ヴィルスナクやヴェーゼルのザンクト・ヴィリブロルディのような数多くの小教区教会も挙げられる。ゴシック様式の卓越した芸

(7) または歌隊席。『新カトリック大事典』第3巻、176頁。*Lexikon für Theologie und Kirche*, 第3版, Bd. 2, S. 1081-84.

術作品としてはブランデンブルク大聖堂の祭壇、ヴィルテン修道参事会聖堂の板絵、ハーフェルベルクの内陣前仕切り、シュタインフェルトとカッペンベルクの参事会員席[図5-6]、ブランデンブルクの祭服、クールのルーツィウス聖遺物櫃、そしてシュタインフェルトのポテンティヌス聖遺物櫃（パリのルーヴル美術館所蔵）がある。

ルネサンス芸術としてはザインの、そしてシュタインフェルト修道院回廊のステンドグラスがある（ロンドン、ヴィクトリア・アルバート美術館所蔵）。

バロックおよびロココ時代にはマルヒタール、ロッゲンブルク、ロート[図5-7]、シュッセンリート、ウルスベルク、そしてヴァイセナウのようなシュヴァーベンの帝国大修道院が、その威容を誇る建造物へと改築された。南ドイツの修道院は巡礼教会を多く建てた。例えばシュッセンリート修道院は隣接するシュタインハウゼンに教会（「ドイツの最も美しい村教会」と言われる）を、またシュタインガーデン修道院（上部バイエルン）はあの世界的に有名なヴィース教会を建てた。モンダイェ修道院（ノルマンディー）のオースタシュ・レストゥー（1655-1743）はその修道院聖堂（1706年以降）の新築に際して

5-6 カッペンベルク修道院聖堂の参事会員席（歌隊席） 1509/20年

5-7 ロート(アン・デア・ロート)修道院
1126年聖ノルベルトゥスにより創建、現在の建物は1702年完成

独自の様式美を展開した。つまり彼自身が絵画や彫刻を制作し、修道院全体の設計図を書いたのである。1714年以降ロートリンゲンのポンタ・ムーソン修道院の会員であったニコラ・ピアソン(1692-1765)は、ポンタ・ムーソン、エティヴァル、ジャンドゥース、そしてランジェヴァル各地修道院の大部分、ならびにトゥールの司教館を建設した。1706年よりスイスのベルレー修道院の助修士であった木彫家アントワーヌ・モノー(1683-1752)は、祭壇用の聖像と修道院聖堂の椅子席を制作した。ヴィントベルクの助修士フォルトゥナート・ジーモンは当地の参事会員席の象眼細工(1740年頃)によってよく知られている。

修道院内で制作された彫刻や絵画の領域の芸術作品についても多くのものが残っている。クネヒトシュテーデンには1150年頃、アルベルトという金細工師がいた。彼は修道院に莫大な収入をもたらしたので、そのなかから建築費の大半を修道院は捻出することができた。ストラホフの修道参事会員であったシアード・ノセツキイ、別称シアード(1693-1753)は、1721年から、自分のいる修道院内、なかでも神学図書室に多くの天井フレスコ画を描いた

[図5-9]。フルネ修道院（ベルギー）のフィリップ・ブーダン（1595頃没）は、1582年に列聖されたプレモントレ会の創設者ノルベルトゥスが右手に聖体顕示台を持ち、異端者タンケルム（1115頃没）をその足元に組み伏している、という様子を制作したおそらく初めての彫刻家であろう。このテーマで彼が制作した複製はプレモントレ会の各地の修道院に流行した[図5-8]。それ以来、彼によって選ばれたアトリビュートは、ノルベルトゥスの典型的な目印としてその聖画像を決定付けている。

装飾写本芸術については、中世には重要な修道院の写本室が、例えばアルンスベルク、アルンシュタイン、シェフトラルン、そしてヴィントベルク（ゲープハルト大修道院長[8]）にあった。クロスターブルックでは、プレモントレ会員ベネディクトが1483年頃にミサ典礼書を45の絵で装飾した（スト

5-8 悪魔またはタンケルムを足元に組み伏す聖ノルベルトゥス
シュレーグル修道院聖堂の祭壇画、1749年

ラホフ図書館所蔵)。今世紀には1925年以来タンヘルローで活躍するカリスト・フィンマース (1906-69) が、画家そして画学校の創設者として名声を得ている。

修道院の世俗から隔離された状態のなかで、修道女たちもまた優れた美を備える芸術作品を創造した。彼女らは司祭の豪華な祭服や祭壇前飾りだけでなく、聖遺物を飾るために、宝石や真珠で装飾を施した織物や刺繍を制作した。ツヴィエルチェニェク (クラクフ) の修道女アンナ・ヒュドゥンスカは、1700年頃に金の縁取りを刺繍する技術において他の追随を許さない完成度を示した。

6. 音楽

プレモントレ会員たちは中世には、ミサと時課の典礼 (聖務日課) を、何ら本質的な変更を加えることなしに、ガリア・ローマ典礼で伝えられたままのグレゴリオ聖歌の旋律で歌っていた。「アルマ・レデンプトーリス・マーテル」(*Alma redemptoris mater*, 救い主のいと高き母、1450年頃) の一般にはよく知られていない曲はもっともヘッセンのシュピースカッペル修道院を起源としている。さらにこの修道院では1450年頃、ヘッセン方伯領[9]を讃えるラテン語の頌歌が成立した。

中世後期におけるおもな楽器はオルガンであった。オルガンの技術的完成度とその音響的充実は、すべての修道院にとっての関心事であった。シュピースカッペル修道院は、すでに1370年には早くもオルガンを所持していた。エリングハウゼン女子修道院 (アルンスベルク) には、1390年1台のオルガンが寄進された。それどころかこの女子修道院には、1492年になると2台ものオルガンが存在していた。バロック時代、さらに後期バロック時代の教会堂には大オルガンが付き物だった。例としてはロート修道院 (ビーベラハ郡) の名前が挙げられるが、そこにはオルガン製作者ヨハン・ネーポムク・ホル

---

(8) *Lexikon für Theologie und Kirche,* 第3版, Bd. 10, S. 1223によれば、この修道院の写本室を文学的中心地にした初代院長。

(9) *Lexikon des Mittelalters,* Bd. 5, S. 1664-68.

ツハイ（1741-1809）が1786年に内陣用オルガン、1793年には主オルガンを据えつけた。

　教会音楽は18世紀には、最盛期を迎えた。比較的規模の大きい修道院は、大祝日にはオーケストラと聖歌隊を繰り入れようと努めた。修道院内部でも歌が歌われ音楽が奏された（娯楽的な歌謡や器楽演奏）。多数の作曲家や演奏家が修道会の会員のなかから輩出した。特に音楽に熱心だった個々の修道院を取り上げたり、或いは個々の音楽家としての会員たちの名前を挙げたりするのは容易ではない。例えばドマルタンのジャン・ロワゼルは、1644年にアントウェルペンで4曲のオーケストラ・ミサ曲を、1649年には何曲ものモテットを書いている。シュッセンリートのヴィルヘルム・ハンザー（1738-92頃）は、1773年から88年までラヴァルデュー修道院のオルガン奏者として活躍し、ナンシーで印刷された交唱聖歌集、昇階唱、そして行列用儀式書、ならびに多くの未発表のフーガ、モテット、そしてミサ曲を残した。アルンスベルク大修道院長フランツ・フィッシャー（1740-1806）は、ピアノとフルート演奏の大家として知られた。

　ボヘミアとモラヴィアのすべての修道院には、主要な音楽家たちがいた。例えばバジリウス・グラッフ（1683-1728）はクロスターブルックの楽長であり、多くの楽器を弾きこなす名人だった。ゼーラウのヘルマン・ゲリネク（1709-79）はオルガンとヴァイオリンを弾き、パリやナポリの宮廷にまで演奏旅行をした。ヨハン＝ローエル・エルシュレーゲル（1724-88）とジーモン・トルスカ（1734-1809）は、両者ともストラホフ修道院における優れた音楽家、そして楽器製作者であった。

　シュヴァーベンの帝国大修道院からは、ニコラウス・ベッチャー（1745-1811）が特に挙げられる。彼はロート修道院の院長（1789-1803）であり、「ハ長調ミサ」（1794年）やそれ以外にさらに約40曲の作品があり、そのなかには当時ロート修道院に属していたマリーア・シュタインバッハ巡礼のための巡礼者の歌がある。1730年以来マルヒタールの修道院に在籍したイスフリート・カイザー（1712-71）は作曲家、オルガン奏者、そして指揮者としてその名声は修道院の外にまで響いていた。同じくマルヒタールの修道院に在籍（1771-1803）したジクストゥス・バッハマン（1754-1825）はピアノとオルガンの演奏家であり、宗教曲以外にも大交響曲と多くのソナタを書いた。

カトリック教会の典礼刷新（1965）以降、ほとんどすべての修道院では共誦祈禱とミサ聖祭においては母国語が使われるのが普通となった。その結果、多くの新しい旋律が生み出され、その大部分は修道院内で独自に作られたものであった。現代音楽の担い手としてはルーペルト・フリーベルガー（1951-, 1969年よりシュレーグルに在籍）が挙げられるが、彼は参事会聖堂聖歌隊指揮者、ザルツブルク大学の教会音楽講師として、多くの歌曲集、ミサ曲、合唱曲、器楽曲を書いている。

7. 神学と人文科学

神学はプレモントレ会において優先的な位置を占めていた。手書きや印刷された会員による神学的著作が、いつの時代にもあらゆる国に溢れていた。ハーフェルベルクの司教（1129-55）、そののちラヴェンナの大司教をつとめたアンセルム（1158没）は、3巻本からなる『ディアローギ』（Dialogi）[10] において、コンスタンティノープルでの公開討論、特に教皇の首位権や「フィリオクエ」（聖霊は父と子より発出する）について述べている。フォンコードの大修道院長ベルナールは1190年頃、ヴァルド派に対する反論を書いた。フロレッフ修道院の副院長ヘーレンタルスのペトルス（1322-91）は、四福音書と詩編についての注釈をした。1715年以降シュタインフェルトに在籍したヨーゼフ・プリッカルツ（1696-1757）はケルンの神学教授であり、1752年から何巻にも及ぶ倫理神学書を刊行しはじめた。1728年よりクネヒトシュテーデン大修道院長であったレオンハルト・ヤンゼン（1681-1754）も、1725年に倫理神学書を公刊し、この書は何度も版を重ねた。優れた牧会神学者としては、1820年からヴィルテン（インスブルック）の大修道院長をつとめたアロイス・レッグル（1782-1851）がいる。彼の遺稿から1860年に初めて編集された『告解場の慰めの言葉』（Zusprüche im Beichtstuhle）は、15版以上も重ねた。マリア論学者のなかでは、1644年よりタンヘルロー大修道院長であったアウグスティヌス・ヴィヒマンス（1596-1661）が卓越している。

---

(10)『ギリシア人との論争3巻』（Dialogorum adversus Graecos libri III, 1149年頃。『新カトリック大事典』第1巻、265頁）

5-9 ストラホフ修道院（プラハ）、神学図書室
天井のフレスコ画はシアードによるもの（1729年完成）

　哲学はプレモントレ会員たちにおいてもまた、何世紀にもわたって神学との密接な関係を保ってきた。そのことを典型的に示すのが、1138/40年頃にプレモントレのヴィヴィアヌスが書いた神の恩寵と人間の自由意志についての論文である。最近の例から挙げてみよう。1774年からシュタインガーデンに在籍したグレゴール・ライナー（1756-1807）は、1781年にインゴルシュタットの哲学教授となり、カントの崇拝者であった。ゼーラウのオイゲン・カデラヴェク（1840-1922）は、1891年にプラハ大学教授となった。1956年からゲーラス修道参事会に属するアウグスティヌス・ヴーヘラー＝フルデンフェルト（1929- ）はウィーン大学のキリスト教哲学と神秘思想の教授である。

　法学者としては、1684年からシュタインフェルトに在籍したアンノ・シ

ュノレンベルク (1667-1715) がおり、ケルンの神学校の教会法教授であった。また1939年からヴィルテン修道参事会に属していたハンス・ヘルマン・レンツェ (1909-70) は、ウィーン大学のドイツ法教授であった。

　他の修道会におけるようにプレモントレ会でも歴史の編纂が大切にされた。プレモントレ会員たちによって書かれた20以上の中世期の年代記があり、そのなかにはウルスベルクの修道院長ブルヒャルト (1215-31) の年代記が含まれている。会の創設者ノルベルトゥスの人間像に迫ろうとしたのが、アミアン修道院のモーリス・デュ・プレ (1595頃-1645)、1629年よりアントウェルペンの聖ミカエル大修道院長だったヨハネス＝クリュソストムス・ファン・デア・シュテレ (1591-1652)、1886年よりゲーラスに在籍したアルフォンス・ザーク (1868-1931)、そして1951年よりポステルに在籍し、ブリュッセルの大学教授であり帝国文書館の課長であるヴィルフリート・M・グラウエン (1933-) である。

　プレモントレ会の歴史についての基礎的な著作を残したのが、プレモントレ出身のジャン・ル・ページュ (1650頃没) による史料集『プレモントレ会文献集成』(*Bibliotheca Praemonstratensis Ordinis*, 1633)、1683年からポンタ・ムーソンに在籍し、1722年以降はエティヴァル大修道院長であったシャルル＝ルイ・ユーゴ (1667-1739) による、各地のプレモントレ会の修道院の歴史を含んだ2巻本の『プレモントレ会聖人および修道参事会員年代記』(*Sacri et canonici Ordinis Praemonstratensis Annales*, 1734-36)、1847年からタンヘルロー修道院に在籍したイグナティウス・ファン・シュピールベーク (1828-1903) の書いた会出身の聖人伝、1858年よりアヴェルボーデに在籍したレオン・グーフェルツ (1840-1916) の編纂した会の学者人名事典、そして1926年よりヴィントベルクに在籍したノルベルト・バックムント (1907-87) の編集した、プレモントレ会のすべての修道院の歴史を短く纏めた3巻本の『プレモントレ会修道院史』(*Monasticon Praemonstratense*, 1949-56年、1983年には第1巻の第2版が刊行) がある。

　ボランディストによる『アクタ・サンクトールム (聖人伝)』(*Acta Sanctorum*) の史料編纂は1788年から1794年までタンヘルロー修道院によって続行された。カタルーニャの歴史についての基礎的研究は、ベルプイグ・デ・ラス・アヴェラナス修道院のハイメ・カレスマー (1717-91) によってなされた。

1834年からトリーアの補佐司教となったロンマースドルフ修道院のヴィルヘルム・アルノルト・ギュンター (1763-1843) は、ライン・モーゼル川周辺国の歴史についての史料を刊行した。1929年よりゲーラスに在籍するアンブロース・ヨーゼフ・ピッフィヒ (1910-1998) はエトルリア人の歴史を研究し、その文字を解読した。

　優れたヘブル語学者としては、ブランデンブルク司教 (1421-59) であったシュテファン・ボーデカーがいる。クロスターブルック出身のヨハン・ヤーン (1750-1816) はアラム語、シリア語、アラビア語の文法書、そしてアラビア語・ラテン語辞典を刊行した。ストラホフ出身のラウレンティウス・ブラウンホーファー (1737-1814) は、古代貨幣研究についての並外れた学識をもっていた。1798年には彼の『オーストリアのプフェニヒ硬貨についての歴史的試論』(Historischer Versuch über einen österreichischen Pfennig) が出版されている。1642年よりヴェルダンの聖パウロ修道院に在籍し、その後レタンシェ大修道院長 (1672-84) となったドミニク・カローは、ロートリンゲン家の紋章についての基礎的研究書を書いた。

8. 自然科学

　自然科学者としてすでに中世期に名を成していたひとりのプレモントレ会員がいた。それはブレスラウの聖ヴィンツェンツ修道院に1336年から在籍したトマス (1297-1378頃) で、医師として『医療の実際』(Practica medecinalis) という教本を書いた。

　ルネサンス時代、のちにシュッセンリートの修道参事会員となるカスパー・モーア (1575頃-1625) は、ペルージアとローマで神学を学んだ。教養ある人文学者であるモーアの研究心は絶えることがなかった。彼は例えば鷲鳥の羽で大きな翼を作って、飛行の技術を調べたりした。タンヘルローのゲラルドゥス・ドルネウス (1603没) は、有名な数学者でありまた天文学者であった。1622年以降アルンスベルクに在籍したリヒャルト・ラーム (1600頃-63) は、その錬金術に関する知識によって王侯貴族の邸によく招かれ、それが彼に豊かな収入をもたらした。彼はウィーンで皇帝フェルディナンド3世

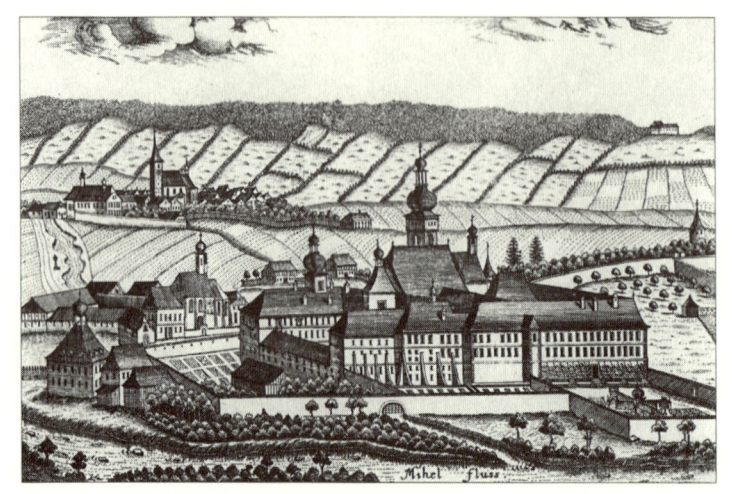

5-10 シュレーグル修道院　G.M.フィッシャーによる銅版画、1674年

と共に実験を行い、ブランデンブルク選帝侯フリードリヒ・ヴィルヘルムの顔から痣を除去することに成功した。1692年よりヴュルツブルク近郊ウンターツェル女子修道院の院長であったヨハン・ツァーン (1641-1707) は、望遠鏡について書いている。

1719年以降クロスターブルック修道院に在籍したプロコープ・ディヴィシュ (1696-1765) は避雷針を発明し、1754年にズナイム (モラヴィア) 近郊プレンディッツの自分の司祭館に取り付けた。その後の2年間続いた日照りを農民たちはディヴィシュの発明品のせいにして、この避雷装置をはずしてくれるように彼に迫った。ディヴィシュとは関係なく、この同じ装置がアメリカでベンジャミン・フランクリン (1706-90) によって設計された。

特に南ドイツやハプスブルク家の支配する地域の大規模な修道院では、18世紀から自然科学が研究されていた。例としてはテーブル修道院が挙げられよう。1741年からテーブルの大修道院長であったヒエロニュムス・アンブロース (1701-67) は鉱物を収集して、そこから物理学の小陳列室を作った。1780年よりテーブルに在籍したアロイス・ダーフィット (1757-1836) は、プラハの天文学教授であり王立天文台の所長であったが、多くの天文学上の観察結果を発表した。テーブルの大修道院長 (1813-27) カール・ライテンベ

ルガー (1779-1860) はその湯治に関する医学的知識を生かして、修道院の領内にある町マリーエンバートを高級温泉保養地として作り替えた。

他の修道院もそれにひけをとらなかった。1742年よりヴィルテンに在籍したイグナーツ・フォン・ブルクレヒナー (1723-97) は天文時計を作り、その作動方法を彼は1763年に記述した。1800年よりストラホフに在籍したヨーゼフ・ラディスラウス・ヤンデラ (1776-1857) は1805年にプラハ大学の数学教授となり、1827年から28年にかけて同大学学長となったが、指数を使った計算について2冊の本を書いた。1825年からヴィルテンに在籍したアントン・ヨーゼフ・ペルクトルト (1804-70) は、彼の故郷であるチロル地方の苔や地衣類についての多くの観察記録を刊行した。

9. 教育制度

女子プレモントレ会員たちはすでに中世に修道院において、様々な階層の若い少女たちの教育に心を砕いていた。

ブルムホフ修道院の2人の院長エーモ (1237没) とメンコによる年代記には、13世紀にフリースラントにあったプレモントレ会員たちによる学校についての記述がある。アルンスベルク修道院は、1643年に寄宿舎のあるギムナジウムを創設した。ハンガリーとアメリカ合衆国の修道院は学校制度にかなり力を注いだ。現在、ヴィントベルク修道院は青少年のための教育施設を経営している。ロート (アルゴイ) の修道女たちは、当地の司教区内の青少年教育施設で働いている。

ベルネ (オランダ) 修道院からは次の4人の会員が際立っている。まずゲルラクス・ファン・デン・エルゼン (1853-1925) は1886年に当地に (農家の若者のために) ギムナジウムを創設し、農民組合、火災・家畜保険組合、ならびに農業協同組合、そして貸付金庫の共同設立者として1896年から活躍した。ヨーゼフ・ノウエンス (1875-1968) は、1902年からカトリックの中間層運動において指導的な働きをした。ピウス・ファン・アーケン (1876-1938) は、1915年にオランダにカトリック雇用者団体を創設した。「経済評議会」メンバーであったユーリウス・ファン・ボールデン (1878-1945) は、社会問

題の顧問として政府のために働いた。

　数えきれないほどのプレモントレ会員たちが、村の司祭として成人教育一般を引き受けていた。また彼らのなかには手引書の類を刊行した者もいた。幾つかの例を挙げてみよう。マルヒタールの修道参事会員ギルベルト・バウアー (1724年生まれ) は1790年に礼儀作法の決まり事について、そして1794年には厩舎内飼養ならびにシロツメクサ、アサ、アマの栽培について書いた。1839年からシュレーグルに在籍したカイェタン・コーグルグルーバー (1817-1907) は、1868年に果樹栽培についての教科書を、そして1872年には家政学の本を書いた。

　20世紀になると成人教育は、現代的な工業技術の補助手段を利用するようになる。ディ・ピア修道院 (ウィスコンシン、米国) は1925年から1975年まで、50年代にはテレビ番組にまで拡張された私立のラジオ放送局を経営していた。ブリュッセル近郊のグリムベルゲン修道院は、1967年に修道院内の庭園に「公共天文台」を設置して、ブリュッセルおよびその周辺の幅広い住民階層に天文学への関心を持ってもらおうとした。オランダのベルネ修道院のアレクサンダー・フォン・シインデル (1910-91) は、医師としてインドの人里はなれた地域に医学的な基礎知識を伝えることに努力した。彼はそれだけでなく、なかでもマンドラ地方にカトラ病院を開設し、1960年から1975年まで自ら指導した。

　幅広い住民階層の信仰を訓練し育成していくことを多くの司祭たちは口頭で教えるだけでなく、さらに大衆向けに書かれたカトリック要理や要理解説書を出版した。そうした多くの出版物のなかでも代表的なものが、1630年からタンヘルローに在籍したヤン＝ルドルフ・ファン・クレイヴィンケル (1609-79) の書いた年間のすべての主日・祝日についての黙想書、アントウェルペンの聖ミカエル修道院に1696年から在籍したヘルマン＝ヨーゼフ・ド・ヴュナンツ (1672-1730) の書いたミサ聖祭と主の祈りについての解説書、1726年からクネヒトシュテーデンに在籍したペーター・ボンガルト (1708-80) の書いた青少年と成人向けの要理解説書 (1746)、1773年からアヴェルボーデに在籍したヤーコプ・クラース (1752-1828) の書いた農民のための道徳教育書、ならびに1766年からロッゲンブルクに在籍したフリードリヒ・シュトゥルムレルナー (1749-1824) の書いた家庭用教理問答書と地方の教会で使用

されるためのミサ典書である。1667年からシュタインフェルトに在籍したレオンハルト・ゴフィネー（1648-1719）が1690年に書いた主日・祝日すべてについて解説した『小型説教集』(*Hand-Postill*) は、多くの言語に訳されて500版を超える人気を得た。

10．農業

　12世紀および13世紀のプレモントレ会員たちの文化的または開拓的な功績としては、言うまでもなく農業が注目される。かつては沼地の干拓、森林・原野の開墾が目立ったが、今日では多くの修道院がその競争相手に対坑して、より効率的な経済的手段を見いだすということが強調されている。つまり、質の良い大規模農園の経営、修道院内の倉庫でのコストを抑えた貯蔵方法、価格が十分な上がり方をした際の市場への迅速な現物提供、他の修道院との共同販売組織によって遠距離の市場であっても現物提供ができること、ならびに、最高の売り上げを見込める市場に現物をしばしば遠距離運送するに際して免税処置を取られるように努め、大抵の場合認可されることがその証しである。

文献

全般的研究

B. ARDURA, Abbayes, prieurés et monastères de l'ordre de Prémontré en France, Nancy 1993

N. BACKMUND, Monasticon Praemonstratense. Id est Historia Circariarum atque Canoniarum candidi et canonici Ordinis Praemonstratensis, 3 Bde., Straubing 1949-1956 (Bd. 1, Berlin/New York ²1983)

DERS., Geschichte des Prämonstratenserordens, Grafenau 1986

K. ELM (Hg.), Norbert von Xanten, Köln 1984

Gedenkboek Orde van Prémontré 1121-1971, Averbode 1971

W. M. GRAUWEN, Norbert, Erzbischof von Magdeburg (1126-1134), Duisburg ²1986

M. HEIM, Prämonstratenser/Prämonstratenserinnen, in: G. SCHWAIGER, Mönchtum, Orden, Klöster. Ein Lexikon, München 1993, 355-367

L. HORSTKÖTTER, Der heilige Norbert von Xanten und die Prämonstratenser, Duisburg ⁸1992

DERS., Prämonstratenser, in: Theologische Realenzyklopädie 27, Berlin/New York 1996, 167-171

DERS./L. CAALS, Prämonstratenser, in: Lexikon des Mittelalters 7, München 1995, 146-152

A. K. HUBER, Die Prämonstratenser, Baden-Baden 1955.

B. KRINGS, Das Prämonstratenserstift Arnstein a. d. Lahn im Mittelalter (1139-1527), Wiesbaden 1990

霊性

B. ARDURA, Prémontrés. Histoire et Spiritualité, Saint-Etienne 1995

T. HANDGRÄTINGER (Hg.), Gesandt wie ER, Würzburg 1984

F. PETIT, La spiritualité des Prémontrés aux XIIᵉ et XIIIᵉ siècles, Paris 1947

J.-V. VALVEKENS, S. Norbert, in: Dictionnaire de spiritualité 11, Paris 1982, 412-424

文化

N. BACKMUND, Die mittelalterlichen Geschichtsschreiber des Prämonstratenserordens, Averbode 1972

L. GOOVAERTS, Ecrivains, artistes et savants de l'ordre de Prémontré, 4 Bde., Brüssel 1899-1909

B. F. GRASSL, Der Prämonstratenserorden, seine Geschichte und seine Ausbreitung bis zur Gegenwart, Tongerlo 1934

D. LOHRMANN, Die Wirtschaftshöfe der Prämonstratenser im hohen und späten Mittelalter, in: H. PATZE (Hg.), Die Grundherrschaft im späten Mittelalter, Sigmaringen 1983, 205-240

DERS., Die Erwerbspolitik der Abtei Prémontré unter Norbert von Xanten und Hugo von Fosse (1120-1161), in: K. ELM (Hg.), Erwerbspolitik und Wirtschaftsweise mittelalterlicher Orden und Klöster, Berlin 1992, 31-50

M. UNTERMANN, Kirchenbauten der Prämonstratenser. Untersuchungen zum Problem einer Ordensbaukunst im 12. Jahrhundert, Köln 1984

雑誌

Analecta Praemonstratensia, Averbode 1954ff. (Bd. 1-29 : Tongerlo 1925-1953)

邦語文献

ハーフェルベルクのアンセルムス「修道参事会員の身分のための弁明書簡」梶山義夫訳（中世思想原典集成第10巻『修道院神学』所収、平凡社、1997年）

J. フィルハウス「最初の律修参事会――プレモントレ会の創立をめぐって」（上智大学中世思想研究所編『中世の修道制』所収、創文社、1991年）

【追補】

F. フェルテン「１２世紀の修道会と修道女――プレモントレ会、シトー会と敬虔な女性たち」（甚野尚志編訳『中世ヨーロッパの教会と俗世』所収、山川出版社、2010年）

舟橋倫子「プレモントレ会修道院の所領形成と周辺社会――フロレフ修道院12世紀文書の分析」（『史学』第69巻3・4号、2000年）

第 *6* 章

病院修道会

聖アントニオ修道会
聖霊修道会
聖ヨハネ病院修道会

HOSPITALORDEN

ユルゲン・ザルノフスキー

梅津教孝
［訳］

1. 歴史的展開

　病院修道会 (die Hospitalorden, Hospitaliter) は、キリスト教ヨーロッパにおいて、十字軍の時代以来、個々の病院[1]に属する聖職者共同体から成立した修道会の総称である。その構成員たちは、しばしば修道士の3つの誓約と並んで、病人の介護（と貧者の世話）という4つ目の誓約を行い、そのほとんどが「アウグスティヌス戒律」であったが、共通の会則に従っていた。彼らのうちのいくつかは、ヨハネ騎士修道会、ドイツ騎士修道会、ラザロ騎士修道会など、騎士修道会として発展し、すぐに騎士的な要素が優勢になった。これら古くからの病院修道会に、16世紀、17世紀そして19世紀になっても、数多くの広範な新しい修道会が加わった。数ある男子ならびに女子の修道会の中で、ここで取り扱われるのは3つに過ぎない。すなわち、聖アントニオ修道会、聖霊修道会、そして聖ヨハネ病院修道会である。

　聖アントニオ修道会は、最古の病院修道会に属する。1083年に、ベネディクト会の修道院であるアルルのモンマジュールが、ドフィネ、とりわけ、恐らくは数年前から聖アントニオスの聖遺物がそこにあった、後のサン・タントワーヌ・アン・ヴィエノワ（古名はモッタ・ネモローサ）に5つの教会を手に入れた。そこに、モンマジュールの監督の下、まず分院が、次いで、いつの事なのかは正確にはわからないのだが、巡礼や病人の世話のための病院が作られた。この病院は、「聖なる火」と呼ばれる麦角中毒[2]の治療を専門にしていた。病院に居住して患者の世話を行なう団体から、**聖アントニオ修道会** (Canonici monasterii S. Antonii Viennensis) が誕生した。これは、スペイン、

---

(1) 本章で用いられているHospitalは、外国人、巡礼、病人、貧民などのための施設であり、その意味するところは今日の病院より広い。しかし、聖アントニオ修道会の活動内容、聖ヨハネ病院修道会の日本での名称がまさに「病院」を自称していること、そして『新カトリック大事典』が「病院修道会」で立項を予定していることなどから、本章では原則として「病院」をこの語にあてる。

(2) 麦などに寄生する麦角菌によってひきおこされる食中毒症状。循環器系や神経系に作用し、神経に対しては、手足が燃えるような症状があらわれたため、「聖なる火」や「アントニオスの火」などと呼ばれた。

6-1 南仏ドフィネ地方、サン・タントワーヌ・アン・ヴィエノワの旧修道院聖堂遠望

イタリアそしてドイツに急速に広まった。教皇インノケンティウス4世（在位1243-54）は、1245年に聖アントニオ修道会を聖ペテロの保護下に置き、その2年後、「アウグスティヌス戒律」に従って生活することを許可した。かつての母修道院であったモンマジュールとの長期にわたる対立の後、ようやく1297年、サン・タントワーヌのこのベネディクト会の分院は母修道院から解放され、修道院となり、病院と一緒になった。これによって聖アントニオ修道会は、その最終的な形態をもって成立した。14世紀には最盛期が訪れたが、これは表面的なもので、1418年以降この修道会は、深刻な危機に見舞われた。ドイツその他の国々で、いくつもの施設が失われたのである。16世紀および17世紀にはさらに損害は広がり、14世紀にはおよそ300あった施設が、1775年ころにはもう30ほどしか残っていなかった。そこでついに、最後の総長であったジャン＝マリー・ナヴァル（1768-1775）は、マルタにある聖ヨハネ騎士修道会への聖アントニオ修道会の併合に同意した。フランス革命期に、修道会の残りの部分は消滅した。

　一時的にではあれ大きな重要性をもった今ひとつの病院修道会は、**聖霊修道会**（Ordo Hospitalarius de S. Spiritu）であった。出発点は、モンペリエのグイドによって1180年ころに設立された病院共同体であり、これは急速に拡大した。1198年以前には既に10の病院が、モンペリエにある「母病院」に属しており、そのうちの2つはローマにあった。インノケンティウス3世（在位1198-1216）は、1204年の6月、サンタ・マリア・イン・サッシアの近くに

ある、ローマのかつてのアングロ・サクソン地区に新たに設立された聖霊救貧院を彼に委ねた。ここから急速な成長が始まった。14世紀と15世紀には、全キリスト教ヨーロッパにおいて、ほぼ740の施設がこの修道会に属していた（多くの聖霊救貧院は、しかしながら独立して創設された組織であった）。しかしすぐに没落が始まった。管理と修道生活はないがしろにされた。1444年、そのために教皇エウゲニウス4世(在位1431-47)自身が、修道会長(praeceptor)職に就き、シクストゥス4世(在位1471-81)は、1477年に抜本的な改革を開始した。1625年の内部抗争によって、モンペリエとローマとの間で結ばれていた病院間の連合は破棄され、施設はますます失われるという事態へとつながった。1826年、教皇レオ12世（在位1823-29）は、改革プログラムによって修道会の没落に対処しようとしたが、これを実現することはできなかった。ついに1847年7月、修道会の男子部門は解散させられた。

ここで紹介されるべき第三の病院修道会は、**聖ヨハネ病院修道会**[3]（Ordo Hospitarius S. Johannis de Deo, 略号：OSJDあるいはOH）である。これは、当初は1540年以降グラナダの神の聖ヨハネ（フアン、1495-1550）の周囲に形成された俗人の共同体であった。彼の死後、マドリード、コルドバ、ルセナそしてトレドに病院が作られ、1572年にこの共同体は「アウグスティヌス戒律」をもつ独立した修道会に改組された。1611年ないし1617年に、教皇パウルス5世（在位1605-21）によって聖ヨハネ病院修道会はその最終的な認可を得た。既に1592年には、2つの修族への分割が必要になっていた。グラナダを中心とするスペインの修族は、イベリア半島、アメリカそしてインドにある施設を包括し、ローマを中心とするイタリアの修族には、ドイツとフランスの施設が属していた。フランス革命の後、修道会はフランスに戻り、激しい反動の後に、スペイン、ドイツ、オーストリアにおいても新たな施設を開設することができた。1850年には、2つの修族は再び1つになった。既に神のヨハネは、特に精神病の治療に打ち込んでおり、19世紀以来、聖ヨハネ病院修道会は、精神病と癲癇のための施設をもっていた。1970年頃にはこの修道会の2,200人以上の修道士たちが、4万以上のベッドをもつ195の施設を管理している。

---

(3) 日本での公称。神戸に日本支部があるが、これは1951年にバイエルン管区から来日した修道士によって開設されたものである。

2. 会則、組織、服装

　ここで扱われている修道会にとっては、既に述べたように、「アウグスティヌス戒律」が基本であったし、1232年に新しい規約を受け入れたアントニオ修道会にとってもそうであった。アントニオ修道会のトップは、最初はドムヌスとよばれていたが、1297年以降は修道院長がその地位に就いた。聖霊修道会の最初の規約は、恐らくは、既にグイドの時代にローマで成立していたと思われる（1204-08年）。指導者はプラエケプトルと呼ばれ、広範な権限を有していた。聖ヨハネ病院修道会は、教皇によって裁可された独自の規約を獲得した。この修道会はマーヨル（スーペリオル）によって、後には総長によって指導されていた。病院にはそれぞれ院長がいた。

　アントニオ修道会のしるしは、黒い衣服に明るい青で描かれたT十字であ

6-2　ヒエロニムス・ボス「聖アントニオスの誘惑」（部分）
　　　三連祭壇画、左翼面の一部、1485-1505年頃、リスボン、国立美術館蔵
　　　聖アントニオスがアントニオ修道会士らしき姿で描かれている。

った。これは恐らく、足の不自由な人たちの松葉杖を象徴している。聖霊修道会の服は、1つの白い二重十字（╪）のついた黒いマントからなっていた。聖ヨハネ病院修道会はスペインの修族では茶色を、イタリアの修族では黒をまとっていたが、1850年以降は全員が黒をまとっている。

3. 霊性

病院修道会の独特の霊性は、宗教的な義務と慈善の義務との緊密な結合によって際立っている。貧者と病人に対する奉仕は、こうしてキリスト自身に対する奉仕になった。神の聖ヨハネは、次のような言葉で、彼の病院のための喜捨を得ようとしたと伝えられている。「兄弟よ、善をなせ。誰が自分自身のために善をなそうとするだろうか？　ああ、わが兄弟たちよ。神に対する愛のために、自分自身のために善をなせ」。これは、病院修道会の慈善活動の「もう一つの面」であった。すなわち、各々は彼らに対する喜捨を通じて、自らの魂の救いに寄与することができるのである（聖アントニオ修道会や聖霊修道会にあっても定期的な募金活動が存在した）。これとは反対に、修道会の構成員に対しては、その慈善的、宗教的な使命への完全な献身が要求されたし、今も要求されている。その際には、それぞれの修道会によって異なりはするが、看病を義務付けられた俗人と、例えば聖アントニオ修道会に見られるように、俗人や病人の魂の世話をする資格をもって、一部には聖務日課に集まる司祭修道士との間に一定の職務の分担があった。

4. 建築と造形芸術

建築の分野で病院修道会が際立っているのは、聖堂や病院という、修道会の目的にとって必要不可欠な施設を建てたことである。聖堂の場合、通常は修道会に典型的な規範よりは、地域的、時代的な規範のほうがより特徴的である。修道会にその名前を与えた守護聖人の聖遺物を収めている、サン・タントワーヌの聖アントニオ修道会の修道院聖堂が重要な例である。1297年

に聖アントニオ修道会が最終的に修道会になった後、1337年以降、新しい建物の建築が始まった。これは1419年頃、建築家ジャン・ロベールの指揮下で建ちあがり、1464年より後に完了した。これは7つに区切られた天井（ヴォールト）をもつ非常に高い聖堂で、塔はないが、1列に並んだ正方形の小祭室によって囲まれていた。堂々とした西側のファサードの、恐らくはアントワーヌ・ル・モワテュリエによって作られたと思われる数多くの彫刻のうち、正面玄関の一群の彫刻（古代イスラエルの族長、預言者とシビュラ、そしてセラフィムとケルビム）のみが、現在保存されている。メミンゲンでは、この修道会は1378年から1486年にかけてザンクト・アントニウス聖堂を建てた。これは、東側の側廊がななめに切られ、3つに区切られた天井をもつシュトゥーフェンハレ（Stufenhalle）[4]と呼ばれる様式の聖堂である。そこの病院棟は、中庭を囲む4つの棟からできている。ベルンにある今ひとつの支部では、聖堂と病院がおそらく1つになっていた。聖堂は、同時に病室でもあった。1694年に建設が始められたリヨンの聖堂は、修道会の歴史の最後の数十年のものである。これは、とりわけ彫刻家にして画家であったマルク・シャブリ（1660-1726）の作品によって飾られていたが、フランス革命で破壊された。

　聖霊修道会にあっては、様々な改革によってローマにある中心的な建物が新しくされた。インノケンティウス3世によって建てられた病院は、15世紀後半になると、はるか南のほうに拡張された新築の建物によって取って代わられた。サッシアにあるサント・スピリト聖堂は、シクストゥス4世のもとで、新しい鐘楼を獲得し、次いで、1538年から1544年の間に、アントニオ・ダ・サンガッロ2世（1483-1546）によって完全に改築された。最後に16世紀なると、修道会長の所在地であったパラッツォ・デル・コメンダトーレに、中庭を持つ堂々とした建物が加わった。

　聖ヨハネ病院修道会の建築活動の始まりには、グラナダの病院がある。ローマでは、彼らはテーヴェレ川の中州に、オスペダーレ・デイ・ファテベネフラテッリと、17世紀から18世紀初頭にかけて最終的な形態を獲得することになるサン・ジョヴァンニ・カリビタ聖堂をもつ、より大きな彼らの修道

---

(4) 後期ゴシック様式に特に見られる、身廊と側廊の天井の高さにほとんど差のない聖堂の様式。ウィーンのシュテファン聖堂などがその例。

244

6-3/4 (上) マティアス・グリューネヴァルト「キリスト磔刑」
イーゼンハイムの祭壇画、1512-15年、コルマール、ウンターリンデン美術館蔵
(下) 同、祭壇内部の木彫 (ニコラウス・ハーゲナウアー作、1505年)
左より聖アウグスティヌス、玉座の聖アントニオス、聖ヒエロニュムス

6-5 グリューネヴァルト「聖アントニオスの誘惑」(部分)
　　　　イーゼンハイムの祭壇画 (左翼第2扉裏面)

会の中心地を建設した。この修道会は、対抗宗教改革の流れの中でドイツへやってきて、ここにようやく地歩を得ることができた。ミュンヘンでは、例えば、30のベッドをもつ初めての病院が、1754年にようやく完成した。正方形の中庭の周囲には、南に聖堂が、北には本来の病院が配列されていた。1786年の拡張に際して、妊産婦のための施設が分離して作られた。

　造形芸術も、病院修道会にとっては、彼らの慈善活動と緊密な結びつきをもっていた。ある病院修道会の施設に由来する恐らく最も重要な作品は、マティアス・グリューネヴァルトによって、イーゼンハイムにあったかつての聖アントニオ修道会の病院のために1513年ないし1516年に描かれた祭壇画である (現在は、コルマールのウンターリンデン美術館に収蔵されている)。祭壇内部 (の彫刻) には、アウグスティヌスの足元に、聖アントニオ修道会の寄進者であるジャン・ドルリエが、修道会の服を着て、手を組み合わせて頭頂部のみを覆う帽子を被った像で描かれている [図6-4]。祭壇を閉じるとそこには磔刑図があり、聖セバスティアヌスと聖アントニオスが描かれた翼部がこ

6-6　グリューネヴァルト「聖アントニオスの聖パウロス訪問」(部分)
イーゼンハイムの祭壇画 (右翼第二扉裏面)

れを囲んでいる。この聖アントニオスは、ペストと、この修道会がそれと戦っていることで知られていた「聖アントニオスの火」と呼ばれる麦角中毒に対する守護聖人であった。聖アントニオスは、祭壇画の中で隠修士パウロスと話をする場面を描いた翼面にも再び現れる[図6-6]。彼らの足元には、麦角中毒に効能がある精密に描かれた10種類の植物がある。これは、患者の気持ちを高揚させようとするこの作品の起源と明瞭に関係している。祭壇画の別の画面には、聖アントニオスの誘惑の場面が描かれているのだが、ここでは、恐ろしく醜い形をした1人の患者が、このうえも無い絶望の中で助けを求めるためにこの修道会の守護聖人のマントをつかんでいる[図6-5]。この人物と悪霊の皮膚には病変がおこっており、これが、聖アントニオ修道会が戦っている病気にとって典型的なものであったことを示している。また、恐らくはヒエロニムス・ボス(1450頃-1516)も、この修道会と関係があったと思われる。彼は、その絵の中で、特に修道会の守護聖人の誘惑を数多く描く中で、「聖アントニオスの火」に罹った場合にどうなるかをよく知っているこ

とを示しており、恐らくこの修道会の病院をも描いている。

　聖アントニオ修道会と聖ヨハネ病院修道会では、これと並んで壁画と本の挿絵がある役割を果たしていた。サン・タントワーヌの修道院聖堂では、15世紀の初頭からのフレスコ画が保存されてきた。このフレスコ画は、なかでもアヴィニョン出身のロバン・フルニエ（あるいはファヴィエ？）によって描かれたものであり、その中には、修道院長アルトー・ド・グランヴァル（在職1418-27）と思われる寄進者が描きこまれている磔刑図がある。フルニエはまた、ジャン・マセラールによって著された聖アントニオスの伝記に200以上の細密画を描いた（1426年）。聖アントニオ修道会は、特に15世紀に頻繁に描かれた聖アントニオスのイコノグラフィーに決定的な影響を与えた。ここでは聖人はしばしば、聖アントニオ修道会のT十字のついたマントをまとい、この修道会のために都市内で放し飼いにされていた聖アントニオスの豚を集めるための小さな鐘と、その豚の1頭と共に描かれていた。似たような図像は、フライブルクの聖アントニオ修道会の主祭壇の彫刻としても残されている（16世紀初頭）。聖霊修道会の場合には、ローマにある中央病院

6-7　聖アントニオス
　　　L.クラーナハ画、『ヴィッテンベルクの聖遺物の書』(1509年)

に、1478年から1484年にかけてローマとウンブリアの匠たちによって、インノケンティウス3世による設立と、シクストゥス4世による修復を表す一連の絵が備え付けられた。この修道会からは、修道士たちのミサや食事から病人たちの受け入れや世話に至る病院での生活を描いた、54の装飾文字の中に描かれた細密画をもつ、15世紀の装飾つきの会則の写本も作られている。

5. 音楽

　音楽はいくつかの病院修道会にあっては、それが患者の健康のために用いられていたという理由から重要な役割を演じていた。この事はとりわけ聖霊修道会にあてはまる。ここでは、音楽療法が精神病患者のために展開されていた。恐らく14世紀後半のグリエルモ・ディ・サント・スピリト（グィレルムス・デ・フランキア）は、この修道会に属していたと思われる。彼の作曲として1つのマドリガーレと2つのバッラータが伝えられている。聖ヨハネ病院修道会では、18世紀に何人かの才能ある作曲家が輩出した。フランツ・フィスマン（1722-74）はその一例である。彼はプラハで勉強し、その地で1742年に修道会に入った。ウィーンの修道会のスーペリオルとして、彼はヴァイオリン協奏曲を皇帝の宮廷で上演し、イタリアへも旅行をした。彼が作った曲は、そのほとんどが教会音楽だったが、出版されてはいない。この修道会の今一人の音楽家は、ヨーゼフ・ニーメツ（パーテル・プリミティヴス、1750-1806）であった。彼は1768年に修道会に入って、哲学を修めて1780年頃に司祭としての叙階を受けた後、エステルハージー侯の図書館係として招かれた。そこで彼は、ヴィオラ・ダ・ガンバ、バリトン（バロック期の弦楽器）、ハープそしてピアノに熟達し、ヨーゼフ・ハイドンと知己を得ていたので、侯の礼拝堂で演奏を行なった。ハイドン自身も、50年以上にわたって、聖ヨハネ病院修道会と関係があったのである。彼はハイドンのために、いくつかの「フルート時計」と呼ばれる卓上オルガンを作った。これは、シリンダの力によって、ハイドンがそのために作った曲を演奏することができた。

6. 歴史叙述と法学

　病院修道会では、早い時期から、自分たちの歴史に関する関心が生じていた。15世紀初頭には、ジャン・マセラールが、聖アントニオ修道会のために、この修道会の守護聖人の伝記を作り、1534年にはリヨンで半ば公式の『聖アントニオ修道会史概要』(*Antonianae historiae compendium*) が著された。これは聖アントニオ修道会の会員であったエモン・ファルコによってまとめられた修道会の歴史である。聖ヨハネ病院修道会では、既に1583年に神の聖ヨハネの最初の伝記 (『神の聖ヨハネの生涯、その聖なる御業、彼の修道会の設立と病院の始まりの歴史』*Historia de la vida y sanctas obras de Juan de Dios y de la institución de su Orden y princiio de su Hospital*) が公にされた。これはグラナダの病院の指導者であったフランシスコ・ダ・カストロによって著されたものである。この修道会の今一人の年代記作者はマルコ・アウレリオ・スコダニリオ (1658-1727) であるが、彼の作品は出版されていない。

　聖霊修道会の歴史、法的な立場そして霊性は、ローマの施設で生活していたフランス人ピエール・ソニエによって、彼の『ローマにある通称サッシアの聖霊修道会について』(*Trattato del sacro Ordine di Santo Spirito, detto in Sassia, di Roma*) の中で取り扱われている。この作品は1662年にローマで遺作として出版された。これより前に、1556年以来ローマの病院を聖職禄として保有し、それにともない修道会の指導者でもあったユマニスト、ベルナルディーノ・チリッロ (1500-75) が、彼の修道会に関する叙述を上梓している (手稿本として伝来)。チリッロは確かに、聖霊修道会の中でも最も重要で、文学的に最も旺盛な活動をしたメンバーであった。彼は既に1540年に、故郷であるアクィラの歴史『アクィラ市年代記──同時代史を含む』(*Annali della città dell'Aquila con l'historie del suo tempo*, 1570年にローマで出版) を執筆した後、続けて、プロコピウス (6世紀前半) の『ゴート戦役』のイタリア語訳、ジョヴァンニ・ピコ・デッラ・ミランドラ (1463-94) のある作品に基づいてそれを韻文化したもの、そして『ヨブの物語』(*Storia di Giobbe*) を発表した。

　病院修道会の修道士たちは、教会法にも一定の重要性を獲得した。例えば、

聖アントニオ修道会士たちは、1400年ころにパリ大学の教会法学部の中で重要な役割を演じた。口火を切ったのは、ピエール・シャロン（1360頃-1425）であった。彼は、特にコンスタンツ公会議（1414-18年）で大学を代表した。彼に続いたのは、フィリップ・ド・フランシュラン（1438没）とアルノー・ル・ヴァッソー（1467以降没）である。両者とも、彼らの学部に大きな影響力を及ぼした。

7. 自然科学

これらの修道会の任務にふさわしく、自然科学に対する彼らの寄与の中心には医学がある。例えば聖霊修道会は、解剖学、外科学そして薬の製造のための学校を保有していたし、聖ヨハネ病院修道会は、同様に模範的な病院付属の薬局の建築と外科学とに貢献した。パリにあった彼らのオピタル・ド・ラ・シャリテ（Hôpital de la Charité, 1607年）は、王の保護のおかげで、ヨーロッパの最良の病院の1つとなったし、このことによって1726年にベルリンに設立されたシャリテ病院の名前のもととなった。聖ヨハネ病院修道会は一部では、修道会に属していない優れた医師たちを用いていた。彼らは1787年にフランツ・クサヴィエ・フォン・ヘーベル（1759-1846）を、ミュンヘンの病院に招聘したが、彼はその経験を1794年に出版された『聖ヨハネ病院修道会の聖マクシミリアン病院における改良準備のための草案』（*Entwurf von Verbesserungsanstalten in dem Krankensaale zum heiligen Maximilian bei den Barmherzigen Brüdern*）の中にもりこんだ。同じ修道会から、有名な外科医で、その知識を『外科の新しい森』（*Nuova Selva di Cirurgia*, 1596年）という提要に書き留めたガブリエレ（本名はカミッロ）・フェラーラ（1627没）、南アメリカに種痘を導入したエマニュエル・シャポロ（1811没）、そして、オーストリアで初めて麻酔手術を行なった人物の1人であるツェレスティン・オーピッツ（1866没）などが出ている。この修道会の最も重要な自然科学者として、オッターヴィオ・フェラーリオ（1787-1867）がいる。ミラノの修道会病院の薬局は、1820年から1847年にかけて彼の指導下にあった。彼は特に、薬学と化学の問題に取り組み、1837年から1846年にかけて、10巻からなる『一般

6-8　パリのオピタル・ド・ラ・シャリテ　17世紀の銅版画

化学提要』(*Corso de Chimica Generale*) を出版した。この書物は、彼の時代の化学への総合的な入門書であった。1821年ないし1822年に彼は、ヨードフォルムの開発に関与した。

8. 教育組織

病院修道会は、彼らの施設の中に学校組織をもっている場合もあった。このことは、聖アントニオ修道会について15世紀以来最も明瞭に証明されている。プラエケプトルはそこでは恐らく1803年まで、教師の任命、生活費そして監督に責任を負っていた。前述した病院修道会の施設における医学、「薬学」教育も、教育史の文脈のなかに確かに属している。

文献

概説

V. ADVIELLE, Histoire de l'ordre hospitalier de Saint-Antoine de Viennois, Paris 1883

P. DE ANGELIS, L'Ordo de Santo Spirito in Saxia e le sue filiali nel mondo, Rom 1958

DERS., L'Ospendale de Santo Spirito in Saxia, Rom 1960

R. AUBERT, Hospitaliéres, Hospitaliers, in: Dictionnaire d'histoire et de géographie ecclésiastique 24, Paris 1993, 1200-1233

P. BRUNE, Histoire de l'Ordre Hospitalier du Saint-Esprit, Lons-le-Saunier/Paris 1892

D. JETTER, Geschichte des Hospitals, 6 Bde., Wiesbaden 1966/87

DERS., Das europäische Hospital, Köln 1986

F. LÄUFER (Bearb.), Die Barmherzigen Brüder. Ein Buch über Entstehen, Werden und Wirken des Ordens der Barmherzigen Brüder, Prag 1932

A. MISCHLEWSKI, Grundzüge der Geschichte des Antoniterordens bis zum Ausgang des 15. Jahrhunders, Köln 1976

J. MONVAL, Les Frères hospitaliers de Saint-Jean de Dieu, bearb. von J. CARADEC, Paris 1950

S. REICKE, Das deutsche Hospital und sein Recht im Mittelalter, Stuttgart 1932

G. ROCCA/B. RANO u. a., Ospedaliere ..., Ospedalieri ..., Ospitalieri di Santo Spirito, in: Dizionario degli Istituti di Perfezione 4, Rom 1980, 942-1014

J. VON STEYNITZ, Mittelalterliche Hospitäler der Orden und Städte als Einrichtungen der sozialen Sicherung, Berlin 1970

H. STROHMAYER, Der Hospitalorden des hl. Johannes von Gott. Barmherzige Brüder, Regensburg 1978

霊性

P. BAILLY, Hospitaliers, in: Dictionnaire de Spiritualité 7, Paris 1969, 784-808

建築・造形芸術

P. DE ANGELIS, L'architetto e gli affreschi di Santo Spirito in Saxia, Rom 1961

V. H. BAUER, Das Antonius-Feuer in Kunst und Medizin, Berlin 1973

U. CRAEMER, Das Hospital als Bautyp des Mittelalters, Köln 1963

D. LEISTIKOW, Hospitalbauten des Antoniterordens, in: Koldewey-Gesellschaft, Berichte über die 30. Tagung für Ausgrabungswissenschaft und Bauforschung, 1978, 92-99)

邦語文献

神原正明「聖アントニウスの誘惑」(『ヒエロニムス・ボスの図像学』所収、人文書院、1997年)

第7章

騎士修道会

テンプル騎士修道会
ヨハネ騎士修道会
ドイツ騎士修道会

GEISTLICHE RITTERORDEN

ユルゲン・ザルノフスキー

岡地　稔
［訳］

1. 歴史的展開

　騎士修道会[1]は十字軍にともなって生まれた。教会によって指導された異教徒との戦いという11世紀以来展開していた観念と、聖職者の共同体という古き理想とが、この騎士修道会においてむすびついたのである。この新たなタイプの修道会を、クレルヴォーのベルナール（1090-1153）は、もっとも古い騎士修道会であるテンプル騎士修道会を支援するためであったのだが、1130年頃『新たな戦士たちへの賛辞』（*De laude novae militiae*）を著して、理想化して描いた。彼にとって騎士修道会とは、世俗の騎士とは異なり、物欲とか栄誉や華美への欲望によってことを決するのではなく、従順・清貧・貞潔という修道士の誓願を守って生活をおくるものであった。**テンプル騎士修道会**（「エルサレム神殿騎士修道会」）[2]は1118/19年頃、シャンパーニュ出身の貴族ユーグ・ド・パイヤン（1136/37没）を中心として、エルサレムへの巡礼者を保護するために集まった騎士たちの団体から生まれた。彼らはエルサレム王ボードワン2世（在位1118-31）によって、アクサー・モスクにあった「ソロモンの宮殿」ないし「ソロモンの神殿（テンプルム）」とよばれる彼の宮殿に宿舎を与えられたが、これが修道会の名前の由来となった。1127年、ユーグ・ド・パイヤンら5名の「兄弟」たちは西欧へ旅した。彼らはさまざまな困難をのりこえて、新たな修道会としての認可をうけ、1139年3月には教皇インノケンティウス2世（在位1130-43）から広範囲におよぶ特権をもえた。これによりテンプル騎士修道会は、各地の司教座教会がもつ裁治権に束縛されることはなく、十分の一税も免除され、騎士修道会総長の指導の下で独自の会則をもつ権利や、神事を司るために聖職者を騎士修道会へ迎え入れる権利などをえたのである。

　その後テンプル騎士修道会にならって他の騎士修道会も創設されていっ

---

(1) 一般に宗教騎士団と呼ばれることも多いが、本章では修道会としての性格を重視して、「騎士修道会」の呼称を用いた。
(2) ラテン名：Sacra Domus Militiae Templi Hierosolimitani. 日本では「聖堂騎士団」「神殿騎士修道会」などとも呼ばれる。

た。とりわけ聖地や、異教徒と接するスペインやバルト海沿岸地域に多く創設されている。イングランド人によりアッコン（アッカ）に設立された聖トマス騎士修道会、ハンセン病患者のためのラザロ騎士修道会、バルト海東岸リヴォニアの刀剣騎士修道会などは、しかし、歴史的にあまり重要性をもつにいたらず、のちに他の騎士修道会に統合されたりしている。スペインにおけるカラトラバ、アルカンタラ、サンティアゴ、アヴィスなどの騎士修道会は、本質的にはイベリア半島から出ることはなかった。これに対してテンプル騎士修道会、並びにこれとともに最重

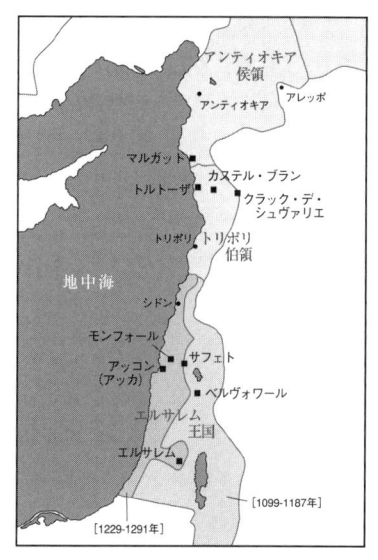

7-1 12-13世紀頃のパレスチナ

要の騎士修道会となったヨハネ騎士修道会とドイツ騎士修道会は、「国家の枠組みを超えた」騎士修道会であった。ちなみに後二者はともに救護団体から発している。

ヨハネ騎士修道会（「エルサレム聖ヨハネ救護騎士修道会」）[3]は、もととなった団体としては、ここで取り扱っている騎士修道会の中でもっとも古く、南イタリア都市アマルフィの商人たちによってすでに第1回十字軍（1096年）以前に、遅くとも1080年頃に、設立されたエルサレムにおける救護院がそれで、当修道会はそこでの兄弟団から生じた。最初の指導者として知られるジェラール（1120没）のもとでどのような状況であったかはよく分かっておらず、1113年に教皇パスカリス2世（在位1099-1118）から特許状をえたとはいえ、独自の修道会へと発展するその歩みは緩慢なものであった。テンプル騎士修道会とほとんど同じ諸権利をえたのは、ようやくジェラールの後任レ

---

(3) ラテン名：Sacra Domus Hospitalis Sancti Johannis Jherosolimitani. 現在は「マルタ騎士修道会」Ordo Melitensis（略号OMel）とも呼ばれる（259頁以下参照）。また日本では「ホスピタル騎士団」（英語での別称Knights Hospitalerから）と訳されることもある。

ーモン・ド・ピュイ（在職1120-57/60）のもと、1154年であった。この時点にはすでに当修道会の「軍事化」、すなわち騎士修道会化はなされてしまっており、そのことは当修道会が軍事的使命を受容していることや、遅くとも12世紀の60年代には騎士修道士を受け入れていることからも分かる。この軍事化の過程では修道会の内部で激しい抵抗が生じた。しかし騎士修道会への、正確には救護騎士修道会への転換は最終的には1180年以後に、規約の変更によって完結した。

　三大騎士修道会の中でもっとも新しい**ドイツ騎士修道会**（「エルサレムの聖マリア・ドイツ救護修道会」）[4]も、救護兄弟団から起こった。第3回十字軍の間の1190年にドイツ商人たちによりアッコンの城外に「野戦病院」が建てられ、それはアッコンの征服後はこの地に救護院として定着することができた。1198年3月、十字軍に従事したドイツ人諸侯たちと聖地エルサレムから送られた高位聖職者たちにより、救護院に生まれた兄弟団が騎士修道会へ変わることが決定され、教皇インノケンティウス3世（在位1198-1216）からそのための賛同がえられた。この修道会は、第4代の総長ヘルマン・フォン・ザルツァ（1209/10-39）のもとで、急速にその重要性をますことになる。テンプル騎士修道会やヨハネ騎士修道会と同様の諸権利も最終的に1221年には

7-2　テンプル騎士修道会の最後の総長、ジャック・ド・モレー（1314没）銅版画、19世紀

7-3 ヨハネ騎士修道会総長ピエール・ドーブッソンに自著を献呈する、書記局副長ギヨーム・カウルサン
15世紀の写本、パリ国立図書館蔵

獲得される。

　キリスト教ヨーロッパの各地におびただしい土地を寄進されて、上記の三大騎士修道会は12～13世紀に聖地エルサレムにとって軍事的にも政治的にもますます重要性をましていった。しかしこれら騎士修道会の投入をもってしても十字軍諸国家の最終的な消滅は避けられなかったこと（1291年、キリ

（4）ラテン名：Ordo Hospitalis Sanctae Mariae Theutonicorum in Jherusalem. 略号OT. 日本では英語読みから「チュートン騎士団」などとも呼ばれる。

スト教側の最後の砦アッコンが陥落)や、騎士修道会内部での衝突、そしてその莫大な富のゆえに、騎士修道会は次第に批判を受けるようになった。こうした批判に加えて異端であるとの非難は、フランス王フィリップ4世(在位1285-1314)の干渉を招き、1307年10月、テンプル騎士修道会訴訟事件へといたった。教皇クレメンス5世(在位1305-14)は、拘留された騎士修道士たちの自白(それは拷問によって強いられたものであった)にもかかわらず、直ちにはフィリップに与しなかったが、フランス側のひどい圧力のもと、ようやく1312年3月、ヴィエンヌ公会議(1311-13年)においてテンプル騎士修道会の解散に同意した。テンプル騎士修道会の破滅は他の大規模な騎士修道会にとって警告となったにちがいない。そうだとすると、ヨハネ騎士修道会とドイツ騎士修道会が1310年ころに本拠地を新たな地に移していることは、偶然ではないのかもしれない。

ヨハネ騎士修道会は1291年にキプロス島へのがれていたが、1306年、十字軍を継続するための準備と称して、ロードス島の征服に着手した。ロードス島はこれ以後、1522年にオスマン＝トルコに敗北するまで、ヨハネ騎士修道会の本拠地となる。実際ここロードス島からヨハネ騎士修道会は十字軍の企て(例えば1365年のエジプトに対する十字軍や、1396年のオスマン＝トルコに対する十字軍)に参加している。しかしロードス島でのヨハネ騎士修道会の存在意義は、15世紀には、もっぱら防衛面に移った。1440年と1444年にはマムルーク朝の、ついで1480年にはオスマン＝トルコの攻撃をしのいだのである。だが最終的には1522年、兵力に勝るオスマン＝トルコの二回目の大規模な攻撃を前に屈服を余儀なくされ、ロードス島を放棄せねばならなかった。

他方ドイツ騎士修道会は、1291年にまずヴェネツィアへ退いたが、その後、内部抗争のなか、本部をプロイセンのマリエンブルク(現マルボルク)へ移した(1309年)。プロイセンには1230年以来、異教徒である原住プロイセン人と戦って「領土」が獲得されていた。対異教徒戦は14世紀にはリトアニア人に向けられ、数多くの西ヨーロッパ十字軍戦士たちの支援をえて続けられた。しかし1386年のポーランド＝リトアニア連合、そこから生じたリトアニアのキリスト教化ののちは、ドイツ騎士修道会の存在意義はしだいに失われていった。加えて騎士修道会国家[5]内部においては貴族らの等族

7-4 聖母マリアに祈りを捧げるドイツ騎士修道会士たち
祭壇画、1456年、ニュルンベルク、ゲルマン国立博物館蔵

(諸身分、シュテンデ) が形成されつつあって、彼らとの闘争も生じていた。ポーランドとむすんだ等族との間で十三年戦争 (1454-66年) が起こり、初期の段階で等族はドイツ騎士修道会国家との関係を断った。第2次トルンの和議 (1466年) でドイツ騎士修道会国家は支配領域を大きく削られ、1525年、総長アルプレヒト・フォン・ブランデンブルク (在職1511-25、1568没) は支配下のプロイセンを世俗の公国に変えた。

かくしてヨハネ騎士修道会の歴史もドイツ騎士修道会の歴史も終わった、というわけではない。前者は本拠を求めて転々としたのち、1530年、皇帝カール5世 (在位1519-58) からマルタ島を与えられ、この地からオスマン＝トルコに対する攻撃を続行することができた。とりわけ1565年にはオスマン＝トルコの強力な包囲軍を撃退し、あらためてこの騎士修道会の繁栄の時代が始まり、中心都市バレッタも新たに建設された。しかしフランス革命で

---

(5) ドイツ騎士修道会は1226年の神聖ローマ皇帝フリードリヒ2世の勅書 (「リーミニの黄金文書」) と、1234年の教皇グレゴリウス9世の勅令 (「リエチの勅令」) により、皇帝と教皇に直属する法的地位をえた。これにより皇帝・教皇以外のいかなる君主・諸侯にも従属しない、事実上自立した「国家」として、「領土」拡大やその「領土」の統治を進めることになる。

ヨーロッパ内部にもっていた所領の大部分を失い、1798年6月にはマルタ島自体もナポレオンによって占領されてしまった。騎士修道会の再建はその後は遅々として進まず、ことに1798年にはロシア皇帝パーヴェル1世(在位1796-1801)が一部の騎士修道士たちを動かして自らを総長に選ばせる始末であった。1805年から1879年までは総長の選出すらなされず、総長代理が任命されただけであった。再び本拠を求めて点々としたのち、1834年に「マルタ騎士修道会国家」の本部はローマにおかれた。今日この騎士修道会、ならびに、これと連絡を取り合う数多くの団体(プロテスタント系のそれも存在する)は、再びその活動を何よりも慈善事業に傾注している。

ドイツ騎士修道会では、プロイセンおよびリヴォニアが世俗化されたのち、その総長職は、神聖ローマ帝国内におけるドイツ騎士修道会の代表格であったドイツ・マイスターに引き継がれた(1527年)。総長やドイツ・マイスターは、「大公」マクシミリアン(在職1590-1618)以来しばしばハプスブルク家にその職を占められたが、内部改革に努め、オスマン=トルコに対する戦いにも寄与した。しかしここでもナポレオンの介入が、領土をもった国家としての自立性に終焉をもたらした。1809年、騎士修道会所領は南ドイツ諸国に分割されたのである[6]。それ以降、1923年まで、ドイツ騎士修道会は「ハプスブルク家の家修道会」として生き続けた。この間、1837年からは病人施療や教育に従事する修道女の団体が再び設けられ、1854年からは一連の司祭会議が設けられた。1923年以降は、騎士修道会から派生したこれらの機関のみが、ウィーンに居をかまえる総長のもとで存続している。

2. 会則、組織、服装

騎士修道会の会則は何よりもまず、以前からある規範にならっていた。すなわちテンプル騎士修道会は『ベネディクトゥス戒律』に、ヨハネ騎士修道会は修道参事会員のための「アウグスティヌス戒律」に、ドイツ騎士修道会はテンプル騎士修道会とヨハネ騎士修道会の会則にならってその会則をつくった。したがって修道士の3つの誓願である清貧・貞潔・服従は三大騎士修道会においても生活の基礎であった。加えて「慣習律」、規約、総長令や修

テンプル騎士修道会　　　　ヨハネ騎士修道会　　　　ドイツ騎士修道会
（赤色）

7-5　三大騎士修道会の十字章

道会令など、生活する上での、より細かな規定があった。

　さまざまな相違点はあるものの、騎士修道会は互いに類似した構造を有していた。頂点に立っていたのは総長（大総長と呼んで特に強調するところもある）であり、総長は、時おり召集された全騎士修道士の集会である総会によって、また顧問会議によって、程度の差はあれ、強く統制された。これと並んで、ヨーロッパ各地に所在する所領のため地方管理組織が発達し、地方管区はテンプル騎士修道会の場合は大司教区にならってプロヴィンキア、ヨハネ騎士修道会の場合はプリオラートゥス（一部プロヴィンキア）、ドイツ騎士修道会の場合はバライエンと呼ばれた。

　通常の修道会と同様に、騎士修道会でも簡素な衣服を着ることが義務づけられたが、特徴となったのは十字が縫いつけられたマントであった。テンプル騎士修道会の場合は、シトー会にならって、騎士修道士が白の、その他の修道士が茶のマントを着用し、1147年以降はその左肩に赤十字がつけられた。ヨハネ騎士修道会の場合、当初は騎士修道士のみが、1278年からはほとんどすべての修道士が、白い八尾十字のついた黒マントを着用した。ドイツ騎士修道会の構成員は黒十字のついた白マントを着用したが、騎士身分には属さぬ、さまざまな職務への従事者たちのマントはグレーであった。

------

(6) ドイツ騎士修道会国家では16世紀以降、プロイセンやリヴォニア以外でもヨーロッパ各地の「領土」で分離・独立や世俗化が進行し、その結果、ドイツ南部地域一帯に「領土」＝所領を有するにすぎなくなった。19世紀初、ナポレオンの支配下で進められたドイツ諸領邦の大規模な再編により、聖界諸侯領の多くが消滅したが、ドイツ騎士修道会国家も1809年、その「領土」＝所領を解散させられ、国家としての存在に終止符を打たれた。

3. 霊性

騎士修道会の霊性については、他の通常の修道会と異なり、直接的な史料証言がほとんどない。各会則は、騎士修道会それぞれの歴史に呼応して、非常に特異な修道会像を提示する。テンプル騎士修道会の場合は、クレルヴォーのベルナールのいうところの「キリストの戦士」(militia Christi) 理念が前面に出ており、ヨハネ騎士修道会の場合は救護団体の伝統のほうが強かった。そしてドイツ騎士修道会の場合はこの2つの側面が並び立っており、そのさい軍事的使命は旧約聖書からその範をあおいでいた。ひょっとしたら騎士修道会内部の修道司祭と騎士修道士それぞれの自己理解の間にも違いがあったかもしれないが、それでも両者は修道的な理想を通して、また病人施療や対異教徒戦を通して、キリストへの、そしてキリストのための勤務において、むすびついていた。

4. 文学

騎士修道会にかかわる文学はほとんど発展しなかった。騎士修道会と関係する、あるいは騎士修道会の周辺で、聖俗さまざまな著作が書かれたが、それらが文学的に独自の道を歩むということはめったになかった。例えばテンプル騎士修道会総長ロベール・ド・サブレ（在職1191-93）は、騎士修道士になる前は南フランスの吟遊詩人（トルヴェール）であった可能性があるが、彼がものしたとされる詩はありふれたいいまわし以上のものではない。テンプル騎士修道会士が当時の文学、例えばギヨ・ド・プロヴァンの『ギヨの聖書』(*Bible*, 1210年頃) の寓意詩や、ヴォルフラム・フォン・エッシェンバッハ (1170頃-1220) の宮廷叙事詩『パルツィファル』の中に登場していたとしても、騎士修道会の食事時において朗読されたものは、おそらくは聖書の章句に限られていた。

これに対しドイツ騎士修道会においては特異な展開が見られた。ここの騎

7-6 ドイツ騎士修道会士の姿で描かれた、伝説的歌人タンホイザー
「マネッセ写本」、14世紀前半、ハイデルベルク大学図書館蔵

士修道士たちの多くはラテン語を十分には読み書きできなかった。そこで早くも13世紀後半に、旧約聖書の中から英雄譚的な部分、すなわち「ユディト書」「エステル書」「ダニエル書」「エズラ書」「マカベア書」をドイツ語に抄訳したものがあらわれた。さらに『殉教者伝説集』からマリア伝説が、また「ヨハネの黙示録」の翻案も著された。ドイツ騎士修道会関係での最大の詩人は騎士修道会司祭であったハインリヒ・フォン・ヘスラー（1270頃-1347頃）である。おそらくはプロイセンで書かれた彼の『黙示録』(*Apokalypse*)は約23,000行にものぼる詩である。ティロ・フォン・クルム（1300頃-53頃）が総長ルター・フォン・ブラウンシュヴァイク（在職1331-35）に献呈した詩『七つのしるし』(*Von siben ingesigelen*)も、キリスト教の救済史上のさまざまな出来事を題材としている。

ドイツ語で書くというドイツ騎士修道会周辺での活動は範を示すことにな

ったと思われるのだが、しかし、ヨハネ騎士修道会のもとでは、民衆の言葉での作品がはたした役割はわずかなものでしかなかった。例えばニコラウス・フォン・レーヴェン (1339-1402) がドイツ語ならびにラテン語で、偽作文書集や宗教上の小論、そして書簡や詩を書いており、そこでは彼の師であった「商人」ルールマン・メルスヴィンが「神の友」運動に鼓舞されてストラスブールに修道院施設を設立した[7]さまが描かれている。民衆の言葉で作品を書くことよりもよくおこなわれたものというなら、古典の翻訳であった。例えば1282年にキプロス出身の教師グリエルモ・ディ・サン・ステファノ (1303没) はキケロの修辞学の諸著作をフランス語に訳している。ヨハネ騎士修道会において14世紀末以降、人文主義者たちが輩出したことはそれゆえ、偶然ではない。ラウディヴィオ・ザキア (1435頃-75頃) がその一例で、彼は1471年にヨハネ騎士修道会に入会し、おそらくは教皇シクストゥス4世 (在位1471-84) の求めで、オスマン=トルコ帝国のスルタンであるメフメト2世 (在位1451-81) の書簡集の形を借りた宣伝の書『偉大なるトルコ人の書簡』(*Epistola magni Turci*) を書いており、また聖ヒエロニュムスの伝記も書いている。

5. 建築

騎士修道会という特殊な性格に必然的にともなうことであるが、騎士修道会の文化史一般への最も重要な功績は建築や技術の分野に求められうる。騎士修道会の建設になる城砦や聖堂は多数にのぼる。出発点となったのは、聖地で彼らが引き継いだ、あるいは建設した城砦であった。トリポリ伯領やアンティオキア侯領においてテンプル騎士修道会とヨハネ騎士修道会は重要な城砦を有していた。前者でいえばトルトーザ城やサフィタのカステル・ブラン (白城) が、後者でいえばクラック・デ・シュヴァリエ城やマルガット城

---

(7)「神の友」は、マイスター・エックハルト (1260頃-1328) やヨハネス・タウラー (1300頃-61) らに代表されるドイツ神秘思想につらなる宗教運動で、ルールマン・メルスヴィン (1307-82) は40歳のときに回心してこの運動に加わり、やがてその指導者となった。主著に自らの回心記である『新たなる人生の始まりの4年』がある。

7-7　ヨハネ騎士修道会のクラック・デ・シュヴァリエ城

がその代表である。エルサレム王国には、テンプル騎士修道会がガラリア湖の北に建てたサフェト城（1240年）、ヨハネ騎士修道会がヨルダン川渓谷に建てたベルヴォワール城（1168年）、ドイツ騎士修道会がアッコンの北東に建てたモンフォール城（1228年）などがある［図7-1の地図参照］。これらの城砦建築とこの時代のヨーロッパの城砦との違いは、まず第一にその大きさにある。例えばクラック・デ・シュヴァリエ城の13世紀初めに建設された防塁壁は周囲が約500メートルある。ヨハネ騎士修道会はここに、多数の塔と防備のための諸施設で固めた、前例を見ない防御システムを築いたのである。まったく唯一無二の城砦、本来の意味での騎士修道会城砦を代表するのは、ベルヴォワール城である。この城砦はおそらく、建設年代が確実な最初の防備城砦であり、均整のとれた、ほぼ正方形の形状をしていた。幾多の塔をもつ囲壁の内部にやはり正方形で、囲壁より少しばかり高い建物があり、騎士修道士共同体の住居用に供されていた。

　聖地の諸城砦は、騎士修道会によって西方のヨーロッパで建設された防備城砦に、とりわけ騎士修道会が軍事的使命をはたさねばならなかったところに建設されたそれに、影響を与えた。例えばトランシルヴァニア[8]やプロイセンにおけるドイツ騎士修道会の防衛施設をあげることができる。プロイセ

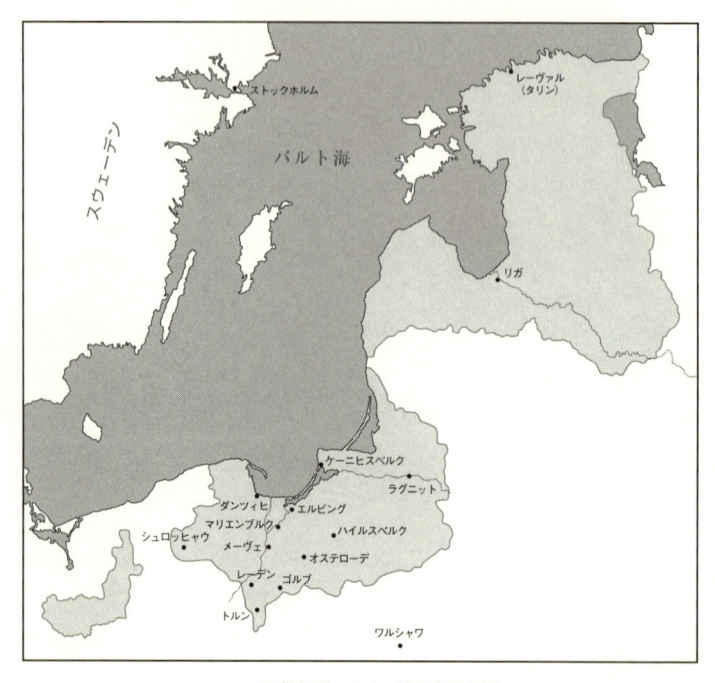

7-8 14世紀頃のドイツ騎士修道会領

ンでは、初め防備施設は木と土で築かれたが、ベルヴォワール城で基礎づけられた伝統を受け継ぐ建築様式が発展した。正方形の輪郭をもった「コンヴェントハウス（館）」様式がそれである。そのような城砦として、レーデン（ラジニ）、メーヴェ（グニエフ）、ゴルブ、シュロッヒャウ（チュウフフ）、オステローデ（オストルーダ）、ハイルスベルク（リズバルク）、ケーニヒスベルク（カリーニングラード）、ラグニット（ネマン）などがあり、リヴォニアでもリガなどに同様な城砦がある。1309年以来ドイツ騎士修道会の本部がおかれたマリエンブルク城も、当初の1280年頃は、そこで生活する騎士修道士

(8) ドイツ騎士修道会は1211年ハンガリー王アンドラーシュ2世により、トランシルヴァニア（現ルーマニア領）南東部のブルツェンラントを与えられ、植民活動を進めた。しかし自立した「国家」を形成しようとしたため、1225年アンドラーシュによってハンガリーから追放された。ドイツ騎士修道会がプロイセン地方に進出するのは、この直後からである。

たちのためにこの様式で、集会室・寝室・食堂・礼拝室など、共同体生活に必要なすべての空間をもつ建物として建設されたものであった。総長の居所のプロイセンへの移転にともなって改造が始まり、完成を見たのは1400年以後のことである。正方形状の建物に4つの翼部が加わり、礼拝室は東へ拡張され、城砦前の敷地に総長やその他の役職者のための建物、例えば、客の歓待をおごそかにおこなうための大広間、「夏の広間」や総長のための礼拝堂などが建てられた。

その他のところでも騎士修道会の建築物はその土地その土地の状況に応じて建設された。都市ではたいてい防御施設をともなわない居住区画が建設され、聖堂やコメンデ（管区）のその他の建物がこれを取り囲んだ（例えばヨハネ騎士修道会のそれはケルンで見られ、ドイツ騎士修道会のそれはニュルンベルクで見られる）。騎士修道会が都市領主であったところでは、都市自体がしばしば修道会の城砦と特別な形で一体化していた。例えばドイツ騎士修道会が建設したダンツィヒ（グダンスク）、トルン（トルーニ）、エルビング（エルブロング）、リガなどの都市の場合、騎士修道会の施設は都市防衛と一体化していた。ロードス島の都市ロードスの場合、防御施設は騎士修道会の城館そのものであり、これはヨハネ騎士修道会の唯一の防御城砦でもあった。ここでは都市防衛のため、城壁建設を修道会の地区ごとの下部組織（「プロヴァンス

7-9 ドイツ騎士修道会の本部がおかれたマリエンブルク（マルボルク）城　1274年創建

語族」などの、「語族」とよばれる、出身地を同じくする者から成るグループ）が受けもち、全体的な建築上の方針は総長および顧問官たちが決定した。こうしてこの都市を囲む城壁は、1480年のオスマン＝トルコによる大包囲の後には、二重から三重の頑丈な造りのものとなり、さらに方形の塔に代わって、敵の砲兵隊に対して、より防御にすぐれた、低めの円筒形の塔が建設された。都市ロードスの北西角には、古代のアクロポリスがあったと思われる場所に、方形の、中庭を取り囲む形で建てられた総長宮殿がある（1309年以後の建設。1481年の地震の後に再建。1856年に火薬庫の爆発で大きく損傷したが、1912年以後復元がなされている）。このすぐ近くに聖ヨハネ聖堂があった。これは騎士修道会の中心的な聖堂であり、総長の多くがそこに埋葬された。ここから港まで「騎士通り」がのびており、それに沿って「語族」の宿舎、すなわち館や、騎士修道会の施療院（1440-89年）が建設された。ロードスの都市景観は、14世紀にいたるまではビザンティンの色彩が強かったが、数多くの後期ゴシック建築によって様変わりし、ラテン的＝ギリシア的様式の「共生」が形づくられた。

　「大規模な騎士修道会城砦」としての都市モデルは、ヨハネ騎士修道会によってマルタ島へもたらされた。彼らは初め、北方に大きな港のあるビルグに定住し、1533年と1564年に防備を固め、1565年のオスマン＝トルコの大包囲に耐えた。ここビルグ、ならびにこの大包囲後に建設されたバレッタにおいても「語族」が、個々の城壁の防衛をまかされ、彼らの宿舎が都市の景観を形作った。「語族」の宿舎は同時にバレッタ中心部に新たに建てられた聖ヨハネ聖堂の翼廊をも形成していた。バレッタでも総長の宮殿が建てられている。1571年に建築家ジロラモ・カサールのもとで始まった総長宮殿の建設は、完成を見た後も幾度となく改修を施された。2つの中庭を配置した方形の建物で、かつて総長の玉座が置かれていた大広間など、豪華な部屋べやがある。バレッタにある騎士修道会の数多くの建物のうち最後に、総長宮殿に隣接した図書館が挙げられねばなるまい。これはローマの建築家ステファノ・イタールの設計に基づき、完成されたのは1796年であった。ヨハネ騎士修道会の建築活動はバレッタのみに限られていたわけではなく、総長たちや騎士修道会はマルタ島やその北方ゴゾ島の他のところにも防衛や行政のための建築物を建てており、例えばマルタ島南部のベルダラ宮（1586年から）

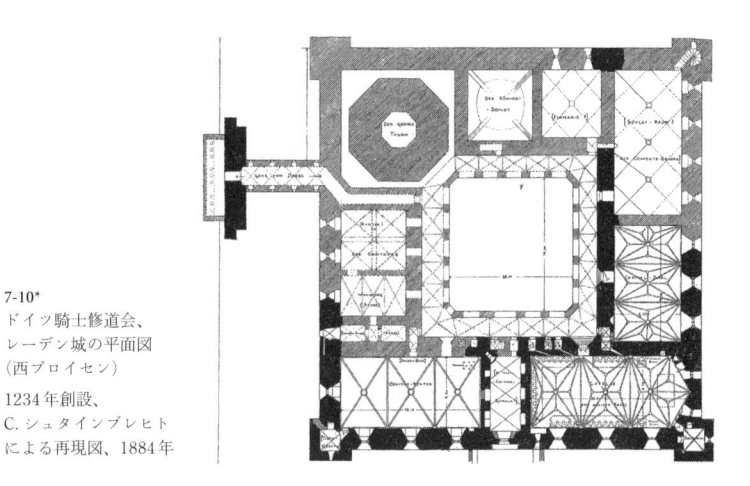

7-10*
ドイツ騎士修道会、
レーデン城の平面図
(西プロイセン)
1234年創設、
C. シュタインブレヒト
による再現図、1884年

や、ムディナのビルヘナ宮 (1730年頃) などがそれである。

　ドイツ騎士修道会はプロイセンやリヴォニアを失った (1525年) 後、ふたたび活発に建設活動を行った。例えばボーデン湖のマイナウ島や、アルチュハウゼン、エリンゲン、トリーア、アルテンビーゼンにおいてはバロック様式の宮殿が建設されている。メルゲントハイムの宮殿も少しずつ拡張されていき、16世紀以降、四翼状の本館に、宮殿聖堂や神学校、そして管理事務棟が加わえられた。1726年にバルタザル・ノイマン (1687-1753) がこの宮殿の改築のために立派な設計図を書いたが、それは費用の問題からすぐには実行に移されなかった。ようやく1734/35年から改築がなされるにいたったが、それはもはや本格的なものではなかった。それ故ドイツ騎士修道会の建築物として、より重要な意味をもつのは、ヨハン・カスパー・バクナートス (1696-1757) の建築群、なかでもバライ (ドイツ騎士修道会所領の地域単位。それらを統括する地方行政管区がバライエン)・エルザス＝ブルグントの中心地アルチュハウゼンにあるそれである。彼は1729年以来同所において建設責任者として働き、城門館、厩舎、馬術学舎、官舎を新たに建設し、聖堂を改築している。

　聖堂 (礼拝室、礼拝堂) は、城砦や城館の施設の一部として建てられたり、騎士修道会の保護の下にある一個の独立した施設としても建てられた。いず

れの場合においても、特徴的な様式といったものは存在しない。まれに、エルサレムの聖墳墓教会を模したとされる、円形の聖堂という特徴が指摘される。例えばテンプル騎士修道会やヨハネ騎士修道会の早期の若干の聖堂がそれであり、特にイングランドに散見される（ロンドンのオールド・テンプルやクラーケンウェル、エセックスのテンプル・ブルアー、リトル・メイプルステッド）。しかしテンプル騎士修道会がよく建設しているのはむしろ、単純な長方形の聖堂や、装飾をあまり施さない質素な内陣をもつ正方形の聖堂であり、それらはシトー会のものに倣ったのかもしれない。例外は、12世紀末のクレサック聖堂や、13世紀後半のペルージアのサン・ベヴィニャート聖堂で、両聖堂はフレスコ画で装飾されている。ヨハネ騎士修道会の場合、おそらくはエルサレムにある彼らの聖堂に倣ったものと思われる多層の聖堂建築も散見されるが、たいていは施療院といっしょであり、ドイツ地域でいえば、ヴェッターアウのニーダーヴァイゼル聖堂、バーデンのネッカーエルツ聖堂、タウバービショップスハイム近傍のヴェルヒンゲン聖堂がそれである。例えばネッカーエルツ聖堂では、病人は聖堂を通って病室に収容され、開口部を通して病床についたままで礼拝に参加することができた。しかしヨハネ騎士修道会にあってもドイツ騎士修道会にあっても、聖堂建築はたいていの場合、その地域地域の建築伝統にのっとっていた。

6. 造形芸術

騎士修道会はまた、その城砦や礼拝堂を芸術作品でよそおい飾っていることから、造形芸術の委託者、後援者でもあったといえる。造形芸術としてまず第一にあげられるべきは石造建築物それ自体であり、ついで祭壇や祭具などの造形物一般、さらには壁画や板画、祭壇画などがあげられうる。

ヨハネ騎士修道会のヨーロッパ所在の聖堂において、重要な芸術作品がすでに生まれていた。例えばオランダのハールレムの聖堂のためにヘールトヘン・トート・シント・ヤンス（1455頃-85）が描いた作品群、なかでも、背教者ユリアヌスによる洗礼者ヨハネの遺骨の焼却、およびヨハネ騎士修道会によるそれら遺骨の一部の救出を描いた祭壇画（1484年作。今日、ウィーン美術

7-11 ヘールトヘン・トート・シント・ヤンス「洗礼者聖ヨハネの遺骨の焼却」
ハールレムの聖ヨハネ騎士修道会聖堂旧蔵の祭壇画、1484年
ウィーン美術史美術館蔵

7-12 カラヴァッジョ
「マルタ騎士修道会長アロフ・ド・ヴィニャクールの肖像」
フィレンツェ、ピッティ宮殿蔵

史美術館蔵）がその例である。ヘールトヘンは長くヨハネ騎士修道会のもと、ハールレムに逗留し、自ら騎士修道会の「僕にして画家」(famulus ac pictor)と称した。ヨハネ騎士修道会が本拠としたロードス島では芸術はどのような状況であったろうか。——それをうかがわせるのは、マルタ島へ移された品々である。種々の目録から、とりわけ、総長エリヨン・ド・ヴィルヌーヴ（在職1319-34）が修道会聖堂のために作らせたと思われる一連の祭具が知られる。十字架を乗せる銀の台座、金および銀の聖杯、ミサ服カズラ、聖遺物匣などがそれで、これらには彼の紋章がついている。のちの総長たちも同様な祭具を作らせたことが知られる。騎士修道会聖堂や、宮殿付属礼拝堂その他の建築物は、ヨーロッパで織られたタペストリーで飾られていた。聖人伝説を描いているものが幾つかあり、総長エメリイ・ダンボワーズ（在職1503-

12）の紋章つきのものは、1480年のロードス島の攻防戦を描いている。マルタ島へは聖母や聖人の画像も幾つか移されており、一部はビザンティン由来のものである（その中には有名なフィレルモスのマドンナがある）。また、ヤン・ファン・スコレル（1495-1562）とその弟子たちの描いたトリプティーク（三枚折り祭壇画）もマルタ島へわたっている。ちなみに彼は1519年に都市ロードスの都市プランを委託されていた。マルタ島では、ミケランジェロ・メリシ・ダ・カラヴァッジョ（1573-1610）、マッティア・プレティ（1613-99）、そしてアントワーヌ・ド・ファヴレ（1716-98）の3人の偉大な画家が騎士修道会の支援で活動した。カラヴァッジョは短期間のマルタ島滞在の間に、秀作「聖ヨハネの斬首」を創作し、プレティは1661年頃にマルタ島へやって来て、バレッタの騎士修道会聖堂の天井画を描き、ファヴレは1744年以降、総長マヌエル・ピント・ド・フォンスカ（在職1741-73）の肖像画をはじめとする一連の肖像画を描いた。

ドイツ騎士修道会も芸術を後援した。芸術作品は輸入されたり、あるいは修道会が拠点をおく各地で製作された。前者の例として、1400年にマリエンブルク城の総長礼拝堂のためにプラハから輸入された板絵がある。後者の例として、おそらくはエルビングのヨハンなる親方によって製作された豪華な祭壇があり、これは1397年にハンガリー王ジギスムント（在位1387-1437；神聖ローマ皇帝1410-37）に贈られた。騎士修道会のために活動した芸術家たちの一人に1400年頃の画家ペーターがいる。彼は総長礼拝堂のために祭壇画を製作し、コムトゥール（管区長）の部屋の装飾をものし、マリエンブルク城に飾られている総長コンラート・フォン・ユンギンゲン（在職1393-1407）以下、一連の総長肖像画を描き続けた。彫刻も大いに発展した。独特なものに、その製作にあたって騎士修道会士たちも一部委託した、プロイセンの聖遺物匣に彫られた聖母像（14世紀末以降）がある。これらは、聖母像の描かれたところが開け閉めできることで、庇護のマントを広げた聖母のモティーフや、聖寵の座のモティーフとむすびついている。ドイツ騎士修道会がプロイセンを失った後も、同騎士修道会は、例えば総長や、ラントコムトゥール（バライの長）、コムトゥールらの肖像画、祭具、居館の調度など、数多くの芸術作品を作らせている。18世紀においても、総長の食卓のために数百枚からなるマイセンの食器セットが特注されている。その図柄は、トルコに対

する戦いでの騎乗の総長「大公」マクシミリアンを銀のレリーフで描くのが伝統となった（1600年頃、ヤン・デ・フォスの作と考えられる）。

7. 音楽

　騎士修道会においては音楽は、その典礼上の機能にもかかわらず、おそらくはあまり重要性をもたなかった。マイスターたちの居館や、ロードスの騎士修道会修道院、マリエンブルク城などでは確かに音楽家が登場しており、またドイツ騎士修道会は一度、楽器を「顕彰品」として諸侯に贈ってはいる。しかし、中世の間、騎士修道会においては音楽作品は生まれなかった。それでも、近年知られるようになったのだが、カルヴァン派に属したドイツ騎士修道会のバライ・ユトレヒトの一成員はバロック音楽に貢献をしていた。ユニコ・ウィレム・グラーフ・ファン・ワッセナール（1692-1766）がそれで、彼は1725年から1740年の間に『6つのコンチェルト・アルモニコ』（VI Concerti Armonici）を書き上げている。この時期、騎士修道会の高位役職者の居館において、騎士修道会とは無関係の作曲家たちの音楽が重要な役割を演じたことは確かである。ドイツ騎士修道会のバライ・エルザス=ブルグントの中心地アルチュハウゼンには、フランス王ルイ14世（在位1643-1715）の宮廷から由来する、印刷ならびに手書きの合計83巻本の楽曲集が残されており、それらは、使用された痕跡からすると、ラントコムトゥールたちによって演奏に供されていた。

8. 神学

　神学については、騎士修道会の独自の貢献はない。それは、騎士修道会において修道司祭が低い地位にあったことからも首肯されよう。例外は、名を知られぬドイツ騎士修道会司祭によって14世紀に作成された神秘主義的な小論『ドイツ神学』（*Eyn deutsch Theologia*）であり、これはマルティン・ルターによって1516年に序言を付されて出版され、そのことによって宗教改革運

動へ影響を与えることになった。ヨハネ騎士修道会で名があげられうるのは、ジャン（1373頃没）とシモン・ド・エダン（1383没）の2人の騎士修道士である。両者とも神学修士となり、また古典に精通していた。ジャンは「ヨブ記」ならびに「マルコによる福音書」への注釈を、シモンはウァレリウス・マクシムスの実例集（西暦27年頃）のフランス語訳と注釈を、後世に残している。

9. 歴史叙述、法学、民族学

　騎士修道会においては、神学的な著作物よりも歴史叙述のほうが活発にものされた。ヨハネ騎士修道会総長フアン・フェルナンデス・デ・ヘレディア（在職1377-96）はギリシア語で書かれた一連の歴史作品を初めて西欧のことばへと翻訳した[図7-13]。プルタルコス（45頃-120頃）の『対比列伝』の翻訳や、ヨアンネス・ゾナラス（12世紀前半）の『歴史の大観』(*Epitome Historiarum*)の部分訳などがそれである。これにとどまらず彼は、彼以前の著作家たちの著述を下敷きにして独自の作品をも著している。そうしたものとして、アラゴン語版モレア（中世におけるペロポネソス地方の呼称）年代記である『モレア侯領の歴史と征服の書』(*Libro de los fechos et conquistas del Principado de Morea*, 1393年)や、ビザンティン皇帝たちの歴史、などがある。ヨハネ騎士修道会では、歴史叙述に対するこうした関心とは裏腹に、同騎士修道会自身の歴史については久しく関心をもたれてこなかった。例外は、14世紀初めの、キプロス出身の教師グリエルモ・ディ・サン・ステファノ（1303没）の活動で、彼のもとで当騎士修道会の会則や、総長等のリストその他の、騎士修道会史のための諸資料が集成された。ヨハネ騎士修道会の前身であるエルサレムの救護所の始まりの探求も、彼を嚆矢としている。彼の活動に匹敵するのはわずかに15世紀の2人、書記局長メルシオール・バンディニ（1471頃没）と書記局副長ギョーム・カウルサン（1501没）である。前者は、今日失われてしまっているが、総長ジャン・ド・ラスティック（在職1437-54）時代までのヨハネ騎士修道会史を書き、後者はその有名な『都市ロードス攻城戦記』(*Obsidionis Rhodie Urbis Descriptio*, 1480年)において、1479/80年のオスマン＝トルコの攻撃に対する防衛を描き、また幾つかの歴史的な小論を書いた[図7-3]。騎士修

道会がマルタ島へ移ったのち、初めて本格的に騎士修道会史への取り組みがおこなわれた。1542年にオスマン゠トルコの歴史を著していた騎士修道士アントワーヌ・ジョフロワ（1556没）が、1555年に総会から騎士修道会史作成の正式な委託をうけたが、完成前に死去した。この事業はカタロニアのヨハネ騎士修道会のフアン・アントニ・フォクサ（1565頃没）に引き継がれた。しかし彼の草稿は出版されずに終わった。そして1589年、ジャコモ・ボシオ（1627没）が騎士修道会の3人目の正式な歴史編纂者となった。3巻本の騎士修道会史（1594-1602年、第1巻の第2版1621年、第2巻の第2版1630年）が著され、1571年までの当騎士修道会の歴史が扱われた。彼はヨハネ騎士修道会の一員ではなかったが、当騎士修道会と密接な関係をもった人物であったため、その叙述は不備なところもあるが、しかし、今日なおヨハネ騎士修道会史の基本文献となっている。

　ヨハネ騎士修道会と異なりドイツ騎士修道会ではすでに早くから、自らの歴史の編纂がなされてきた。騎士修道会の創設に関する初期の比較的短い記録ののち、1324年〜1331年の間に、もしかしたらケーニヒスベルクにおいて、修道司祭ペーター・フォン・ドゥイスブルクにより『プロイセン年代記』（*Chronicon Prussiae*）が著された。彼は原住プロイセン人に対する戦いを叙述するなかで、彼の同時代人たちに、13世紀における当騎士修道会士たちの模範となるふるまいをありありと思い浮かばせようとした。ラテン語のこの年代記の成立直後に、総長ルター・フォン・ブラウンシュヴァイクの委託で、ドイツ語への翻訳もおこなわれた。修道司祭ニコラウス・フォン・イェロッシンが詩句でしたためた年代記がそれで、おそらくは聖書注釈書と同様に、騎士修道会の食卓での朗読に使われた。その後1400年頃、プロイセンにおいて多様な形態の歴史叙述が展開し、いわゆる『総長年代記旧編』などが生み出された。この作品の「継続書」として、1490年代にバライ・ユトレヒトにおいていわゆる『総長年代記新編』が著された。プロイセン以外の地では、ようやく15世紀初めになって当騎士修道会の歴史が書かれるようになった。これについては、『エルサレムの4修道会の年代記』（*Chronik der vier Orden von Jerusalem*）ならびに、騎士修道士イェルク・シュトゥラーの1479年の『歴史の書』（*Historienbuch*）が挙げられよう。後者はきわめてさまざまな題材、とりわけ聖書からの題材や信仰心を高める内容の話を集めたものである。

7-13 ヨハネ騎士修道会総長フアン・フェルナンデス・デ・ヘレディア
14世紀の写本、マドリード国立図書館蔵

　ドイツ騎士修道会は1525年以後もプロイセンをあきらめず、このこともあって、騎士修道会の歴史への関心はその後も生き続けていた。1680年に『マリア・ドイツ騎士修道会の歴史報告』(*Historische Bericht von dem Marianisch-Teutschen Ritterorden*) が修道司祭ヨハン・カスパー・ヴェナトール（1631-87）によって書かれた。彼は騎士修道会のメルゲントハイムの管理庁において重要な役割を演じ、同時に同地に設けられた神学校の校長でもあった。18世紀末には、バライ・アルテンビーゼン出身の騎士修道士ギヨーム・ユージェーヌ・ジョセフ・ド・ワル（1736-1818）が8巻本の『ドイツ騎士修道会史』(*Histoire de l'Ordre Teutonique*) を著した。自らの歴史への省察は、今日なお、出版物、例えばかつての総長マリアン・トゥムラー（1887-1987、在職1948-70）の出版物や、『ドイツ騎士修道会の歴史のための史料と研究』叢書に対する騎士修道会の支援などにおいて、見られる。

　法学への取り組みも重視された。当初はどの騎士修道会も外部の法学者の助けを借りていたが、次第に自前の法学者を養成し始めるようになった。例えばヨハネ騎士修道会は1356年にローマ教皇から特許状を得て、パリまた

はその他のところで在俗聖職者と同様に教会法を研究することを許された。パリの旧施療院（Hôpital ancien）は騎士修道会のいわば大学学寮となり、一群の騎士修道士たちが法学の学位を獲得した。ドイツ騎士修道会の場合、とりわけコンスタンツ公会議（1414-18年）以来、学生たちの法学研究を資金面で支援し、しかるのちに彼らを騎士修道会の職務に就けてきた。しかしまた外部からの法学者の雇用もなされ、人文主義者ラウレンティウス・ブルメナウ（1415頃-84）がその例である。

民族学の領域ではまず、ヨハネス・ベーム（1485頃-1534）をその著『便覧』（*Repertorium*）とともにあげることができる。彼は1508年に修道司祭としてドイツ騎士修道会の館（ハウス）・ウルムに入り、アフリカ・アジア・ヨーロッパ諸民族に関する彼の、広く流布したこの主著は、1520年にアウクスブルクで出版されたものである。第3巻ではドイツ民俗学の試みがなされている。『便覧』は広く流布し、その著述のかなりの部分はゼバスティアン・ミュンスター（1489-1552）の『宇宙誌』（*Cosmographia*, 1544年）に再録された。ヨハネ騎士修道会にも、民族学者であり地理学者であるアントニオ・ピガフェッタ（1480/1491-1524頃）がいる。彼は1519〜22年に、マゼラン（フェルナン・デ・マガリャンイス、1480頃-1521）による初の世界周航に参加し、旅行記の形でこれを伝え、その中で彼が訪れた地域の住民の生活や動植物の生態を叙述した。

10. 自然科学

自然科学の分野では、騎士修道会の独自の業績はわずかしかない。それは、施療院や軍事との関連で、何よりも医学の分野に求められる。ドイツ騎士修道会ではこれに関してとりわけハインリヒ・フォン・プァルツパイント（1465頃没）の『外科』（*Wundarznei*）があげられうる。これは薬の製剤、外科的処置、戦傷の手当などについての幅広い教本である。ハインリヒは1453年〜1457年にマリエンブルクの館（コンヴェント）に所属し、外科医として三十年戦争に参加し、1460年にこの著書を書いたのであった。これに対しヨハネ騎士修道会は15世紀に、鷹の飼育と獣医学に関する東方の知識の普

及にあずかった。例えばジャン・ド・フランシエール（1488没）は長くロードス島に滞在し、最後はアキテーヌの管区長となった人物であるが、その彼が鷹の飼育に関する書物を編纂し、これは広く流布した。

11. 教育制度

　法学を別とするならば、大学に対して騎士修道会がもった意味は大きくない。ヨハネ騎士修道会のトゥールーズの館（ハウス）は、貧しい学生を支援するための基金を有していたが、しかし1360年頃にはその使命はおそらくは十分には果たされなくなっていた。ドイツ騎士修道会では1386年頃に、プロイセンのクルム（現ヘウムノ）に大学を設立しようとしたが不首尾に終わり、1593年にはケルン大学の中に騎士修道会の学生のための独自の館（ハウス）を開設したが、反響をよぶことはなかった。
　学校制度に対してなした貢献は、大学へのそれと比べるとき、少なくともドイツ騎士修道会の場合は重要なものといえた。なるほど騎士修道会領プロイセンにおける学校制度の役割は、過大に評価されがちであるが、実際にはそれほどでもない、といわれる。しかしそれでもやはり、総長たちが大小さまざまの都市においてその地の学校を支援したことは確かである。プロイセンの世俗化ののち、騎士修道会の修道司祭の養成は次第に、とりわけ1606/07年のメルゲントハイムにおける神学校の設立後は、重要性をました。そして1837年の修道女学院（インスティトゥート）の再建後、騎士修道会は一連の学校の運営をも引き受け、それは学校制度の世俗化をめぐる論争対立の中にあっても、維持することができた。

文献

全般的研究

M. BARBER, The New Knighthood. A History of the Order of the Temple, Cambridge 1994

DERS. (Hg.), The Military Orders. Fighting for the Faith and Caring for the Sick, Aldershot / Hampshire 1994

H. BOOCKMANN, Der Deutsche Orden, München ³1995

M. S. BULST-THIELE, Sacrae Domus Militiae Templi Hierosolymitani Magistri, Göttingen 1974

A. DEMURGER, Die Templer. Aufstieg und Untergang 1118-1314, München 1991

J. FLECKENSTEIN / M. HELLMANN (Hg.), Die geistlichen Ritterorden Europas, Sigmaringen 1980

A. FOREY, The Military Orders from the 12th to the early 14th Centuries, London 1992

A. LUTTRELL, Latin Greece, the Hospitallers and the Crusades 1291-1440, London 1982

DERS., The Hospitallers in Cyprus, Rhodos, Greece and the West 1291-1440, London 1978

DERS., The Hospitallers of Rhodos and their Mediterranean World, London 1992

M. MELVILLE, La Vie des Templiers, Paris ²1977

M. MIGUET, Templiers & Hosptaliers en Normandie, Paris 1995

Militia Sacra. Gli ordini militari tra Europa e Terrasanta, Perugia 1994

H. NICHOLSON, Templars, Hospitaliers and Teutonic Knights, New York 1993

H. PRUTZ, Die geistliche Ritterorden, Berlin 1908, ND 1968

J. RILEY-SMITH, The Knights of St. John in Jerusalem and Cyprus c. 1050-1310, London 1967

J. SARNOWSKY, Der Deutsche Orden, München 2007*

M. TUMLER / U. ARNOLD, Der Deutscher Orden. Von seinem Ursprung bis zur gegenwart, Bad Münstereifel ⁴1986

A. WIENAND (Hg.), Der Johanniterorden. Der Malteserorden. Der ritterliche Orden des hl. Johannes vom Spital zu Jerusalem, Köln ³1988

霊性

R. PERNOUD, Templiers, in: Dictionnaire de Spiritualité 15, Paris 1990, 152-161

Z. H. NOWAK (Hg.), Die Spiritualität der Ritterorden im Mittelalter (Ordines militares VII), Toruń 1993

文学

K. HELM / W. ZIESEMER, Die Literatur des Deutschen Ritterordens, Gießen 1951

H.-G. RICHERT, Die Literatur des Deutschen Ritterordens, in: Neues Handbuch der Literaturwissenschaft 8, Wiesbaden 1978, 275-286

建築と造形芸術

J. AZZOPARDI (Hg.), The Order's Early Legacy in Malta, Valletta 1989

G. Bott / U. Arnold (Hg.), 800 Jahre Deutscher Orden, Ausstellungskatalog des Germanischen Nationalmuseums, Gütersloh 1990

M. Cocheril, Les Ordres militaires, in: G. Le Bras (Hg.), Les Ordres religieux. La vie et l'art, Bd. 1, Paris 1979, 654-727

N. von Holst, Der deutsche Ritterorden und seine Bauten von Jerusalem bis Sevilla, Berlin 1981

E. Lambert, L'architecture des Templiers, Paris 1955

Z. H. Nowak (Hg.), Die Rolle der Ritterorden in der mittelalterlichen Kultur (Ordines militares III), Toruń 1985

B. Waldstein-Wartenberg, Die Vasallen Christi, Kulturgeschichte des Johanniterordens im Mittelalter, Wien 1988

A. Wieland, Die Hospitalkirche der Johannitrer als Bautypus, in: Ders. (Hg.), Der Johanniterorden (s. o.), Köln ³1998, 409-421

(＊印を付した文献は訳者による追補。)

邦語文献

篠田雄次郎『聖堂騎士団』中公新書、1976年

橋口倫介『十字軍騎士団』講談社学術文庫、1994年

レジーヌ・ペルヌー『テンプル騎士団』橋口倫介訳、文庫クセジュ、白水社、1977年

――『テンプル騎士団の謎』南條郁子訳、「知の再発見」双書、創元社、2002年

阿部謹也『ドイツ中世後期の世界――ドイツ騎士修道会史の研究』未来社、1974年（再録：『阿部謹也著作集』第10巻、筑摩書房、2000年）

山内進『北の十字軍』講談社選書メチエ、1997年

第8章

フランシスコ会とクララ会

ORDO FRATRUM MINORUM
ET
ORDO SANCTAE CLARAE

レオンハルト・レーマン

伊能哲大
［訳］

1. 歴史的展開

こんにち、小さき兄弟たちの第一会は、フランシスコ会、コンヴェントゥアル会、カプチン会の3つに分かれている[1]。それらはすべてアッシジのフランチェスコ（1182-1226）に遡る。フランチェスコは、自分のもとで増えた共同体を小さき兄弟会（Ordo Fratrum Minorum, 略号：OFM, OMin）と名づけた。彼の理想に従った女性たちは第二会（クララ会）[2]をつくり、第三会を世俗の中であるいは修道院で悔い改めの生活を営むメンバーが作っている。

フランチェスコは、その会に与えた名によって、社会的および教会的にはっきりと決定的な立脚点を述べている。彼と彼の伴侶たちは、高位の者（maiores）ではなく、下位の者（minores）に属そうとした。創設者の立場それ自体がそのしるしである。事業を展開しつつあった織物商人ピエトロ・ディ・ベルナルドーネの嫡男は、司教の前での公開裁判で父親から離れ、下着を足下に置き、そしてアッシジの眼前に広がる平原にあるハンセン氏病院へと下っていった。アッシジのサン・ジョルジョ教会の学校で、フランチェスコはラテン語、算数、読み書きを学んだので、彼はちゃんとした司祭になることができたであろう。しかし、彼は小さき者へと身を捧げた。このため、彼はこの時代の教会のなかで積極的に宗教活動をしていた信徒と、しばしば

---

(1) フランシスコ会の正式名称は「小さき兄弟会」。以下の本文中でも詳述されている通り、フランシスコ会は1517年にオブセルヴァンテス派とコンヴェントゥアル派に分裂、さらに1528年（口頭では1525年）に、前者からカプチン会が分離独立した。「フランシスコ会」あるいは「小さき兄弟会」の呼称は、広義にはこれらすべての総称としても用いられるが、現在の正式な修道会名としては、1897年、最終的に教皇レオ13世の指導のもとで再統一されたオブセルヴァンテス派のみを指す。この時に一致しなかったコンベントゥアル派は、コンベントゥアル会（Ordo Fratrum Minorum Conventualium, 略号：OFMConv, 日本での正式名称は「コンベンツアル聖フランシスコ修道会」）として独立した修道会となった。また、カプチン会（Ordo Fratrum Minorum Capuccinorum, 略号：OFMCap）の日本での正式名称は「カプチン・フランシスコ修道会」である。

なお、翻訳の場合必ず固有名詞の表記が問題になるが、人名はできるだけ原地音表記をし、それ以外の、特に組織の名称は通称を採用した。例えば、フランチェスコ、キアラ／フランシスコ会、クララ会のように。

(2) ラテン名：Ordo Sanctae Clarae, 略号：OSCl, 日本での正式名称は「聖クララ会」。

8-1 財産の放棄
（ジョット「聖フランチェスコ伝」連作）
アッシジ、サン・フランチェスコ聖堂
1296-1300年頃

その固有の職務を行なわなかった、あるいはおろそかにした司祭及び司教との間に位置した。彼の兄弟的共同体 (fraternitas) の中でも、フランチェスコはこの中間にあって仲介者的な立場を取った。なぜなら、兄弟的共同体は、初めから同じ権利と義務を伴った聖職者と信徒から成立したものだからである。例外は単に教会の祈りだけであった。聖職者に対して定められていた詩編と読書の代わりに、読むことのできない信徒の兄弟は「主の祈り」とそのほかの祈りを決められた数だけ行なっていたのである。

　フランチェスコ——後にキアラ（クララ）もそうであるが——が「聖福音の様式」に従って生きることを望んだ人々をその出自、身分そして教育を考慮せずに「従順へと招いた」（『裁可された会則』2.11）ことは、それ以前の修道会に比して新しいものを示している。しかし、それは後の論争の萌芽となった。なぜなら、創設者の存命中に、会の聖職者化が始まったからである。それは部分的には、彼自身が引き起こしたものである。彼は司祭を、その聖別とミサの中でキリストのからだと血を現在化するという代理権ゆえに非常に高く評価したからであり、また別の点では、教会が司牧上の必要性を理由に兄弟たちの説教と教育活動を促したからである。

　聖職者と信徒との間の対立よりも緊張に満ちた、またそれと結びついた

8-2 聖フランチェスコ
スビアコ、サクロ・スペコ修道院サン・ジョルジョ礼拝堂壁画（部分）、13世紀前半

「貧しさ」の理念の実行をめぐる論争があった。金銭を受け取ることの禁令は、自然経済から貨幣経済へ移行していた当時にあっては、同じ修道院に住む者が単に従順であるべきであるという規則のようには守ることができなかった。金銭の所有と貯蓄することの禁令を守るために、兄弟たちは毎日行なう手仕事で必要なものが得られなかった場合には物乞いをしていた。会が定住して、都市の中心部付近に神学院や司牧センターができてくれば、それだけ役割のパターン化が生じてくる。つまり、都市の中心部では、修道院で学問を積む聖職者または司牧に従事する司祭が働き、都市の周辺部の修道院では信徒の兄弟が托鉢をし、あるいは修道院で働くというふうになってきた。

フランチェスコが1209年に教皇インノケンティウス3世から、全兄弟が悔い改めの説教をすることを認可してもらったにもかかわらず、兄弟会の聖職者化とともに信徒の兄弟の説教は次第に後退していった。これは農作業や手仕事に関しても同じである。兄弟たちが集めていた喜捨が、霊的な奉仕に対する報酬としてみられるようになり、司祭は都市の修道院や周辺地域での宣教を行なうことで霊的な奉仕を行なった。民衆への宣教あるいは喜捨集めという形での放浪する使徒職は、ほとんどその歴史全体を貫いているフランシスコ会士の特徴である。宣教の理念は、兄弟たちを西欧のキリスト教国家の都市だけではなく、アジアや海外へと広めた。ドイツへの宣教には、ピアノ・ディ・カルピニ（ペルージア近郊）のジョヴァンニが参加していた。チュートニア管区長（1232-39）として彼は会をボヘミア、ハンガリー、ポーランド、デンマークやノルウェーに広げただけでなく、自身モンゴルにまで宣教した。

当時社会や教会の中では女性の活動の可能性が制限されていたが、アッシジのキアラ（1193-1253）の場合、巡回説教の代わりに修道院の禁域の中での姉妹的な共同体に生活を置き、主のもとに集まり、その「聖なる奉仕」（キアラ）のうちに姉妹たちは歩んでいった。定住と安定した隠遁は、観想を求める。そこでキアラは、プラハのアグネス（1211-82）への4通の手紙の中で示しているように、指導者としての道を選んだ。

キアラ・ディ・ファヴァローネは1212年に、およそ11歳年上のフランチェスコの説教と行ないから影響を受け、貴族である両親の家から抜けだし、ポルチウンクラの小聖堂に急いだ。そこで、フランチェスコは自分の手で彼

女の髪の毛を切り、彼女に茶色のマントを着せた。それは彼が自分のために切り抜いて十字架の形にしたものであった。そして、彼女はまず安全のために女子ベネディクト会に連れて行かれた。後に、彼は彼女のために、以前彼が修復したサン・ダミアーノの教会に小さな修道院を建てた。勇気ある貴族の娘キアラの後に妹のアニェーゼとベアトリーチェが続き、1216年には母のオルトラーナも加わった。ファヴァローネ家での女性の反乱と思わせるものは、宗教的な霊感のうちにその根を持つ。それは中世盛期の清貧運動をまさに目覚めさせたものであった。このため、キアラの模範は自分の家族を越えて階級を動かした。フランチェスコは1213年、彼女に短い言葉で「生活様式」(Forma vivendi) を与え、そこで、彼は彼女の歩みを霊の働いたものとして、および「聖福音の完全さに従った生活」として示し、そして、「私と私の兄弟たちは、あなた方について、あたかも自分自身についてするかのように、いつも細やかな配慮と特別な世話をします」(『クララに与えた生活様式』)[3]と約束している。キアラは貧しさのうちに生活する意志を貫いただけではなく、枢機卿や教皇に抗して、1253年の彼女の死までそれを守った。1263年に姉妹たちは、都市の城壁前の物騒な小修道院から、バシリカに隣接するより広い修道院へ移った。そこは新しい聖人[4]の栄誉のために建てられたものである。同じ年に、教皇ウルバヌス4世は新しい会則を公布した。それは禁域生活をする修道女たちの要求に近づいており、所有を認めている。このため、キアラが苦労して勝ち取った、女性により最初に作成された修道会則であるテキストは短命に終わり[5]、ほんの2〜3の修道院でのみ守られていただけである。しかし、それは第二会内部の改革運動が戻っていく点であった。つまり、コルビーの聖コレット・ボワレ (1381-1447) は、多くのクララ会の修道院の中で再び厳格なキアラの会則に従うことにした。我々は歴史の流れ

---

(3) アッシジのフランチェスコの著作の訳文は、『アシジの聖フランシスコの小品集』(庄司篤訳、聖母の騎士社、1988年) を基本的に使用した。

(4) キアラは1255年に列聖された。キアラの遺体は1263年 (1260年とも) サン・ダミアーノから現在のサンタ・キアラ聖堂に隣接する修道院に移され、またサン・ダミアーノの姉妹たちもそこへ移された。

(5) キアラは貧しさの問題及びフランシスコ会士たちによる世話などについて自らの理想を守るために、修道会則 (生活様式) を著した最初の女性とされ、それは1253年8月9日付けの書簡『ソレット・アンヌエーレ』において、教皇インノケンティウス4世により承認された。

8-3 聖キアラとその生涯の8つの場面
アッシジ、サンタ・キアラ聖堂、13世紀

の中でクララ会の2つの流れを見ることができる。ある都市に両者が並存していれば、民衆はすぐにそして便宜上、「貧しいクララ会」と「豊かなクララ会」の区別をした。今日、大部分のクララ会は再びキアラの会則に従っている。

フランチェスコの存命中に第三会（悔い改めの会、フランチェスコの第三会 TOF）[6] も形成された。これに「この世の中での」生活を望むが罪を告白する者として、貧しく小さな者の理想に従って生きることを望む信徒が加わった。彼らは特に北イタリアの諸都市に広がり、そこである程度の政治的役割（平和機関）を演じた。

第一会には、事実上すべてに対して有効な1つの会則しかなかった。会則は1223年に教皇によって裁可されたものであるが、会自体は非常に複雑に分化することになる。フランチェスコが1226年10月3日の夜に亡くなったとき、彼の兄弟会は10,000人を数えており、すでに全ヨーロッパに広がっていた。ドイツとハンガリーへ初めて宣教に出かけた60人の兄弟たちは、特に苦労をした。言葉を知らないのと、独特な風采のため、彼らはあざけられ捕縛された。彼らは幻滅して、アッシジへと戻った。しかし、フランチェスコは1221年の聖霊降臨祭の集会で彼らを励まし、再びドイツへの宣教を開始した。殉教を恐れない者たちが進み出た。自由意志で集まった者が90名になり、その中にはシリアで新しい修道会に出会った兄弟シュパイアーのカエサリウスがいた。彼の指導のもとで、結局、15人の兄弟と12人の聖職者の兄弟がチロルを越えアウクスブルクに向かった。そこで彼らは司教に受け入れられた。ここで、カエサリウスは1221年10月にチュートニアの管区長として最初の管区会議を31人の兄弟とともに開いた。修道会は瞬く間に広がった。ベルギーとオランダには1228年、スイスには1230年、デンマークとスウェーデンには1231年、ハンガリーには1233年、ポーランドとボヘミアには1234年に広がった。1224年に兄弟ピサのアグネルスがイングランドへの集団を率いた。彼らはカンタベリーからロンドンとオックスフォードに広がった。

猛烈な拡大と会員の増加は、内部の論争を隠すことを許さなかった。ある者たちは会則に逐語的に従うことを望み、小さな修道院で隠遁生活を行なった。また、他の者たちは力のある使徒的な会を教会の奉仕のためにたてよう

とした。最初のグループは創設者の意志を引き合いに出し、『遺言』に同意していた。他のグループは場所と時代に応じることと教会内での働きを引き合いに出した。この論争中、彼らは教皇グレゴリウス9世に問い合わせた。彼はウゴリーノ枢機卿時代に会の保護者であり、フランチェスコをよく知っていた。彼の出した勅書『クオ・エロンガティ』（*Quo elongati*, 1230年）により、教皇はフランチェスコの『遺言』に対する兄弟たちの義務を破棄し、拘束力のある会則解釈を示した。それは完全な無所有の要求を、使用権を容認することを通して共同体に許容させたものであった。しかしこの勅書は、調停する代わりに抗争を増大させた。ある者たちは教皇の見解を創設者のそれよりも高く評価し、中庸で、教皇による会則の解釈に良心を持って従った。別の者たちは師父の霊的遺産を擁護し、彼の言葉と行ないを至高の教会権威の法的意義よりも高く評価した。ある者たちは教皇にかたく従い、別の者たちはフランチェスコにかたく従った。彼らはすべての振る舞いの基準にフランチェスコを置き、彼らはその会則を最終的にキリストにより霊感を与えられたものと考えた。前者はコンヴェントゥアル（修道院）派となり、後者はスピリトゥアリ（聖霊）派となった[7]。後者は自らを聖フランチェスコの唯一の遺産と理解した。彼らは、シトー会のフィオーレのヨアキム（1135頃-1202）の黙示的理念の影響を受け、師父に救済史的意義を与えた。つまり、フランチェスコとともに、ヨアキムによって預言された最後の時代、すなわち聖霊の時代が始まったというものである。

　都市の修道院で市民の司牧をするコンヴェントゥアル派と極端なスピリトゥアリ派の間には、会則の遵守と時代の要求を一致させる試みに関して大き

---

(6) 1221年に教皇ホノリウス3世により、いわゆる『古会則』が承認されて成立したが、依然として法的にあいまいであったので、1289年8月18日付の勅書『スプラ・モンテム』で教皇ニコラス4世が正式に会則を承認した。その後、1883年にレオ13世により改訂された。そして、第2ヴァチカン公会議後の1978年、パウロ6世により新会則が承認され、名称を「在世フランシスコ会」（Ordo Franciscanus Saecularis）と改めた。第三会の会員たちは世俗にとどまりながら、フランチェスコの理想に従って生きようとするものであるが、他方、修道誓願を行い共同生活を行う「律修第三会」（Tertius Ordo Regu-laris）が、「第三会」と異なるものとして15世紀半ば以降認められてくる。

(7) コンヴェントゥアル派は観想修道会的な生活様式をとりながら、都市部で使徒職に従事する。スピリトゥアリ派は、会則を文字通り守り、『遺言』の法的効力を承認し貧しさを強調した。

な隔たりがあった。その調停に関して、知性と組織力のレベルでバニョレッジョのボナヴェントゥラ (1221-74) が努力をした。彼は1243年頃パリで入会し、学識あるフランシスコ会士の代表であった。1257年に彼は7代目の総長に選ばれ、1260年のナルボンヌの会憲で会に拘束力のある会則の解釈を与え、1262/63年に2つの新しいフランチェスコの伝記を書いた。それは『大伝記』と『小伝記』(Legenda maior et minor) で、創設者の意志と行ないについての拘束力のある解釈であった。

しかし、いつまでも一致することはなかった。底流においてさらに（抗争が）沸き立っていた。「本当のフランチェスコの」言葉と行ないが伝承されていた。このため、ボナヴェントゥラの公式の伝記と並んで再び新しい伝記が編まれた。それらの中には重要な伝承が含まれているが、会の現状に対する多くの論争も含まれている。これらのなかには非常に価値あるものがある。『ペルージアの伝記』[8]は一貫した物語の集成ではなく、ばらばらに集められたテキストである。後代に成立した、問題を含む『完全の鏡』(Speculum perfectionis) はそれと共通する。兄弟たちは鏡を見せられている。とりわけ、会が教会の支配階級になっていること、司教、特に教皇（ニコラウス4世、在位1288-92）を生み出したこと、そしてフランチェスコにとってプログラムとなっていた貧しさをほとんど考慮しなくなったことに対する非友好的な態度があった。実際、コンヴェントゥアル主義へと傾く党派は、14世紀に無所有の掟を教皇の特権を用いて空洞化していった。所有と安定した収入なしに生きることは、フランチェスコがそれを望み、またキアラがその生活を長く守ったにもかかわらず、今や多くの修道院ではっきりと口先だけのことにすぎなかった。現実は、修道院が安定した収入を持ち、しばしば個人が金銭を自由に使えるのであった。このために、祈りへの集中が失われた。苦行は緩んできたし、会則によって求められた共同生活も解消しそうであった。

イタリアでは、また後にはフランスやスペインでも、とりわけ信徒（修道士）の兄弟（パウロ・トゥリンチ、1390没／アルカラのディエゴ、1463没）が立ち上がり、会則の厳格な遵守へ戻ることを要求した。都市の大きな修道院に住む代わりに、彼らは、会の初期の何人かの兄弟たちのように人里離れた小さな場所に住むことを望んだ。フランチェスコはこのために『隠遁所での生活のための会則』を書いていた。他の修道会も巻き込んだ会則の厳格な遵守とい

う雰囲気のなかで、シエナのベルナルディーノ (1380-1444) やカペストラーノのジョヴァンニ (1386-1456) のような重要な説教者が小規模な改革集団に刺激を与えると、フランシスコ会のオブセルヴァンテス運動[9]はしっかりとした形を取り、会の中でもう1つの会を発展させた。これはコンスタンツ公会議 (1414-18) をへて促進されたが、一方では14世紀の厳しい経験（西欧の教会分裂とペスト）も、刷新へのあこがれを育んだのだった。多くの修道院は自発的にオブセルヴァンテス派（会則厳守派）に加わったが、改革を拒んだり、あるいは政治的または教会の圧力で改革を余儀なくされる者たちもいた。この改革修道院は、旧来の管区の中で独自の上長を持つ独自の代理区を形成した。すべてのオブセルヴァンテス派を代表する、固有の総長代理が立てられた。この総長代理は法的には総長に従属していたが、オブセルヴァンテス派が増えるに従い、実際には独立したものとなった。しかし、会の形式的・合法的な統一性は、数百年間保たれ続けた。

1517年になって教皇レオ10世は、数十年に及ぶ対立に終止符を打ち、争う兄弟たちを切り離した。彼は聖フランチェスコの扱いにくい遺産を2つの家族に分けた。大きいものはオブセルヴァンテス派で、会則に忠実に従おうとつとめていた。小さいものはコンヴェントゥアル派で、大修道院に住みながら安定した収入を確保できた。オブセルヴァンテス派の内部で常に新しい改革が起こったのは、活力のあることと誠実な集団であることを証明するものである。レコレクト派、改革派、アマデオ派、跣足派が起こった[10]。これらの集団は、オブセルヴァンテス派とともに、1897年に教皇レオ13世によ

---

(8) 現在では『アッシジの編纂文書』*Compilatio Assiensis* と呼ばれることが多い。『ペルージアの伝記』といわれていたものは、この *Compilatio Assiensis* からの抜粋であり、現在では元来の形で取り扱うことが多いため。また、いわゆるフランチェスコの古伝記類のタイトルをより正確に呼ぶことが、イタリアを中心に提唱されている。それによれば、チェラノのトマスの『第一伝記』は『幸いなるフランチェスコの生涯』*Vita beati Francisci*、『第二伝記』は『魂の渇望における追想』*Memoriale in desiderio anime* と呼ばれる。
(9) オブセルヴァンテス運動は14世紀後半から起こってきた運動で、1223年の『裁可された会則』を厳格に守ろうとする「レグラーリス・オブセルヴァンチア」（regularis observantia）をとなえた。15世紀以降、オブセルヴァンテス派と呼ばれるようになった。彼らは一般に、貧しさを厳格に守り、隠遁所に住む傾向が強かった。他方コンヴェントゥアル派は「コンヴェントゥス」（Conventus）、すなわち主に修道院に住むもので、1336年教皇ベネディクトゥス12世による「ベネディクト会憲」（Constitutiones Benedictinae）により始まった傾向である。

って(茶色の)フランシスコ会(OFM)という名の下に再び統一され、コンヴェントゥアル会(黒いフランシスコ会、OFMConv)と区別された。後者はドイツでミノリーテン Minoriten とも呼ばれている。

オブセルヴァンテス運動から、同じようにカプチン会(OFMCap)も出てきた。これは多くの障害の後、1528年に教皇によって認められ、1619年に独立した会となった。厳格な清貧と多くの祈りの生活をおこない、フランシスカンの初期の時代に結びついていた。髭を生やし、茶色の長い修道服と長くとがった頭巾(カプチン)が初代への忠実さのしるしであった。カメリーノでペストが広がったときに、カプチン会士は病人のために力を尽くした。多くの会士の命が捧げられたが、神を求め、そして自己を無とする献身的な行為はたちまち民衆の共感を勝ち取った。そして、多くの入会者も。長い間この兄弟たちには、神学教育とは無縁というイメージがつきまとった。彼らは、最初のカプチン会の聖人である、ローマのカンタリーチェのフェリーチェ(1515-87)や、彼の模範にならったヴィテルボのクリスピーノ(1668-1750)のような托鉢者、アルトエッティングで巡礼者の世話をしたパルツハムの聖コンラート(1818-94)のような門番、宣教師として海外で働いた多くの兄弟のように建築家あるいは医者であった。司祭の兄弟たちはほとんど、模範的な説教者であった。このようなものとしてカプチン会士は、特にドイツ語圏で際だった存在感を示した。そこで、彼らはトリエント公会議(1545-63)後、イエズス会士とともに国中至る所で民衆に信仰を教え、個人および家族に対して援助をし、信仰生活の世話をした。カプチン会士とバロック時代が互いに影響しあったかのように、カプチン会士の名前は今日でもまだ、バロック式の教会、バロック文学、ヴェストファーレンのアーハウスやエムスラントのクレメンスヴェルトといった城郭施設で見ることができる。

しかし、この時代のヨーロッパの小さき兄弟たちは、カトリックの支配的な土地にいるだけであった。アウグスチノ隠修士会の修道士ルターの修道生活の否定は、いわばすべてを刈り取ることになってしまった。『キリスト者

---

(10) アマデオ派(Amadeiti)は1460年に成立し、1568年にオブセルヴァンテス派に一致させられた。改革派(Ordo Fratrum Minorum Reformatorum; OFMRef)は1532年に成立。跣足派(Ordo Fratrum Minorum Discalceatorum)は1563年に成立。レコレクト派(Ordo Fratrum Minorum Recollectorum; OFMRec)は1579年に成立。

8-4 レンブラント「カプチン会修道士」(「修道士に扮するティトゥス」)
1660年、アムステルダム国立美術館蔵

の自由』に感動した何人かの小さき兄弟たちはその修道院を出て、多くの兄弟たちは、宗教改革都市が彼らの都市を征服した時に、抵抗もせずに譲歩した。別の者たちは強制的に追い出された。しかし、カトリック信仰の防波堤としてプロテスタント化した都市で最後までがんばり抜いた修道院もあった。毅然とした態度の模範は、ニュルンベルクのクララ会修道院の院長で、高い教養を持ち、影響力もあったカリタス・ピルクハイマー(1467-1532)であった。

宗教改革時代の領域喪失にもかかわらず、フランシスコ会はカトリックの残ったヨーロッパで恒常的に増え続け、17～18世紀には最高の会員数に達した。すなわち、オブセルヴァンテス派：76,900名(1762年)、コンヴェントゥアル派：15,000名(1682年)、カプチン会：34,000名(1761年)、クララ会：34,000名(1680年)である。1800年頃の世俗化の波は、重大な損失を与えた。フランス、スペインそしてポルトガルでは兄弟と姉妹はほとんど完全に抑圧されたが、彼らは新しい活動領域を海外のあちらこちらに見いだした。19世紀に再建のため、会の後継者のための寄宿学校である「セラフィム・カレッジ」が成功裏に創設された。

第2ヴァチカン公会議(1962-65年)は、すべての伝統的修道会に新たな亀

裂を引き起こした。あちらこちらでラディカルな破壊をもたらした。単なる適応と世界に対する信仰と証しの現実的刷新との間で、フランシスコ会も動揺した。西ヨーロッパとアメリカでかなり会員数が減ったが、それをアフリカ、ラテン・アメリカ、アジア、そしてオセアニアにおける若い会員の増加が補った。それらの地域にヨーロッパの宣教師はフランシスコ会を移植し、そこから会は新しい面を得た。1995年1月1日付の最近の統計によれば、フランシスコ会は18,067名、コンヴェントゥアル会は4,501名、カプチン会は11,538名、そして、クララ会は12,716名を数えている。後者はアフリカに27の修道院、アメリカでは198、アジアでは50、ヨーロッパでは617、そしてオセアニアには5の修道院がある。

2. 会則、組織、服装

最初の12人の小さき兄弟たちが、1209年にローマで自分たちの生活様式を認可してもらった時、彼らは教皇に生活についての短い構想を提出した。それは『裁可されていない会則』(Regula non bullata) の中に挿入されている。『裁可されていない会則』は、総集会の決定および聖フランチェスコの勧告から次第に発展したものである。最終稿は1221年のもので、24章を数え、聖書の長い引用、燃えるような呼びかけ、そして賛歌のテキストを含んでいる。しかし、多くの兄弟たちや教皇庁はこのテキストをほとんど理解しなかった。このため、フランチェスコは兄弟レオとともにフォンテ・コロンボに引きこもり、新しい、より短い会則を書いた。法律を学んだ兄弟たちや枢機卿ウゴリーノによる助言がそこに見られる。この会則は、1223年11月29日にホノリウス3世の勅書によって裁可されたので、『裁可された会則』(Regula bullata) と呼ばれている。12章からなり、聖書の引用はほとんどなく、以前のものよりも活力のあるものではなくなっている。しかし、基本的な線は保たれている。いくつかの個所でフランチェスコが一人称で語っている。中ほどには「これこそ、我がいと愛する兄弟のあなた方を天の国の相続者ならびに王の地位につかせた、いと高き貧しさの頂きである」(第6章) という賛歌がある。この会則は、ほぼ800年前からすべてのフランシスコ会士の基本原

8-5 会則の裁可（ゴッツォリ「聖フランチェスコ伝」連作）
モンテファルコ、サン・フランチェスコ聖堂、1451-52年

則である。『ベネディクトゥス戒律』と比べると、それはより開かれており、より一般的で、より無秩序である。毎日の計画も修道院の計画もそこから読み取ることはできない。

　会則は多くのことを規定していないので、すぐに1260年のボナヴェントゥラによるもののような会憲が加えられた。改革により生じた分派は固有の会憲を作成するために情熱を注ぎ、それらによって会則の解釈、改革の目的と理由も知られている。第2ヴァチカン公会議後、第一会の3つの派は新しい会憲を作成し、認可された。このことは同じくクララ会と律修第三会にも当てはまった。

　会の組織は最初、しばしば考えられているほど、民主的ではなかった。会則の文言に従えば、兄弟たちは「全兄弟的共同体の長上（ミニステル）にして奉仕者」に属した。総長の選出は聖霊降臨祭の集会によったが、今日では6年ごとの総会による。個々の管区の管区長と修道院長は、もしその職にふさわしくないと判断した場合は、総長を解任できた。しかし総会の招集は総長に留保されているため、実際には管区長たちの影響力を無力化することも可能だった。兄弟エリア（1180頃-1253）のもとでの専制的統治スタイルの体験は、1239年の総会で会を永遠に絶対主義から解放した。それ以降、総長の

権限は総会を通して個々に法的に制限された権力となり、また会憲により制限されることになった。総長自身は決して管区の上長職を任命したり、罷免したりはできない。総長は決められた期間の後、総会を招集し、管区を自らあるいは巡察使を通して訪問しなければならない。教皇レオ10世は役職の任期を6年に確定し、これは今日まで守られている。

第一会の3つの会には、各々総長と総会で選ばれた理事とがおり、ローマにあるそれぞれの総本部に籍を置いていた。すべての管区の指導は管区長とその理事の手に置かれている。彼らは管区会議で選ばれ、管区のすべての兄弟が、あるいは管区が大きい場合には代理人が管区会議に出席する。管区長と理事の任期は3年から最高9年までである。個々の修道院に院長がおり、管区の指導により任命される。

従来の修道会の修道士はある特定の修道院に入るが、それに反して、小さき兄弟たちは人と人を結びつける組織に入る。場所の結びつきの代わりに、何も持たないことのしるしとして移動性が出てくる。これはいわゆる居住地である「母院」を持たないことでもある。これと比較して、キアラの会則はベネディクト会的である。ここではすべての修道院は自立している。管区としての結びつきはまったくない。しかし、現代では、連盟に統合しようとする努力がなされている。女子修道院長（キアラによって嫌々ながら受け取られた称号）は姉妹たちの共同体によって3年ごとに選ばれるが、この共同体は毎週開かれる会議のすべての決定に発言権を持ち、院長の解任を決議することすらできた。ベネディクトの位階制的な形式は平等を実現するためになくなった。禁域、沈黙そして時課の祈りの規定はベネディクト的であるが、フランシスカンならではの強調点を持っている。

フランチェスコは、社会からの離脱を服を脱ぎ捨てることで強調した。「裏と表を繕った1着の修道服と帯とズボンがあれば、満足していました」と彼は『遺言』の中で簡潔に語っている。それに対応するものは、『裁可された会則』の中で次のように語られている。「頭巾つきの修道服1着と、希望によっては、このほかに頭巾なしの修道服を1着持つ。なお必要に迫られたものは、靴をはくこともできる」（第2章）。染めていない毛でできた灰色もしくは茶色の修道服は縄でしめられ、そして目の粗い布で裏打ちされることもあった。厳しい気候の地で、兄弟たちはサンダルを履いた。しかし、いつも

は裸足で歩いていた。このため、たとえば、南ドイツやスイスで「裸足の人」と呼ばれるようになった。別の地方では、彼らは縄をしめる者と呼ばれた。パリのレ・コルドリエの修道院[11]を思い出せばよい。そこには1502年まで学生たちの修道院があった。イングランドでは、彼らはグレイ・フライヤーと呼ばれた。なぜなら、その地では彼らははっきりと灰色の修道服を着用して目を引いたからである。

　キアラの会則は、もし修練者が世俗の服を脱ぎ捨てたのであれば、3着の修道服と1着のマントを与え、修練期が終わったらばベールを与えることを決めていた。灰色から茶色の色と縄は修道服をフランシスコ会のそれと似させている。第三会の会員は簡素で色のついていない服を、時折フランシスコ会の修道服を、そしてスカプラリオ（2枚の布をひもでつないだ5センチメートルくらいのもの）をあるいはベルトをした。律修第三会会員は、共同体に従って固有の衣服を作った。だいたいはフランチェスコによって選ばれた服に従っていた。しかし、形と色はさまざまであった。今日、多くの兄弟と姉妹は一般人の服装をするようになってきている。

3. 霊性

　「我々の主イエス・キリストの聖なる福音を守ることが小さき兄弟の会則と生活である」と『裁可された会則』の最初の文に書いてあり、キアラもそれを受け継いでいる。2人は福音に一致して生きようとした。これはおそらく、福音の中で語っているイエスに耳を傾け、そして他の人がイエスについて語っていることに耳を傾けることを示している。耳を傾けることは服従すること、すなわち従順へとつながる。フランチェスコとキアラは、イエスの勧めたことを行ない、福音の勧めたことを実現し、山上の垂訓に従って生きること、黄金律（マタ1:12）に従うこと、そして真福八端を真剣に受けいれ

---

(11) コルドリエ（Cordelier）はフランスにおけるフランシスコ会（特にオブセルヴァンテス派）の別称。本文にもある通り Corde（縄あるいは紐）から派生した語。レ・コルドリエ修道院はパリのソルボンヌの近くにあり、多くの神学生が住んだ。修道院自体は1792年まで存続。

ることを望んだ。フランチェスコとキアラは若い金持ちに対するイエスの助言を実行した。「もし完全になりたいのなら、行って持ち物を売り払い、貧しい人々に施しなさい。そうすれば、天に富を積むことになる。それから、わたしに従いなさい」(マタ 19:21)。フランチェスコは、明らかにイエスの派遣の言葉を付け加えた。「行きなさい。わたしはあなたがたを遣わす。それは、狼の群れに小羊を送り込むようなものだ。(中略)どこかの家に入ったら、まず、『この家に平和があるように』と言いなさい」(ルカ 10:3-5)。フランシスコ会士の巡回説教と平和のための活動は、『裁可された会則』の中で1つの章になっている「イスラム教徒とその他の不信仰者のもとへ行く」ことと同じように、その言葉から導き出される。この行ないに向けられている側面は内的な態度のそれにより補われなければならない。フランチェスコはしばしばヨハネ福音書の言葉で説明している。「父とわたしとはその人のところに行き、一緒に住む」(ヨハ 14:23)という言葉は彼にとって人間をより尊重するための根拠である。つまり、人間は三位一体の神の住まいだからである。彼は倦むことなく、まず兄弟に、次に彼の回状[12]に書かれているすべての人間に「主に住まいを準備すること」を勧めた。洗足の場面 (ヨハ 13) は、彼が長上の役職を奉仕者として描くとき、彼の目の前にあったことである。神のことばとそれが告げることだけが尊重されるにふさわしい。フランチェスコ自身、彼の書簡が神のことばを具体的にするものとして受け止められ、広く伝えられ、そして行ないに変えられることを望んだ。砂漠の師父や修道士のように、フランチェスコとキアラにとって、「気を落とさずに絶えず祈らなければならない」(ルカ 18:1) というイエスの勧告を実行することが関心事であった。2人はそれぞれの会則の中で、同じ文章でこの課題を書いている。それはフランチェスコとキアラの霊性の中心として見なしうるものである。兄弟あるいは姉妹が、「すべてを越えて憧れ望まなければならないことは、主の霊とその聖なる働きを持ち、常に清い心で主に祈り、迫害と病気の時には、謙遜と忍耐を養い、また私たちを迫害し、責め、とがめる人たちを愛することである」(10章)。

　フランシスカン的霊性はしばしば宗教的領域を超えて影響を及ぼした。

---

[12]『全キリスト者への手紙』。

8-6　鳥に説教する聖フランチェスコ
　　　フランドルの詩編集、1265-75年頃
　　　ピアポント・モーガン図書館蔵

『兄弟なる太陽の歌』(被造物の賛歌、*Cantico di frate Sole*) の中で、フランチェスコは自然の諸要素を姉妹と呼んで、それらを愛した。なぜなら、それらは神の被造物だからである。すでにルネサンスを予告するこの新しい自然解釈に関する非常に有名なイメージは、『聖フランチェスコの小さき花』(*Fioretti di San Francesco*) の中にも伝えられている鳥への説教である。フランチェスコは、静かに、そして期待に満ちて、木にとまっている鳥に姉妹に対するように語りかけ、創造者が鳥たちをどのように気にかけているかを (ルカ 12:26 参照)、鳥たちに教えた。この自然についての考え方には、古い修道制の世俗逃避的な展開と対照的に、被造物に向き合おうとする姿勢がうかがわれるだけではなく、会の中でまずロジャー・ベーコンが実践したように、自然研究への多様な結果を生み出すこととなった契機を読みとることができる。かつては、そのような研究は虚栄心に満ちた詮索にすぎないとされていたのである。

　初期のフランシスコ会士は、真剣に富と権力を拒否しようとし、自分たちがマージナルな存在であることを意識していた。彼らは嫌悪されていたハンセン氏病患者と連帯し、托鉢をし、教会を都市の周辺部に建てた。フランシ

8-7 グレッチョの降誕祭（ゴッツォリ「聖フランチェスコ伝」連作）
モンテファルコ、サン・フランチェスコ聖堂、1451-52年

スカン霊性のさらなる側面は、イエスの人間性への集中である。イエスの地上の生活をその場面場面でまざまざと思い浮かべるだけでなく（グレッチョの飼い葉桶［図8-7］）、あらゆる点で観想的に追体験された。これは実践的な神秘思想、特に受難の神秘に関して、絵画、そして宗教劇に影響を与えただけではなく、最終的に西洋思想における幻視（ファンタズマ）の発展に特に影響を与えた。

　文化と祈りは密接に関連する。これはベネディクト会のモットーである「祈り、そして働け」において明らかであるばかりでなく、アッシジのフランチェスコとキアラにおいてもそうである。彼らは手仕事を評価し、実際会則の中でそれに1章を当てている。初めて歴史の中で、労働が恵みであるという見解が現れた。フランチェスコは労働が禁欲という目的にかなったものであることを知っていたが、それをさらに越えた。彼は1223年の『会則』の中で、次のように言っている。「主が働く恵みをお与えになった兄弟たちは、忠実かつ献身的に働いて、霊魂の敵である怠慢を避け、聖なる祈りと献身の『霊を消さない』ようにしなければならない。現世のあらゆる物事は、

この霊に従属すべきだからである」(第5章)。兄弟たちは労働に従事すべきである。しかし、労働に没頭してはならない。多様な仕方で生み出され、守られる神との結びつき(イエスの祈り)は、優先事項であり常に守られた。これを前提として、フランチェスコはパドヴァのアントニオ (1195頃-1231) への手紙にあるように、学ぶことと教えることに許可を与えているのである。彼は文学的創作の幅広い流れの出発点である。

4. 文学

a 祈りと黙想文学

現存する文学的証言の数の多さだけでなく、すべての研究が信心 devotio という基本的な態度から生じるという判断基準に従って、ここでは祈りと黙想文学を最初に置かなければならない。聖フランチェスコの著作の中で祈りは、きわめて美しいテキストに属している。民衆の言葉でまとめられた『兄弟なる太陽の歌』は世界文学に数えられる。そして、プラハの聖アグネスに宛てたキアラの4通のラテン語の書簡を読む者は、そこから熱のこもった神秘的な通奏低音を耳にするだけではなく、彼女の文章技術に驚くだろう。

祈りそのものではないものの、「祈りと献身の精神」から聖人伝の古典的作品と見なされるチェラノのトマス (1260年頃没) のフランチェスコの生涯あるいは伝記が現れたが、それはボナヴェントゥラが総長であった1266年に破棄され、彼によってまとめられた、より歴史神学的な伝記に置き換えられた。詩的な息吹は、『三人の伴侶の伝記』から『完全の鏡』をへて有名な『小さき花』へと非公式のラテン文学にも及んでいる。『小さき花』は、最初のフランシスコ会士たちの生涯と奇跡についてのラテン語で書かれた文集を、イタリア語で翻案したものである。そこには初期の世代の息吹を直接伝える、新鮮で示唆に富む逸話と、よく練り直された深みのある聖人伝とが共存している。

神学者としてドミニコ会のトマス・アクィナス (1225-74) と並ぶ位置を占めるにふさわしいボナヴェントゥラは、彼自身の祈りの体験から禁欲的・神秘的著作を著した。その中には、1259年の傑作『霊魂の神への旅路』(*Itinera-*

rium mentis in Deum）並びに『三様の道』(De triplici via)、『生命の木』(Lignum vitae)、『独白録』(Soliloquium) がある。これらの著作は、ドイツ神秘主義に強い影響を与えた。しかし、この敬虔な思想に対してより一層影響力があったのは、長らくボナヴェントゥラに擬されていた逸名の著者（サン・ジミニアーノのヨハンネス・デ・カウリブスか）による、キリストの生涯についての大作、『キリストの生涯の黙想』(Meditationes Vitae Christi) である。このフランシスコ会士は1300年頃のイタリアで、あるクララ会修道女のために、生き生きと情感をこめて、みずから今一度追体験するような調子で、受難にいたるまでのキリストの生涯を黙想する作品を創作した。それは「あの時代」のできごとに完全に入り込み、あたかもそこに居合わせているかのような、情感にあふれた強い共感をもたらす黙想である。そして、そうした自由な「感情移入」を霊的に駆使する上では、「道徳的真実」こそが重要で、そのイメージが聖書のテキストにおいて実証可能かどうかは必ずしも問題にならないため、ここにおいて、意識と空想による物語（ファンタジー）の基礎が、西洋思想の流れのなかに築かれることになった。この作品は、フランシスカン的な聖書理解を広めた。そこでは古くからの釈義のように、旧約聖書と新約聖書の予型論的対応関係が重要なのではなく、個人の生活と聖書に書かれたできごととの一致こそが重要であった（例えば、金曜日ごとに十字架の死を、日曜日ごとに復活を、あふれんばかりの共感をもって黙想することである）。なお同時代の体験にもとづく神秘家に、ウィーンのベギン会会員、アグネス・ブランベキン（1315年没）がおり、彼女の『生活と啓示』(Vita et revelations) をウィーンのあるフランシスコ会士が書き留めている。

しかし、フランシスコ会士が霊的文学の開花に貢献するのは、2世紀後のスペイン、フランス、そしてイタリアにおいてであった。スペイン神秘主義の教科書は、マドリードのアロンソ（1570年没）の『神に仕えるためのわざ』(Arte para servir a Dios) という作品で始まる。この本の初版は1521年で、16世紀だけでスペイン語で30、フランス語で10、フラマン語で11、同様に英語とドイツ語版が各1を数えた。アビラのテレジアは兄弟アロンソの『神に仕えるためのわざ』を非常に高く評価し、同じようにラレドのベルナルディーノ（1482頃-1540）の『シオン山登攀』(Subidal al Monte Sion) も高く評価した。しかし、この女性神秘家への影響という点では、『キリスト受難の詳細な霊

的字母表』(*Abecedarios*)を著したオスナのフランシスコ（1492頃-1540）の右に出る者はなかった。やせこけた改革派フランシスコ会士アルカンタラのペドロ（1499-1562）の『祈りと瞑想の論』(*Tratado de la oracion y meditacion*)は、ドミニコ会士のグラナダのルイスの同じ名前の著作の要約で、さまざまな言葉で300版以上が刊行された。エステリャのディエゴ（1524-78）は『神の愛についての黙想』(*Meditaciones del amor de Dios*)と『この世のむなしさについて』(*Tratado de la vanidad del mundo*)で同じような人気を博した。

イタリアにおいては最初のフランシスコ会の世紀において、とりわけ説教と聖人伝が文学として結実した。パドヴァのアントニオ（下記参照）の『説教』と『伝記』、聖フランチェスコの『訓戒の言葉』と上で挙げた伝記類、兄弟エジディオ（1226年没）の『金言』と『伝記』がそうである。カプチン会の改革ではまず小さき兄弟たちの、そして次に民衆の霊的生活を指導することに関心が強く向いた。そのようなものの最初の著作として、1536年にファーノのジョヴァンニ（1469-1539）の『一致のわざ』(*Arte dell'unione*)が現れた。それは観想的祈りへの導きを意図したもので、同じようなものとしてヴェルッキオのクリストフォーロ（1555-1630）の『魂の訓練』(*Esercizi d'anima*)がある。彼はまた神の母についての観想の書を書いた。そして、サロのマッティア（1535-1611）の『内的祈りの実践』(*Pratica dell'orazione mentale*)がある。これは霊的生活の古典である。

中世後期のドイツにもすぐれたフランシスコ会の著作家たちがいた。『神の恵みに関する小冊子』(*Büchlein von den göttlichen Wohltaten*)をまとめた兄弟ハインリヒ（1252年没）から、『修練者の鏡』(*Novizenspiegel*)とすぐれた論文である『外的及び内的人間について』(*Über den äußeren und inneren Menschen*)を書いたアウクスブルクのダヴィト（1200/10-72）を経て、キリスト教徒及び異教徒の著作家の文章を集め、修道女と信徒のための修養書『いにしえの24人』(*Die 24 Alten*)をまとめたパッサウのオットー（1386年以降没）を挙げることができる。15世紀には、ニュルンベルクのシュテファン・フリードリーン（Stephan Fridolin, 1498没）の著作が選ばれるべきである。彼には『霊的五月』(*Der geistliche Mai*)、『霊的秋』(*Der geistliche Herbst*)、そして『宝箱』(*Der Schatzbehälter*)がある。しかし、とりわけメヘルンのハインリヒ・ヘルプ（ハルピウス、1477没）がいる。彼はきわめて有名なベルギーの神秘家、ヤン・ファ

ン・ルースブルーク (1293-1381) の影響を受け、『観想的人間のエデン』(*Eden der kontemplativen Menschen*) と完全に新しい表現を取った『神秘神学』を著した。ブリュッセルのボナヴェントゥラ (1570-1633) はキリストの受難についての著作と忍耐についての著作をまとめた。ス・ヘルトーヘンボスのヨハンネス・エヴァンゲリスタ (1588頃-1635) の『魂における神の国』(*Das Reich Gottes in den Seelen*) と『永遠の生命』(*Das Ewige Leben*) は何回も版を重ね、多くの翻訳を生み出した。

17世紀は、フランスにおけるカトリックの霊性の黄金時代であった。自らの回心のためにイングランドから逃亡したカンフィールドのベネディクト (1562-1610) のようなカプチン会士が第一に挙げられる。彼はフランスにカルメル会を導入したマダム・アカリーの霊的指導者であった。彼の主著である『完徳の規則』(1600年) は、ラテン語版の他、フランス語と英語のものが出され、そして修道会内部だけではなく、その時代の有名な人々の中でも大きな影響力をもった。フランドル人のボニファティウス・マース (1706没) とトリーアのヴィクトール・ゲレン (1590/1600-69) は、それぞれの神秘神学を展開した。

ライン管区出身のコッヘムのマルティン (1634-1712) は、バロック時代の優れた民衆文学作家であった。彼は60以上の作品をまとめ、その中には第2ヴァチカン公会議まで8つの言語で、そして398版も重ねた『ミサ解説』(*Meßerklärung*) があった。さらに聖書の物語と聖人伝を含んだ家庭で愛用された著作があった。彼のもっとも短いが、きわめて美しい著作に『神についての小品』(*Büchlein von Gott*, マインツ、1708年) と『魂の小品』(*Herzige Büchlein*, ケルン、1699年) が数えられる。彼はまず信仰告白を簡単な言葉で説明し、次に祈りの仕方を教えている。彼の非常に愛された『キリストの生涯』(*Leben Christi*) からクレメンス・ブレンターノは霊感を得ている。それは彼がデュルメンのアンナ・カタリーナ・エメリヒの幻視を書き留めたときのことである。ヘルダー、ゲレス、シュレーゲル、グリルパルツァーもその著作を引き合いに出している。コッヘムのマルティンは、同時代のアウグスチノ隠修士会修道士アブラハム・ア・サンタ・クララ (1644-1709) と比較できる存在である。アブラハムがウィーンとグラーツの宮廷で、宮廷的な様式における南ドイツのバロック・カトリックの代表者であったとすれば、マルティン

8-8 ローマのナヴォナ広場で説教する、ポルト・マウリツィオの聖レオナルド
1750年頃、ローマ博物館（ブラスキ宮）蔵

は穏健で市民的、ライン的なバロックの代表者だった。

18世紀では、ヨーロッパ全体で名を挙げるに足る霊的著作をほとんど示すことができない。イタリアでは、ポルト・マウリツィオの聖レオナルド（1676-1751）が改革者として、隠遁所修道院を導入した。説教壇と隠遁所（隔絶した地にある修道院）との間で、この偉大な民衆説教家は生きた。彼は十字架の道行きの黙想を奨励し、そして彼がローマのコロッセオに十字架の道行きを作ったことは、後世の人々にまでその壮大な廃墟を残し伝えることになった。黙想書を通して、彼は説教の効果を深めようと試みた。19世紀も修道院弾圧の結果、フランシスカンの著作家の霊的文学は、ほとんど現れなかった。しかしこの時代には、フランシスカンの思想を伝えるのに、書物だけでなく、雑誌という手段もあった。最初のものとして『フランシスカン年報』(*Annales Franciscaines*) がある。これは1861年にアオスタのラウレンティウスによりはじめられ、他の国々でも模倣された。

私たちの世紀の著作家については、ベルナルディン・ゲーベル（1881-1973）が挙げられる。彼の10巻からなる省察集『神の前でフランチェスコと共に』(*Mit Franziskus vor Gott*) は、フランシスカン家族のすべての世代に教会暦にそ

って読まれた。また現代ではアントン・ロートツェッターが、豊かな文学活動を展開している(キアラの伝記など)。

b 説教文学

会の宣教の任務に対応して、広範囲にわたる説教文学が成立した。説教は広い活動にもとづいており、また特定の人間の特定の状況に向けられているので、非常に時代に制約されたものである。最初の傑出した説教者は、すでに言及したリスボンのアントニオ[13]である。彼は、アウグスチノ隠修士会から小さき兄弟会へと移った。南フランスでアルビ派に対して活動し、言葉と奇跡によって北イタリアでも働いたので、最終的に、彼は「異端者への鉄槌」と呼ばれた。彼は1231年、36歳でパドヴァ近郊のアルチェラで亡くなった。彼は『主日説教集』と『祝日説教集』を残した。

ドイツの地では、すでにレーゲンスブルクに1221年に創設された小さき兄弟会の修道院で3人の兄弟が頭角を現わしていた。つまり、アウクスブルクのダヴィト、レーゲンスブルクのベルトールト(1210頃-72)、そしてレーゲンスブルクのランプレヒト(1260頃没)である。ダヴィトを我々は、ドイツ語でのフランシスカン文書の創始者と考える。彼の著作は、13世紀に成立した霊的文学の中で最も重要なものである(ただしその帰属に疑問が残るものがないわけではないが)。彼の長い論考である『人類の啓示とあがないについて』(*Von der Offenbarung und Erlösung des Menschengeschlechts*)、『完全の鏡』(*Spiegel der Vollkommenheit*) そして『徳の鏡』(*Spiegel der Tugend*) は、イエスがすべての信徒の生活の原像であり、「あらゆる徳の模範」、そして「天国への道の教師」であるという言葉の中で頂点に達している。ベルトールトは後のマルティン・ルターが聖書にしたものと似たような機能を、説教に付け加えた。これを彼は毎日の生活と非常に手際良く結び付けたので、何千もの人を引き付けた。つまり、それまで教会は、大衆をとらえることができなかったのである。シュパイアーからアルザスを経てスイスへ、さらにオーストリア、モラヴィア、ボヘミア、シレジアそしてチューリンゲンを巡った彼の説教旅行の途上、諸侯の間あるいは司教と世俗諸侯との間の多くの争いを仲裁した。1263年

---

(13) パドヴァの聖アントニオはリスボン生まれなので、しばしばこのように呼ばれる。

に十字軍説教師に任命されると、彼はその職務を嫌々ながら行なった。彼は歯に衣を着せずものを言い、はっきりと「殺人」(manslaht)について語った。ベルトールトの説教作品に関して5巻のラテン語の説教集が、数多くの写本で残されている(主日説教集、聖人の祝日の説教集、様々な機会と状況での説教)。ベルトールトを、法律家や歴史家を含めた数多くの後代の人々が引用している。彼のドイツ語著作はあまり伝えられていない。それらは、ラテン語の「説教集」を下敷にして成立したものである。それらはほとんどがベルトールトのものではなく、むしろ聴衆が書いたものである。つまり直接耳で聞いたものを、読む説教に整えたものである。ベルトールトの弟子には、ヒルデスハイムの神学教師であり、管区長、そして才能ある説教者であったザクセンのコンラート(1279没)がいた。彼により折にふれての説教、さらに「季節の」説教、「聖人の祝日について」の説教、数多くのマリアの説教と『幸いなるおとめマリアの鏡』(*Speculum beatae Mariae Virginis*)が書かれた。

15世紀の民衆説教の復興は、オブセルヴァンテス派によるものと考えられる。シエナのベルナルディーノは1415年からイタリア全土を癒し、目に付く傲慢や吝嗇、暴利や享楽、家族の不和や市民たちの私戦を激しくやっつけた。彼は記章としてイエスのモノグラム(IHS)を身に帯び、説教の終わりにそれを家に持ち帰るように託した(今日でも家の門や市庁舎にそれが見られる)[図8-10]。ベルナルディーノはイタリア語で説教をしたが、テキストを前もって修道院の自分の部屋で優美で人文主義的なラテン語で書き下ろした。彼によって四旬節説教と待降節説教が、「真福八端」についての説教、徳、マリアそして、その他の聖人についての説教、毎日の典礼の、秘跡の説教が、ヨハネの黙示録の注釈とさらにフランチェスコの会則への注釈が残された。フランチェスコの会則への注釈は、会内部の改革者としての彼の役割を示すものである。ベルナルディーノと同じく彼の仲間の兄弟であるサルテアーノのアルベルト(1450没)は、公共の場所で説教せざるを得ないことを理解した。なぜなら、教会はあまりにも小さく感じられたからである。貴族であり法律家であったカペストラーノのジョヴァンニ(1386-1456)は、大衆に対してさらに強い影響力を発揮した[図8-9]。彼は回心後、イタリア、フランス、ドイツ、オーストリア、ボヘミア、ハンガリー、そしてダルマティアで説教活動をした。彼は会の内部ではオブセルヴァンテス派の擁護者、教会的意味

では説教者、ヨーロッパ的な意味では「ベオグラードの救世主」であった。ウィーンのフリードリヒ3世から、小さき兄弟たちの修道院を改革し、民衆に平和を述べ伝えるために招かれたカペストラーノは、オーストリアとシュタイアーマルク（オーストリア南東部の州）地域にオブセルヴァンテス派を導き入れ、そしてフス派に対して宣教を行なった。しかし、ボヘミア教会の回復はうまくいかなかった。一方彼はベオグラードでのムハンマド2世に対するキリスト教徒の思いがけない勝利（1456年7月21/22日）に際して、決定的な役割を果たした。彼の文学的遺産は控えめなものであったが、同時代の日常生活と社会生活への洞察は評価されている。彼の論文の大部分は説教の素材集であった。裁判官と弁護士に対する『良心の鏡』（Speculum conscientiae）、教区司祭に対する『聖職者の鏡』（Speculum clericorum）がそうである。非常に重要なものは『暴利について』（De cupiditate, 1438年）であり、この論文は揺籃期本として現存している。コンヴェントゥアル派とオブセルヴァンテス派との間のフランシスコ会内部の緊張に、彼はフランチェスコとキアラの会則の注解と第三会に対する弁明文書を持って介入した。また教会政治に対して、彼は公会議至上説に反対する立場をとった三部からなる教皇制に関する論文（『教皇の権威について』De auctoritate Papae）で介入をした。

　文学史の中に入れられるオブセルヴァンテス派の悔い改めの説教師に、以下の者が数えられる。イタリアでは、ボローニャのマルコ（1406?-79）、フェルトレのベルナルディーノ（1439-94）、そしてキヴァッソのアンジェロ（1495没）。ニーダーザクセンでは、ヨハネス・カンネマン（1400頃-1470以降没）、とりわけミュンスター出身で北ドイツとネーデルランドで活動したディートリヒ・ケルデ（1435頃-1515）。彼は最古のドイツ語のカテキズム『キリスト教徒の鏡』（Kersten-spiegel）の編集者である。これは30版以上を重ね、最後のものは1907年に出された。生活態度と洗練された言葉ゆえに、彼は托鉢修道士たちにあまり好意的でない人文主義者たちのグループからも高く評価された。ヤーコプ・フォン・デア・マルク（1393-1476）は教皇により任命され、スウェーデンからナポリまで、中央ヨーロッパ全域にはびこる異端者に対して説教をした。プロテスタントに対して、多くのフランシスコ会士とカプチン会士が立ち上がった。とりわけ、コンヴェントゥアル派のトマス・ムルナー（1475-1532）がいる。彼は高い教育のあるヒューマニストであり、例えば

フランシスコ会とクララ会　311

8-9　カペストラーノのジョヴァンニ
　　　（バンベルクの大聖堂前広場での説教）
　　　1470-75年、バンベルク歴史博物館蔵

8-10　シエナのベルナルディーノ
　　　1470年頃、
　　　ケーフラッハ（シュタイアマルク）教区教会

『アエネイス』の最初のドイツ語訳は彼によってもたらされた。しかし、彼の教育は論争的性格と結びついていた。彼の道徳的風刺文学である『愚者の懇願』（*Narrenbeschwörung*, ストラスブール、1512年）、『いたずら仲間』（*Schelmenzunft*, フライブルク、1512年）そして『シュヴィンデルスハイムの水車小屋』（*Mühle von Schwindelsheim*, ストラスブール、1515年）は、実際に大衆的な説教の表現であり、民衆層を自己認識と改善へと促す目的を持って、粗野な時代様式の中にあるすべての身分と悪習に情け容赦のない告発をするものであった。風刺的叙事詩である『ルター派の愚か者について』（*Vom lutherischen Narren*, ストラスブール、1522年）は宗教改革者に対して向けられたものであり、『教会の泥棒と異端者のカレンダー』（*Kirchendieb- und Ketzerkalender*, ルツェルン、1527年）はツヴィングリに対して向けられたものである。これに反して、節度のある、文字通り愛情あふれたものは『信仰の歌』（*Glaubenslied*, 出版地不明、1522年）であり、ミサ聖祭についての燃えるような弁護は『神の聖なるミサ』（*Die gots heylige mess*, ルツェルン、1528年）に描かれている。

マインツの司教座聖堂の説教師を15年間務めたフランシスコ会士ヨハネス・ヴィルト（1495-1554）は、別の衝撃をもたらした。彼は知性、精神の鋭さと高貴さをもって語り、彼に保護と給与を約束した選帝侯に対して自由に語った。1552年に、ルター派のブランデンブルク侯アルベルトが都市を制圧したとき、彼はただ1人のカトリックの司祭としてそこに赴き、火災と略奪から司教座聖堂を守った。

ルネサンス時代の説教は、とりわけイタリアでは異教の古典を引用して修辞的に飾られた。この説教壇の「冒瀆」に反対することが、1528年に改革派の独立した修道会として認められたカプチン会の目的のひとつだった。彼らがその貧しい服装で現れるところでは、素朴に福音が解釈され、そして生活の刷新へと招き、民衆は彼らの後を追いかけた。彼らの中に優れた教養をもった卓越した説教師がいたので、すぐに上層階級もこの熱狂に与った。司教のみならず諸侯もまた、彼らを説教のために呼び寄せた。1世紀以上もの長きにわたってカプチン会士こそが説教師の代名詞という時代が続いた。もっとも有名なものはレオネッサのジュゼッペ（1556-1612）、ブリンディシのロレンツォ（1559-1619）、テンプリンのプロコープ（1609頃-80）そして「ウィーンの救い主」アヴィアーノのマルコ（1631-99）であった。カプチン会士は

イタリア、フランス、スペイン、ウィーンの宮廷付説教師、そして何といっても教皇庁の礼拝堂付説教師となった。1743年ベネディクトゥス14世は教皇庁説教師の役職をカプチン会に委ね、それ以来カプチン会はこの職務を占めている。

言葉は行ないに、説教は行動となる。偉大な説教師の周辺には兄弟性、祈り、平和協定、愛の組織があった。男女を問わず多くの信徒が、そしてしばしば司祭もまた第三会に入会し、説教師が蒔いた種を行ないに移す。こうして共同体の信心と社会的組織の新しい形態は発展した。フェルノのジュゼッペ（1485頃-1556）は1536年にミラノで最初の「40時間の祈り」をもった。この祈りは、今日でも行われている。それは黙想と静かな祈りに、一連の説教が組み込まれたものである。

c 宗教詩

フランシスコ会士の宗教詩は、あまり多くはない。フランチェスコ自身は詩人であり、有名な『太陽の歌』のほかに、あまり知られていないがサン・ダミアーノの姉妹たちへの勧めの詩『聞け、小さき貧しい女性たち』（Audite, Poverelle）を作ってもいる。フランチェスコはそれを、『太陽の歌』のすぐ後に、彼女たちが聖なる貧しさと互いに仕えあうことのうちに踏みとどまることができるよう、「貧しい姉妹たちへの慰めと勧め」として贈ったのだった。彼は伴侶たちを「主のジョングルール」と名づけた。彼らは人々を神の賛美と悔い改めへと動かすものであった。そして、そのうちの1人に、「詩の王」と呼ばれた兄弟パチフィコがいる。彼の詩は残されていないが、我々は、シュパイアーのユリヌスのものを知っている。彼は入会（1224年）前パリの宮廷の歌隊長であった。彼は初期の会の2人の偉大な聖人のためにラテン語で書かれ、典礼で使用される韻文の聖務日課を2つ残している。それは『聖フランチェスコの韻文聖務日課』（Officium Rhythmicum Sancti Francisci）と『聖アントニオの韻文聖務日課』（Officium Rhythmicum S. Antonii）である。彼はまたこの2人の聖人について文学的に野心的な『生涯』を書いている。2人のためには、数多くの賛歌とセクエンツィアが残されている。

フランチェスコ同様にキアラも死後2年で列聖された（1255年）。その機会に公表された教皇アレクサンデル4世の勅書は、キアラへの賛美の歌である。

彼女は、「明るさ」を意味するその名の通りに振る舞った。それは勅書の最初の言葉から明らかである。つまり「明るさによって秀でたキアラ」(Clara claris praeclara) というものである。彼女の生涯についての最初のはっきりとした伝記は、『詩形式の伝記』(Legenda versificata, 1254/55年)である。それは公式の伝記が書かれる前に成立した。公式の伝記は1256年、ほとんど確実にチェラノのトマスによるものである。彼はさらに聖フランチェスコのためにセクエンツィアを創作し、また感動的な『怒りの日』(Dies irae)をおそらくは書いた。これは死者のためのミサの一部として旋律をつけられた。だいたいのクララ会士たちはラテン語が分からなかったので、創立者の公式の伝記は翻訳されなければならなかった。このためキアラについては、初期のラテン語の歌や賛歌と並んで、中高ドイツ語による伝記があった。

すでに言及したレーゲンスブルクの3人の中でとりわけランプレヒトは、4,312節を数える中高ドイツ語の詩『シオンの娘』(Tochter Syon)と1238年頃に完成した5,049節からなるフランチェスコの生涯の翻訳である『聖フランチェスコの生涯』(Sanct Francisken Leben)により詩人の名に値する。ザクセンのコンラートは『アヴェ・マリア』を作り、ジョン・ペッカム (1230頃-90) は『貧者の歌』(Canticum Pauperis) とともに、1世紀以上も民衆に愛された『霊的ナイチンゲール』(Philomena)、さらに賛歌も作っている。1260年からフランシスコ会士は「お告げの祈り」をとなえることを教えた。それは、繰り返しのある簡単で短い形のなかに信仰の神秘を注いだものであり、曲をつける人々に多様な創作の機会を提供していた。

マリアの歌はとりわけカプチン会士たちが詩作に励んだ。テンプリンのプロコープは、『援助者マリアの賛歌』と『心の喜びと魂の慰め』というチェコ語の作品を書いた。ヨハネス・クリュゾストムス・シェンク (1581-1634) は母に保護されている幼子イエスについての賛歌を、メンツィンゲンのモーリッツ (1654-1713) は、マリアが神秘家の様式で歌われている『マリアのナイチンゲール』を書いた。彼は、かつて役者であった兄弟シュニフィスのラウレンティウス (1633-1702) から影響を受けた。ラウレンティウスの『喜びの五月の笛』(Myrantische Mayenpfeiff) や『喜びの口琴』(Myrantische Maul-Trommel) をはじめとする著作は、バロック時代の宗教文学の成果として、最も重要な部類に属するものである。

小さき兄弟会のもっとも有名な詩人は、もちろんヤコポーネ・ダ・トーディ（1228/30-1306）である。スピリトゥアリ派が迫害されていた時代に、彼は、かつての兄弟エジディオのようにパリの学問がアッシジの単純さを破壊すると嘆いた。彼の歌はあこがれ、苦悩、愛に満ちている。92の「ラウダ」の中で彼は卑しめられた神の偉大さ、神のみことばを宿したおとめマリア、そして王国を約束する貧しさの生活を歌った。

5. 建築

　まず第一に、修道会の固有の建築様式については語ることはできない。というのも「兄弟たちは、家、土地、その他いかなるものも、何一つとして自分のものにしてはならない」（『裁可された会則』第6章）からである。兄弟たちは、働きあるいは受け入れられた場所で巡礼者および客として生活する。また、仲間からはなれて、小屋あるいは素朴ですでに整えられている居住地に住む。落ち着きのない放浪が聖務日課と労働によって特徴づけられた小集団での定住生活のために後退したゆえに、兄弟たちが定住した地に、我々は今日でもはっきりと建築物を見る。共同の祈りのための小聖堂、共同の食事と会話のための集会室、周辺にある私的な祈りと夜の安らぎのための小部屋を見る。急速に成長した兄弟的共同体は、すぐに大きな修道院を必要とした。とりわけ1220年に導入された修練と養成のために、修道院が必要とされた。

　小さき兄弟たちがヨーロッパに広がっていった1219年以降、彼らはすぐに自分たちに適当な修道院を造ったり、あるいは彼らのために建てられたものを受け取ったりした。ザクセンのクストスであった兄弟ヤーコプは、マクデブルクに聖堂を建てるように命じられた。それは1225年9月14日に大司教アルベルトにより献堂式が行なわれた。独自の教会建築への決定的な一歩は、教皇ホノリウス3世の勅書（『クイア・ポプラーレス』*Quia populares,* 1224年12月3日）により踏み出された。フランチェスコの死（1226年）と列聖（1228年）以後、集中的な建設が始まった。グレゴリウス9世は1228年に、聖人の墓所となる聖堂のための礎石をおき、それを教皇のバシリカと宣言した。このアッシジのサン・フランチェスコ聖堂の建築と壁画は、紛れもなく芸術史

に画期をなすものである。確かにここで効果を発揮しているゴシック様式はフランシスカンの発明ではなく、シトー会に由来するものではあるが、一方でこの聖堂には独自の新機軸が導入されてもおり、それは相異なる2つの要素を結びつけたことにある。つまり、上下二層からなる一廊式の長堂に、同じく二層からなる翼廊が組み合わされ、T字型の平面図をなしているのである。これが範とした建築については、南西フランスの聖堂、すなわちアンジェの大聖堂とする説（W.クレーニヒ、R.ヴァグナー＝リーガー）、ランスの大聖堂とする説（E.ヘルトライン）、エルサレムの聖墳墓教会とする説、さらにはローマの古サン・ピエトロ聖堂とする説（W.シェンクルーン）とさまざまである。そして、サン・フランチェスコ聖堂をグレゴリウス9世の修道会・教会政策における「特別な教会」(ecclesia specialis)と秩序づけるヴォルフガング・シェンクルーンは、上下二堂の構造のうちに、ローマとエルサレムが合流していると理解した。壁画のプログラムにおいても、アッシジの聖堂はエルサレムに結びつけられている。下の聖堂の身廊右壁にはゴルゴタでの一連の出来事が描かれているが、一方左壁にはフランチェスコの生涯からの場面が示され、キリストの生涯との関連が示唆される。つまり身廊を祭壇に向かって進めばキリストの生涯をたどることになるのだが、その祭壇には、エルサレムにおいてキリストが埋葬されているがごとくに、フランチェスコが葬られているのである。これら下の聖堂の壁画は、翼廊のものも含めていずれも13世紀に、「フランチェスコの画家」と呼ばれる逸名の画家、ジュンタ・ピサーノ、ピエトロ・ロレンツェッティ、ピエトロ・カヴァリーニそしてチマブーエによって描かれた。また後に増築された側祭室にはシモーネ・マルティーニが描き、上の聖堂の身廊側壁はジョットとその弟子による、フランチェスコの生涯を描いた有名な28枚のフレスコ画によって飾られている。これらの画家はいずれも、実際に修道会に加わってはいないが、フランチェスコは彼らに現実との新しい関係のための霊感を与え、それによって「イタリアにおけるルネサンス芸術の開始」(H.トーデ)を告げたのである。

　サン・フランチェスコ聖堂の建築家にして天才的な現場監督であったのは、兄弟エリアであった。彼は聖人の最初の代理者であり、彼の死後総長になった。エリアは、会の師父への尊敬のためにコルトナにもフランチェスコ聖堂を作っている。会からの除名とフリードリヒ2世との同盟の後、彼はシ

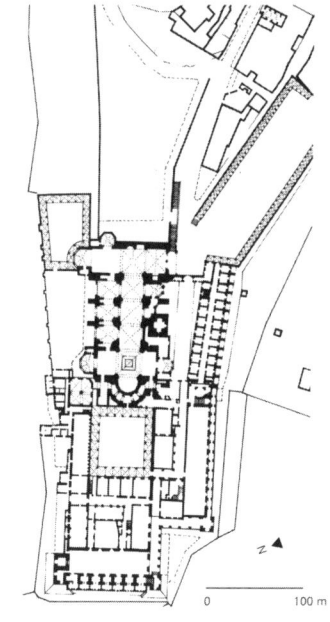

8-11 アッシジ、サン・フランチェスコ聖堂下の聖堂入口
8-12 同、聖堂・修道院の平面図

8-13 アッシジ、サン・フランチェスコ聖堂（上の聖堂）内部

チリアで皇帝の命により城や砦を建てた。

アッシジのサン・フランチェスコ聖堂は、穏やかに、だが多様に変化した形態でまねられ、地理的には広くメッシーナ（サン・フランチェスコ聖堂）からナポリ（サン・ロレンツォ聖堂）、ローマ（アラチェリ）、イタリア中部（ペルージア、ヴィテルボ、リエティ、ボルセナ、アラトリ、グッビオ、シエナ、ピサ、ピストイア、ルッカ、アレッツォ、ボローニャ）を越えて、パドヴァのサン・アントニオ聖堂と、聖王ルイ9世が望み、設計したパリのサント・シャペルまでのさまざまな地域を1つに統合した。その多様性にもかかわらず、それらには同じ息吹が感じられる。フィレンツェのサンタ・クローチェ聖堂はおそらく、貧しさがいかにして基準をもたらし、この上ない清明さという様式上の要素を産み出したかを、最も明確に示した例だろう。

おそらくはアッシジの豪華な建築様式への反動として、1260年の総会で、教会は祭壇の上を除いて穹窿にしてはならないと定められた。絵画、窓ガラスと柱脚には、洗練されたものは避けられるべきであった。同様に長さ、幅そして高さが過剰になってはならなかった。独立した鐘楼も建ててはいけないし、図像をあしらったステンドグラスも利用してはいけなかった。ただし、主祭壇の背後にある後陣の窓は別で、そこには十字架、おとめマリア、聖ヨハネ、フランチェスコあるいはアントニオの図像だけが許されていた。貧しさにこだわるこうした規定は、説教重視の姿勢とあいまって、典型的な托鉢修道会の聖堂を生み出した。簡素で厳しい構造と空間の形態、個々の形態のつつましさ、明るく広い空間がその特徴である。

貴族の妻チューリンゲンのエリーザベト（1207-31）の保護のもとでアイゼナハに建てられ、1597年に失われたフランシスコ会の聖堂は、ドイツの地に建てられたもっとも早いものであった。現存する最古の、そしていまだにフランシスコ会士に委ねられている聖堂は、ヴュルツブルクのものである。ライン川沿岸やヘッセンにも、実に素朴な建物がある（ドゥイスブルク、カイザースラウテルン、クロイツナハ、ブリュール、ケルン、ボン、コブレンツ）。北ドイツには単廊式聖堂があり、多くの場合片側に細い側廊が付くことで、多少幅が広げられていた（プレンツラウ、ブランデンブルク、コットブス）。リューベックの聖堂は、特別な位置を占めている。1300年以降に建てられたこの聖堂は、広くまた非常に高い身廊と、2ベイ（柱間）からなる一種の翼廊と、

やはり2ベイからなる三廊式の内陣を持っている。南ドイツとオーストリアには、平屋根と穹窿を併用した単廊式聖堂がたくさんある。たとえばブルック・アン・デア・ムール、ヴェルス、エンス、ウィーナー・ノイシュタット、アイゼンシュタット、ザンクト・ペルテン、グラーツ、カッツェルドルフなどである。レーゲンスブルクの聖堂(1270年頃)は、同じ都市のドミニコ会の教会の近くにあり、南ドイツの托鉢修道会の聖堂としては最大のものである。インゴルシュタットの聖堂(1275年頃)とローテンブルク・オブ・デア・タウバー、ユーバーリンゲンとコルマールの聖堂は、少なくとも言及されるべきである。スイスでは、バーゼルの聖堂(1300-45年)と、1270年頃にすでに置かれていたルツェルンの聖堂がある。1309年に建てられたアールガウ州ケーニヒスフェルデンの二重修道院のステンドグラス(1302年頃に製作された「フランチェスコの生涯」連作)は一見の価値がある。

スペインにおいても、13世紀の後半以来ゴシック様式の伝播に関わったのは托鉢修道会士であった。カタロニアでフランシスコ会士は、ビラフランカ・デ・パナデスに教会を建て、マヨルカ島のパルマに巨大なサン・フランシスコ聖堂(1280年に建設開始)を建てた。15世紀以降のものとしては、トレドのサン・フアン・デ・ロス・レイエス聖堂の名を挙げることができる。しかし、ヨーロッパ全体についても言えることだが、この時代には、新しく、時代に特徴づけられた華美さにより、ゴシック時代のきわめて美しくまた表現よりも神秘主義が表に出たフランシスコ会建築の単純さと明晰さがすでに失われてしまったように思われる。

前述のエリア以外にも、小さき兄弟の初期の世代の中には建築家がいたが、彼らは無名のままである。後の時代には、ヴェローナのヨハネス・ユクンドゥス(1515没)が有名になった。彼の作品は、パリ、ナポリ、ヴェローナ、ヴェネツィアそしてローマにある。教皇ユリウス2世は、サン・ピエトロ大聖堂のラファエロの間の建築指揮のために彼を招いた。1517年の会の分裂後は、改革派の中で、とりわけオブセルヴァンテス派のガリポリのベルナルディーノ(1560以後没)が、トリーアのカプチン会士ボニファティウス(1680没)とエルデのアンブロシウス(1705没)と共に挙げられる。アンブロシウスは管区の建築家として修道院を建て(カイザースヴェルト、ヴェルネ、パーダーボルン、クレーヴェ)、そしてヴェストファーレンの領主司教の指示で城

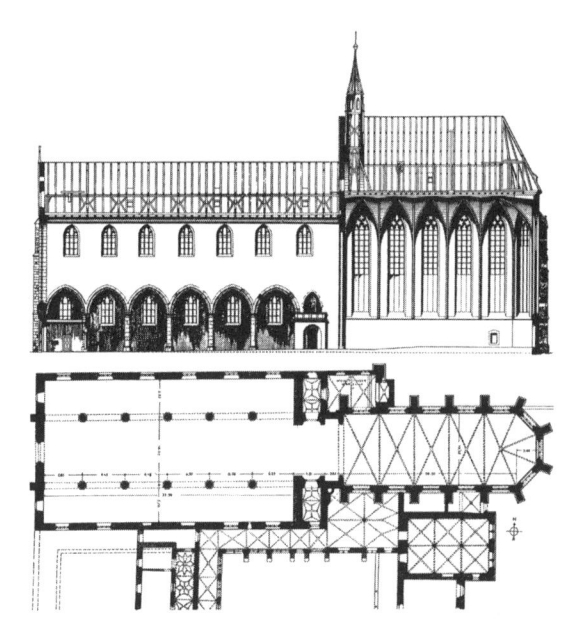

8-14 レーゲンスブルクのフランシスコ会聖堂（立面図と平面図）

(アーハウス) も建てた。この修道士の兄弟は特にヴェストファーレンの初期バロックの担い手であった。小さき兄弟が修道院でない建物を建てたことは、とりわけカプチン会士たちの場合、例外的なことであった。彼らの規約に応じて、すべての管区は土木建築において熟練した4人以上の兄弟 (fabriciarii, 技術者) を持っていた。彼らは皆で1つの設計図を仕上げ、それに従って修道院建築を行なっていった。非常に詳しい設計図の一つは、17世紀の後半のプフレンドルフの兄弟プロブス・ハイネにより製図された『カプチン会の建築』(*Architectura Capucinorum*) である。1767年に『パルマ管区のカプチン修道院の平面図と完成図』(*Piante e prospetti dei Conventi Cappuccini Emiliani*) という集成が、モデナ出身の優れた教会建築家ピエトロ・マリーア・マッサーリ師により作られた。ミラノあるいはヴェネツィアの基本形から出発して、アルプスの北側のカプチン会の聖堂と修道院に、とりわけ3つの建築スタイルが生まれた。すなわち、ライン的、ネーデルランド的、そしてスイス・オース

トリア・南ドイツ的タイプである。他の托鉢修道会の聖堂との違いとして、聖堂本体と共唱席が完全に仕切られている点が、これらの中で共通している点である。兄弟たちが、時課の祈りを行ない、黙想する共唱席は祭壇の後陣の背後に置かれた。祭壇の左右で幅の狭い戸が小聖堂を祈禱席と結びつけている。教会と共唱席のこの分離により生じたカプチン会独自の特徴としては、祭壇での祭儀を見られるようにするために、主祭壇の飾り台にはめ込まれた円錐形の小窓である（例えば、ザルツブルク、コブレンツそしてヴェルネのカプチン会の修道院付属教会）。

宣教地において多くの修道士そして司祭の兄弟が、教会、学校そして病院の設計者および建築者として頭角を現わした。彼らの職務は、彼らが土地の状況に合わせれば合わせるほど、それだけ価値のあるものとなった。華美な建築は歓迎されなかったが、それでもそうした方面で腕を揮った人物として、ボゴタの大聖堂を建てたフランシスコ会士、ペトレスのドミンゴ（1811年没）の名を挙げておかねばならないだろう。

聖キアラの会則も建築への指示を含んではいなかった。最初の修道院であるサン・ダミアーノは、現在も13世紀の外観と雰囲気を保っている。ボヘミアのオットカール1世の娘であるアグネスによりプラハに建てられたクララ会修道院では、平面図が今なお保存されている。彼女は、1234年にプラハで入会した。1250年より後で、彼女はクララ会の修道院の横にフランシスコ会の修道院を建てた。その建物は、最初のフランシスカンの二重修道院であり、その建築様式は、領主支配の拠点に建てられた他の二重修道院に影響を及ぼした。すなわち、トロッパウ、ツナイム、オルミュッツそしてエガーである。アグネスの修道院はボヘミアにおけるゴシック形式の発展にとって決定的な建築物とみなされた。アグネスのような王族のクララ会修道女には、クラコフのサロメアとクニグンジィ、アラゴンのコンスタンシア、ナポリのサンチャ、そしてフランスのイサベルがいた。イサベルは、パリ近郊のロンシャンに修道院を建てた。1259年に、教皇アレクサンデル4世により認可された会則にもとづき、ロンシャンは持続的な収入を持ち、少なからぬ文化的影響を展開した。同様にナポリの王立サンタ・キアラ修道院の場合も似ていた。現在、その食堂が国家の迎賓館になっているという事実がそれを示している。立派な装飾を個々のクララ会修道院は持っていた。しかし、ナ

ポリで、豊かなクララ会修道院と並んで貧しいクララ会修道院（サンタ・クローチェ）が発展したことは典型的である。その貧しい修道院は、ウルバヌスの会則ではなく、キアラの会則に従っていた。たいていのクララ会修道院は、これと同じような大きさと内装であり、それらが改革あるいは世俗化により巻き込まれた場所ではしばしば保存する価値がないようにみなされた。同じような運命は、多くのみすぼらしいオブセルヴァンテス派とカプチン会の修道院を襲った。

6. 絵画

　フランシスコ会の聖人と福者の図像学は、語り出したらきりがないだろう。最も頻繁に描かれたのは、聖フランチェスコの画像である。彼の最古の画像がスビアコのサン・ジョルジョ・デル・サクロ・スペコのもの［図8-2］であるかどうかについては、議論の余地がないわけではない。しかし、それは彼の列聖（1228年）以前に書かれ、聖人を光背なしで、頭巾をかぶせて描いており、現実の姿に近い。とりわけ彼はその後、マリアについで最もよく描かれる聖人となっただけに、ありのままの特徴を捉えて再現しようとする努力は、肖像の発展を追う上でもきわめて貴重である。その後すぐに図像学的伝統が発展したが、これはとりわけ、それまで知られていなかった聖痕を受ける場面の目新しさが関心を集めたことによるものだった。わき腹の傷のあたりの、しばしば裂け目のある会服は、聖書、十字架とともに13世紀の後半以降小さき貧しき者に繰り返し用いられるアトリビュートとなった。アッシジの下の聖堂にある有名なチマブーエとジョットのフレスコ画は、絵画単体としても連作としても、特にイタリアにおいて模範的なものとなった。加えて、フィレンツェのサンタ・クローチェ聖堂のバルディ家礼拝堂にあるジョットの連作（1317-20年）がある。主要な源泉は、もちろんボナヴェントゥラによりまとめられた伝記であった。

　フランチェスコの図像は、彩色された伝記写本を通して、後には木版画と銅版画を通して広められた。例えば、アルブレヒト・デューラーは有名な聖痕拝受の版画を制作し、彼の弟子であるヴォルフ・トラウトは、『聖なる師

父フランチェスコの伝記』(*Die Legend des heyligen vatters Francisci*, ニュルンベルク、1512年)の挿画として、木版画の連作を完成させた。アドリアン・コラートは銅版画でヘンリクス・セドゥリウスの『熾天使物語』(*Historia Seraphica*, アントウェルペン、1613年)の挿画を制作し、『聖クララのイコン』(*Icones S. Clarae*, アントウェルペン、1618年)にも同じ技法による挿画を添えた。有名な『小さき花』、『太陽の歌』そして小さき貧者の生涯についての子供向けの本にも、しばしばフランチェスコの絵が描かれ、今なお描かれ続けている。作者自身がその小説に挿画を描いているフェリックス・ティマーマンの『聖フランチェスコの竪琴』(*De harp van Sint Franciscus*, アムステルダム、1932年)は、何度も版を重ねている。

　対抗宗教改革の時代になると、フランチェスコは、すでに聖痕を受けたあとの姿で、またキリストの受難の黙想に沈潜した祈りの人として描かれていた。しばしば、暗い穴の中で十字架を目の前にして脇に髑髏を置いた姿で描かれている。バロック時代の芸術家は、彼の禁欲を強調し、やせこけた容貌、苦しみに満ちた内省的傾向を描いている。例えば、グエルチーノ、エル・グレコ、スルバラン、リベラ、レンブラント、そしてルーベンスもそうである。ルーベンスはフランチェスコの絵を47点描いており、アントウェルペン、ヘントそしてケルンのレコレクト派の修道院聖堂にも彼の絵が残っている。多くの模倣者を生んだという点では、ルーベンスの右に出る者はいなかった。ムリーリョは、セビリャのカプチン会のために働き、そこで生活をした。修道院図書館が彼のアトリエであった。

　聖キアラの死の時、すでに111の修道院があったことを思い出すべきである。1371年にはすでに452あり、彼女の影響が、ヨーロッパ文化全体に及んだのを感じ取ることができる。1540年にはメキシコに最初の修道院が、1552年にはサント・ドミンゴに、1558年にはリマに、1620年にはマニラに修道院ができた。新世界にクララ会士たちは、創設者の絵画を持ち込んだ。それは時代の流れの中で、そして地域によりさまざまな影響を受けた。まず、アッシジのサンタ・キアラ聖堂にある、彼女の生涯からの八つの情景を描いた1283年の板絵は、我々によく知られている[図8-3]。イコン的な描写によって、赤い十字架を手に持ち、ベールと茶色のマントを付けて灰色の会服を着たキアラを描いている。別の絵では、彼女は修道院長として手に牧杖を持

8-15 ジョット「聖痕印刻」 ルーヴル美術館蔵、13世紀初

8-16 スルバラン「聖フランチェスコの法悦」
1658年、ミュンヘン、アルテ・ピナコテーク蔵

っている。ニュルンベルクのクララ会修道院の聖遺物箱（1350年頃）では、キアラは殉教者のアグネスと向かい合っており、右手に燃えるランプを持っている。それは、ランプとともに油を持っていた5人の賢いおとめのそれである（マタ25:1-13参照）。その後フランドルと下ラインでは、同地で支配的であった聖体崇敬の影響で、またイタリアではシエナのベルナルディーノの図像からの影響もあって、キアラは、手に聖体顕示台を持って描かれている。これについてのもっとも早い例は、ボホルトのザンクト・ゲオルグ聖堂にある「フランチェスコとキアラ」の二連祭壇画（1320/50）である。これは2人の聖人が描かれている絵としては、アルプス以北で最古のものである。「キアラ」というテーマをとった画家には、シモーネ・マルティーニ、ジョット、

アントニオ・ヴィヴァリーニ、ミヒャエル・ヴォルゲムート、ヒエロニムス・ヴィエリクス、P. P. ルーベンス、ムリーリョ、それ以外にも多くの無名の素描家、銅版画家あるいは木版画家がいる。そして彼らの名のあとには、自らの修道院でキアラの絵を描いた、名も知れぬ兄弟姉妹たちがいる。いくつかの作品が修道院の解散の際に、美術館や教会に収められた。例えば、ケルン大聖堂にある有名なキアラの祭壇（1360年頃）、あるいは乞食の袋を持ったフランチェスコとキアラを描いた出所の分からない珍しい木版画（ユトレヒト大学図書館、1504年）がある。修道女たちの豊かな想像力については、ロンドンの大英博物館にあるフライブルクのクララ会士ボンドルフのシビラの心温まる、明るい彩りの細密画が証明している。それは1460年と1478年の間に翻訳された聖ボナヴェントゥラの『小伝記』を小さな細密画で飾ったものであった。彼女にはいわゆる「テンネンバッハ4写本」の33の細密画も帰されている（カールスルーエ州立文書館）。青い背景と緑の草地のある鉛丹紅で縁取られた細密画（12×8センチ）が、キアラの伝記に添えられている。その伝記は、クララ会士マグダレーナ・シュタイメリンにより1490年頃にアレマン語に訳されたものであった。

フランチェスコは、会外の画家にたくさんの影響を及ぼしたが、会内部においては偉大な芸術家を輩出することは少なかった。実際、すべての管区は画家を持っていたが、名前が残っているのはわずかである。ジャコモ・トリッティ（1295没）は教皇ニコラウス4世の命によりラテラノ聖堂とサンタ・マリーア・マッジョーレ聖堂をモザイクで飾った。我々はその後陣にフランチェスコとアントニオが描かれているのを見る。ローマのカプチン会の歴史研究所のフランシスカン美術館は、たくさんの日常生活や修道院生活の記録、そしてまた3つのフランシスコ会をあわせて130人以上にのぼる聖人と250人以上にのぼる福者の描写にあふれ、その汲み尽くしがたい豊かさを印象づけている。そこは2万点以上ものカタログ化された展示品、すなわち、昔の修道院時代からの絵画、刺繍、印刷物、銅版画、貨幣、メダル、印章、陶磁器および日用品がある。フランチェスコ、キアラあるいはその他のフランシスコ会の人々を描いた切手のかなりの数は、1882年にマルセイユでルイ・アントン・フォレテ（1835-1912）師によりはじめられたコレクションに収められている。特殊なものとしてはエルサレムのフランシスカン博物館がある。

8-17　シモーネ・マルティーニ「聖キアラとチューリンゲンの聖エリーザベト」アッシジ、サン・フランチェスコ聖堂（下の聖堂）壁画、1317年頃

そこは13世紀以来中断せずに滞在し続けている聖地のフランシスコ会士のことを展示している。文化的に非常に価値のあるものは、アッシジのサン・フランチェスコ聖堂に隣接する、サクロ・コンヴェントの文書館・博物館に所蔵されている。マエストロ・ディ・サン・フランチェスコ、ジュンタ・ピサーノそしてチマブーエの作品を含むものはポルティウンクラにもある。ほとんどすべての管区は中央文書館と博物館を運営している。そこには解散した修道院からの大小の芸術品が、宣教師や海外での彼らの働きの記念物と並んで保存されている。ヴェルル（ヴェストファーレン）には、「民族の広場」という名の大きな宣教博物館がある。

7. 音楽

　シュパイアーのユリアヌスの韻を踏んだ聖務日課は、グレゴリオ聖歌の厳格さに固く結びつけられていた。しかし、韻を踏んだ流れはしなやかで快い。多声聖歌への移行期にあたってユリアヌスは転換点となり、他のフランシスコ会士もそれに関係している。すなわち教皇グレゴリウス9世は、1240年頃会の総長ファーヴァーシャムのハイモに、ミサ典書と聖務日課書のしかるべき加除を依頼した。この新しい聖務日課書は、教皇によりすべての修道会に対して使用が義務づけられた。教皇ニコラウス3世は、1280年にハイモのルブリカ（赤字による注）を以後ローマ典礼の祝日に当てはめることを命じた。こうしてフランシスコ会の典礼は西欧全域において、それまでの多様性を統一するのに貢献した。会の大きな修道院では、音楽学校や聖歌学校が併設された。また旋律の記譜法の変更に関してもフランシスコ会士は関係した。彼らは、ロンバルディア的なネウマ記譜法[14]に対して、新しいフランス的な角型記譜法を採用した。

　バルトロマエウス・アングリクス（1250頃没）やロジャー・ベーコン（1214頃-1292頃）のような有名なフランシスコ会士は、影響力のある音楽理論書を編纂しあるいは重要作品を残した。『黄金のリンゴ』（*Pomo d'oro*, パリスとヘレナの物語）を作曲して一世を風靡したイタリア・オペラの代表者のひとりに、皇帝の宮廷で活躍したマルコ・アントニオ・チェスティ（1669没）がいる。「19世紀におけるフランシスコ会の音楽理論と作曲の実践に関するもっとも重要な代表的な人物」（W.ホフマン）は、ザルツブルクのフランシスコ会の教会のオルガニストであった、チロル出身のペトルス・ジンガー師（1810-1882）であった。彼はリードのある鍵盤楽器を作り、それを「パンシンフォニコン」と呼んだ。150のミサ曲、600のオフェルトリウム、12の連禱、マリア賛歌そしてピアノ小品を作曲している。『音世界における形而上学的省察。並びにそれにより促された音の学問についての体系』（1847年）という

---

(14) ベネヴェント式記譜法のこと。

著作のなかで、彼は音と和声についての思弁的考察を試み、そこから新しい和声法を導き出している。

　修道院内の音楽文化を今に伝えてくれるのは、無数に残されたアンティフォナーレ（交唱聖歌集）と聖歌集であり、それらは会のすべての管区で使用されていた。それらは、1年間のそれぞれの祝祭日に歌うべき歌を規定したものである。例えば、1700年頃に印刷された『フランシスコ会の聖歌』（Musica choralis franciscana）という小さな本があるが、これはケルンとザクセンのフランシスコ会管区で幾世代にもわたって使い続けられた。このような修道院文化は社会にも影響を及ぼした。とりわけ、会員が小教区や学校の世話をし、そこで歌を教えている時にはそうであった。これについては第三会の共同体、学校および社会的施設において用いられた歌集の数々が証言をしてくれる。そこには一般的な歌集と並んでフランシスコ会の歌集が見いだされるのである。『熾天使的楽しみ』（Seraphisch Lustgart, 1635年）から『フランシスカン歌集』（1975年）、『フランシスカンの神への賛美』（1976年）を経て、『乞食楽士』（Bettelmusikant, 1967年）、『ほめたたえよ』（laudato si, 1980年）、『タウの滴』（Tau-Tropfen, 1991年）、あるいは『キアラとともに歌おう』（Singen mit Klara, 1993年）のような新しい歌集まである。今日では、確かに以前よりも多くのフランシスコ会の歌集、とりわけリズミカルな歌集がある。

　造形芸術の場合と同様、音楽においても後世の人々に対する聖フランチェスコの影響は大きい。フランシスカン的精神はハイドンの『天地創造』やシューベルトの歌曲に鳴り響いている。また、ピアノのヴィルトゥオーゾであったフランツ・リスト（1811-86）は、自らの保護聖人に敬意を表して曲を捧げており[15]、オリヴィエ・メシアン（1992没）は、上演時間が4時間にも及ぶ、ライフワークとも称すべき大作のオペラ『アッシジの聖フランチェスコ』を残している。このオペラは多くの鳥の声が印象的である。

　映画にもまた音楽は欠かせないが、フランチェスコとキアラを扱った映画はこれまでに、ロッセリーニ、ゼフィレッリ、リリアーナ・カヴァーニある

---

(15) リストは1857年6月23日に第三会会員となっている。ピアノ曲として、「小鳥に説教するアッシジの聖フランシスコ」、合唱曲として「兄弟なる太陽の歌」などを残している。また、同じ第三会会員の聖人チューリンゲン（ハンガリー）のエリーザベトのためにオラトリオ『聖エリーザベトの伝説』を書いている。

いはセラフィノ・ラファイアーニといった監督により製作されている[16]。

8. 神学と哲学

　13世紀は、スコラ哲学と神学の黄金時代であった。同じ時期には自然学も新しい発展を遂げた。3つの要素がこの開花を促進した。すなわち、パリ大学の成立、托鉢修道会、そして古代とイスラムの哲学的著作との西欧の出会いである。まず第一に、ここではヘールズのアレクサンデル（1185頃-1224）が挙げられる。彼は、すでにパリの神学正教授となっていた1235年に、聖フランチェスコの修道服を受けた。ヨハネス・デ・ルペラ（1245没）もわずかな期間ながら、アレクサンデルの後継者として教壇に立った。彼は魂、徳、悪徳、十戒そして信仰告白に関する大全をまとめてもいる。全体としてはアウグスティヌスに忠実であり続けたが、アヴィセンナを通して伝えられたアリストテレスの定義をも使用した。ヘールズのもう1人の弟子はオド・リガルドゥス（1205頃-75）であった。彼はヨハネスのあと、1248年まで神学正教授となり、ペトルス・ロンバルドゥスの命題集の最初の3巻の注解、そしていくつかの定期討論集（神学問題に関する討論）を書いた。1248年に、彼はルーアンの司教となり、国王ルイ9世の相談役をつとめ、また彼の十字軍遠征の時テュニスまで同行した。4人目のパリの神学の教授は後にケンブリッジの教授となったミドルトンのウィリアム（1257没）であった。彼は聖書、秘跡書そしてミサのための注解を書いた。

　ボナヴェントゥラは、この学者たちの弟子であるが、彼らすべてよりも抜きんでていた。彼のパリでの教授活動は、いわゆる托鉢修道会論争の時期に当たる。新しい托鉢修道会の敵対者たちは、フランシスコ会士たちの講義資格を認めず、福音としての貧しさの選択に異議を唱えた。彼らに対してボナヴェントゥラは、『福音的完全に関する定期討論』（*Quaestiones disputatae de*

---

(16) それぞれのタイトルと製作年を以下に紹介しておく。ロベルト・ロッセリーニ『神の道化師、フランチェスコ』（伊、1950年）、フランコ・ゼフィレッリ『ブラザー・サン　シスター・ムーン』（1972年）、リリアーナ・カヴァーニ『フランチェスコ』（1989年）、セラフィノ・ラフィニアーニ『アッシジのキアラ』（1993年）。

perfectione evangelica）で答えた。教皇アレクサンデル4世は、大学にボナヴェントゥラとトマス・アクィナスを公式に教授団に受け入れるように命じた。それは1257年10月23日のことである。しかし、この時、ボナヴェントゥラはすでに会の総長に選ばれていた。彼は、約3万人の兄弟たちのもとに生じた緊張を鎮める努力をした。兄弟たちを訪問するためにイングランド、ドイツ、イタリアへ繰り返し旅をしたが、たいていはパリに住み、広範囲にわたる著作のための時間をとった。アヴェロエスの流布した考えに抗して彼は2つの講義を持った。すなわち『十の規定について』（*Dedecem praeceptis*, 1267年）と『聖霊のたまものについて』（*De donis Spiritus Sancti*, 1268年）である。教区司祭のアベヴィーユのゲラルドゥスが、1269年に托鉢修道会士に対して新たな攻撃を始めた時、ボナヴェントゥラは彼に対して『貧者の弁明』（*Apologia pauperum*, 1270）で再び反駁した。1273年の4月か5月に、彼は多くの聴衆を集めた講義『六日間のみわざ講解』（*In Hexaemeron*）を行なった。そこで、彼は当時の神学の問題を哲学的に論じた。グレゴリウス10世により枢機卿に任じられ、ギリシア正教会との一致のためのリヨン公会議を準備するために教皇庁におもむいたが、1274年7月15日、同会議出席中に亡くなった。この「熾天使的博士」に驚かされるのは、高度な省察を非常に深い信心と結び合わせたことである。つまり、卓越した形而上学者にして、偉大な神秘家でもあったということである。ボナヴェントゥラは、特にアウグスティヌス的伝統を消化していたので、中世のきわめて意義のあるアウグスティヌス的統合を彼のうちに見いだせる。彼の神学は、キリストの絶対的な至高権を認めるに至り、それはドゥンス・スコトゥス（1266-1308）により受け継がれた。

「精妙博士」ドゥンス・スコトゥスは、パリとケルンで教え、神学の学派の祖となった。人間の堕罪が神の人間創造の決定的な動機ではないことを説明するために、彼は、神秘主義的直感を理性的演繹と結びつけた。おそらく、神は、三位一体のペルソナが互いに愛するように、人間を再び愛することができる本質であることを望んだ。その結果、この神のペルソナは人間の本質を受け取った。すなわち、キリストである。マリアはこの世界のもっとも純粋な被造物であり、イエスとの関連で原罪から守られている。このドゥンス・スコトゥスによって代表され、トマス・アクィナスの支持者により反対された「無原罪の御宿り」は1854年に教会の教義になった。

ペトルス・アウレオリ (1280頃-1322) は、スコラ学の中で斬新な方法をとった。彼によれば、哲学は概念においてのみ一般的なものであり、現実においては存在しない (概念主義)。また、ウィリアム・オッカム (1285-1349頃) も斬新な方法をとった。オックスフォードで教育を受け、スコラ学とスコトゥスに対する反対者として登場した。そして新しい哲学的体系、すなわち「新しい道」(Via moderna) を生み出したのである。これは唯名論の名で呼ばれた。彼によると、啓示と世界の経験は厳密に区別すべきである。反理性主義的教義 (唯一神論、三位一体など) は、単に信じることができるだけで、証明されえない。なぜなら、証明は一般的な観念からではなく、感覚的に経験される個物からのみ導かれるからである。オッカム主義の哲学史的意義は、近代的世界像にとって根本的なものである。すなわち、信仰と知識の厳密な分離である。現代では、言語学もまたオッカムの論理においてすでに準備されていたという見解もある。さらに政治理論においても、オッカムは14世紀の指導的理論家であった。教皇に迫害されたので、彼は教会と国家の明確な分離を支持した。

宗教改革時代、多くの小さき兄弟会士たちは、無抵抗に新しいルター派の教えを受け入れ、修道院を自発的に解散したが、一方では南ドイツの管区長カスパー・シャッツガイアー (1463-1527) のように、カトリック改革の毅然とした擁護者もいた。彼は『真のキリスト教的、福音的自由について』や『ミサの擁護のために』を書いた。フランシスコ会の神学者がどのような評価を受けたかは、トリエント公会議に参加した兄弟の数が示している。コンヴェントゥアル派から62人、オブセルヴァンテス派から57人、カプチン会から8人である。フランシスコ会の哲学者たちは、それぞれにボナヴェントゥラあるいはスコトゥスを奉じつつ両者の橋渡しを試み、それどころかトマス・アクィナスとさえ融和させようとした。独自なものとしてミラノのヴァレリアーノ・マーニ (1586-1661) がいる。彼はアリストテレス主義の敵であり、アウグスティヌスの擁護者である。しかし、彼はアウグスティヌスを全く新しく解釈した。ボローニャのベルナルド (1699-1768) とベロミュンスターのモーリッツ (1739-1810) は、これに対してアリストテレスを自分たちの哲学の中に組み入れた。20世紀には、とりわけ重要なフランシスコ会の聖書学者として、例えば、コンスタンティン・レッシュ (1869-1944) と、ミュ

ンスター大学のオイゲン・ヘンネ (1892-1970) の名が挙げられる。

9. 地理学、民族学、歴史叙述

　フランシスコ会士たちが自らの宣教活動の広がりを記録したり、実用に供したりするために残した一連の地理学的、民族学的著作は、全体によく伝えられている。ジアノのジョルダーノ (1195-1265頃) の年代記のおかげで、我々はチュートニア管区の発展に関して価値のある知識を得ることができる。1224年に小さき兄弟会士がイングランドに到着したことを述べる、エクレストンのトマスのものは、あまり読んで面白いものではない。モンゴル侵入の危機に際して教皇インノケンティウス4世は1245年にピアノ・ディ・カルピニのジョヴァンニ (1185/7-1252) をモンゴルの大ハンのもとに派遣した。彼の外交的使命は、イスラムの侵入を引き止めるために、教皇及びフランス王と、中国の皇帝との同盟をはかることであった。ジョヴァンニは、タタール人の行状を調査した。それを彼は『モンゴル人の歴史』(*Historia Mongolorum*) に価値のある地理的および民族学的記述とともに記した。彼の足跡に従って、1252年に2人の小さき兄弟会士、クレモナのバルトロメオ (1270頃没) とリュブルクのギョーム (1215/20-1270年頃) がモンゴルの地を歩いた。彼らは『旅行記』(*Itinerarium*) を残した。ちょうど同じようにタタール人の謎に満ちた世界を観察した書物に、ポルデノーネのオドリーコ (1286頃-1331) の有名な『世界奇譚』(*Liber de mirabilibus mundi*) がある。モンテコルヴィーノのジョヴァンニ (1247-1328) は1293年に北京につき、後にこの都の大司教になった。急速に成長したキリスト教徒の共同体と、自らがその礎を築いた神学校のために彼は、典礼書と聖書を中国語に訳した。彼はまた32の聖歌を書き、図像の助けを借りて聖書の内容を説明し、教会を建てた。

　近東にフランシスコ会士は1215年に入った。フランチェスコ自身は、1219年に十字軍とともにダミエッタ (エジプト) に渡り、そこでキリスト教徒の堕落と恥ずべき振る舞いを経験した。彼は武器によらない歩み寄りのために尽力し、当時としては異例のことだが、スルタンであるアル・マリク・アル・カミルとの会見を実現した。その栄枯盛衰の歴史を通じて、フランシ

スコ会士は聖地にとどまり続けた。ほとんどすべての会の管区は、「聖地委員会」を持ち、イスラエルへの巡礼を実施した。初期の何人かの兄弟たちは、現代の旅行ガイドに似た巡礼案内書を書いた。ダキアのマウリティウス（1217頃没）とモンテ・シオンのブルカルド（1285頃没）、あるいはポッジボンシのニコラスなどがそうである。ニコラスは『海外の書』（*Libro d'Oltremare*）の中でヴェネツィアからパレスティナへの往復の旅（1346-50年）の様子を書いている。

マヨルカ島のライムンドゥス・ルルス（1235頃-1315）の行為と著作は、預言的精神を宿している。彼はアルジェリアとチュニジアで活躍し、新しい宣教方法を支持し、言葉の研究を奨励した。死の前に第三会に入会したこの哲学者、神学者、言語研究者、詩人、神秘家、そして宣教師の著作は、彼の母国語のカタロニア語だけでなく、スペイン語、ラテン語そしてアラビア語（！）で書かれ、イスラム教徒との、それどころかすべての宗教との対話のために多くの手がかりとなる点を提供した。ルルスは深く、鋭い思想家であり、東洋と西洋の知識を結びつけた普遍的な天才である。彼については「コンピューター理論の隠れた起源の研究」（W. キュンツェル、1986年）を試みる者がいるほどである。

コンヴェントゥアル改革派のジョヴァンニ・ルカレッリ（1604没）は、フィリピンへの最初の宣教師の1人であり、1579年に中国に上陸し、イタリアに戻り、1592年に旅の記録を残した。ジェノヴァ人、スペイン人そしてポルトガル人が新しい大陸を発見した時に、もう1つの宣教の地平が明らかになった。あらゆる島そしてあらゆる海岸に2人あるいは3人のフランシスコ会士がとどまった。それは先住民の保護者および信仰のメッセンジャーとしてと同様に植民地支配者の霊的指導者としてであった。植民地化と宣教は、手に手を携えて進んだ。それはしばしば先住民に被害を与えた。しかし、たいていの宣教師は、無欲で彼らのために尽くし、しばしば植民地支配者に対して勇気ある行動をした。スマラガのフアン（1476頃-1548）はメキシコの最初の司教であり、「インディオの父」と呼ばれた。彼は新世界に書籍印刷の技術を導入した。サアグンのベルナルディーノ（1499-1590）は新約聖書をアステカ語に翻訳し、メキシコ文化の百科事典である『ヌエバ・エスパーニャ総史』（*Historia general de las cosas de Nueva España*）を残した。トリービオ・モト

8-18 コンゴの民衆に説教するカプチン会士たち
G.A.カヴァッツィ『コンゴ……の3つの王国の歴史』(ボローニャ、1687年)

リニーア (1565没) は、インディオたちの歴史を書き、ヘロニモ・デ・メンディエタ (1525頃-1604) は彼らの教会の歴史を書いた。またヴィセンテ・ド・サルヴァドール (1639頃没) は、『ブラジルの歴史』(Historia do Brasil) を、ディエゴ・デ・コルドバ (1654没) はペルーの歴史を書いた。

アフリカ宣教の歴史もまた、フランシスコ会士に負うところが少なくない。まずジョヴァンニ・アントン・カヴァッツィ (1621-78) の記念碑的著作『コンゴ、マタンバそしてアンゴラの3つの王国の歴史』(Historica descrizione dei tre regni Congo, Matamba e Angola) がある。また偉大な言語学者であり、倦むことを知らない宣教師、そして後に枢機卿となったグイエルモ・マッサヤ (1809-89) は、エチオピアのガラ語で最初の教理問答集を出版した。フラスカーティへ帰郷後、彼は6巻からなる『回想録』(Memorie storiche) を書いた。フランシスコ会士マルチェリーノ・ダ・チヴェッツァ (1822-1906) は1895年に、主にアフリカを扱った11巻に及ぶフランシスコ会の宣教史を書き終えた。それよりも20年前にロッコ・ダ・チェジナーレ (1830-1900) は、カプチン会士の宣教史を書き終えた。20世紀では、フランチェスコの著作の批判版を刊行した (カラッキ、1904年) レオンハルト・レメンス (1864-1929) が『フランシスコ会宣教史』(Geschichte der Franziskanermissionen, ミュンスター、

1929年）を著した。

10. 自然学

オックスフォード学派からロジャー・ベーコンが出たが、彼は哲学者、文献学者、数学者、天文学者、物理学者、そして化学者であり、ドミニコ会士のアルベルトゥス・マグヌスと並んで中世の最も有名な自然学者の1人である。彼は、多くの近代の発明品を予見していた（航空機、潜水艦、望遠鏡）。また、個人的なものや具体的なものへの愛から自然への関心を目覚めさせた。彼の数多い著作は、ギリシア語とヘブライ語に、また光学、医学、哲学、神学の問題に取り組んでいる。とりわけ彼は数学を自然学全体の基礎として認識し、経験の重要性を強調した。ロジャー・ベーコンとともにフランシスコ会士は、今日まで、代数、天文学または占星術、物理学、植物学、農学、そして、とりわけペスト患者の看護に関連して医学に携わってきた。

11. 教育制度

すでに多くの者が、フランチェスコとキアラにおける協働性と役割分担の「民主的」性格について書いている。確かに両者の著作からは「フランシスコ会の霊性における人間教育」（A. ゼンフトレ、1959年）について読み取ることができる。「フランシスコ会の霊性の社会教育的側面」（E. クラール、1974年）は、フランチェスコが兄弟たちをハンセン氏病患者や乞食のもとに送り、そして兄弟たちは、会話や振る舞いを通してすべての人を神の愛へと導くべきであるという原則を示したという事実から生まれた。すべての管区あるいは言語圏は、説教者、聴罪司祭、そして司牧者を養成するための学院を持っている。いたるところでフランシスコ会以外の兄弟や教区司祭の候補者が、フランシスコ会の神学院で学んでいる。修道会以外の者のみを対象とした学校は、中世においてはせいぜいラテン語学校あるいは聖歌隊の学校として存在しただけだった。近世に入ってようやくフランシスコ会士は、あらゆる学

科の生徒を教える仕事を引き受けるようになった。このためヴェストファーレン地方でオブセルヴァンテス派は、17世紀のカトリック改革の展開において、そしてまたラテン語学校制度において注目すべき役割を演じることになった。

諸侯の絶対主義と文化闘争のために兄弟たちの数が急速に減り、また国家が修道院財産を奪うために修道院を解散させた時、人々は全寮制の学校を設けた。とりわけ、まだ高等教育機関がない地域では、伝統的にキリスト教的な性格を持った家族から多くの者が修道士や司祭の召命を生きたり、あるいはアカデミックな経歴の準備をした。最初のこのような小神学校を、1869年に改革派のアンドレアス・ビンディ(1809-79)が創設した。1年後、トスカナ地方のカプチン会士たちが神学校を開いた。短期間にほとんどすべての管区が少なくとも1校の「熾天使的」神学校を持った。この学校は以後1世紀にわたって後継者育成の問題を解決し、さらには貧しい社会層によりよい教育を提供する、という点でも貢献してきた。いくつかのフランシスコ会、あるいはカプチン会のギムナジウムは、今でも続いている(フォセナック、グロースクロッツェンブルク、オスナブリュック、ボホルト、アペンツェル)。

12. 社会活動

フランチェスコは、『遺言』の中でハンセン氏病患者との出会いがそれまでのすべての価値を転倒させたことを告白している。それに従って、「卑しくて見捨てられている人々の間や、貧しくて体の不自由な人々、病人、ハンセン氏病者、道端で物乞いする人々の間で生活する時、喜ぶべきである」(『裁可されていない会則』9.2) とある。この社会的なマージナル化、すなわち貧しい人々の間での生活は、最初からフランシスカン運動に属していた。第一会と第二会がたいていは自身は安全なところに身を置いて貧しい人々と向き合い、社会奉仕に従事する手段を持っていたのに対し、第三会の会員は、病人、孤児、逃亡者そして囚人との徹底した接触のうちに生きた。チューリンゲンのエリーザベトは救済活動を組織した。かつての辺境伯夫人は、彼女のもとにやって来る貧しい人々や寡婦の世話をし、食事を与え、慰めた。彼

女は、愛のわざ（慈善事業）の保護聖人である。多少とも組織された第三会の共同体は、フランシスコ会士の霊的指導のもとで貧しい人の世話をするために成立した。1300年頃、多くのベギン会会員がニコラウス4世の第三会会則（1289年）を受け入れた時、修道院的共同体は増加した。それらは、その構造上世俗の中にいる第三会と異なっていた。まず女性たちの、後に男性たちの修道院も律修第三会となった。彼らは、慈善活動を行ない病院を経営した。16世紀に、「灰色の姉妹たち」(Grauen Schwestern) がこの伝統を多くのヨーロッパ都市に広めた。マリーア・ロレンツァ・ロンゴ（1460/75-1542）は、ナポリに不治の病の人のために病院を創設し、次にクララ会の修道院を造った。そこに彼女自身が後に入り、カプチン会士から霊感を得た会憲を導入した。これは今日まで2,330人の会員を数えるカプチン・クララ会の始まりであった。1618年にアタナ・モレ（1586-1631）がパリで信徒からなるグループとともに「マグダレーナ会」という共同体を、売春婦たちを人間的な生活へと戻すために組織した。ルイ13世のもとで、第三会会員ジャケット・ラシャリエ（1635没）は、貧しい少女のための学校をつくった。

19世紀の後半に、それまでなかったような新しい会創設の波が起こった。

8-19 貧者に衣服を与え、病人の世話をするチューリンゲンの聖エリーザベト
14世紀末、ケルン、ヴァルラフ・リヒャルツ博物館蔵

こんにちのドイツ語圏で活動している、74の律修第三会の兄弟姉妹の共同体のほとんどは、この時代の社会的必要性から生まれたものである。例えば、アーヘンの福者フランツィスカ・シェルフィア (1819-76) により創設された聖フランチェスコの貧しい姉妹会がその一例である。彼女は、母親が工場で働いている間、子供たちの世話をした。また自宅に老人と病人を引き取り、その世話のためにボランティアを募集した。1862年にハウゼンに創設された聖十字架のフランシスコ兄弟会の何千もの姉妹たちと、また人数はそれほど多くはないにせよ、同会の兄弟たちが行なった社会奉仕については、どのような歴史書にも記されていない。

これに反して、第一会の幾人かの兄弟の名前は残っている。なぜなら、彼らが社会事業を作り上げたからである。自然経済から貨幣経済への変化と利子は切っても切れない関係にある。都市コムーネの質屋のモデルに従ってフランシスコ会士は「慈悲の山」(Montes pietatis)[17]、つまり一種の民間銀行の理念をつくる。そこで、人々は担保と引き換えに利子なしの金銭を借りることができた。テルニのバルナボ (1477没) は、1462年にペルージアに最初の「慈悲の山」をフランシスコ会士であるミケーレ・カルカーノの指導のもとに創設した。フェルトレのベルナルディーノは、30ほどの組織を付け加えた。別の人々は、その理念を継続した。17世紀には、イタリアの都市で、少なくともそうした類の銀行をもっていない都市はなかった。

フランシスコ会士により創設された数多くの兄弟団は、その規則の中で、しばしばすでにその名称で社会的・愛の行為を示している。「死者の援助のための兄弟団」や「囚人の救済のための兄弟団」は、パレルモのアルカンジェルス (1577没) にその創設を負っている。貧しい人々の保護をする「慈悲の兄弟団」(1569年) と「愛の兄弟団」(1586年) はサロのマッティアに帰され

---

(17) 中世のキリスト教会は神学上の理由から懲利禁止をとなえた。しかし、現実には商人層などの間で高額の利子がかけられたりしていた。このような中で無利子あるいは低利で融資を行う「モンテ」(Monte) の理念が出てきた。この「モンテ」には「資金の山」の意があり、国家の債務なども「モンテ」と呼ばれた。このため、貧しい者を救うという目的で集められた資金が「慈悲の山」(Monte di Pietà=Montes Pietatis) と呼ばれ、公益質屋を意味するようになった。このような形の融資は1361年にロンドンで、司教マイケル・ノースバーグ Michael Nothburg により組織された。さらに、フランシスコ会のオブセルヴァンテス派の説教師たちはこのような「モンス」の理念を積極的に推し進め、1462年に最初の「慈悲の資金」がペルージアに組織された。

8-20 フェラーラのヴィチーノ「フェルトレの聖ベルナルディーノ」(部分) 1494-1507年頃、フェラーラ国立絵画館蔵

る。フランシスコ会士の指導のもとで、捨て子の養護施設、救貧院、孤児のための救護所(例えば1538年アンコナに設置)あるいは少女感化院(1570年頃ブリクセンに設置)、カプア、ノラ、フィレンツェの小学校や作業訓練所、そしてポッシリッポの年老いた漁師たちのための宿泊所ができた。18世紀に、バイエルンで3度管区長になったジギスムント・ノイデッカー(1664-1736)は、「貧しい人の愛の絆」の普及に力を尽くした。

ペストへの一般的な反応が恐怖であった時、感染者の中で最後まで頑張り抜く多くのフランシスコ会士がいた。ディートリヒ・ケルデは1488年にブリュッセルで、兄弟たちに感染しないように、しかし病人に集合場所を提供するために市のたつ場所にテントを張った。ある修道院の修道士全員がペストに倒れ、そのために閉鎖に追い込まれることもあった。最初猜疑心をもって見られていたカプチン会士たちは、カメリーノのペスト患者のための働きにより認められるようになった。後に彼らは再三再四、疫病が発生した場所

に赴いた。長期療養を要する貧しい老人患者のための施設の経営も、彼らに委託された。A.マンゾーニは、有名な小説『いいなづけ』(*I promessi Sposi*, ミラノ、1826年) で1630年、ミラノでのペスト流行の際のカプチン会士の働きを称えた。

受刑者を援助することは、聖フランチェスコの息子たちのさらなる役割である。いかに多くの者がこの奉仕を行ない、またそれを真摯に受け止めていたかは、1614年と1616年に死刑囚に対する霊的配慮に関するサロのマッティアのハンドブックが出版された事実からもうかがえる。

スイスには、フランシスカン家族が生んだ有名な教育者、グレゴール・ジラール (1765-1850) がいる。同時代に、テオドシウス・フローレンティーニ (1808-65) が学校、愛のわざそして労働問題にかかわった。信仰教育の自由を掲げる学校の自由主義の傾向に対して彼は、『小学校あるいは国民学校の女性教師のための手引き』(*Anleitung für Lehrerinnen der Primar- oder Volksschule*) を書いた。マリア・テレジア・シェーラー (1825-88) とベルナルダ・ハイムガルトナー (1822-63) とともに彼は、「教師である姉妹の会」(Lehrschwesternkongregation, メンツィンゲン、1844年)、同じように病院 (インゲンボラー姉妹会 Ingenbohler Schwestern, 1852年)、孤児院そして貧しい人のための学校をつくった。労働問題解決のために、彼は社会改革プログラムを構想した。それは、1863年のフランクフルト・カトリック大会での演説により、スイスを越えて影響を与えている。彼は「キリスト教的工場」を、スイス、フォアアールベルク、ボヘミアに作った。この世紀、フランシスコ会士たちは、愛の組織、とりわけ孤児を助けるための組織を創設した。例えば、「熾天使的愛のわざ」(コブレンツ、1889年) がそうであり、これはドイツの慈善事業連合の前身である。

聖フランチェスコの平和のための活動も小さき兄弟たちにより継続された。それは、中世と近世初期では戦いの許可と異教徒への宣教を含んでいた。教会博士であるブリンディシのロレンツォ (1559-1619) は、トルコと戦う領主を十字架をもってシュトゥールヴァイセンブルクの戦いへと導いただけではなく、ボヘミアとバイエルン (1606年)、バイエルンとスペイン (1609年)、サヴォアとマントヴァ (1617年) との間、またナポリとフェリペ3世 (1618年) との間を調停した。教皇と世俗領主に、小さき兄弟たちはその誠実さ、利己

心のなさ、そして信念のゆえに、外交官としてよく仕えた。このため、ジャチント・ダ・カザーレ (1576-1627) は、ウィーン、パリ、スペインで、そしてレーゲンスブルクの帝国議会で調停役を果たした。彼はヨーロッパの諸権力の絶対主義的要求、ごまかし、恣意的決定と戦い、仲間のジョゼフ・ドゥ・トランブレー (1577-1638) に対しても立ち向かった。トランブレーはフランス王国の栄誉を高く掲げ、臆することなく外交的策謀を駆使したからである。ヴァレリアーノ・マーニは、プロテスタント陣営で説教をし、ヘッセンの領主とリヒテンシュタイン侯のカトリック信仰への復帰を成し遂げた。イノチェンツォ・ダ・カルタジローネ (1589-1655) も平和の創設者である。フランシスコ会の総長としてスペインとフランスの王に仕え、またミュンスターでウエストファリア条約の締結に立ち会った。17世紀にも同様に、マルコ・ダヴィアーノ (1631-99) が活躍した。彼はウィーンの解放者であり、「ハプスブルク家の守護天使」であった。先見の明を持った彼は、カラ・ムスタファの軍隊による西欧への威嚇の危険性を認識していた。熟練した外交官として彼は貴族をひとつにまとめ、説教者として戦いにおもむく8,000の兵を感動させ、十字架をもって兵士たちを戦いへと先導した。この有名なカプチン会士は、ヨーロッパ史において大きな意義を持っている。現代人で彼と比較しうる者がいるとすれば、それはマンフレート・ヘルハンマー (1905-85) であろう。彼は、第二次世界大戦後ドイツ・フランスの和解のために働き、キリストの平和運動を共同で始めた。

文献

概説

800 Jahre Franz von Assisi. Franziskanische Kunst und Kultur des Mittelalters (Kataloge des NÖ Landesmuseums NF 122). Wien 1982

I. BALDELLI (Hg.), Francesco, il Francescanesimo e la cultura della nuova Europa, Rom 1986

M. BARTOLI, Klara von Assisi. Werl 1993

C. CARGNONI (Hg.). I Frati Cappuccini. Documenti e testimonianze del primo secolo, 5 Bde., Perugia 1988-93

V. CRISCUOLO (Hg.), I Cappucini. Fonti documentarie e narrative del primo secolo (1525-1619), Rom 1994

H. FELD, Franziskus von Assisi und seine Bewegung, Darmstadt 1994

Franziskanische Quellenschriften, 10 Bde., Werl 1951-1992

Francesco d'Assisi nell'ottavo centenario della nascita, Mailand 1982

Franziskanische Forschungen, 40 Bde., Werl 1950-1995

P. GEIGER (Hg.), Feuer und Funke. Franz von Assisi und seine Gemeinschaften, München 1976

I Francescani In Europa tra Riforma e Controriforma (Atti del XIII Convegno), Assisi 1987

L. IRIARTE, Der Franziskusorden, Altötting 1984

T. LOMBARDI, Storia del Francescanesimo, Padua 1980

R. MANSELLI, Franziskus — der solidarische Bruder, Zürich 1984, Freiburg/Br. 1989

J. MOORMAN, A History of the Franciscan Order, Oxford 1968

G. ODOARDI, I Frati Minori Conventuali. Storia e vita 1209-1976, Rom 1978

I. OMAECHEVARRÍA, Las Clarisas a través de los siglos, Madrid 1972

M. A. RÖTTGER/M. P. GROSS, Klarissen. Geschichte und Gegenwart einer Ordensgemeinschaft, Werl 1994

A. ROTZETTER/W. C. VAN DIJK/T. MATURA, Franz von Assisi: ein Anfang und was davon bleibt, Zürich 1981

H. SCHNEIDER, Franziskaner im deutschen Sprachgebiet, Werl 1985

A. VAUCHEZ, Mouvements Franciscains et societé Française XII-XX siècles, Paris 1984

S. ZAVARELLA, I Francescani nel nuovo mondo. Storia della missionarietà francescana in America Latina, Cerbera (PG) 1991

霊性

E. CAROLI (Hg.), Dizionario Francescano, Spiritualità, Padua ²1995

J.-B . FREYER (Hg.), Mystik in den franziskanischen Orden, Kevelaer 1993

S. GIEBEN, Per la storia dell'abito francescano, in: Collectanea Franciscana 66 (1996) 431-478 (mit Abbildungen)

L. HARDICK/E. GRAU (Hg.), Die Schriften des hl. Franziskus von Assisi, Werl ⁸1984

T. Matura, François d'Assise: Le message de ses écrits, Paris 1996

S. Nicolosi, Medioevo franciscano, Rom ²1984

A. Pompei, Francesco d'Assisi. Intenzionalità teologico-pastorale delle Fonti Francescane, Rom 1994

A. Rotzetter, Franz von Assisi. Erinnerung und Leidenschaft, Freiburg/Br. 1989

K. Ruh, Franziskanisches Schrifttum im deutschen Mittelalter, 2 Bde., München 1965/85

Ders., Geschichte der abendländischen Mystik. Bd. 2: Frauenmystik und Franziskanische Mystik der Frühzeit, München 1993

文学、神学、哲学

J. P. Beckmann, Ockham-Bibliographie 1900-1990, Hamburg 1992

P. Boehner, The history of the Franciscan School, 4 Bde., Detroit 1943-46

J. V. Fleming, An Introduction to the Franciscan Literature of the Middle Ages, Chicago 1977

O. Leffler, Wilheln von Ockham. Die sprachphilosophischen Grundlagen seines Denkens. Werl 1995

J. A. Merino, Historia de la Filosofía Franciscana, Madrid 1993

K. Reblin, Freund und Feind. Flanziskus von Assisi im Spiegel der protestantischen Theologiegeschichte, Göttingen 1988

J. Schlageter/P. J. Olivi, Die Frage nach der höchsten Almut, Werl 1989

建築、絵画

G. Binding, Die mittelalterliche Ordenskunst der Franziskaner im deutschen Sprachraum, in: Franziskanische Studien 67 (1985) 287-316

D. Blume, Wandmalerei als Ordenspropaganda. Bildprogramme im Chorbereich franziskanischer Konvente Italiens bis zur Mitte des 14. Jahrhunderts, Worms 1983

S. Chiarello (Hg.), Filatelia e francescanesimo, Vicenza 1987

Francesco d'Assisi: Storia e Arte, Chiese e Conventi, Mailand 1982

K. S. Frank, Gebaute Armut. Zur südwestdeutsch-schweizerischen Kapuzinerarchitektur des 17. Jahrhunderts, in: Franziskanische Studien 58 (1976) 55-77

P. Gerlach u. a. (Hg.), Il Museo Francescano. Catalogo, Rom 1973

W. Hümmerich, Anfänge des kapuzinischen Klosterbautes, Untersuchungen zur Kapuzinerarchitektur in den rheinischen Ordensprovinzen, Mainz 1987

I Iibri miniati del XIII e del XV secolo (La Bibl. del Sacro Convento, 2), Assisi 1990

B. Kleinschmidt, Sankt Franziskus von Assisi in Kunst und Legende, Mönchengladbach 1926

K. Krüger, Der frühe Bildkult des Franziskus in Italien, Berlin 1992

L. Lehmann, Franziskanische Architektur, in: Franziskanische Srudien 73 (1991) 270-283

Lo spazio dell'umiltà: Atti del convegno di studi sull'edilizia dell'Ordine dei Frati Minori, Fara Sabina 1984

P. Magro, La basilica sepolcrale di san Francesco in Assisi, Assisi 1991

M. B. Mistretta, Francesco Architetto di Dio. L'edificazione dell'Ordine dei minori e i suoi primi insediamenti, Rom 1983

M. A. Pavone, Iconologia francescana, Il Quattrocento, Todi 1988

G. Ruf, Der Einfluß der franziskanischen Bewegung auf die italienische Kunst des Mittelalters und der Frührenaissance, in: Franziskanische Studien 67 (1985) 259-286

Ders., Die Fresken der Unterkirche von Assisi, Freiburg/Br. 1981

W. H. Savelsberg, Die Darstellung des hl. Franziskus in der flämischen Malerei und Graphik des späten 16. und des 17. Jahrhunderts, Rom 1992

W. Schenkluhn, San Francesco in Assisi — Ecclesia specialis, Darmstadt 1991

H. Thode, Franz von Assisi und die Anfänge der Kunst der Renaissance in Italien, Berlin 1904 u.ö.

J. Wiener, Die Bauskulptur von San Francesco in Assisi, Werl 1991

L. Zanzi, Sacri Monti e dintorni. Studi sulla cultura religiosa ed artistica della Controriforma, Mailand 1990

音楽

G. Ciliberti, The Role of the Basilica of St. Francis in the Creation of Polyphonic Music, in: Franciscan Studies 28 (1990) 83-120

S. Cleven, Musik und Musiker im Franziskanerorden, in: Franziskanische Studien 19 (1932) 173-194

S. Durante/P. Petrobelli (Hg.), Storia della musica al Santo di Padova, Vicenza 1990

R. van Hoorickx, Franziskanische Themen in Franz Schuberts Musik, in: Franziskanische Studien 60 (1978) 43-54

H. Hüschen, Franziskaner, in: Die Musik in Geschichte und Gegenwart 4, Kassel 1989, 823-841

自然科学

J. Cygan, Valerianus Magni, Rom 1989

M. Huber, Bibliographie zu Roger Bacon, in: Franciscan Srudies 65 (1983) 98-102

B. Hughes, Franciscans and Mathematics, in: Archivum Franciscanum Historicum 76 (1983) 98-128, 77 (1984) 3-66

Ders., Friars, hourglasses, sundials and clocks, in: Collectanea Franciscana 53 (1983) 265-277

A. Little (Hg.), Roger Bacon and His Search for a Univcrsal Science, Oxford 1914

A. Thewes, Oculus Enoch ... Entdeckungsgeschichte des Fernrohrs, Oldenburg 1983

教育と社会活動

M. d'Alatri (Hg.). Il movimento francescano della penitenza nella società medioevale, Rom 1980

G. Andreozzi, Il Terzo Ordine Regolare di s. Francesco nella sua storia e nelle sue leggi, Rom 1993

V. Meneghin, I Monti di Pietà in Italia dal 1462 al 1562, Vicenza 1986

P. Rivi, Francesco d'Assisi e il laicato del suo tempo. Le origini dell'Ordine Franccscano Secolare, Padua 1989

H. Roggen, Geschichte der franziskanischen Laienbewegung, Werl 1971

O. Schmucki (Hg.), L'Ordine della Penitenza di san Francesco d'Assisi nel secolo XIII, Rom 1973

R. Zavalloni, Pedagogia francescana, Assisi 1995

雑誌

Antonianum, Rom 1926ff.

Archivum Franciscanum Historicum, Quaracchi 1908-70, Grottafarata 1971ff.

Collectanea Franciscana (mit Bibhographia Franciscana), Assisi 1931-1940, Rom 1941ff.

Estudios Franciscanos, Barcelona 1907ff.

Études fianciscaines, Paris 1899-1977

Franciscan Srudies, New York 1924ff.

Franziskanische Studien, Münster 1914-1935, Werl 1936-1993

Laurentianum, Rom 1960off.

Miscellanea Francescana. Foligno 1886-1913, Assisi 1914-30, Rom 1931ff.

Sutdi francescani, Arezzo 1914ff.

Wissenschaft und Weisheit, Düsseldorf 1934-933, Werl 1994ff.

邦語文献

【フランチェスコとキアラに関する原典史料集】

「フランシスカン原典資料」 http://www.ofmconv.or.jp/genten/index.html

　　　コンベンツアル聖フランシスコ修道会によるもの。もとになったのは、イタリア語版の *Fonti Francescane* (Padova, 1985) である。このもとになったイタリア語版は翻訳の仕方や資料の選択などに関して批判もあり、また解説の一部も現代の水準から考えると物足りない。特に、フランチェスコの伝記史料の解説に関しては不満がある。そのため、原本の改訂版が2004年に出されている。最新の研究状況は後者を見られるのがよい。しかし、そのような欠点があるにも関わらず、いわゆる原典史料が容易に日本語で読めるようになったことは評価できる。

　　　なお、フランチェスコの伝記研究に関しては、次のものを参照して欲しい。

三邊マリ子「本当のフランシスコを求めて——『完全の鏡』とフランシスカン問題」(『アシジの聖フランシスコ　完全の鏡』石井健吾訳／三邊マリ子解説、あかし書房、2005年、212-275頁所収)

【フランチェスコの著作】

『アシジの聖フランシスコ　小品集』庄司篤訳、聖母の騎士社、1988年

【いわゆるフランチェスコの古伝記類】

『チェラーノのトマス　聖フランシスコの第一伝記』石井健吾訳、あかし書房、1989年

『チェラーノのトマス 聖フランシスコの第二伝記』小平正寿／F. ゲング訳、あかし書房、1992年

『ボナヴェントゥラによるアシジの聖フランシスコ 大伝記』宮沢邦子訳、聖フランシスコ会監修、あかし書房、1981年

『フランシスコとともにいたわたしたちは——レオネ、ルフィーノ、アンジェロ兄弟たちの報告記』佐藤翔子／渡辺義行訳、小さき兄弟会監修、あかし書房、1985年

『アシジの聖フランシスコ 完全の鏡』石井健吾訳／三邊マリ子解説、あかし書房、2005年

『アッシジの聖フランシスコの小さき花』石井健吾訳、聖母の騎士社、1994年

『アッシジの聖フランシスコの小さき花 続』石井健吾訳、聖母の騎士社、1994年

【キアラの著作と古伝記に関して】

『アシジの聖クララ 伝記と文献』エンゲルベルト・グラウ編、宮沢みどり訳、八王子聖クララ修道院、1987年

【現代のフランチェスコの伝記に関して】

これはかなりな数が出ている。重要なもの、及び最近のものとして次の3つをここでは挙げる。

下村寅太郎『アッシシの聖フランシス』南窓社、1965年

オ・エングルベール『アシジの聖フランシスコ』平井篤子訳、創文社、1978年

川下勝『アッシジのフランチェスコ』清水書院、2004年

C. フルゴーニ『アッシジのフランチェスコ——ひとりの人間の生涯』三森のぞみ訳、白水社、2004年

【中世のフランシスコ会の歴史に関して】

川下勝『フランシスカニズムの流れ——小さき兄弟会の歴史 1200～1517』、聖母の騎士社、1988年

K. エッサー『フランシスコ会の始まり——歴史が語る小さき兄弟会の初期理念』伊能哲大訳、新世社、1993年

【フランチェスコとキアラの霊性に関して】

ラザロ・イリアルテ OFMCap.『聖フランシスコと聖クララの理想』大野幹夫 OFMConv. 訳、聖母の騎士社、1999年

『フランシスカン霊性研究会講演集』坂口昂吉他編、聖母の騎士社、2006年

【いわゆるフランシスカン学派について】

上智大学中世思想研究所／坂口昂吉編訳・監修『フランシスコ会学派』(中世思想原典集成12)、平凡社、2001年

坂口昂吉他編・監修『フランシスコ会学派』上・下、聖母の騎士社、2007年

坂口昂吉『中世の人間観と歴史——フランシスコ・ヨアキム・ボナヴェントゥラ』創文社、1999年

【説教文学に関して】

　パドヴァの聖アントニオの説教に関しては、明治学院大学准教授の手塚奈々子氏が『明治学院論叢』60号（明治学院大学、1999年）に説教集の「序文」を、同61号（1999年）にアントニオの復活祭説教である「主の過ぎ越しに」を訳出掲載している。以降典礼暦に沿って順次訳出が続けられ、2007年現在、「聖霊降臨最後第12主日」まで、21本の説教が掲載されている。

『パドヴァの聖アントニオ——伝記と説教』伊能哲大訳、光明社、1995年

【美術に関して】
『アッシージのサン・フランチェスコ聖堂——建立初期の芸術』、摩寿意善郎監修、辻茂／茂木計一郎／長塚安司著、岩波書店、1978年
佐々木英也『聖痕印刻——ジョットの後期壁画を巡って』中央公論美術出版、1995年

【音楽に関して】
伊能哲大「初期フランシスコ会とラウダ」（聖グレゴリオの家　研究論集I『研究報告　フランシスカンの音楽と神学』、2003年、1-12頁所収）
杉本ゆり「コルトナ・ラウダ概論」（聖グレゴリオの家　研究論集I『研究報告　フランシスカンの音楽と神学』、2003年、13-43頁所収）
杉本ゆり「アシジの聖フランシスコ祝日の聖務日課について」（聖グレゴリオの家『研究論集II』2006年、1-23ページ）

【中世における社会活動について】
大黒俊二『嘘と貪欲——西欧中世の商業・商人観』名古屋大学出版会、2006年

【追補】
金田俊郎「アッシジのフランチェスコにおける手本としての被造物——著作に見られる自然観の一側面」（『キリスト教史学』第63集、2009年）
——「被造物から悟るべきこと——アッシジのフランチェスコ『兄弟なる太陽の讃歌』における自然観の一側面」（『キリスト教史学』第64集、2010年）
坂口昂吉・前川登・福田誠二『フランシスコ会学派における自然と恩恵』教友社、2010年
J. ル＝ゴフ『アッシジの聖フランチェスコ』池上俊一・梶原洋一訳、岩波書店、2010年
木村晶子「クララにおける受肉の思想」（『藤女子大学キリスト教文化研究所紀要』第14号、2014年）
伊能哲大「イタリアの中世フランシスコ会史研究の現状」（『フランシスカン研究　1』聖母の騎士社、2001年）

伊能哲大「アッシジのフランシスコの『会則』と小さき兄弟会の『会則』をめぐって——その連続と断絶」(『日本カトリック神学会誌』第22号、2011年)
——「アッシジのキアラの忘却——教皇庁と小さき兄弟会の意図」(『日本カトリック神学会誌』第23号、2012年)
——「アッシジのフランシスコのいわゆる『全兄弟会への手紙』をめぐって」(『日本カトリック神学会誌』第23号、2013年)

第9章

ドミニコ会

ORDO FRATRUM PRAEDICATORUM

マイノルフ・ロールム

山本耕平
[訳]

1. 歴史的展開

聖ドミニクスは、説教者兄弟修道会 (Ordo fratrum praedicatorum, 略号 OP) の創設者である。この修道会は、15世紀以来多くの場合ドミニコ修道会と呼ばれている。ドミニクスは、1170年を過ぎてほどなく、カスティリア(現スペイン)の高原地方のカレルエガに生まれた。彼は、パレンシアで自由学芸と4年間の神学を学び、1196年頃、故郷の教区オスマ司教座聖堂参事会の一員となった。司教座聖堂参事会員としての平穏な生活からドミニクスが引き離されたのは、1203年と1205年に国王アルフォンソ8世の代理で、王子フェルナンドのために婚約を整え、花嫁をカスティリアに連れ帰るため、司教ディエゴと共に北欧を目指して旅立ったときのことであった。この旅でドミニクスは、ヨーロッパに2つの脅威のあることを知った。すなわちドミニクスは、南フランスでカタリ派の異端と、また北ドイツではボヘミア王オットカール1世の在位中に侵入していた異教徒のクマーネ人と出会った。ドミニクスとディエゴは、ローマに行き、教皇インノケンティウス3世 (在位1198-1216) に、これら異教徒に宣教する許しを願い出た。しかし教皇は、それを却下した。

スペインへの帰途、この2人のカスティリア人は1206年、モンペリエで3人のシトー会修道士に会った。彼らは教皇特使としてカタリ派とヴァルド派の人々を回心させようと試みていたが、いかなる成果もあげなかったので、その任務の返上を望んでいた。カタリ派とヴァルド派の説教者たちは、大変つつましく徒歩で行き、乞食同然の生活をしていたが、特使たちは、馬に乗り立派なお供を連れ、権力者のように振る舞った。ディエゴとドミニクスは、新しい宣教の方法を始めたが、やがて特使たちも彼らの仲間になった。イエスと弟子たちのように彼らは、金も銀も持たず徒歩で一団となって出かけ、生活の糧を物乞いによって得ていた。彼らは、「言葉と模範」によって福音を告げ、カタリ派やヴァルド派と論争していた。司教ディエゴは、1207年に亡くなった。シトー会修道士たちは、彼らの修道院に帰っていった。しかしドミニクスは、ひとり留まった。彼は、カルカソンヌに近いプルイエに

9-1 異端者たちの前で説教する聖ドミニクス
アンドレア・ダ・フィレンツェ「教会の伝道と勝利」(部分)
1366-68年、フィレンツェ、サンタ・マリーア・ノヴェッラ聖堂

1207年、カタリ派の「完全者」であったが、同派から改宗した女性たちのために修道院を創設していたが、そこを拠点に彼は、トゥールーズと地中海との間の地域で「説教し、悪魔を追い払い、涙を流しながら」その活動を継続していった。1215年春に彼は、トゥールーズに最初の使徒的修道会を創設した。「われわれは、兄弟ドミニクスとその同志たちをわれわれの教区の説教者として任命する。彼らは、福音的な貧しさのうちに彼らの修道会会則に従って徒歩で行き来し、福音的真理の言葉を告げている」と1215年6月または7月の、トゥールーズの司教フルコの認可証書に述べられている。こうした貧しさと勉学への生涯にわたる義務を通して、新しい修道会は、修道生活の様式に本質的な革新を導入したのである。生涯にわたる説教の任務を或る共同体に（その未来の会員たちを含めて）授けるのは、まったく新しいことであったし、教会の司牧に変化をもたらすものであった。何故なら、これまで説教の職務は、司教だけが占有していたからである。すなわち、他の司

祭たちは司教たちから、いつもただ限られた範囲で説教の代理をするだけだったからである。

1215年秋ドミニクスは、司教フルコに随行して、修道会の新たな創設の差し止めが宣言される、第4回ラテラノ公会議のためにローマに赴いた。教皇インノケンティウス3世はドミニコに、教皇の正式の認可を受けずにすむよう、現存している修道会規則の1つを兄弟たちと受け入れるがよい、との助言を与えた。彼らは、「アウグスティヌス戒律」を選択し、これによって彼らは、修道参事会のグループに組み入れられた。1217年1月21日の大勅書で教皇ホノリウス3世（在位1216-27）は、ドミニクスとその兄弟たちに「説教者」の称号を与えた。この時点で、はじめて神の言葉を告げることが、修道会の目的として正式に言明された。1217年8月15日にドミニクスは、自分のところにいた何人かの兄弟を派遣した。すなわち、7人はパリに、4人はスペインに行った。トゥールーズとプルイユには、その地出身の5人の兄弟たちがあとに残った。1218年2月11日の大勅書において修道会は、「説教者修道会」と名付けられた。その結果として修道会は、司教座聖堂参事会との結びつきから解放されて、全世界で説教することが許された新しいタイプの修道会として認知されることとなったのである。

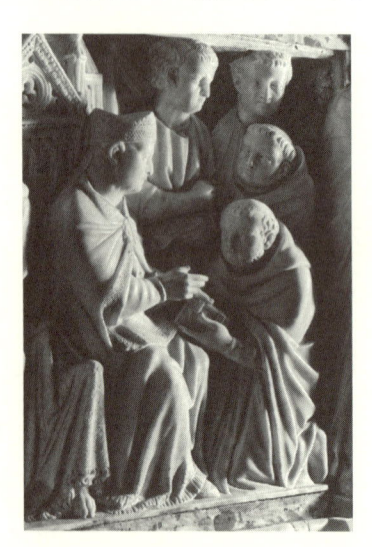

9-2　教皇ホノリウス3世と聖ドミニクス
　　　聖ドミニクスの墓碑（図17参照）の部分
　　　ニコラ・ピサーノによる浮彫、1266年
　　　ボローニャ、サン・ドメニコ聖堂

9-3 ザクセンのヨルダヌス（左）とアルベルトゥス・マグヌス
フラ・アンジェリコ画、1442年頃、フィレンツェ、サン・マルコ美術館蔵

1220年5月、ドミニクスは修道会に会憲を与えるために、ボローニャの全ての修道院の代表者たちと第1回の修道会総会を開催した。1221年5月、ボローニャで第2回総会が開かれ、そこでスペイン、フランス、イタリアに管区が設立され、兄弟たちは自らの祖国イギリス、ドイツ、スカンディナヴィア、ポーランド、ハンガリーに派遣され、修道院を創設して、異教の人々、例えばプロイセンやクマーネの人々に宣教したのである。しかし、ドミニクス自身は、もはや何もすることはできなかった。彼は、1221年8月6日ボローニャで亡くなり、1234年7月3日聖人に列せられた。

彼の後継者ザクセンのヨルダヌス（総長在職1222-37）は、大学諸都市で多くの学生や教授たちを修道会に熱狂させた。彼自身、千人以上の志願者に修道服を着衣させ、そのうちの1人にアルベルトゥス・マグヌス（1200頃-80）がいた。250以上の修道院が創設され、より多くの宣教地域を引き受けることができた。1つの修道院には、1人の修院長と1人の神学教師、それに12人の修道士がいなければならなかった。ヨルダヌスの指導のもとで修道会は、ドイツ語圏でも急速に広まっていった。1220年頃、フリーザッハ（ケルンテン）に最初の定住の基礎が置かれていた。1221年秋に、ドミニクスが派遣した兄弟たちがケルンにやって来た。1224年からほとんど全ての重要な諸都市で、続々と修道院が設立され、その世紀の終わりには、チュートン管区は96の修道院を数えるようになった。1303年に北ドイツと中部ドイツの修道

9-4 聖ビセンテ・フェレルの説教
ジョヴァンニ・ベッリーニ「聖ビセンテ・フェレル多翼祭壇画」(部分)
1464-68年頃、ヴェネツィア、サンティ・ジョヴァンニ・エ・パオロ聖堂

院が同管区から分離されることによって、サクソニア管区が設立された。この時点で修道会は18の管区を持っていた。1337年には、修道会に約12,000人の兄弟たちが数えられた。

1347年から48年にかけての疫病(ペスト)をはじめとする様々な理由によって、修道院の規律は崩壊に到っていた。シエナのカタリナ(1347-80)に励まされて、彼女の聴罪司祭カプアのライムンド(1330頃-99)は、1380年教皇支持派の修道会総長として選ばれた後、修道会の改革に着手した。各々の管区でも、会則を厳格に守る改革修道院が設立された。こうした改革修道院の設立によって、修道会は〔フランシスコ会のように〕コンヴェントゥアル派とオブセルヴァンテス派に分裂することを免れたのである。

中世の終わり頃には修道会は、23の管区と東方の宣教のために「キリストのための巡礼者共同体」(Societas Peregrinantium propter Christum)を持っていた。チュートン管区は56の修道院、サクソニア管区は57の修道院を数えた。この時期の修道会には、広い層の人々を熱狂させる著名な説教者たちがいた。聖ビセンテ・フェレル(ウィンケンティウス・フェレリウス、1350-1419)は、改悛説教者としてスペイン、フランス、イタリアを巡っていった。世界の破滅を告げることによって、彼は、多くの人々を回心させた。彼にときどき付き

随った一群の鞭打苦行者や彼自身の厳格主義は、ピサの教会会議(1409年)とコンスタンツの公会議(1414-18年)において批判を受けるきっかけにもなった。

ジロラモ・サヴォナローラ(1452-98)は、舌鋒鋭い改悛説教者としてフィレンツェにおいて活動した。メディチ家支配が崩壊した後の1494年、彼は都市国家フィレンツェの政治にかかわり、神権的＝民主的憲法を制定し道徳生活の改革を成し遂げた。教皇アレクサンデル6世(在位1492-1503)の広範囲に影響の及ぶ教会刑罰(秘跡授受停止)の脅迫のもとで、フィレンツェは、サヴォナローラを異端者、分派主義者、聖座侮辱者として木に掛けて火刑に処した。

よく知られた説教者としては、その他に、オルレアンのレジナルド(1180頃-1220)、ザクセンのヨルダヌス(1185頃-1237)、ヴィチェンツァのヨハネス(1200頃-60)、ブルボンのステファヌス(1190/95-1261)、ベルガモのヴェントゥリノ(1304-46)、ヨハネス・ドミニチ(1357頃-1419)、そしてヨハネス・ニーダー(1380頃-1438)などがいた。

説教者は、領主たちや諸都市の使節、平和調停者としても活動した。「ハレルヤ運動」や「説教者兄弟の信心」と呼ばれた平和運動は、1233年諸都市において、また北イタリアの諸都市間に平和を作り出し、立法の改革を実現し、高利貸を抑制することができた。平和を作り出した重要な人々は、ヴィチェンツァのヨハネス、アルベルトゥス・マグヌス、アンブロシウス・サンセドニ(1220-86)であった。

多くの説教者兄弟は、歴史の経過とともに、3,000人以上が司教に任命された。13世紀において修道会は、多くの会員が司教に任命されるのを危険なこととみなした。というのも、兄弟たちは、修道会固有の仕事から引き離され、また修道会は、貧しさの生活をもはや真剣に送っていない、という非難にさらされていることに気づいたからである。そこで、修道会総長フンベルトゥス・デ・ロマーニス(1200頃-77)は、アルベルトゥス・マグヌスに、彼が1260年教皇によってレーゲンスブルクの司教に任命されたとき、次のような書簡をしたためている。「あなたが人生の終わりに、自らの名声とあなたがこんなに高い声望にもたらした修道会とにそのような汚点を残すことを望んだと、誰が信ずることができるでしょうか。……この知らせを受けて、

われわれが貧しさを愛しておらず、貧しさから逃れられない間に限って、ただそれを我慢しているだけだ、といったうわさを信じて、あなたとすべての托鉢修道士たちに対して憤慨しないような信徒がそもそもいるでしょうか。……私は、自分の親愛なる息子が司教の座に君臨している、ということよりも、むしろ彼が死の棺に横たわっている、ということを聞きたいものです」。

75人のドミニコ会士が枢機卿の位を受け、4人の修道会員が教皇に選ばれた。すなわち、インノケンティウス5世（在位1276）、ベネディクトゥス9世（在位1303-04）、ピウス5世（在位1566-72）、ベネディクトゥス13世（在位1724-30）である。

同じように、初期の修道会総長たちは、説教者兄弟たちが異端追及のために異端審問官に任命されることに対して抵抗した。というのは、それは、聖ドミニクスの精神に合致しなかったからである。それにもかかわらず、修道会は、教皇グレゴリウス9世（在位1227-41）が正統信仰の擁護のために1231年異端審問を設置したのちには、異端審問の主要な責任を担わなければならなかった。異端審問官たちは、異端の嫌疑のある者たちを尋問し、彼らに異端を抛棄するよう促し、正統信仰であるかどうかを判断し、刑罰を科し、有罪とされたものたちを処罰のためにこの世の権力に引き渡すという任務を持っていた。教皇インノケンティウス4世が1252年、力ずくで自白を引き出すために拷問台の使用を許したことは、悲惨な結果を引き起こした。刑罰として十字架の描かれた贖罪のシャツを着ること、財産の没収、禁固刑、火刑による死刑が適用された。最も頻繁には、禁固刑が科せられた。トゥールーズでは、1245年から1257年の間に306の異端審問の判決が下された。そのうち239は禁固刑で、21が死刑の判決であった。トゥールーズの異端審問官ベルナール・ギ（1260-1331）は、1308年から1322年の間に636人に有罪判決を下している。その47％は禁固刑、21.6％は贖罪のシャツ、6.3％は火刑による死刑に処せられている。

最初のドミニコ会士たちは、1233年教皇グレゴリウス9世によって、ラングドックのカタリ派に反駁するために、モンペリエとトゥールーズの異端審問官に任命された。教皇インノケンティウス4世（在位1243-54）は、1246年からフランシスコ会士たちも異端審問官に任命した。ドミニコ会士たちはシチリアと南イタリア、ロンバルディア、ピエモンテ、ジェノヴァ、ラング

9-5　異端審問官として描かれた聖ドミニクス
ペドロ・ベルゲーテ「異端審問」、1495年頃、プラド美術館蔵

ドック、アラゴンでの異端審問官であった。フランシスコ会士たちは、ラティウム、ウンブリア、トスカナ、サルディニアとコルシカ、マルケ、ヴェネツィア、トレヴィーゾ、プロヴァンス、ドフィネ、ボスニアでの異端審問官であった。その他の地域ではドミニコ会士とフランシスコ会士は、例えば北フランスにおいてのように、一緒に働くこともあった。ドイツでは、1364年にはじめて教皇ウルバヌス5世（在位1362-70）によって4人のドミニコ会士が異端審問官として派遣された。

　ドミニコ修道会は、異端審問を自らの使命の1つとは考えていなかった。

修道会の全ての使命と任務とを叙述しているフンベルトゥス・デ・ロマーニスは、異端審問に触れていない。確かに、この任務をよろこんで引き受けたドミニコ会士たちがいた。彼らは、特別の生活を行なった。彼らは、修道会の裁判権から免れ、教皇の直属の監督下にあった。彼らは、収入を自由に使ったが、修道会において異論がないわけではなかった。自らの固有の任務を正当化するために、ベルナール・ギのような異端審問官たちは、聖ドミニクスは最初の異端審問官であった、と主張した。しかしドミニクスは、異端審問が導入される10年前に亡くなっていた。異端審問は、修道会をひどく苦しめ、修道会に犠牲者さえ出すほどだった。例えば、1252年に殺害され、その1年後に早くも列聖された、殉教者の審問官ヴェローナのペトルス、或いは1415年のコンスタンツ公会議におけるヤン・フスの火刑への反動として殺害された約300人のボヘミアのドミニコ会士たちの犠牲がそれである。

異端審問は、魔女たちにもかかわった。中世と近世初期には、神学者たちも魔女を信じた。ドミニコ会士ハインリヒ・クレーマー (1430-1505) は、1479年上部ドイツ地方の異端審問官に任命された。彼が自らの魔女裁判で抵抗にぶつかったとき、彼は、教皇インノケンティウス8世 (在位1484-92) から1484年の悪名高い『魔女教書』を手に入れた。クレーマーは、1487年に魔女裁判の手引き書『魔女への鉄槌』(*Malleus maleficarum*) を著した。彼は、有名な同僚ヤーコプ・シュプレンガー (1436頃-95) ——ケルンの修道院の修院長、ケルン大学の神学教授、チュートンの後の管区長——を、彼の了解を得ることなしに、共著者として名前を挙げた。そのことによって、その著作が、より多くの人に受けいれられることを期待したのである。『魔女への鉄槌』は、無数の無実の人々を迫害する精神的な道具を提供した。それは、カトリック圏においてばかりではなく、プロテスタント世界においても受けいれられ、また教会の法廷によってと同様に世俗の法廷によっても利用されたのである。

宗教改革によって修道会は、プロテスタント圏の修道院を失ったが、他方カトリック諸国では反宗教改革によってその勢力を力強く増大させた。加えて、多くの修道院がラテンアメリカ、東インド、フィリピンに新たに創設された。1700年頃、説教者兄弟たちは約30,000人と概算された。イタリアでは、494の修道院に7,000人ほどがいた。啓蒙主義と国家教会主義の介入に

9-6 沈黙を促すヴェローナの殉教者ペトルス
フラ・アンジェリコ画、1440年頃、フィレンツェ、サン・マルコ美術館蔵

よって1750年以後、修道会は、会員の三分の一を失なった。フランス革命と世俗主義は、フランス、ドイツ、一部イタリアにおいて修道会を完全に壊滅させた。

初期近世においても修道会は、M. シタード (1522-66)、ルイス・デ・グラナダ (1504-88)、T. リッチ (1579-1643)、フランシスコ・デ・ポサダス (1644-1713)、G. ロッコ (1700-82) のような才能ある、有名な説教者を抱えていた。インディオの人権をめぐる闘いにおいて、特にアントニオ・デ・モンテシノス (1486-1545) とバルトロメ・デ・ラス・カサス (1484-1566) が傑出していた。ラス・カサスのインディオの権利への傾注は、1452年の『新法』(*Leyes Nuevas*) を導くに到った。その法律は、インディオの奴隷制を禁止し、スペイン人とインディオを平等に位置づけたものである。

ドミニコ会士たちは、コンスタンツとフェラーラ／フィレンツェの公会議ですでに重要な役割を占めていたが、トリエント公会議への修道会の寄与はそれよりはるかに大きなものであった。公会議の3つの時期 (1545-47年、1551-52年、1562-63年) に、約200人の説教者兄弟たちが、司教、公会議に出席する教父たちの代表者、神学者としてかかわった。彼らのうちで特に言

9-7 テオドール・シャセリオー
「ラコルデール神父の肖像」
1840年、ルーヴル美術館蔵

及すべきは、ドミンゴ・デ・ソト（1495-1560）とペドロ・デ・ソト（1495頃-1563）——ディリンゲン大学の創設に関与——の兄弟、アンブロシウス・カタリーヌス（1484-1553）、メルチオール・カノ（1509-60）、アンブロシウス・ペラルグス（ストルク、1509-61）、バルトロメ・デ・カランサ（1503頃-76）、そしてバルトロメウス・ア・マルティリブス（1514-90）である。

ウィーン会議（1814/15年）のあと、修道会の新たな始まりが、まず最初にイタリアでおこり、他方スペイン、ポルトガル、ラテン・アメリカでは依然として廃されたままだったが、ついでフランスでも、1839年に修道会に入った有名な説教者H.D.ラコルデールとともに手厚い保護を受けた。彼の最初の仲間の1人、V.A.ヤンデルは、1850年から1872年まで修道会を導き、没落していた管区の再設置と北アメリカでの新たな管区の創設に尽力した。ドイツでは、1856年新たな創設が始まり、1875年から1887年までの文化闘争によって中断されたが、最終的には、1895年のチュートン管区の再設置につながった。

H.D.ラコルデール（1802-1861）とならんで、説教者として有名になったのは、T.バーク（1830-83）、E.マウリ（1828-96）、H.ディドン（1840-1900）、J.L.モンサブレ（1827-1907）、B.クロッツ（1862-1914）、ハイドパークの説教

者V. マックナブ (1868-1943) である。ドミニック・ピール (1910-69) は、1958年にノーベル平和賞を受けた。

20世紀に新しい管区と副管区が、アフリカ、アジア、オーストラリアに生れた。1939年、南ドイツ＝オーストリア管区が設置された[1]。共産主義支配の崩壊の後、東ヨーロッパの廃せられていた管区が、新たに生れ、1965年に修道会は、約10,000人の会員を数えた。今日[2] 43の管区と3つの副管区に6,760人の会員がいる。これらの説教者兄弟たちは、約4,300人の観想修道女 (Moniales) たち、ほぼ36,500人の活動修道女たち、およそ600人の在俗会員、そしてドミニコ会的共同体 (一般信徒会と聖職者会) の71,000人以上の会員たちと共に、ドミニコ会の修道家族を形成している[3]。

2. 会則、制度、服装

修道会の規則は、「アウグスティヌス戒律」とならんで、ドミニクスが、彼の兄弟たちと共同で作り上げ、ザクセンのヨルダヌスによって補足された修道会の会憲 (『原初会憲』) が基準となる。ペニャフォルテのライムンドは1238年から40年の間に、会憲を新たに整理した。この会憲は第2ヴァチカン公会議 (1962-65年) 後の1968年、新たに改訂された。

3年ごとに招集される修道会総会は、最高の立法権と行政権を有していた。その中間の期間には、修道会総長が修道会を指導した。総長は、総会によって9年間の任期で選ばれた。総長の選挙は、教皇のいかなる認可も必要としなかった。管区は、国家或いは地域を単位とする独立した連合体であり、少なくとも3つの修道院 (Konvent) から成り立っている。より小さい単位は、

---

(1) 日本へは1602年に宣教団が上陸した後、1612年の禁教令に伴う迫害、殉難により一旦関係が途絶えていたが、20世紀に入ると、1904年にロザリオ管区 (本部マニラ)、1911年にはカナダ管区が相次いで来日、それぞれ現在まで活発に活動を続けている。
(2) 本書の原著は1997年に刊行されており、その直前での統計と思われる。
(3) 活動修道女会、在俗会、ドミニコ会的共同体 (聖職者会と一般信徒会) はいわゆる第三会に属し、第一会の説教者兄弟会、第二会の観想修道女会と併せて「ドミニコ会的修道家族」(Familia Dominicana) を構成する。「ドミニコ会」の呼称は、狭義では第一会のみを、広義ではこの修道家族全体を指すことになる。

準管区或いは副管区と呼ばれた。管区を指導するのは、修道院長たちと修道院のそれぞれ1名の代表者からなる管区会議によって4年間の任期で選ばれ、総長によって承認された管区長である。修院長たちは、3年間の任期でそれぞれの修道院によって選ばれ、管区長によって承認された。修道院には、少なくとも6人の会員がいなければならない。より小さな施設は小修道院（Haus）と呼ばれ、管区長によって任命された長上によって導かれた。その制度は民主的で、長上の選挙とならんであらゆる重要な決定には様々な会議での多数決が必要とされる。

1年間の修練期のあと、3年間の単式誓願がなされ、その後生涯にわたる荘厳（盛式）誓願が続く。たいていのドミニコ会修道士は、修道会の目的に従って、協働修士たち（Fratres Cooperatores）に支えられている司祭である。

普通修練期の最初に手渡される修道会の服装は、皮帯のついた白いトゥニカ（長衣）、白いスカプラリオ（肩衣）と白い頭巾から成っていた。その他に、黒い頭巾のついた、前の開いている黒いマントが着用された。在俗の兄弟たちは、1965年まで黒いスカプラリオと黒い頭巾を持っていた。

3. 霊性

修道会の霊性は、「われわれの主イエス・キリストのみ名を全世界に告げ知らせる」（1221年1月18日付、ホノリウス3世の大勅書）という目的によって規定される。それは、神中心的で知性的に整理されている。何故なら、それは人間から出ているのではなく、イエス・キリストにおいて啓示された真理である神から出ているからである。この真理は、理性の助けによって探究され、考察され、告げ知らされるべきものである。修道会に自らの神学を刻印しているトマス・アクィナスは、「観想し、観想した成果を他者に伝える」というモットーを定式化した。人間における神の働きを重視する恩寵の強調が、その神学的考察から帰結してくる。「基本会憲」[4]は、ドミニコ会の修道生活を次のように規定している。「われわれは使徒的な使命を分有してい

---

(4) 1968年の改訂にあたり、新たに会憲の冒頭に置かれたもの。

9-8　ドミニコ会の学者たち
　　トマーゾ・ダ・モデナ画、1352年、旧サン・ニコロ修道院参事会堂

るのであるから、聖ドミニコが起草した使徒たちの生活様式をも形において継承するのである。われわれは、共同生活を協調的に遂行し、福音の勧告の遵守に忠実であり、祈りと典礼を共同で祝い、特にミサ聖祭と聖務に熱心であり、忍耐強く研究し修道院の生活形態を堅持する。……これら様々な要素は、お互いにかたく結ばれ、それらが調和して相互に実り豊かなものになるのであるから、それらの要素は、それらが綜合されるとき、修道会の固有の生活、すなわち観想の充満から説教と教説が出てくる充全な意味での使徒的生活を規定するのである」。

　修道会総長フンベルトゥス・デ・ロマーニス (1200頃-77) の「アウグスティヌス戒律」と会憲への注解は、シエナのカタリナの著作と同じく、修道会の霊性に大きな影響を及ぼした。

　ドミニコ会士の霊性は、民衆の信心にも影響を与えた。ドミニコ会士たちは、民衆にイエスの生涯への信心、特にイエスの幼年時代と受難を崇敬する信心を広めた。教皇グレゴリウス10世 (1272-76) は、1274年修道会に「至聖なるイエスのみ名への崇敬」を説教することを委託した。神秘家ハインリヒ・ゾイゼ (1295頃-1366) は、イエスのみ名の崇敬を最も熱心に告げるもの

の1人と見なされている。こうした信心運動から生じてきたイエスのみ名の兄弟会は、ドミニコ会の教会においても、他の教会においてもイエスのみ名の祭壇を持っていた。イエスの受難への崇敬は、特にハインリヒ・ゾイゼが作成した主の受難についての百の黙想を通して流布していった。福者コルドバのアルバロ（1350頃-1430）は、コルドバのスカラ・チェリ修道院に一連の小礼拝堂を設置したが、そのなかにはキリストの受難物語からの出来事がその都度描かれており、従って、のちにさらに発展し、とりわけフランシスコ会士たちによって広められた十字架の道行きの先行形態を生み出したのである。

13世紀にドミニコ会の教会に聖母崇敬の兄弟会がいくつか生まれた。彼らの義務である祈りは、「マリアの詩編」、すなわち150回の「アヴェ・マリア」で、それは祈りの数珠によって数えられた。ブルターニュ人のドミニコ会士、ルーペのアラヌス（1428頃-75）は、北フランスとネーデルラントに

9-9 スルバラン「ハインリヒ・ゾイゼ」
1640年頃、セビーリャ美術館蔵
イエスのモノグラムを自らの身体に刻んでいる

9-10 カラヴァッジョ「ロザリオの聖母」
1606-7年頃、ウィーン美術史美術館蔵

「マリアの詩編の祈り」、すなわち、イエスの幼年時代、受難、昇天についてその都度考察する150回の「アヴェ・マリア」を広めた。彼は、マリアが聖ドミニクスに「マリアの詩編の祈り」を異端者たちを反駁するために啓示した、と主張した最初の人である。多くの教会にロザリオの祭壇或いはロザリオの窓が見いだされ、それには神の母が聖ドミニクスにロザリオを手渡しているように描かれている。しかしながら、ロザリオは、われわれの知ってい

る通り、ドミニクスにまで直接に遡るのではなく、ゆっくりと発展したものである。トリーアのカルトゥジア修道会士エッセンのアドルフ（1439没）とプロイセンのドミニクス（1460没）は、50回の「アヴェ・マリア」とイエスとマリアの生涯についての多くの考察をともなうロザリオを生み出した。それはのちに150回の「アヴェ・マリア」と様々な考察へと拡大されていったものである。ヤーコプ・シュプレンガーは、1475年ケルンのドミニコ会の教会で最初のロザリオの兄弟会を設立したが、それに教皇と皇帝は、自らの名前を登録させた。これには大きな反響があり、1481年までに毎週全ロザリオを祈るという義務を負う約10万人もの会員が名前を登録するに到った。ロザリオは、本質的に今日の形態、すなわち、10回の「アヴェ・マリア」と15回の「栄唱」と15回の「主の祈り」を獲得した。受肉、受難、イエスの栄光の賛美の15の奥義の考察がそれに結ばれている。

　修道会は、第2ヴァチカン公会議までミサと聖歌の祈りに対する独自の典礼を持っていた。そのうち現在も保存されているのは、ごくわずかの修道会独自の祝日とその他の特別の聖書章句だけである。ドミニコ会的修道生活に特徴的なのは、絶え間ない勉学である。カリスマとして説教を持ち、観想に自らを捧げる修道会にとって、典礼の祝祭と共に勉学がその霊性の本質的な要素である。

4. 神学、哲学、文学

　修道会の神学的文献は、きわめて広範囲におよんでいるので、最も重要な著作家しか指摘することはできない。サン・シェールのフーゴー（1200以前-1263）は、聖書用語索引を編集した最初の人物である。フーゴー・リペリン（1210頃-70）は、広く流布した『神学的真理の綱要』を編集した。「普遍的博士」と「経験知の博士」と呼ばれたアルベルトゥス・マグヌスは、『聖書』への注解とその他の神学的諸著作とならんで、その当時知られていたアリストテレスの作品への注解を著し、それによってヨーロッパの精神生活の発展に決定的な衝撃を与えた。偽ディオニシウス文書と聖書への注解ならびに体系的な神学的諸論文によって彼は、ドイツ神秘主義ならびにニコラウス・ク

9-11 アルベルトゥス・マグヌス
トマーゾ・ダ・モデナ画、1352年、旧サン・ニコロ修道院参事会堂

ザーヌス (1401-74) に強い影響を与えた。ケルンのアルベルトゥス・マグヌス研究所が1951年以来編纂している彼の著作の批判版全集は、四つ折り判の判型で40巻を数えることになろう。それは1頁49行換算で約20,000頁になる。

「公同博士」或いは「天使的博士」と呼ばれる彼の弟子トマス・アクィナスは、アリストテレス哲学とキリスト教神学との綜合を生み出した。彼は、中世の最大の哲学者にして神学者と見なされている。浩瀚な著作に残されている通りの、彼の教説と信仰の真理の叙述の彼の方法こそ、厳密な意味でトミズムと特徴づけられる。しかし、より広義により慣例的には、トミズムのもとに、13世紀以来トマスの教説を擁護し解説することを使命にしてきたトマス学派の教説の伝統が理解されている。この学派は、部分的にはトマスの教説を修正もしている。トマスの主著は、スコラ学的方法による（未完の）神学の全体的叙述であるところの『神学大全』(*Summa theologica,* 1266-73年に執筆) である。『対異教徒大全』(*Summa contra gentiles,* 1259-64年) は、非キリスト教徒のためのキリスト教信仰の教本である。その他の一連の著作は、神学、

9-12 「聖トマス・アクィナスの勝利」
14世紀の祭壇画、ピサ、サンタ・カタリナ聖堂

魂論、政治哲学、自然哲学における様々な問題を扱っている。トマスは、聖体の祝日のための賛歌をも創作している。

アクィナスの教説は、彼の死の直後にすでに、ロバート・キルウォードビー（1215頃-79）のような同僚たちによっても攻撃された。トマスの弟子たちは、彼を擁護した。修道会はトマスをかばい、1309年には彼を修道会の正式の博士と規定した。講義では神学教授たちは彼の教説に依拠しなければならなかった。1323年の彼の列聖式とともに彼の教説は全教会に広まっていった。彼の『神学大全』は直ちに神学の綱要になった。とりわけ、ヨハネス・カプレオールス（1380頃-1444）の『弁護論』（*Defensiones*）全4巻とペトルス・ニゲル（1435頃-1483頃）の『トマス主義者の盾』（*Clipeus thomisticus*）が、それに大きく寄与している。

ルターの敵対者としても行動した、トマス学派の卓越した代表者としてケルンには、ヤーコプ・ヴァン・ホーホストラーテン（1460-1527）とコンラート・ケリン（1476-1536）、イタリアにはシルヴェステル・マッツォリーニ・プリエリアス（1474-1528）、フランチェスコ・シルヴェストリ・フェラリエンシス（1474-1528）、そしてとりわけ『神学大全』の最も重要な注釈家、カイェタヌスと呼ばれたトマーゾ・デ・ヴィオがいた。彼は、模範的なトマス注釈者と見なされている。彼の権威の故に、数百年にわたって彼によって立てられたテーゼが聖トマスの教説と見なされた。もっとも、それらは、アクィナスからはっきりと由来しているわけではない。

司教のレオナルド・デ・マリニス（1509-73）、エジディオ・フォスカラーリ（1512-64）、フランチェスコ・フォレイロ（1523-81）は、有名な『ローマ・カトリック教会のカテキズム』（*Catechismus Romanus*）を著すのに中心的役割を果たした。トリエント公会議との関連で、すでにその名が挙げられた神学者と共に、ここで国際法の創始者フランシスコ・デ・ビトリア（1483/92-1546）ならびにイエズス会士との恩寵論争の指導的代表者ドミンゴ・バニェス（1528-1604）の名が挙げられねばならない。トリエント公会議（1545-63年）と1567年、聖トマスの教会博士への賞揚とによってトミズムは、カトリック教会の重要な教説になった。

教皇レオ13世（1878-1903）は、ネオトミズムを要請し、回勅『アエテルニ・パトリス』（*Aeterni Patris*, 1879年）においてトマス・アクィナスを教会の

卓越した博士と言明した。神学者たちは、彼の方法に従わなければならなかった。しかしながらトマスの教説は、歴史的根拠のない教科書的トミズムになってしまった。それは自らの時代の精神思潮に誠実に対決した偉大な教会博士の意図に、もはや適合するものではなくなってしまった。

新トマス主義の神学者として卓越しているのは、第1ヴァチカン公会議 (1869/70) の重要な教父、フィリッポ・グィーディ枢機卿 (1815-79) と、回勅『アエテルニ・パトリス』及び『レルム・ノヴァルム』(*Rerum Novarum*) の共同起草者であるトマーゾ・ジリアラ枢機卿 (1833-93) である。

M.D.シニュ (1895-1990)、Y.コンガール (1904-95) とE.スヒレベークス (1914-) は、新トマス主義と関係を絶ち、トマスそのものに戻っていった。彼らは、第2ヴァチカン公会議 (1962-65年) の神学者としてその後知られるようになった。

聖トマス・アクィナスの神学は、今日においてもなお重要性を有している。例えば、司祭職志願者は、教会法によって「聖トマスを師としてその導きのもとに教義神学を学習」(*Codex iuris canonici*, 1983, Can. 252,3) しなければならない。

中世の倫理神学において卓越していたのは、『教令集』5巻によって教会法においても同様に重要なペニャフォルテのライムンド (1175頃-1275)、『証聖者大全』(*Summa confessorum*) を著したフライブルクのヨハネス (1250頃-1314)、フィレンツェのアントニヌス (1389-1459) である。

中世の霊的著作家としては、『黄金伝説』(*Legenda aurea*) という中世で最も人気のある聖人伝を著したヤコブス・デ・ヴォラギネ (1230頃-98) や、ドメニコ・カヴァルカ (1270頃-1342) といったイタリアの著作家とならんで、とりわけドイツの神秘家マイスター・エックハルト (1260頃-1328)、ヨハネス・タウラー (1300頃-61)、ハインリヒ・ゾイゼが強調されるべきである。彼らは、その説教によってラインラント、アルザス、南ドイツ、スイスにおいて、とりわけドミニコ会女子修道院においてドイツ神秘主義の生成に本質的に寄与した。彼らのドイツ語著作は、文学的観点からも重要性を持っている。例えば、エックハルトは、近代ドイツ語の生みの親と見なされている。彼によってドイツ語は、「最高の精神性、認識衝動の無限性、最深の内面性を全く厳密に表現する資格を得る」(J.クヴィント) ことになったのである。

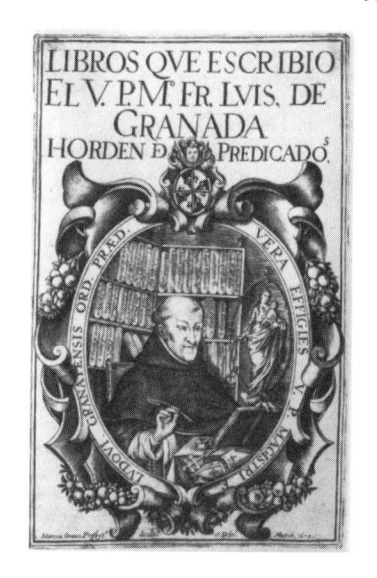

9-13 ルイス・デ・グラナダ
1674年にマドリードで刊行された
著作集のタイトルページ
パリ、ソールシュワール図書館蔵

ヨハネス・ニーダー（1438没）は、修道会改革について大いに読まれた霊的著作家である。16世紀のイタリアで霊性に大きな影響を及ぼしたのはB. カリオーニ・ダ・クレマ（1460頃-1534）である。

スペインの古典的著作家にも属するルイス・デ・グラナダ（1504-88）は、霊性の領域において秀でていた。浩瀚な著作によって彼は、彼の時代に対して、またそれを越えて今日まで大きな影響を及ぼした。そのことは、多数の発行部数や多くの言語への翻訳が証明している。霊性への彼の最も重要な著作『罪人のための道標』（*La guía de pecadores*, 1556/57年）[5]は、1559年に異端審問官・総長によって禁止されたが、1567年の修正の後、新たに公刊されることが許された。この著作で彼は、キリスト教徒がいかにして罪と悪徳を自らの生活から根絶し、徳を修得すべきか、という完全性への道を示している。

『祈りと黙想の書』（*Libro de la oración y meditación*, 1554年）、これも最初は、禁書となったが、文学的には傑作と見なされている。この書によってルイスは、

---

(5) 本書は日本でもキリシタン時代に（1599年）、『ぎやどぺかどる』の題名で訳出され、長崎のコレジョから刊行された。

全てのキリスト者を黙想することへと招こうとしている。そのために彼は様々な指導を与えている。この著作は、精神生活についての後に続く学派に大きな影響を与えた。

また『信仰告白入門』(*Introducción del Símbolo de la Fe,* 1583年) によってルイスは、人々に「創造という書物」を読むよう導こうとする。世界の美しさの観察と賛美によって人々は、創造者なる神を認識し崇拝するであろう、と。

J.G. アリンテーロ (1860-1928) は、神秘主義と禁欲主義の統一を持続的に擁護することによって、霊性神学の革新に本質的な寄与を果たした。彼は、1921年創設した雑誌「超自然的生」(*La Vida Sobrenatural*) と他の書物によって、ならびに自身の生きた証言によって、スペインに霊的な復興を生じさせた。

近世初期にサンテス・パニーノ (1470-1536) は、ヘブライ語研究の概説である『聖書語彙辞典』(*Thesaurus linguae sanctae*) によって聖書学の必要性を説いた。シスト・ダ・シエナ (1520-69) も、その『聖書辞典』(*Bibliotheca sancta*) によって有名であった。その時代の最も著名な聖書解釈者の1人に、T. マルベンダ (1566-1628) がいた。

M.-J. ラグランジュ (1855-1938) は、カトリック教会における近代的聖書研究の開拓者の1人と見なされる。彼は、1890年エルサレム聖書学院——そこからドイツでも流布し注釈された『エルサレム版聖書』が著された——を創設し、雑誌「聖書評論」(*Revue biblique*) を創刊した。

トマス主義学派の圏外での哲学では、ジョルダーノ・ブルーノ (1548-1600) とトマーゾ・カンパネッラ (1568-1639) が重要である。ブルーノは、指導的なルネサンス哲学者たちの1人であった。彼は汎神論的=新プラトン主義的体系を宇宙論に編入したが、しかしそれは、当時のキリスト教神学と合致せず、その故に彼は、ローマで異端審問によって有罪の判決を受け、薪の山で火刑に処せられた。カンパネッラもこの異端審問によってナポリで有罪判決を受け、24年間投獄された。その後、彼はフランスに逃れることができ、そこで枢機卿リシュリューの助言者となった。彼のユートピア的国家小説『太陽の都』(*Civitas Solis*) は有名である。その著書で彼は、神政主義的理想国家の輪郭を描いている。これら2人の思想家は、特にスピノザに影響を与えている。

重要な中世の歴史家としては、ベルナール・ギ、ヘルフォルトのハインリ

ヒ（1300頃-70）、フィレンツェのアントニヌスの名を挙げなければならない。初期近世において卓越していたのは、L. アルベルティ（1479-1552）、文献集成『ドミニコ会士著作者列伝』（*Scriptores Ordinis Praedicatorum*）の編者 J. ケティフ（1618-98）と J. エシャール（1644-1724）、A. ブレモン（1692-1755）、G. A. オルシ（1692-1761）とローマに修道会の最初の歴史学研究所を創立した T. ママチ（1713-92）である。

オーストリアの中世史家 H. S. デニフレ（1844-1905）は、神秘主義、中世の大学史、ルターの研究において画期的であった。

社会学の領域で卓越していたのは、A. M. ヴァイス（1844-1965）で彼は、オーストリアにおけるキリスト教的社会運動を擁護し、労働者保護法に影響を与えた。

E. ヴェルティ（1902-65）は、国家と社会との秩序ある関係の原則（『未来への決断。ドイツ語生活圏における新秩序のための根本原則と教示』、1946年）をヒットラーに反対するケルンの抵抗団体のために書き上げた。それは戦後ドイツで、キリスト教民主同盟（CDU）と社会民主党（SPD）との対話のための討論の基礎づけとなった。

イタリアの世俗文学の領域では、フランチェスコ・コロンナ（1433/34-1527）が言及されねばならない。彼は、『ポリフィロの夢恋争い』（*Hypnerotomachia Polyphili*）によって比喩的恋愛詩を生み出した。それは、「ルネサンスの最も有名で最も美しい書物」（O. ポラック）であった。マテオ・バンデッロ（1485-1561）は、修道会の精神にあまり合致しているとはいえない説話小説集（*Novelle*, 1454年）を著わした。それは、ボッカッチョの『デカメロン』——15世紀の最も重要な小説家たちに模範として役立っていた——のように急速に人気を博するようになった。J. B. ラバト（1663-1738）は、アメリカ、西アフリカ、スペイン、イタリアについての浩瀚な旅行記によって知られるようになった。

5. 建築と造形芸術

ドミニコ会士たちは、聖堂や修道院の建築に独自の特徴をしるした。修道

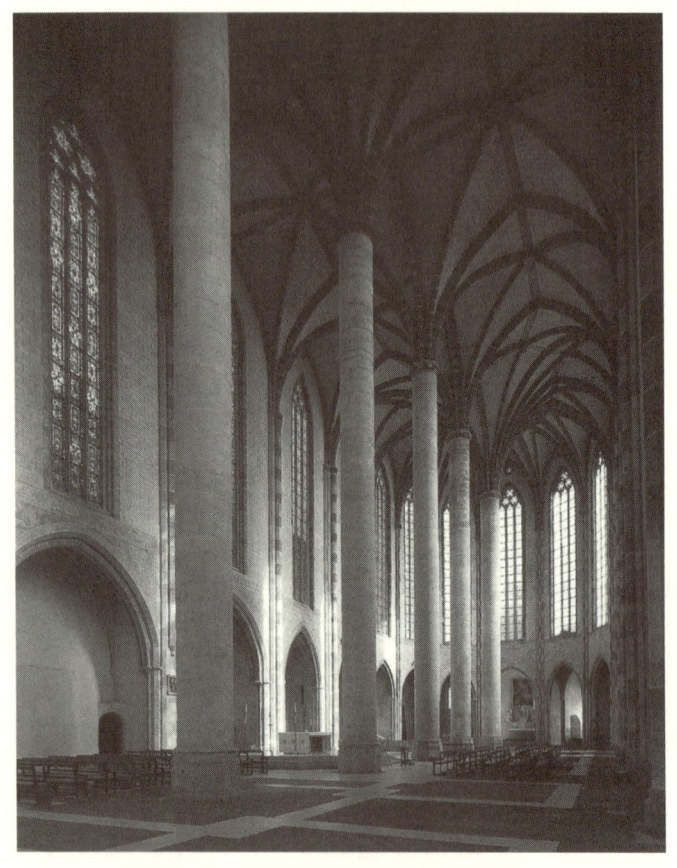

9-14 トゥールーズ、ジャコバン修道院聖堂内部

院の寝室は、壁を取り入れて小部屋に細分され、そこで兄弟たちは、読書し、書き、祈り、そればかりか研究のために徹夜で起きていることが許された(『原初会憲』)。屋根裏に大きな説教部屋が備え付けられ、そこで学生たちは、教授の指導のもとに説教することを学んだ。建物と調度品は、ドミニクスが1220年に命令していたように、貧しさに相応しく質素で単純なものでなければならなかった。1228年の総会は、大きさの限度を規定した。修道院の壁は、「12歩」(約4.2-4.5m)を越えることは許されなかった。二層式の壁に

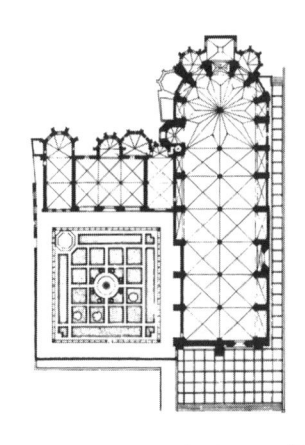

9-15 トゥールーズ、ジャコバン修道院平面図（左）と、印象的な内陣の穹窿天井

関しては、「20歩」（約6.8-7.6m）の高さが許された。聖堂全体に許された高さは、「30歩」（約10.2-11.4m）であった。内陣と聖具室（香部屋）は、穹窿天井を持つことが許された。

修道会が1240年以前に建てた聖堂は、第一に修道院の歌隊の祈りとミサ聖祭に役立つものであった。それらは、小さく質素なものであった。何故なら、兄弟たちは、主に司教座聖堂や教区聖堂、或いは屋外の広場で説教したからである。1240年頃から、托鉢修道会の人気が在俗聖職者たちのねたみを買い、またその収入に影響を与えたこともあって、彼らの間に敵対的な雰囲気が広がっていったため、ドミニコ会士とフランシスコ会士は、自分たちの大きな聖堂を建て始めた。説教者兄弟たちは、説教に群れをなして集まった多くの信者を受け入れるための大きな空間と修道会の様々な人々の歌隊での祈りのための大きな内陣とを必要としたからである。ゴシック建築様式に必然的に伴う技術的な諸理由から、聖堂の身廊に対して予め決められていた高さを厳守することはかなわず、わずかに内陣の高さだけを守ることができたにすぎなかった。狭い諸都市では、すでにある空地を標準にしなければならなかった。一廊式や三廊式の聖堂の他に、二廊式の聖堂も建てられた。トゥールーズ（ジャコバン修道院）では大きな2つの身廊をもったホール式聖堂（ハレンキルヒェ）が建てられた。一方の身廊は、一般信徒のために、他方の

378

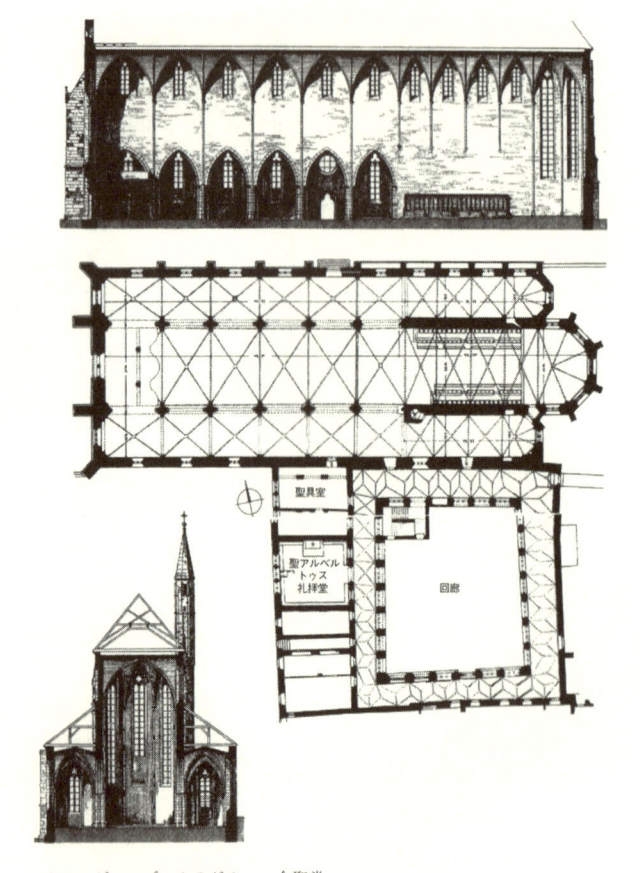

9-16* レーゲンスブルクのドミニコ会聖堂
典型的なドミニコ会聖堂。1229-30年創設。長い内陣と、南側に小礼拝堂をもつ穹窿天井のバシリカ式聖堂の建設は、1246年以前に始められ、内陣は1254年に献堂、1254-1284年に教会身廊の献堂、穹窿天井は14世紀初めに完成した。

それは修道院のためにと決められていた。エスリンゲン、レーゲンスブルク、エアフルトのいまだ現存しているバシリカ式の13世紀の大変美しいドミニコ会聖堂は、驚嘆すべきものである。ところで、ホール式聖堂が優遇されたのは、それがバシリカ式よりも安価で、より簡素であったからである。ドミニコ会士は、ヨーロッパにホール式教会を流布させ、それがバシリカ式を凌

ぐのを助けた。「この成果のうちにドミニコ修道会の建築史上の意義が基礎づけられているのである」(G.ミュラー)。

翼廊と塔は、禁止されていた。1つの鐘をもった小塔だけが許された。目立つ扶壁や細かく枝分かれした飛梁も避けられた。正面は、単純な尖頭アーチ型の入口をもつ簡素な造りであった。13世紀の終わり頃にはしかし、シトー会から継承した内部装飾の厳しい抑制は抛棄され、修道会の使徒的目的に相応しく、信者の教導に役立つよう、聖堂内部はフレスコ画で彩色された。

多くのドミニコ会の建築家の名は知られないままになっているが、それでもいくつかの名前が今日まで伝わっている。レーゲンスブルクでは北側の側廊の持送りに、教会の建築棟梁の兄弟ディアマールの姿が彫られている（13世紀半ば）。フィレンツェのサンタ・マリーア・ノヴェッラは、1246年から建築家フラ・シスト（1289没）とフラ・リストロ（1283没）のよって建設が始められ、フラ・ジョヴァンニ・ダ・カムピ（1339没）とフラ・ヤーコポ・タレンティ・ダ・ニポツァノ（1362没）によって完成された。1280年からのローマのサンタ・マリーア・ソプラ・ミネルヴァの建築もフラ・シストとフ

9-17 聖ドミニクスの墓碑
 ニコラ・ピサーノによる浮彫
 1266年（15世紀に大幅に改変）
 ボローニャ、サン・ドメニコ聖堂

ラ・リストロのものとされている。ヴェネツィアのサンティ・ジョヴァンニ・エ・パオロとトレヴィーソのサン・ニコロはフラ・ベンヴェヌート・ダ・ボローニャとフラ・ニコロ・ダ・イモラによって建設された。民間用と軍事用の建物の建築家としてジョコンド・ダ・ヴェロナ (1433頃-1515)、D.パガネッリ (1624没)、V.マクラーノ (1578-1667)、G.ダフリット (1618-73)、G.パーリャ (1683没)、S.マッツケッリ (1864没) と M.パヴォーニ (1829-1902) が活躍した。

フラ・グリエルモ・ダ・ピサ (1238頃-1313) は、ニコラ・ピサーノによるボローニャの聖ドミニクスの墓碑 (1267年) に、彫刻家として協力した。彼は、ピサとオルヴィエートにおいても働いた。D.ポルティジャーニ (1536-1601) は青銅鋳物師で、ジャムボローニャのモデルに従ってピサの大聖堂のブロンズ扉を完成させた。フラ・ダミアーノ・ツァムベリ・ダ・ベルガモ (1549没) は、ボローニャのサン・ドメニコ教会の、歌隊席や香部屋において見事な象眼細工を創作した。

9-18 聖ペトロ・聖パウロと聖ドミニクスの出会い
　　　フラ・アンジェリコ「聖母戴冠の祭壇画」(部分)、1434-35年、ルーヴル美術館蔵

9-19 聖ドミニクス
フラ・アンジェリコ「キリストの嘲弄」(部分)、
1440年頃、フィレンツェ、サン・マルコ美術館蔵

　修道会の最も有名な芸術家は、フラ・アンジェリコあるいは福者アンジェリコと呼ばれたフラ・ジョヴァンニ・ダ・フィエーゾレ(1378-1455)である。教皇ヨハネ・パウロ2世は、彼を1984年に芸術家、とりわけ画家の保護者に任命した。彼は、後期ゴシックとルネサンスなどの優美で繊細な融合したスタイルの板絵とならんで、フィレンツェのサン・マルコ修道院の壁画装飾も担当した。彼の兄弟フラ・ベネデットは、彩色写本画家であった。さらに重要なフィレンツェの画家は、フラ・バルトロメオ・デッラ・ポルタ(1472-1517)であった。今世紀の画家たちのうちでは、A.M.クートゥリエ(1879-1954)、A.ピスタリオーノ(1960没)とG.バットラー(1961没)の名前を挙げなければならない。ガラス画ではボローニャで仕事をしたウルムのグリージンガー(1407-91)、A.トルモーリ(1527没)ならびにG.マルチラット(1529没)が知られるようになった。

9-20 デューラー「ロザリオの祝祭」 1506年、プラハ国立美術館蔵

　ロザリオの流布と関連して、絵画、彫刻、木版画、銅版画に独特の聖母像が現れた。これらは、たしかに修道会の会員によって創作されたわけではないが、ドミニコ会士の説教によって影響を受けたものである。

　まもなく、15の秘義を描写したロザリオの聖母像が描かれるようになる。サン・セヴランの画匠たちは1510年頃、最初のロザリオ兄弟会の設立を記念してロザリオの祭壇画を描いた。これは現在、ケルンのザンクト・アンドレアスにある。その他にとりわけ言及しておくべきものとしては、A. デューラーの「ロザリオの祝祭」(1506年、プラハ国立美術館蔵)、T. リーメンシュナイダーの「ローゼンクランツのマリア像」(1521/24年、フォルカッハのマリア巡礼教会)、V. シュトースの「天使のお告げ」(1517/18年、ニュルンベルクのザンクト・ローレンツ) などがある。

6. 音楽

　音楽は、修道院では典礼の祭式によって育まれた。聖歌の様々な特徴もド

ミニコ会の典礼と結びついている。今日においても「サルヴェ・レジナ」(*Salve Regina*)、「レジナ・チェリ」(*Regina Caeli*) そのほかの聖歌に固有なメロディーがある。しかしそうしたドミニコ修道会の作曲者たちは、ほとんど知られていない。聖歌の重要性を自覚したのは、シモン・テイラー（1240没）とモラヴィアのヒエロニュムス（1260没）である。A. イニャニーニ（1543没）と C. ヴィンキウス（1582没）は、ミサ曲とモテットを作曲した。I. チエラは、1561年に四声のマドリガーレ（聖歌曲）を創作した。

ミヒャエル・ヴェーエ（1539没）は、ドイツで最初のカトリック聖歌集を編纂したが、彼自身もそのために聖歌を書いており、そのうち52の聖歌のテキストが伝えられている。作曲者としては、この世紀ではブルーノ・ヘスペルス（1870-1957）が知られるようになった。ディートハルト・ツィルス（1935-　）は、「神の賛美」のための教会音楽と修道会特定典礼文のための賛歌を書いた。フランス語圏では、アンドレ・グーズ（1943-　）が現代の典礼聖歌の最も重要な作曲者と見なされている。

7. 自然科学

アルベルトゥス・マグヌスは、古代から近世初頭までの間のヨーロッパの、最も偉大な自然研究者の1人であった。彼は、自然科学のあらゆる領域に精通していた。彼は、古代の知識を彼の時代に平易にわかりやすく伝え、それを精査し、彼自身の観察によってその知識を拡大していった。彼は、自らのアリストテレス注釈においてこの知識を百科全書的にではなく、哲学的観点によって秩序づけて提示した。

アルベルトゥス・マグヌスとならんで、さらにボーヴェのヴィンケンティウス（1184/94-1264）、カンタンプレのトマス（1201-63）、フライブルクのディートリヒ（1240頃-1318/20）の名を、自然学説の著作家として挙げられねばならない。テオドリコ・ボルゴニョーニ（1205-98）は、よく知られた外科医であったが、他方ダニエル・リントフライシュ（ヨハンネス・ア・サンクト・トマ、1600-31）は、解剖学者として医学の歴史に名を残した。

イニャーツィオ・ダンティ（1537-86）は卓越した数学者であったが、ヨー

ロッパ諸国の地図の製作を計画することによって、地理学の分野でも有名になった。天文学ではダンティの他に、J. B. アウディフレーディ (1714-94) の名を挙げておかなければならない。A. グリエルモッティ (1812-93) は、1840年ローマのトマス学院に物理実験室を創設した。これは、後に天体観測所を備えた天文物理実験室に拡大された。それから1870年、すべての学問と芸術が属する最初のローマのトマス・アカデミーが生まれた。実験室の学者たちの中には、後にキントとリマに天体観測所を創設した V. ナルディーニ (1830-1913) や、発明家で時計の設計者 G. B. エンブリアコ (1830-1903) が含まれていた。

8. 教育制度

ドミニクスは、説教者にとっての生涯にわたる勉学の必要性を明確に認識していた。1220年の総会は、修道会の伝統がそれまで知らなかった勉学の諸規定を布告した。いずれの修道院にも1人の神学教師がいなければならなかった。その教師は、修道会に入る前にすでに自由学芸、すなわち文法学、修辞学、弁証論、算数、幾何学、音楽、天文学という諸学科における一種の基礎研究の学習を終え、さらに勉学している兄弟たちやすでに司牧職で働いている者たちのために様々な講義と討論を行ったのである。在俗の聖職者にも開かれていた神学の修道院学校が生まれた。1266年から修道院の教師には、もう1人の補助教師と聖書について連続した講義をしなければならない課程とが配せられた。13世紀の半ば、自由学芸をまだ学習していない志願者がますます入会するようになったとき、修道会自身が学芸の研究機関を設立した。諸管区には、そうした沢山の研究機関があった。1259年の総会で、アルベルトゥス・マグヌス、トマス・アクィナス、後の教皇インノケンティウス5世 (1276没) であるタランテーズのピエールを含む5人の神学の博士たちによって、哲学の学習などを命じた学習規則が仕上げられた。

教師たちは、最初、中世において最も有名な神学研究の中心地であるパリでのみ養成された。修道会は、1229年と1231年、大学に2つの講座を所有した。2人の博士は、サン・ジャック修道院で講義を行った。修道会の最初

9-21 パリのサン・ジャック（ジャコバン）修道院
1790年頃の銅版画、パリ国立図書館蔵

のストゥディウム・ゲネラーレもまた、そこに設置された。他の諸大学でも説教者兄弟たちは、講座を獲得した。修道院とそのために養成されるべき教授たちの数が急激に増えていったとき、パリの修道院は、もはやすべての学生を収容することはできなかった。1248年さらにストゥディウム・ゲネラーレが、ケルン、オックスフォード、モンペリエ、ボローニャに設置された。そしてすべての管区は、これらに才能豊かな学生を派遣することができた。さらにストゥディウム・ゲネラーレを他の管区に設立することがすぐに続いた。これらストゥディウムを管区外の者たちも訪ねることができた。アルベルトゥス・マグヌスは、1248年パリ——そこで彼は大学の2つの教授ポストの1つを占めていた——から、弟子トマス・アクィナスを伴ってケルンにやってきて、ドイツ最初の高等教育機関である、説教者修道会のストゥディウム・ゲネラーレを設置した。修道会は、その他に1259年以来アラブ語、ヘブライ語、ギリシア語の語学学校を創設した。

　1252年以来、常にドミニコ会士が、聖庁博士（Magister Sacri Palatii）、すなわちローマ教皇庁の教育制度の指導者となり、後には教皇の宮廷神学者となった。ドミニコ会士たちは、他の修道会の修道院でも神学教師として働いてい

た。13世紀の終わりには、約1,500人の教師職にある説教者兄弟たちがいた。

スペインの修道会の改革により、1467年、サラマンカの有名なサン・エステバン神学院とバリャドリードのサン・グレゴリオ神学院が開校した。そしてこの両校で学んだ者たちの手によってほどなく新大陸にも、例えばサント・ドミンゴ、リマ、ボゴダなどに、12の大学もしくは神学院が生まれた。1611年にはマニラにサント・トマス大学が創設されたが、同大学は今日、13の学部と研究所、約40,000人の学生を擁し、アジアの最も重要な大学の1つに数えられている。

1577年、ローマのサンタ・マリーア・ソプラ・ミネルヴァにトマス学院が設置されたが、これに枢機卿H.カサナテ（1700没）の寄金により、公共の図書館が併合され、有名なカサナテ図書館となった。この図書館は1873年に没収されたとき、200,000冊の書物と、2,000冊の写本を所蔵していた。同寄金はまた、2つの教授ポストと、6人の神学者を擁する国際的な学院をも支えつづけた。トマス学院は、1909年に国際的なアンジェリクム学院に改組され、1963年には教皇庁立聖トマス・アクィナス大学へと発展した。

ボゴタのサン・トマス大学、サン・ミゲル・デ・トゥクマン（アルゼンチン）、レガスピ（フィリピン）、バヤモン（プエルトリコ）のサント・トマス大学も、修道会の指導のもとで運営されている。修道会はさらに、エルサレムの聖書学院（1890年以降）、フリブール（1890年）、ワシントン（1941年）、サラマンカ（1960年）、オタワ（1965年）の各大学の神学部、モントリオール大学の中世哲学研究所（1942年）、カイロの東方学研究所（1952年）、パリのエキュメニズム研究所（イスティーナ、1927年）、パリのサン・ニコラのエキュメニズム研究所（1969年）の運営にも携わってきた。様々な管区にストゥディウム・ゲネラーレや管区のストゥディウムがあり、それらはしばしば大学の神学部と交流をもっている。修道会はまた、約80の学術雑誌を編集している[5]。

---

(5) 本論文の訳出にあたって、聖カタリナ大学の同僚でドミニコ会の修道女である宮武信枝先生には、ドミニコ会に関連する固有の用語の邦訳、スペインの地名や人名のカタカナ表記等について、懇切な教示を仰いだ。心から御礼申し上げます。（山本）

文献

全般的著作

M. D'ALATRI, Inquisizione, in: Dizionario degli Istituti di Perfezione 4, Rom 1977, 1707-1713

A. ESSER, Dominikaner, in: Theologische Realenzyklopädie 9, Berlin / New York 1982, 127-136

I. FRANK, Dominikanerorden, in: Lexikon für Theologie und Kirche 3, Freiburg/Br. u. a. 1995, 309-318

W. A. HINNEBUSCH, The History of the Dominican Order, 2 Bde., Staten Island 1965, New York 1973

D. VON HUEBNER u.a., Dominikaner, Dominikanerinnen, in: Lexikon des Mittelalters 3, München 1986, 1192-1220

H. KAMEN, Inquisition, in: Theologische Realenzyklopädie 16, Berlin / New York 1987, 189-196

M. LOHRUM, Die Wiederanfänge des Dominikanerordens in Deutschland nach der Säkularisation 1856-1875, Mainz 1971

DERS., Albert der Große, Mainz 1991

DERS., Dominikus, Leipzig ²1992

A. MORTIER, Histoire des Maîtres Généraux de l'Ordre des Frères Prêcheurs, 8 Bde., Paris 1903-1920

L. A. REDIGONDA, Frati Predicatori, in: Dizionario degli Istituti di Perfezione 4, Rom 1977, 923-970

M. H. VICAIRE, Frères Prêcheurs, in: Dictionnaire d'Histoire et de Géographie ecclésiastiques, 18, Paris 1977, 1369-1410

DERS., Dominikus, in: Lexikon des Mittelalters 3, München 1986, 1221-1223

DERS., Histoire de saint Dominique, 2 Bde., Paris ²1982

A. WALZ, Compendium Historiae Ordinis Praedicatorum, Rom ²1948

組織

A. H. THOMAS, De oudste Constituties van de Dominicanen (Bibliothèque de la Revue d'histoire ecclésiastique 42), Löwen 1965

霊性

P. LIPPINI, La Spiritualità domenicana, Bologna 1987

K. RUH, Geschichte der abendländischen Mystik, Bd. 3 : Die Mystik des deutschen Predigerordens und ihre Grundlegung durch die Hochscholastik, München 1996

文学・神学

T. KÄPPELI, Scriptores Ordinis Praedicatorum Medii Aevi, 4 Bde., Rom 1970-1975

O. H. PESCH, Thomas von Aquin. Grenze und Große mittelalterlicher Theologie, Mainz 1988

J. QUÉTIF / J. ÉCHARD, Scriptores O. P., Paris, Bde. 1-2: 1719-1721, Bd. 3: 1903-1921

建築・教育制度

G. MEERSSEMAN, L'architecture dominicaine au XIIIe siècle. Législation et pratique, in: Archivum

Fratrum Praedicatorum 16 (1946), 136-190

G. MÜLLER, Die Dominikanerklöster der ehemaligen Ordensnation »Mark Brandenburg«, Berlin 1914

雑誌

Analecta Ordinis Praedicatorum, Rom 1893ff.

Angelicum, Rom 1924ff.

Archivo Dominicano, Salamanca 1980ff.

Archivum Fratrum Praedicatorum, Rom 1931ff.

Ciencia Tomista, Salamanca 1910ff.

Estudios Filosoficos, Valladolid 1951/52ff.

Istina, Paris 1954ff.

La Vida Sobrenatural, Salamanca 1921ff.

La Vie Spirituelle, Paris 1919ff.

Rassegna di Letteratura Tomistica, Neapel 1966ff.

Revue Biblioque, Paris 1892ff.

Revue des Sciences Philosophiques et Théologiques, Paris 1907ff.

Revue Thomiste, Toulouse 1893ff.

Rivista di Ascetica e Mistica, Florenz 1929ff.

Sacra Doctrina, Bologna 1956ff.

Sapienza, Neapel 1948ff.

Teología espiritual, Valencia 1957ff.

Wort und Antwort, Mainz 1960ff.

邦語文献

J. B. オコンノー『聖ドミニコとその偉業』M・ペレス訳、中央出版社、1950年

J. G. バリエス編『星に輝く使徒』中央出版社、1969年

M. D. ポアンスネ『聖ドミニコ―説教者修道会の創立者』岳野慶作訳、中央出版社、1982年

W. A. ヒネブッシュ『聖ドミニコの霊性』中田婦美子訳、サンパウロ、1995年

宮本久雄「ドミニコの霊性と説教者兄弟会」(上智大学中世思想研究所編『中世の修道制』所収、創文社、1991年)

武田教子『聖ドミニコの生涯』、聖ドミニコ学園、1992年

『トマス・アクィナス』(中世思想原典集成・第14巻) 山本耕平監修、平凡社、1993年

『エックハルト説教集』田島照久編訳、岩波文庫、1990年

【追補】

折井善果『キリシタン文学における日欧文化比較―ルイス・デ・グラナダと日本』教文館、2010年

黒岩三恵「聖トマス・アクィナスと修道女」(『西洋中世研究』第3号、2011年)

梶原洋一「中世末期におけるドミニコ会教育と大学」(『西洋中世研究』第5号、2013年)

第 *10* 章

カルメル会

ORDO FRATRUM BEATAE MARIAE VIRGINIS
DE MONTE CARMELO

ゲルダ・フォン・ブロックフーゼン
(ジョヴァンナ・デッラ・クローチェ)＊

山崎裕子
［訳］

＊ペーター・ディンツェルバッハーにより一部補訂

1. 歴史的展開

カルメル山の至聖なるおとめマリアの修道会 (Ordo Fratrum Beatae Mariae Virginis de Monte Carmelo) は、起源となる名称が語るように、創立日に関しては歴史的におおよそがわかるのみである。初期の歴史は、伝説と混在している。12世紀に、十字軍参加者か巡礼者が、聖地のカルメル山上にあるエリヤの泉に近い洞窟に定住した。彼らは、旧約聖書の預言者エリヤを自分たちの隠遁生活の模範としており、エリヤは「万軍の神、主に情熱を傾けて」(「列王記上」19:10) 争った。そこで、この言葉は会のモットーとなり、修道会は7月20日にエリヤを守護聖人として祝っている。

最初の修道士たちは、創立者も義務とすべき会則もなく、隠修士としてではあるがゆるやかな共同体の中で、極貧と厳しい修徳の生活を送った。1206年から1214年の間にようやく彼らは、会則あるいは「生活の規則」(Formula vitae) を与えてくれるようエルサレムの総大司教アルベルトに求めた。この最初の会則は、「昼も夜も主の掟を黙想すること」「祈りのうちに目覚めていること」、償いと禁欲を伴う孤独のうちに生きることという戒律によって、カルメルの隠修士たちの純粋な観想生活を保証した。彼らは共同の修道院施設で生活したが、各人は (カルトゥジア会修道士のように) 独居の修室あるいはその近くでほとんどいつも1人で祈りに専念した。

13世紀になると、カルメル会士たちはイスラム教徒の進出によって、ヨーロッパへ移住せざるを得なくなった。教皇インノケンティウス4世は1247年か1253年に、修道士共同体を托鉢修道会へと変更した。修道会は司牧活動と学問研究の可能性を見込んだ改訂会則を受け入れたが、それによって最高の理想である観想生活の維持を決して退けたわけではなかった。特に、聖シモン・ストック (1265没) の指導のもと、修道会は全中欧と西欧に広がった。総長ニコラス・ガルス (在職1266-71) は、1270年に自著『火の矢』(*Ignea sagitta*) で主張したように、カルメル会を再び隠修士の修道会にしようと努力したが、失敗に終わった。それに続く数世紀は、数回にわたる改革運動という事態になった。それはすでに16世紀のテレジアの改革とマントヴァの修道院で始

10-1 カルメル会士たちへの会則の授与
ピエトロ・ロレンツェッティ「カルメルの祭壇画」部分、1329年、シエナ、国立絵画館蔵

まり、アルビや後にはレンヌ、トリノ、シュラクサ（17もしくは18世紀）における原始会則派の運動に至るまで、純粋な観想生活様式に戻そうとする運動であった。

　修道会員たちの使徒的ならびに大学での活動は、結果として、第二会[1]の創立にさしあたり興味を示さないこととなった。勿論、すでに13世紀に、修道会の理想を目指した女性たちがいた。彼女たちは、修道士たちの教会に建て増しした独居の修室に閉じこもり、あるいは小グループで、ベギン会修道女（北フランス）、ピンツォッケーレないしマンテラーテ（イタリア）、ベアタス（スペイン）として生活した。ようやく教皇ニコラウス5世が1452年に、大勅書『クム・ヌッラ』（*Cum nulla*）によって女子修道会を基礎づけた。特に、オランダでは、ベギン会グループをカルメル会に加えて最初の女子修道院を創立したことが、総長ヨハネ・ソレト（1395頃-1471）の活動によるとされている。修道会の歴史をふり返ると、聖人にふさわしい女性たちが登場する。たとえば、リエージュの福者フランソワーズ・ド・アンボワーズ（1427-85）、イタリアの福者アルクアンジェラ・ジルラーニ（1495没）と福者ヨアンナ・スコペッリ（1428-91）、後には、有名な脱魂体験を持ち聖痕を受けた受苦の女性神秘家の1人、フィレンツェの聖人マリーア・マッダレーナ・デイ・パッツィ（1566-1607）である。

---

(1) 男子修道会と創立者・精神を同じくし、盛式誓願を宣立する修道女会。たとえば、女子カルメル修道会のほかに、聖クララ会、ドミニコ女子修道会などがある。

中世後期の典型的な衰微現象（祈りの生活の緩和、清貧へのそむき、なおざりの共同生活）は、カルメル会への波及もまぬかれ得なかった。そのため、西欧教会の大分裂の間、たとえば、会の1人の総長のもとに2つの派が形成され、また修道規則が緩和されるという事態になった。しかし、3人のすぐれた総長が改革に尽力した。ニコラス・オデ（1481頃-1562）、ジョヴァンニ・イル・バッティスタ・ロッシ（1507-78）、ジョヴァンニ・イル・バッティスタ・カファルド（1592没）である。とはいえ、厳しい規則遵守・禁域制・清貧・規律等に関する中世の規則の復活は、人文主義と特にプロテスタントの宗教改革によって生じてきた修道生活全般の刷新の必要性に、充分な配慮をしてはいなかった。

この目標に貢献したのが、カルメルの偉大な女性神秘家で著述家であるアビラの聖テレジア（デ・セペーダ・イ・アウマーダ、デ・ヘスース、1515-82）[2]であった。彼女は何年かの平凡な生活とその後の内的転換、宗教的成熟を経た後、150名以上もの女性がいる修道院での暮らし振りは寄宿学校でのそれと似ており自分の望むものではあり得ないとの確信に至った。彼女は修道会本来の理想に従い純粋な観想生活を送るよう迫られた。しかしこれは、修道女が少なく厳しい禁域制の修道院でのみ可能であった。そこでは、生活は質素で貧しくとも姉妹愛に特徴づけられ、皆「カルメル山のかの聖なる師父たちの子孫であると自認することができる」（『霊魂の城』第5の住居第1章2）。そのため彼女は1562年に、アビラにサン・ホセ女子修道院を創立した。彼女は1247年の古いカルメル会会則に少し補足し、毎日2回の休憩時間、身体的苦行、当時の懲罰基準を継承することを書き足した。総長ロッシの同意と十字架の聖ヨハネ（デ・イエペス、1542-91）[3]の助けを借りて、テレジアは1568年には、ドゥルエロに改革派の男子修道院をも創立した。当初の隠修士の理想像が特に人里離れた独居の修室によって育成され、跣足修道士たち

---

(2) アビラのテレサとも呼ばれる。アビラの聖テレジアは、日本では従来「大テレジア」の名で親しまれてきたので、この章では現地読みのテレサではなく、テレジアと訳した。なお、アビラのテレジアは世間での通称で、修道名はイエズスの（＝デ・ヘスース）テレジア。修道会への入会は第二の洗礼にたとえられ、入会を希望する着衣式や初誓願式のときに修道名が与えられる。
(3) 十字架のフアンとも呼ばれる。スペイン名フアン・デ・ラ・クルス。この章では、日本での従来の呼称を用いた。

10-2 アビラの聖テレジアの肖像
フアン・デ・ラ・ミゼリア画
1576年（テレジア61歳）
セビーリャ、カルメル会修道院蔵

は念禱と苦行にだけ専心することができた。テレジアの改革は、隠修士的生活と共同体的生活との、また、使徒的課題と観想的隠遁との創造的バランスを求めたものであったが、教皇の承認（1565年）にもかかわらず、伝統的カルメル会からは理解されなかった。そのため、張りつめた緊張関係が生じた。それは大部分、ローマ教皇庁とスペイン宮廷の改革政策の相違に帰因するものであった。最も有名なエピソードは、修道会内部の改革反対者が、十字架のヨハネを過酷な仕方で9か月にわたり幽閉したことである。

このように、古い規則遵守によってテレジアの改革が徹底的に拒否されるに至ったにもかかわらず、テレジアは独自の管区を、すなわち「跣足の（descalzos）」（当時スペインでこのようなすべての改革運動がそう呼ばれていた）カルメル会の管区を、1580年に設立することができた。7年後には独自の修道会が創立され、1593年に伝統的カルメル会から最終的に分離した。それ以来今日まで存続している、互いに独立した2つの流れがある。いわゆる古い規則遵守のカルメル会（Ordo Carmelitarum, 略号：OCarm）とテレジア的カルメルのカルメル会（Ordo Carmelitarum Discalceatarum, 略号：OCD）で、両者はそれぞれ独自の組織と自主管理権を持っている[4]。

宗教改革、宗教戦争、トルコ人来襲は、カルメル会にも深刻な損失をもた

らした。彼らはザクセン、イングランド、アイルランド、スコットランド、デンマークの管区と他の国々にあるいくつかの修道院を失った。もはや施し物を入手できなかったので、多くの修道院は存続をかけて懸命に戦わねばならなかった。有名な彫刻家ファイト・シュトースの息子であるアンドレアス・シュトース（1477頃-1540）は管区長として高地ドイツ管区の修道院を維持しルター派の人々に公然と抗議をする必死の努力をし、エーバハルト・ビリク（1500頃-57）は低地ドイツ管区長として同様の尽力をした。後者はカトリック信仰の擁護者として登場し、特にレーゲンスブルクやアウクスブルクでの宗教会議に参加した。デンマークでは管区長パウル・ヘリア（1480/85-1534頃）が、司教顧問を務め異端と戦うことを生涯の使命としていた。

　他方、修道会は、新しく発見された大陸にすぐに広がっていった。スペイン国王フェリペ2世が跣足カルメル会士の陣営から宣教師を派遣するのに先立って、カルメル会士はすでにパナマ、コロンビア、ブラジルで活動していた。総長フアン・デ・ヘスース・マリーア（ウスタロス、1564-1615）[5]は、イタリアの修道会会憲において、修道会員の宣教の義務を取り下げた。トマス・デ・ヘスース（1564-1627）[6]は、自著『全民族の救いの達成』（*De procuranda salute omnium gentium,* アントウェルペン、1613）の中で宣教の義務を宣伝し、ローマに布教聖省が開設された。1604年にはペルシャに宣教師が派遣されるようになり、彼らはアルメニア人キリスト教徒のローマとの連携をも促進することになった。宣教はじきに近東と極東、また後にアフリカでもなされた。注目に値するのは、跣足カルメル会士が信仰の伝播（de propaganda fide）に対する枢機卿所管の聖省設立に関与したことである。最初の尽力はヘロニモ・グラシアン神父（1545-1614）に由来する。この機関の明白かつ影響力の強い支持者は、特に、修道会総長イエス・マリア・ルッソーラのドミニクス（ウ

---

(4) OCarm（古い規則を遵守するカルメル会）は履足カルメル会、OCD（テレジア的カルメル会）は跣足カルメル会と呼ばれる。日本には、女子跣足カルメル会が1933年、男子跣足カルメル会が1951年にそれぞれ来日し、現在に至るまで活動を続けている。履足カルメル会は来日していない。
(5) イエス・マリアのヨハネ。スペイン出身。
(6) イエスのトマス。スペイン出身。
(7) イエス・マリアのドミニクス、イエス・マリア・ウルソロのドミニクスとも言われる。ウルソロのドミニクスが世俗名。アラゴン出身。1571年より履足カルメル会士、1589年より跣足カルメル会士。

ルソロ、1559-1630)⁽⁷⁾であった。彼の名前は、プラハ近郊のヴァイサー・ベルクの戦い (1620年)で、教皇の命令に従って同行した皇帝軍の勝利と密接に結びつく。

改革運動はさらに、特にフィリップ・ティボー (1572-1638) に支援されてレンヌで生じ、南フランス、ベルギー、南イタリアに広がった。ここでも徹底的な日々の黙想・禁欲・沈黙による純粋な観想修道生活の復興が問題であった。その霊的成果は、盲目の助修士ジャン・ド・サン＝サンソン (1571-1636) の神秘主義に現れた。

フランス革命の過激な措置、皇帝ヨーゼフ2世の修道院廃止、ナポレオンによる教会財産の没収は、18世紀末と19世紀初頭に、多くの男子修道院と女子修道院の廃止をもたらした。しかし、フラスカーティのジョヴァンニ修道士のたゆまぬ努力は、1827年に修道をパレスティナの創立地近くに再度広めることに成功した。19世紀最後の20〜30年間に、両カルメル会の意義がヨーロッパ内外で再び深まった。現在、両修道会はカトリック信仰における最大の観想修道会である。今日 (1995年) では、古い規則に則るカルメル会に約2,040名の司祭と修道士が属し、第二会に約880名のカルメル会修道女がいる。その他にカルメル会に密接につながった14の修道会と奉献生活の会⁽⁸⁾があり、約2,909名の修道女が所属している。テレジア的カルメル会には約4,000名の司祭と修道士、約13,000名の修道女がいる。それに加えて、カルメル会の精神に則った多数の第三会⁽⁹⁾と奉献生活の会ができて、かなり密接につながっている。

ドイツでは、カルメル会士は1249年にケルンで初めて修道院創設に成功した。1348年には、古い規則を遵守する35の修道院がすでに存在していた。今日、ドイツは2つの修道会管区からなる。高地ドイツ管区 (8男子修道院と

---

(8) 観想あるいは使徒的活動に献身する修道会、使徒的生活の会、在俗会、その他の奉献された人々の団体を指す。それらの形態は多様である。
(9) 第一会、第二会に対して用いられる。カルメル会第三会はカルメルの精神に則して生活し、カルメル在俗者会とも言われ、既婚者を含む。著者はここで「修道会（第三会）」と表現しており、カルメル在俗者会とカルメル会の精神に則った修道会の双方の意味で第三会としているようにも受け取れる。翻訳に際しては、内容に応じて、双方のいずれかに訳し分けた。なお、日本では以前、第三会という言い方がなされたが、現在では、カルメル在俗者会と呼ばれている。

1女子修道院)と低地ドイツ管区(5男子修道院と1女子修道院)である。管区長館はバンベルクにあり、ドイツにある同会修道院の中で最古に設立されたものの1つ(1273年)である。

テレジア的カルメル会は、17世紀にようやくドイツで地歩を占めるのに成功した。1管区のみあり、7つの男子修道院に約50名の会員と21の修道院に約300名の修道女がいる。管区長館はミュンヘンにある。

2. 会則、組織、服装

両修道会は、エルサレムの総大司教アルベルトが起草し、1247年にインノケンティウス4世によって認められた草稿の中に含まれる「生活の規則」(Formula vitae)を、会則としている。そのオリジナルは残っていない。最古のテキストは信憑性が保証されてはいないが、1370年頃のフィリップ・リボティの『デチェム・リブリ〔10巻の書〕』(Decem libri, VIII, 2, 5)に出ている。その手引き書は、キリスト教の修道生活の本質を強調する——「イエス・キリストに従って生き、彼に忠実に、清い心と正しい良心をもって仕える」。このキリストに従って生きるということがどのように行われるかは、法律的な基準によってではなく、大多数が聖職者ではない修道士集団の隠修士的生活を視野に入れるという基本方針によって決められる。そこから、正当な理由により別のことに従事しているのでなければ、各人は昼も夜も独居の修室にとどまり黙想に専念するという規則が生じて来る。使徒パウロの手紙に由来する隠喩を十字軍従軍騎士にうまくなぞらえて、「神の武具」を身にまとい「正義のよろい」「信仰の盾」「聖霊の剣」を身につけるよう修道者に推奨される。それに加えて、肉体的労働、断食、厳しい沈黙が続く。ミサは可能な限り毎日挙行し、修道院の集会で週一回は他の修道者と会うべきである。共同体は、期間を限定せずに任命された院長により導かれる。

カルメル会の托鉢修道会への変更以来、1281年の会憲において公式化されたように、法的規範を定めることが必要となった。第2ヴァチカン公会議後の修道生活の刷新は、テレジア的カルメル会に新しい会憲をもたらした(男子修道院は1981年、女子修道院は1990年/91年)。両修道会は今日、6年任

10-3 エリヤの泉のほとりの
カルメル会士たち
ピエトロ・ロレンツェッティ
「カルメルの祭壇画」部分、
1329年、シエナ、国立絵画館蔵

期で選出されてローマに居住する総長に率いられ、総長顧問からなる修道会顧問会が彼を支援する。管区長が個々の管区を管理し、修道者の数と修道院の重要さに応じて、院長か院長代理かそれに次ぐ上位の修道者が個々の修道院を管理する。女子修道院も管区長またはその地の司教の管轄下にあるが、修道院ごとに上級長上の地位をもった女性院長がいる。管区長、男子修院長、女子修院長ならびに相応する顧問修道士と顧問修道女たちは3年間その役職にあり、さらに3年間再選が可能である。

カルメル会の男子修道院は、今日司牧活動をしているが、学問的に、たとえば大学の教員としても働いており、特に霊的生活の促進に尽力している。非聖職者は、管理の仕事か手仕事に従事する。そして、今でも隠遁所がスペインに3つ、フランスとイタリアに1つずつあり、修道士はそこで、対外的活動をせずに本来の観想生活の理想に従って生活している。女子修道院は純粋な観想生活をしており、厳しい禁域制を持ち、修道院ごとに修道会後継者を養成している。

カルメル会士が13世紀にヨーロッパに来た時、彼らは白と黒の横縞のマント[10]を着用していたが[図10-1/3]、「縞模様の修道士」とあだ名をつけられ特に大学で物笑いの種となった。そのため、すでに1287年のモンペリエの総会で変更が決まった。それ以来カルメル会士の服装は、スカプラリオ（仕

───────
(10) 縦縞のマントと記述する文献や縦縞のマントの祭壇画もある。

事用前垂れを原型とする肩衣）がついた茶色の修道服と頭巾からなっている。さらに、祝いの式典の際には白いマントを着用する。14世紀以来、このマントは聖母マリアの衣として象徴的な意味を持ち、処女の純潔のしるしであると同時に母の庇護マントである。茶色の修道服は現世的なものの象徴とされる。この解釈は、修道会の名称をカルメル山の聖母マリアの修道会と決定したこと（1287/94年）と結びつく。修道女たちは頭巾の代わりに黒いベールをつけている。第三会またはカルメル会の精神に基づく在俗の奉献生活の会では、ふつうは私服を着て、特別な機会にだけ修道服[11]を着用する。

3. 霊性

2つのカルメル会の分離と多くの強調点の変動にもかかわらず、根本的な霊性は共通している。伝統的カルメル会において聖母マリアの色彩がより濃いが、この霊性は聖テレジアや彼女の改革に関わる他の聖人たちの教えを退けるわけではない。逆に言うと、「カルメルの母であり元后である」マリアは、改革派の霊性においても中心的位置を占める。彼女はあらゆる恩恵を取り次ぐ者で、彼女の庇護マントのもとで両方のカルメル会が庇護と母の保護を求める。その崇敬は特に固有のミサと土曜日のサルヴェ・レジナ（Salve Regina）の典礼に顕著であり、スカプラリオ（またはスカプラリオのメダイ）の着用[12]と結びつく。世界のカルメル共同体の会員もまた、スカプラリオの着用の義務を負っている。聖シモン・ストックにマリアがスカプラリオを授与したこと（1251年）が伝説なのか歴史上の出来事なのかという問題は、今日ほとんど意味がない。大勅書『ブッラ・サバティーナ』（Bulla Sabbatina, 土曜特典）により、スカプラリオは全カルメル会士のマリアとの関係を表すこととなった。この（自称）1322年以来の教皇特典は、遂に1950年ピウス12世によってその有効性が確認され、スカプラリオを着用するすべての人に煉

---

(11) この場合の「修道服」は、特別に作られたスカプラリオを指すものと思われる。
(12) 修道者がスカプラリオのついた修道服を着用しないとき（外出時など）には、その代用として、ひもの両端に四角い小さな茶色の布がついたスカプラリオやスカプラリオのメダイを着用する。また、スカプラリオを授かった信徒も後二者のいずれかを着用する。

10-4 スカプラリオを授かる聖シモン・ストック
　　　　ティエーポロ「カルメルの聖母」部分、1720-27年頃、ミラノ、ブレラ美術館蔵

獄からの確かな救いを保証している。典型的な「スカプラリオ信心」と結びついてあらゆる国々で信心会が生じ、この信心会は、過度の礼拝儀礼に夢中になることもなく、内面的に深められたマリア崇敬をはぐくんだ。そのことから、修道会員たちは等しくおとめ聖マリアの兄弟（Fratres Dominae Nostrae）と呼ばれた。マリアに目を向けると、カルメル会においてもまたキリスト中心の霊性がはぐくまれ、なかでも特にアビラのテレジアやリジューのテレーズ（1873-96）[13]がそれを的確に表現した。

　修道会外部でも、スペイン人テレジアと彼女の同志である十字架の聖ヨハネの霊的理想はカトリックの信心に広く影響を及ぼし、ゆえにそれは、カルメル会士のキリスト教的霊性に対するおそらく最も重要な貢献とみなしてよい。テレジアの場合、霊的生活とは内面における探求、自分自身のうちで内省し続けること、「霊魂の城」の最奥にある住居(すまい)で神との出会いに努めるこ

---

(13) リジューのテレーズは、日本で従来、「大テレジア（アビラの聖テレジア）」に対して「小テレジア」と呼ばれて親しまれているが、両者の混同を避けるために、この章では現地読みのテレーズとした。

とであるのに対し、ヨハネの場合には、自分自身を放棄すること、脱我 (salir)、キリストと同一視されるカルメル山の高みへの容易ならざる登攀に重点が置かれる。テレジアにおいて、愛する神体験の心理的側面は、出会いへの過程に含まれる。彼女は、神との全き体験、神とのエロティックな身体的出会いに到達することを望む。その出会いは霊的なものに昇華するが、感覚的な要素が関係している。それに対してヨハネは、信仰における神の絶対的超越のみを探求し、それをすべてのもののなかからあらわにしようとする。テレジアはキリストへの途上で純粋な愛の感覚的可能性を排出することができないのに対して、ヨハネは「無」の根本原理によって自己超越の実現を目指している。

ヨハネの教えが長い間、そしてもしかすると今日においてもエリート向けのものとされたままであるのに対し、テレジアの霊性はずっと身近に受けとめられている。なぜなら、彼女は自分が受けた恩恵への愛の返答として、自分の限界を離れて信頼に満ち神へと急いで向かうことのみを前提としているからである。テレジアとヨハネは、徹底的な体験に基づくまぎれもない愛の神秘主義の代表者と称された。しかし、たとえば中世の女性神秘主義の意味における、忘我によって神と一つになった存在が問題となるのではない。それには、多かれ少なかれ神の秘密への感情的潜入が伴う。カルメルの2人の改革者は、一致の経過が、愛している魂の全精力を要する出来事であることを知っている。この過程の間、不確実なもの——暗夜——への途上で、能動的且つ受動的浄化が根本的に要請される。その際、神の愛によってのみ満たされるために、自分から望むすべてのものを取り去るか放棄するよう求められる。これは、偽ディオニュシオスまたはマイスター・エックハルトが教えたような、本来の自然への人間の帰還以上のものを意味する。愛している魂が自分に贈られた神と神秘的に一つになること——内的生活の真の目的がそこにある——は、神の変容した現存の喜ばしい体験, 楽園の新たな経験、相互愛の驚くべき交換である。改革派カルメル会士の教えは、ほとんどすべての主要言語に翻訳されているテレジアとヨハネの作品で的確に述べられたように、人間と神の間のこのような一性に、ダイナミックに、しかも、特別な体験なしに誰でも赴くことができる仕方で導こうとしている。それは、恩恵の働きかけを通じて相互献身の花嫁の関係に広げるために、友好関係から始まる。

カトリックの信心の歴史にとって同じく特別重要なカルメル会修道女は、19世紀末葉の聖人リジューのテレーズであった。彼女は、全てに開いている霊的幼年時代のいわゆる「小さい道」によって、現代の人々に対しても特別の使命を帯びている。目だたない犠牲と救い主の愛を無条件で信じることが大事なのである。「すべては恵みです」。恵みは、エレベーターのように、最も弱い者をも神聖へと高めることができる。

4. 文学

カルメル会は、アビラのテレジア、十字架のヨハネ、リジューのテレーズおよびその他の人々の著作と文芸作品によって、世界文学における場を占めている。それらは、ヨーロッパ圏外においても版を重ね、世俗的学問の側から利用し尽くされた。今日もまだ、スペインの「黄金世紀」(siglo d'oro) の神秘神学の偉大な作品は、指針となっている。そして、ちょうどわたしたちの世紀においては、カルメル会修道女エディット・シュタインの哲学的業績が関心の的になっている。

カルメル会の文学は、ほとんど宗教的性格に限定されている。それは、より厳密に言えば、純粋哲学的著作は別として、内的生活のテーマを扱う文学である。まれに世俗文学に遭遇することも、無くはない。それゆえ、たとえばピサのグィードは、ウェルギリウス『アエネーイス』の散文要約である未完のイタリア史の1巻『アエネーイスの功績』(*I fatti di Enea*) を14世紀に書き、その本は学校での古典的読み物となった。聖人伝研究の領域では、ヒルデスハイムのヨハネス (1375没) の『東方の三博士伝』(*Historia trium regum*) がある。この作品は中世後期を熱狂させただけでなく、ゲーテも賛美者の1人であった。

さらに、神秘主義的、霊的、神学的著作が、散文と叙情詩を特徴づけている。文芸作品の領域では、修道会の初期から、とり立てて言うほどではない。14世紀後半の作品として、無名のカルメル会士による賛歌「カルメルの花」(*Flos Carmeli*) があり、聖母マリア崇敬者の神秘主義的愛を賛美している。

ルネサンス期には、詩の才能に恵まれた著述家である福者バプティスト・

マントゥアーヌス（バッティスタ・スパニョリ、1447-1516）が修道会員であった。彼の若い時代の作品には、1488年にボローニャで出版された、聖母マリアをほめたたえる長い詩がある。彼はパルテニケ（parthenice）という題で他にも詩を書くことになるので、それは『第一のパルテニケ』(Parthenice prima)と呼ばれる。スパニョリの『選歌』(1502年) は、ヨーロッパの多くの国々のラテン語の授業で用いられた。シェイクスピアの『恋の骨折り損』(Love's labour's lost, IV, 2, 95) で、ホロファーニーズは得意気に第1選歌を引用している。それに対してイタリアでは、彼の後期作品は批判され、単なる「作詩法」であるとして受け入れられなかった。

カルメル会士による散文の大部分もまた、生きたマリア信心から生じた。ゆえに、バルドゥイン・レールス（レールジウス、1483没）はマリア伝を集めて彼の『範例・奇跡集』(Collectaneum exemplorum et miraculorum) に組み入れ、彼の修道会の兄弟であるおとめマリアのダニエル (1615-78) が、後にそれを、自分の『カルメル会士の鏡』(Speculum carmelitanum, アントウェルペン、1680年) の中に取り入れた。影響力の強いマリア神学者で詩人のアルノルド・ボスティウス (1445-99) は、特に『重要人物について』(De illustribus viris) という（批判的でない）歴史作品の著者であった。論文『至聖なるおとめマリアの保護と庇護』(De patronatu et patrocinio Beatae Mariae Virginis) において、彼は、ほとんど現代的で公会議後の教えを連想させる仕方で、マリアに関するカルメルの霊性の基盤を叙述した。カルメル会士が母や姉妹とみなす聖母マリアは、しばしば聖書のイメージで言及されるので、個々の感情的信心を隠すことになった。重要であるのは、ベルギーの聖アウグスティヌスのミッシェル (1621-84) と彼の霊的娘マリア・ペティト (1623-77) である。

世界文学に対するカルメル会の著作の最も名高い貢献は、間違いなく、最大の神秘家アビラの聖テレジアの作品にある。それらは同時代人たちによって、一部は高く評価され、一部は非難され厳しく批判されもした。続く数世紀では、著作内の多くの批判的発言に対して人々は抵抗を感じた。それらは、単純に秘匿されたり、大胆すぎるとして彼女の手稿から判読できないようにされたりした。たとえば、民衆語で書かれた宗教上の読み物に対する異端審問所の措置に直面した彼女の態度や、宗教分野にいる女性の差別待遇に対する彼女の断固とした見解のように。さらに、19世紀にはまだ、世俗的なテ

ーマについて論じた彼女の手紙が公表を回避されていた。しかし、過ぎ去った時代を聖人の標準的イメージと一致させることができなかったものこそ、人間と超自然的体験の道についての現実的見解を強調する。アビラのテレジアは、私たちの現前にますます卓越した心理学者の姿を現す。彼女は、「黄金世紀」の言葉である古典カスティーリャ語を巧みに用いて、彼女の同世代と後世に、自分の世界を身近なものとしたのである。彼女の『自叙伝』(Vida)は、心理学的・宗教学的問題提起の基礎として、理論と実践に役立つことがまれではなかった。彼女はそこで、自分の人生の内外の出来事について素直に、自発的に、直接に伝えているが、困難や克服すべき予想外の状況についても報告している。彼女は内的体験や超自然的恩恵についてしばしば題材にするが、従来の伝統とは異なった仕方でこれらを解釈する。すなわち、人間的・女性的感情を高く評価する点で異なるのである。それゆえにこそ、今日の女性の自己理解にもテレジアが引き合いに出され得るのであり、無神論の読者も彼女をフェミニズム運動の先駆者とみなすことができるのである。

テレジアは、神の秘儀へと導く神秘的著作である『完徳の道』(Camino de perfección)と『霊魂の城または住居』(Castillo interior o Las Moradas)においても自分の考えを書きとどめた。両書は、彼女の体験の体系化と呼ぶことができる。それゆえ、『霊魂の城』では、7つの「住居」による神への上昇が寓意的に述べられている。まず3つの住居は、修徳的・能動的領域を具現し、その後に受動的祈りが続く。その結果、神秘的婚約と霊的婚姻に導かれる。『道』が出版を意図してのものであったのに対し、他の2著作は弁明の書あるいは依頼に応じた作品として書かれた。テレジアが書いた1,200通から1,500通におよぶ手紙の半数以上は失われ、それには十字架のヨハネとのやりとりも含まれる。

テレジアは自分に与えられた恵みの豊かさを、自著の中で決して隠さなかった。この開放性において彼女は自由になり、自分自身を乗り越えたのである。それによって、彼女の有名な言葉を理解することができる――「あなたには何の汚れもなく……すべてが消え去り……神のみが満たす」(詩9、意訳)。アウグスチノ会隠修士の神学者ルイス・デ・レオンは、このスペインの女性神秘家の並はずれた魅力的な体験に心服し、彼女の死後わずか6年で(1588年)、彼女の作品を出版した。それらは、カルメル会において、次いで反宗

10-5 十字架の聖ヨハネの肖像
1567年、セゴビア、カルメル会修道院蔵

教改革的刷新のカルメル会以外の中心組織において、17世紀に増大する神秘神学の解明の基盤として貢献した。

それに対し、十字架のヨハネの著作は、静寂主義の強い疑いを当初かけられていたので、彼の列福と列聖（1675年、1726年）後にようやく広く知られるようになった。カルメル会の宗教的叙情詩は、彼によって比類なき神秘的深みと美しさに達した。ヨハネの場合、詩は、彼の神学、哲学、神秘主義の根源となった。しかし、彼自身の叙情詩に関する長い注釈は、文学的完成度、文体、表現に関して、また内容に関しても、『霊の歌』(*Canzoni espirituali*) よりは劣る。十字架のヨハネは、3編の主要な作品を作った。『霊の賛歌』(*Cántico espiritual*, 39または40の歌)、『暗夜』(*En una noche oscura*, 8つの歌)、『愛の生ける炎』(*Llama de amor vivo*, 4つの歌)である。このうち、前二者は、トレドで修道院の牢獄に捕らえられている時（1577年）に大部分が書かれた。そのほかに彼は、2つのロマンス体詩と叙事詩、注釈、韻を踏む詩を書いた。「たとえ夜であろうとも、あふれ出、流れ出る泉」という自伝的歌は、個人的感動を物語っている。数えきれないほどの翻訳と解釈を生み出した彼の叙情詩は、愛の神秘主義の世界に入れられるべきであるが、感傷性に欠ける。これらの詩は、カルメル会の改革を不朽のものにしただけでなく、さらに広く影

響を与え世界文学の共有財産となった。

囚人として外的・内的に見捨てられたという独自の体験により、十字架のヨハネは、「暗夜」のイメージで最初の重要な詩を作った。創造主に徹底的に依拠して生きて考え尽くされたこの概念は、今日まで、すっかり見捨てられたという体験に対する暗号である。早くも聖ウルスラ会の神秘家ご託身のマリア（1599-1672）が、そして哲学者シモーヌ・ヴェイユ（1909-43）が、この概念を特殊化した。その際、「暗夜」が抽象的には把握され得ず、何らかの方法でそしてどこかで、それを経験し苦しみ克服しようとする1人の人間の体験としてのみ捉えられ得る状態であるということが本質的なことであり続けた。それによって、「暗夜」は現代の心理学者にも受け入れられ、彼らのなかには、スペインの神秘家の教えの中に、うつ病・不安・絶望の場合の治療法を探す人もいる。実際の司牧では、「暗夜」は光への待機の状態と解され、その時、キリスト教的本質へと導く理解の地平が開かれるとされる。

同様に、十字架のヨハネの「全−無」（Todo-Nada）の教えが、別の人びとによって受け継がれ解釈された。その教えは彼の詩のなかで暗示され、未完の本『カルメル山登攀』（*La Subida del Monte Carmelo*, 第1部第13章11）において、より詳しく書かれている。すべてを所有するためにすべてを放棄するという彼の主張により、ヨハネは多くの解釈者に対して「無の教師」となった。しかし、これらの人びとが、ヨハネにとっては無の神秘主義だけではなく人間が神と一致するための恵みある前提と可能性もまた重要であるということを、いつも理解していないことは明らかだった。この意味で、無の考え方が、思想にとらわれない東洋的禁欲の瞑想と実際にどの程度対応するのかをも問うべきである。禅仏教はヨハネにつながる橋を求め、そのことは無の概念の諸文化間の意味を強調するが、ここでは、構造上の類比を性急に関係づけるべきではないだろう。

テレジア的カルメル会では、16世紀の偉大な詩人を手がかりに、霊的体験や直感的認識を詩的に表現する欲求が蘇った。スペイン人マリーア・デ・サン・ホセ（サラサール、1548-1603）[14]は、詩の才能に恵まれた一連の修道女の最初の人物で、23の詩を書いた。マリーア・デ・サン・アルベルト（1568-

---

(14) 聖ヨゼフのマリア。

1640)は、たとえば、「おお、甘き暗き夜」という叙事詩で知られ、ご降誕のセシリア（ソブリーナ・イ・モリーリャス、1570-1645）には87の詩と神秘的・詩的な著作がある。その中には17の断片『神における魂の変容について』（*De la Trasformación del alma en Dios*）が含まれるが、それは精神が似ていることから、長い間誤って、十字架のヨハネが書いたものとされていた。彼女の教え子として、17世紀の重要な作家であるテレサ・デ・ヘスース・マリーア（1592-1641）[15] を挙げておかなければならない。彼女の自叙伝と旧約聖書注解は、神秘的愛の体験の深い源泉を詩的美しさで解明している。

テレジア的カルメル会のマリア文学は、16世紀後半に多少影が薄くなった。しかし、伝統的カルメル会では無論、むしろ平凡な詩集『聖母マリアの偉大と栄光』（*Grandeza y excelencia de Nuestra Señora*, 1585年）を書いたペードロ・デ・パディーリャが挙げられよう。とはいうものの、すでに言及された聖アウグスティヌスのミッシェルはカルメル会のマリア論に決定的な寄与をした。彼の論考『マリアにおけるマリアのためのマリア風のマリア的な生活について』（*De vita mariaeformi et mariana in Maria propter Mariam*）は、マリア宣教会の創立者グリニョン・ド・モンフォール（1673-1716）の『聖母へのまことの信心』（*Traité de la vraie dévotion à la Ste. Vierge*）とのみ、内容上比較され得る。同時に、カルメル会の文学は、思想に関してますます、保護者としてのマリア、スカプラリオを手にするカルメルの后としてのマリアを慕うよう方向づけられた。

ルネサンス後期とバロック時代初期は、2、3の例が明らかにするように、伝統的カルメル会においても文学上の黄金時代であった。オランダにおけるカトリック生活の衰退にもかかわらず、フランツィスクス・アメルリー（1552没）は、魂の『聖書』との対話である2冊の神秘的『対話』ならびに霊的書簡を書いた。ルネサンス末期には、神秘心理学に関するスペイン語の最高作品の1冊である、『人間の肉体的・理性的・霊的三様の生についての書』（*Libro de las tres vidas del hombre: corporal, racional y espiritual*）が出版された。その著者ミゲル・デ・ラ・フエンテ（1573-1625）は、その内容を明らかに、中世ドイツの神秘主義と十字架のヨハネの神秘主義に関係づけている。同様に、

---

(15) イエス・マリアのテレサ。

パブロ・エスケラ (1626-96) は、彼の著作に立ち戻り、3部からなる聖務必携『聖なる哲学と神秘神学の霊的教義による、完徳の学校』(*Escuela de perfección formada de espiritual doctrina de filosofía sagrada y mística teología,* サラゴサ、1675年) を作成した。

イタリアでは、内的祈りに関してよく構想された作品であるピエル・トマーソ・サラケーニ (1566-1643) の『内的祈りのための教え』(*Ammaestramento per l'oratione mentale*) が、1599年にボローニャで発刊された。これは、観想を第一とする任務にふさわしい努力を特徴づける証しである。フィレンツェのカルメル会女子修道院のマリーア・マッダレーナ・デイ・パッツィ (1566-1607) は、深い神秘体験の代表者であった。彼女が脱魂状態である間に同じ院内の修道女が書き留めた言葉は、熱狂的に受け入れられ、同時代の人びとは真の愛の神秘主義であるとみなした。たとえば、『40日』(*I quaranta giorni,* 1584年)、『対話』(*I colloqui,* 1584/85年)、『啓示と理解』(*Revelatione e intelligentie,* 1585年)、『試練の書』(*Libro della probatione,* 晩年の作品)、『教会刷新』(*Renovatione della Chiesa,* 1585/86年) である。

すでに言及された盲目の助修士で神秘家のジャン・ド・サン＝サンソンは、人間と神がどのようにして互いに一致に至るのかという問いを、彼の謝禱についての教えによって新しい視点で論じた。彼の著作は、とりわけフランスとオランダで影響力があった。ただし、彼の体験は、静寂主義の解釈に合っていた。宗派を超えた親密さを求めた神秘家であるギュイヨン夫人 (1648-1717) の体験も同様であったが、彼女は異端者として投獄された。無論、彼女は、ジャン・ド・サン＝サンソンの場合には、自己否定がどれほど強いかということ、また、全所有物の放棄が目的ではなく神の愛へ到達する手段であるということを見落としていた。

さらに、もう一度聖アウグスティヌスのミッシェルを思い起こすならば、彼の (当初、一部がフラマン語で書かれた) 神の秘儀へと導く神秘的論文に、『神秘主義の手引き4巻』(*Institutionum mysticarum libri quatuor,* アントウェルペン、1671年) がある。興味深いことに彼は、自分の論述の中で、霊的娘で第三会員マリア・ペティット (1623-77) の内的体験にしばしば立ち返る。彼は、マリア・ペティットの霊的遺作を出版した (ヘント、1683年)。

この関連で、特に16、17世紀のテレジア的カルメル会で、とりわけ反宗

教改革の進行中に刷新されたカトリック信仰の規定を支持することを願って作られた、若干の主要な思弁的作品にも言及されるべきである。テレジアの体験を初めに体系的に評価したのは、フアン・デ・ヘスース・マリーア（ウスタロス、1564-1615）の諸論文、特に『神秘神学』(Theologia Mystica, ナポリ、1607年)、有名な同時代人で教会博士フランソワ・ド・サルに称賛された『神の愛し方』(Arte di amare Dio, ナポリ、1610年)、『祈り・黙想……の学校』(Scuola di orazione, contemplazione ..., ローマ、1610年) である。これらは今日に至るまで、カルメル会の霊性を実証する教本の中に数えられている。テレジアに関する解釈は、トマス・デ・ヘスース（ディアス・サンチェス・ダビラ・イ・エレーラ、1564-1627）においても見出される。彼については、『内的祈りに関する論考』(Tratado de la oracción mental, ローマ、1610年) や著書『神の黙想について』(De contemplatione divina, アントウェルペン、1620年) を挙げるにとどめておこう。

十字架のヨハネの神秘主義は、合一に至る信仰の道という基本概念を問いつつ立ち戻るうちに、ホセ・デ・ヘスース・マリーア（キローガ、1562-1629）[16]によってはじめて体系的に解明された。彼の著作『魂の神への登攀』(Subida del alma a Dios, マドリード、1656年) と『魂の霊的楽園への入園』(Entrada del alma al Parayso spiritual, マドリード、1659年) は何度か印刷され、イタリア語に翻訳された。フランシスコ会士ガブリエル・ロペス・ナバーロは、『神秘神学』(Mística theologia, マドリード、1649年) のために、少なくとも15章分をそれらから借用し、他方、カルトゥジア会士ベルナルディーノ・プラネスは、キローガという実名で、『私たちの母イエスの聖テレジアの教えと聖書・教父等とのコンコーダンス』(Concordancia de la doctrina de nuestra Madre santa Teresa de Jesús con la sagrada Escritura, Santos Padres, etc., バルセロナ、1664年) を出版した。

それとともに、異端審問の側面から何度も迫害にさらされ、そのため擁護の著作執筆を余儀なくされたカルメルの神秘主義的流れは、さらに重要な作品を生み出した。特に、フランス人聖三位一体のフィリップ（エスプリ、1603-1671）の『神秘神学大全』(Summa theologiae mysticae, リヨン、1656年) である。彼の影響を受けて、聖カタリーナのバルダッサーレ（マキアヴェッリ、1597-1673）は、重要な『霊魂の城に関してトマス・アクィナスとイエスのテレジ

---

(16) イエス・マリアのヨゼフ。

ア……から影響を受けた、天の英知の輝きと反映』(*Splendori, riflessi di sapienza celeste, vibrati da'… Tommaso d'Aquino e Teresa di Gesú sopra il Castello interiore,* ボローニャ、1671年) を著した。カルメルの神秘主義的流れの上記のそして他の多くの著作は、秘儀的であることを意図してはいたが、初めから哲学的または神学的概念を用いていた。このことは、カルメル会内にサラマンカ大学神学者たちの文芸運動を引き起こしたが、同時に、彼らから学ぶよう別の流れを刺激した。たとえば、イエズス会はスカラメッリ[17]によって、ドミニコ会はヴァルゴルネラによって。

ナポレオン時代の到来により、カルメル会士の神秘主義の領域での出版活動も終わった。しかし、19世紀の終わりにリジューのテレーズとともに、カルメル会の文学は観点を刷新する。彼女の54の詩と自伝的『ある霊魂の物語』は、20世紀前半に驚異的な広がりを見せ、その際に翻訳と作曲が重要な役割を果たした。それらは、飾り気がない、すべての人びとに身近な神体験の表現として、彼女の時代の信心の欲求に合致したが、現代のセンスにはおそらく合わない。彼女の全集校訂版がようやく1992年に、彼女の教えと生涯への新しい入口を開いた。彼女の時代には、ディジョンのカルメル会修道女である三位一体のエリザベト (カテー、1880-1906) の詩や賛美の祈り「私のあがめる三位一体の神よ」(*Trinité, mon Dieu, je vous adore*) も作られた。

20世紀になりようやく、霊性の領域で基礎的出版物が再び出てくるようになった。第一に、スペイン人の聖体のクリュソゴノ (1904-45) の作品、特に、『神秘主義的カルメルの教え』(*Escuela mística carmelitana,* マドリード、1930年) と『修徳と神秘主義概説』(*Compendio de ascética y mística,* マドリード、1933年) が挙げられる。さらに、ベルギー人聖なるマリア・マグダレナのガブリエル (ド・ヴォ、1893-1953) とフランス人幼な子イエスのエウジェーヌ (グリアルー、1894-1967) の多くの個別研究がある。

現在も、両修道会は伝統にならって、マリア関係の著作の充実化に努めている。たとえば、フリースラントのジャーナリストで殉教者のティートゥ

---

(17) ジョヴァンニ・バッティスタ・スカラメッリ Giovanni Battista Scaramelli (1687-1752)。イエズス会士。ウンブリア地方などで活動。説教・黙想指導に秀でていた。著書に『修徳の手引き』(*Direttorio ascetico*)、『神秘主義の手引き』(*Direttorio mistico,* いずれも1754年) がある。

ス・ブランズマ (1881-1942、1985年列福) の作品において、そうである。しかし、『カルメルの母であり誉れであるマリア』(Maria, Madre e decoro del Carmelo) というニーロ・ジェアジェア[18]による基本的テキスト選集が1988年にローマで出版された事実は、カルメル会の今日の霊性にとって、神の母をありありと思い浮かべることが重要であることを示している。「カルメルのすべてはマリア的である」(Totus Carmelus marianus est) という言葉が作り出されたのは、理由があってのことである。

5. 建築と造形芸術

古い修道会と異なり、カルメル会士には彼らの修道院や教会を自ら建てる不文律はかつてなかったが、設立時の隠修士たち自身が建築家や建設工にならなかったわけではない。修道院の建造は、「礼拝堂は、可能であれば独居の修室に囲まれて建てられるべきである」という最初の会則の規定に従っている。各修道士に自分の修室があり、それらは、教会を取り囲むか教会に通じていた。共同寝室 (Dormitorium) はなかったが、共同食堂 (Refektorium) を初めとする付属建造物があった。

この構図は、エイルスフォード修道院において今でもはっきりと識別することができる。それは、コドゥノーのリチャード・グレイ卿の創意に端を発する。彼は1240年に十字軍に参加し、その折にカルメル山の隠修士と知り合った。彼は何人かの隠修士をイギリスに連れ帰り、おそらくエイルスフォードでの修道院創設を経済的に援助した。その結果、すでに1247年に総会がそこで開催できたのである。修道院は1538年に廃止されたが、1949年にカルメル会に買い取られ修復された。そこで実現された建設構図は、カルメ

---

(18) Nilo Geagea (1908-)。シリア人の跣足カルメル会士。ニーロ・ジェアジェアはイタリア語表記。ローマにあるテレジアーヌム (第9節「教育制度」において後述) で、教授を長年務めた。なお、『カルメルの母であり誉れであるマリア』には、「カルメル会の初期3世紀におけるマリア信心」(la pietà mariana dei Carmelitani durante i primi tre secoli della lero storia) という副題がついている。また、本章が執筆された後に、ニーロ師による『マリア関連テキスト：至聖なるおとめマリアに関するカルメル会選集』(Testi Mariani : Antologia Carmelitana sulla Beata Vergine Maria) が、1996年にローマで出版された。

10-6* エイルスフォード（イギリス、ケント州）のカルメル会修道院、1242年創建
礼拝堂は独居の修室に囲まれて建てられるべきであるという規則に適った典型的建造

ル会修道院に特有であると見なすことができる。それは、自覚的に修道会内で伝えられた。再開へのより新しい試みは、ダッハウのカルメル会女子修道院である。それは、カルメル会の霊性に従いヨーゼフ・ヴィーデマンによって構想され、1965年に創設された。

　建築家として活動したカルメル会士たちは、たいてい、養成された専門家ではなかった。17、18世紀のスペインとラテンアメリカでは、修道院内礼拝堂とファサードを設計して一部を自分たちで作った37名の修道会員の名前が伝わっている。有名になったのは、アルベルト・デ・マードレ・デ・ディオス（1571-1635）[19]とアルフォンソ・デ・サン・ホセ（1616頃-16）[20]である。後者は、バロック様式の教会建立の一般的傾向を切り開いていった。彼と共に徐々に、特有の様式が打ち出され始めた（たとえば、アビラの聖テレジア修道院付属教会）。アンダルシアでは、「芸術の偉大な理論家」「完全な建築家」（A.パロミーノ・デ・カストロ）であるフアン・デル・サンティッシモ・サクラメント（1611頃-80）[21]が重要な作品を後代に残した。

---

(19) 神の母のアルベルト。
(20) 聖ヨゼフのアルフォンソ。生没年の表記（1616頃-16）は、原文のままである。

彼が、画家としてカルメル会の他の建築家たちにも影響を与えたように、この時期、カルメル会から有名人が輩出した。フィレンツェのカルミネ修道院は、イタリア・ルネサンスの中心であった。その修道院所属の信心会に、マゾリーノ・ダ・パニカーレ(1383-1440?)、ピエーロ・デル・マッサイオとジョヴァンニ・ディ・フランチェスコ(ともに15世紀前半)、ベルナルディーノ・ポケッティ(1548-1612)のようなフレスコ画家が属していた。フィレンツェのサン・マルコ美術館蔵の聖歌集の貴重な装飾画の多くは、カルメル会士のミケーレ・デル・ボスコ(1336没)とフランチェスコ・ディ・ラムベルトゥッチオ(1386没)の作品である。15世紀には、ドイツのハインリヒ(1458没)とフルオジーノのバルトロメオ(1441没)の指導による写本装飾師の学校が有名になった。

もちろん、カルメル会士たちも、教会や礼拝堂を壁画で見事に飾るために、当時の芸術家を雇った。フィレンツェ・ルネサンスの最も重要な記念建造物の1つであるブランカッチ礼拝堂において、フラ・フィリッポ・リッピ(1406-69)は、カルメル会会則の改革に伴い、マザッチョが描き始めた教会献堂式の絵を完成した。その絵は、リッピが1421年に修道誓願を立てたカルミネ修道院での生活を反映するものである。彼は1461年に修道士の誓願を解かれはしたが、カルメル会においてルネサンス初期の主導的巨匠であった。彼の第一級の作品には、「カルメル会士アンジェロとアルベルトを伴った謙遜の聖母マリア」(トリヴルツィオ・コレクション、ミラノ)[図10-7]、1437年の作「聖母子」(コルネート・タルクィニア美術館[22])、今日しばしばクリスマスの絵として用いられる「マリアの戴冠」(ウフィツィ美術館、フィレンツェ)、「受胎告知」(サン・ロレンツォ聖堂、フィレンツェ)の絵がある。彼は1452年頃に、カルメル会で特に尊ばれた「聖母子と聖アンナ」(ピッティ宮殿、フィレンツェ)[図10-9]を完成した。リッピは1452年から、プラートの大聖堂のフレスコ画(洗礼者ヨハネとステファノの誕生、生涯、死までの6枚の絵)を描き始め、ピエーロ・デ・メディチのいくつかの依頼(「礼拝」とほかのいくつかの聖母マリア像)を製作し始めた。彼は死ぬまでスポレートの大聖堂で、マリアの永眠と戴冠の光景の製作に従事した。フラ・フィリッポ・リッピの最も

---

(21) 聖体のヨハネ。
(22) 現在は、ローマ、バルベリーニ美術館蔵。

10-7 フィリッポ・リッピ「謙遜の聖母」(「トリヴルツィオの聖母」とも呼ばれる)
　　1432年頃、ミラノ、スフォルツァ城美術館蔵
　　画面右から2番目にカルメル会士アンジェロ、右端にカルメル会士アルベルトが描かれている

重要な弟子は、サンドロ・ボッティチェリであった。リッピは、彼の修道生活上の兄弟たちが1469年10月9日に略伝付き死者人名表に記入したように、「わたしたちの時代にほとんど誰も彼に匹敵する人がいないほど、画家としての才能に恵まれていた」が、リッピと肩をならべてプラートとスポレートで活躍したのが、フラ・ディアマンテ(1430年頃の生まれ)であった。しかし、リッピは晩年、カルメル会での面倒をのがれるために、カマルドリ会士となった。

次世紀のカルメル会士は、この芸術的頂点に誰も到達しなかった。しかし、イタリアでは名の知られた画家として、ペッレグリーノ・アントニオ・オランディ(1660-1727)が挙げられる。スペインでは、すでに言及したフアン・デル・サンティッシモ・サクラメントが、アンダルシアの修道院(アギラール)の祭壇画やコルドバの司教館の絵画によって際立っていた。スペイン北部では、典型的バロック様式の画家(ならびに建築家)として、マルコ・デ・サンタ・テレサ(1677-1744?)[23]が活動した。さらに、無名のままのカ

―――――
(23) 聖テレジアのマルコ。

10-8 ベルニーニ「聖テレジアの法悦」
1647年頃、ローマ、サンタ・マリーア・デッラ・ヴィットーリア聖堂

ルメル会士芸術家や芸術愛好家の作品、たとえば、フアン・デ・ラ・ミゼリア[24]によるアビラの聖テレジアの有名な絵[図10-2]もある。

　カルメル会の聖人たちへの崇敬が増すにつれて、著名な芸術家たちによる彫刻や絵画も同様に製作された。たとえば、ベルニーニの「聖テレジアの法悦」(ローマ、サンタ・マリーア・デッラ・ヴィットーリア聖堂)[図10-8]やティエーポロの「カルメルの聖母」(ブレラ美術館、ミラノ)[図10-4]である。すでに15世紀に形作られたカルメル会の聖母のタイプ(腕の中に子供を抱いて立っているマリア、聖母子ともにスカプラリオを見せている)は、一般的に、マリ

---

(24) 苦難のヨハネ。

アに関する図像学を豊かにするよう導いた。

カルメル会の聖人とカルメル会史について、カルメル会の聖人の手になる作品がバロック時代に数多く印刷され、それらは、たいていの場合聖人たちの生涯を描いた価値ある木版画や銅版画、表紙絵等を一部収録している。ベルギー人ハイ・ホイス（1884没）が集成した「テレジアの巡礼の旅」（ヘント、1893年）というグラフィック＝アートも、カルメルの造形芸術に属する。

レバノンのハリッサのカルメル会修道女が、東方教会のイコンの古典的・アルカイックな様式を取り入れて、芸術的に注目すべき画法を生み出したことが、さらに指摘されよう。それは、カルメルの霊性の神秘的広がりをたくみに強調している（たとえば、十字架のヨハネの『霊の賛歌』に関する図）。現代の画法では、技師で建築家のオイゲン・フィーマンの『暗夜』に関する素描がある。

建築・造形芸術と並び、カルメル会は、民族固有の芸術に関する一章をも書くことができよう。テレジアの改革の時代とそれに続く数世紀には、幼な子イエスのろうの像や木の像に、スペイン王子と見立てて高価な刺繍で飾った衣服を着せる習慣があった。いわゆる「プラハの幼きイエス」が有名である。スペインとラテンアメリカでは、20世紀半ばまで、聖母マリア、聖テレジア、十字架のヨハネの像を豪華な礼服でおおうのが常であった。キリスト降誕のうまやの像の特徴的な表現も、結局は民族芸術に含まれる。

6. 音楽

宗教音楽と世俗音楽の育成は、修道会本来の課題ではない。しかし、カルメル会士には、ミサを音楽的に豊かにする願望がすでに早い時期からあった。故人の略伝と管区の記録は、14世紀から先唱者とオルガン奏者に言及している。15世紀にカルメル会はすでに第一級の作曲家と理論家を擁していた。イタリアでは、バルトリーノ・ダ・パトヴァ（1365頃-1405）が、アルス・ノヴァ様式でマドリガーレとバッラータを作曲していた。オックスフォードで音楽を専攻したイギリス人ジョン・ホスビー（1487没）もまた、自分の作品の大部分をイタリアで作曲し、彼の同時代人で修道生活上の兄弟であるヨハ

ネス・ボナディース（1450-1500）がその一部を編集した。15世紀の音楽理論のアンソロジーである『レグラ・カントゥス』(Regula Cantus) が現存するのは、ボナディーズのお蔭である。

16世紀には、マテオ・フレチャ（1543年以来王室の宮廷作曲家兼王室付司祭、1604没）が有名になった。彼は1581年に3つの作品を出版した。『対位法音楽の書』(Liber de musica de punto)、『神への終課の詩編聖歌、短い読書、サルヴェ・レジナ』(Divinarum completarum psalmi, lectio brevis et Salve Regina)、『ラス・エンサラーダス〔音楽の練習〕』(Las Ensaladas) である。同様にマントヴァには、宮廷付司祭でもあった音楽家たちがいた。同地でヴィンチェンツォ・ネリティは、『マニフィカト』（2巻、ヴェネツィア、1593年および1600年）とカンツォネッタ（3巻、4声、ヴェネツィア、1593年、1595年、1599年）を作曲した。

17、18世紀にも、宮廷オルガニストとしても傑出していた作曲家たちが、イタリア、スペイン、ドイツにいた。アレッサンドロ・タデーイ（1585頃-1667）、ロレンツォ・ペンナ（1613-93）、スペインでは、マノエル・カルドーソ（1566-1650）、マヌエウ・コレーア（1653没）である。18世紀後半には、ペドロ・カレーラ・イ・ランチャーレスがおり、彼のオルガン曲『詩編唱のオルガン曲。全旋法による詩編唱選集』(Salmodia organica. Juego de versos de todos tonos) が1792年に出版された。ユスティヌス・ア・デスポンサツィオネ BMV[25]（1675-1747）は、バンベルクの卓越した作曲家であった。典型的バロック様式のオルガン曲ならびにチェンバロ曲である『オルガン音楽体系』(Chirologia organico-musica, ニュルンベルク、1711年) と『音楽の労作』(Musikalische Arbeith- und Kurtz-Weil, アウクスブルク、1723年) は、彼の作品である。最後にその当時フランスでパイプオルガン奏者として有名であった、ジャン・ド・サン＝サンソンのことが再度思い出されよう。彼の即興演奏は、修道院の枠をはるかに越えて多くの人々を感嘆させたのである。

カルメル会では、典礼の歌の育成は重要な位置を占めてはいなかった。カルメル会士たちは、パレスチナから来て、ヨーロッパにおける最初の世紀に、聖墳墓聖堂の典礼式を用いた。1291年の会憲は、ベーカのジベルトゥス（1270頃-1332頃）の作ったオリジナルを用いるよう定め、それが1312年にロ

---

[25] BMVはラテン語 Beata Maria Virgo（聖母マリア）の略。英語では、Blessed Mary the Virgin であるが、BVM（Blessed Virgin Mary）とも表記される。

10-9 フィリッポ・リッピ「聖母子と聖アンナ」
1543年、フィレンツェ、ピッティ宮殿パラティーナ美術館蔵

ンドンの総会で公認され1580年まで使われていた。ローマ典礼様式が取り入れられたのは、まずテレジア的カルメル会においてであった。しかし、マリア的色彩を帯びた特徴、たとえば、カルメル山の至聖なるおとめの保護の祝日という固有の内容は、そのまま残っている。数世紀のうちに、ミサ固有唱と聖務日課(アビラのテレジア、十字架のヨハネ等)となり、それらのために聖歌とアンティフォナがグレゴリオ聖歌様式で書かれ、伴奏付きで仕上げられた。ここで、カレーラとユスティヌスの名を挙げることができる。『カルメル会のミサ固有唱と聖務日課基本聖歌』(*Proprium Missarum et Officiorum Ordinis*)については、グレゴリオ聖歌ソレーム版から着想を得た欠落のない伴奏本が1924年または1933年からある。スペイン人ホセ・ドミンゴ・デ・サンタ・テレーサ[26]による改訂版『朝課』(*Matutinale*, ビルバオ、1941年)と『晩課』

---

[26] 聖テレジアのヨゼフ・ドミニコ。

(*Vesperale,* ビルバオ、1952年) は、それを保持した。典礼形式に母国語を導入して以来、カルメル会ではいたる所で、翻訳された固有文に新しいメロディーをつける傾向があるが、ラテン語原文や作曲された作品を完全に排出しているわけではない。

カルメル会における民族固有の音楽に関しては、列聖や記念日の際に生じたバロック様式の新しい聖歌やオラトリオを別にして、おおむねカルメル会会員が作曲したクリスマスや聖母マリアの祝日に関する地味な民謡に場が譲られる。

7. 神学と人文科学

他の托鉢修道会の修道士たちのように、中世後期のカルメル会士たちも、ヨーロッパの大学で教えることを望んだ。それゆえ、若い司祭たちは、場合によってはいずれ自ら講座を引き継ぐために、たとえばオックスフォードやパリで、すぐれた神学専門教育を受けた。カルメル会の一番のスコラ哲学者は、イギリス人のジョン・ベーコン (ベイコンソープ、1290頃-1348) で、彼は有益な命題論集注解の著者であった。しかし、彼が当時の学問的討論でどれほどの役割を果たしたかを判断するのは、難しい。ソルボンヌで教えた2人のイタリア人ジェラルド・ディ・ボローニャ (1319没) とアリストテレス主義者ギー・テッレーニ (1342没) も、ほとんど前面に出てこないように思われる。そのことは、ボローニャ人ミケーレ・アイグアーニ (1320頃-1400) にも、当てはまる。彼は、研究者としてよりも何人もの教皇への助言者ならびに神学事典の作成者として、教会史に名をとどめている。

14世紀には、カルメル会の起源を歴史的に聖書に関係づける自覚が生じ、それに文学的表出がないわけではなかった。上記のジョン・ベーコンは聖母マリアに起源があると唱え、ヨハネス・ヴァン・ケミネト (1350頃没) は、彼の『カルメル会士の修道会の鏡』(*Speculum Ordinis Fratrum Carmelitarum,* 1337年) が証明するように、エリヤ起源説を唱えた。類似した考えをヒルデスハイムのヨハネスが『対話』(*Dialogus,* 1370年) において、ヨハネス・グロッシが『庭園』(*Viridarium,* アヴィニョン、1395年、イタリア語版1417年) において取り上げ、

黙想的で比喩に富んだ仕方で発展させた。

　15世紀には、イギリスのカルメル会に、すぐれた神学者でウィクリフの敵対者であるウォールデンのトマス・ネッター（1377頃-1431）がいた。彼の『カトリック教会の古代信仰の原理』（*Doctrinale antiquitatum fidei Ecclesiae catholicae,* パリ、1532年印刷）は、全身全霊を尽くしたカトリック思想の弁護で、彼には「真正博士」（Doctor authenticus）という称号がついた。

　人文主義と初期ルネサンスは、独自の神学校を創設したいという願望をカルメル会内で増大させたが、それはうまくいかなかった。もしかすると、カルメル会がスコトゥス主義の学説の側に立ったためであるのかもしれない。たとえば、福者バッティスタ・マントゥアーヌスは、自著『トマス主義者への黄金の書』（*Opus aureum in Thomistas,* 1492年）において、聖トマス・アクィナスと彼の後継者たちに対して論争を挑んだ。この著作は、イタリアの人文主義者ピーコ・デッラ・ミランドラ、ロレンツォ・ヴァッラ、マルシーリオ・フィチーノによって肯定的に評価されたとはいえ、オランダやドイツなどの北方では反人文主義的考え方が優勢であったこともあり、カルメル会神学校の実現に不利に働いた。

　しかし、テレジアの改革の流れに沿って、神学の専門教育も奨励され、それによって大学での授業が再開された。さらに、いまやトマス・アクィナスを「カルメル会の師」に選ぶために、カルメル会はスコトゥス主義に背を向けるようになった。特に、サラマンカのカルメル会神学院で教えていた神学者たちは、アクィナスの教えに基づく広範囲な作品、『聖トマスの神学大全……を含む神学教程』（*Cursus theologicus Summam theologiae ... D. Thomae complectens,* サラマンカ／マドリード、1631-1712）の発刊によって、すぐれた名声を得ることになった。多くの個別研究や7巻からなる『道徳神学教程』（*Cursus Theologiae moralis,* マドリード、1665-1753）がじきに続き、この印象的な作品により、カルメル会は、神学史上、卓越した場を確保したのである。

　同時に、また、カルメル会総長顧問会の決定の結果として、大部の手引き書が出版され、その結果、カルメル会の「特性としての神秘神学」と名づけられた（ペドロ・デ・キンターナ）。聖霊のアントニウス（ゴンカルベス・カラカ、1618-1674）が書いた『神秘主義の手引き』（*Directorium mysticum,* リヨン、1676年）は、20世紀初頭に至るまで何度も印刷され、神秘神学研究の基本と

みなされた。同様のことは、ポルトガル人聖霊のヨゼフ（バルロソ、1609-74）の『カルメル会士の神秘主義の鎖』（*Cadena mystica carmelitana*, マドリード、1678年）やカスティーリャ人お告げのアントニオ（1632-1713）の『祈りと黙想に関する神秘主義的討論』（*Disceptatio mystica de oratione et contemplatione*）についても当てはまる。霊的生活の特質と実践に関する彼らの見解は、他の学問的著作に多くの軌跡を残した。

ベルナルディーノ・ランドゥッチ（1523没）の著書『総合的意味と分析的意味』（*De sensu composito et diviso*, ヴェネツィア、1500年）や『ペトルス・ロンバルドゥス〈神学命題集4巻〉に関する問題』（*Quaestiones in quartum Sententiarum*, 1516年）のような個々の研究から見てとると、カルメル会には哲学領域ですぐれた著作がなかった。サラマンカ大学神学者（Salmanticenses）については、すでに指摘された。彼らと類似して、少し前にアルカラ・デ・エナーレスでは、その地の教授たち（アルカラ版聖書学者、Complutenses）[27]が、アリストテレス哲学の広範囲な手引き書に着手し、1624年からそれを発行し始めた。

20世紀においては、エディット・シュタインの世俗名でよりよく知られている十字架のテレジア・ベネディクタ（1891-1942）が、キリスト教哲学の理解に本質的貢献をする著作によって際立っている。彼女はエドムント・フッサールの助手であったが、1922年にカトリックになり、1933年にカルメル会修道女になった。彼女が1936年に完成した論文『有限な存在と永遠な存在』（*Endliches und ewiges Sein*）は、存在の意味への上昇の試論である。同時に彼女は、中世と現代の思想は互いに相入れないのではなく、哲学的志向が神秘的に形成されるならば、統合に達することが絶対に可能であると説得することができる。十字架のヨハネの主要作品の詳細な現象学的分析である、未完の『十字架の学問』（*Kreuzeswissenschaft*, 1942年）もまた、シュタインのものである。

8. 自然科学

自然科学に取り組むことは、カルメル会本来の課題ではない。「世俗の科学の危険」を恐れ、そのため、「天文学の代わりに聖書の研究を始めること」

がよりよいとされたのである。この意味で、ベルギー人カルメル会士アルノルド・ボスティウスは、ベネディクト会士トリテミウスに、修道生活上の若い兄弟で数学者、天文学者、詩人であるヤコブス・ケーイモラヌス宛てに手紙を書くように頼んだ。それにもかかわらず、イタリア・ルネサンスから、天文学と物理学に秀でる人びとが輩出した。たとえば、トスカーナ管区長で、1543年にピサの天文学の講座をコージモ・デ・メディチから委ねられたジュリアーノ・リストーリ (1492-1556) である。プトレマイオスの著作に関する注解と講義が彼の著書に数えられている。ただし、彼の弟子フランチェスコ・ジュンティーニ (1522-90) は修道会を去り、フランスに行った。彼の著作は、『天文学の鏡』 (*Speculum astrologiae*) という題でまとめられた。

カルメル会士パーオロ・アントニオ・フォスカリーニ (1616没) は、地球の運動についての書簡 (*Lettera sopra la mobilità della terra,* ナポリ、1615年) によって有名になった。その書簡の中で彼は、すでにガリレイの17年前に、地球が自転することと太陽中心の体系が決して聖書に矛盾しないことを詳述した。これこそ注意深く著された弁明書であり、教会の判断に服することをいとわなかった。しかし、それは1616年に禁書になり、それにもかかわらず、ラテン語訳でいくつかの版を重ねた。

ナポリのカルメル会士ジューリオ・チェーザレ・ヴァニーニ (1585-1619) は、自然現象に多大な関心を示した。動物界における変身に関する彼の考えは、ダーウィンの理論を思い出させる。長上とたびたびうまくいかないことが契機となり、彼はイギリスにのがれ、カトリック信仰を捨てた。後に彼はフランスに行き、1619年2月19日にトゥールーズで異端者として火刑に処せられた。

最後に、スペイン人宣教師アントニオ・バスケス・デ・エスピノーサ (1630没) の歴史書『西インド〔南アメリカ〕に関する要諦と叙述』 (*Compendio y descripción de las Indias Occidentales*) が指摘されるべきである。同書は、特に植物学の分野を事細かに記述し、いくつかの版を重ねた。

---

(27) アルカラのローマ時代のラテン語名がComplutumであることから、アルカラのカルメル会の学院の教授たちをコンプルテンセス (Complutenses) と呼ぶ。

9. 教育制度

　学校制度は、司祭の任務（小教区、宣教）を伴う観想修道会として、多少の差はあれ、修道会の若手養成の専門教育に限られていたし、また、限られている。カルメル会士は、国立の学校では宗教の教師としてのみ働く。しかし、カルメル会には神学院、小神学校、いくつかの単科大学（たとえば、アビラとローマにあるテレジアーヌム）がある。大学はカルメル会所属の講師を擁し、カルメル会に属さない学生も参加できる、霊性に関する理解しやすい特別な講義を行っている。これは、第一会[28]のことである。しかし、カルメル会の精神に則った（女子の）修道会の活動には、より狭い意味での学校や青少年教育も含まれる。すでに述べたように、カルメル会士の大学の仕事は14世紀に始まり、16、17世紀に一般に認められる頂点に達した。カルメル会会員がカルメル会の大学や公けの大学に出講することは、カルメル固有の任務の範囲内で、今日ますます行われている。ここで、ティートゥス・ブランズマが思い出される。ティートゥス神父は1923年にネイヘーメンに開校したカトリック大学の最初の講師の1人で、中世哲学史、神秘主義史、オランダの信心の歴史の講義委嘱を受けた。同時に彼はジャーナリストとして、様々な新聞と雑誌で広範囲な共同作業をしていった。カトリック百科事典の仕事は、彼の提案に由来する。彼は、カトリック中学校協会長として、晩年の数年間、教育制度のあらゆる問題で頼りにされていた。学術的会議に参加して固有の貢献を果たすことや講演によって（たとえば、ザルツブルク大学週間[29]において）カルメル会の神秘神学や霊性の手ほどきをすることは、今日では、カルメル会的精神を生きる修道女の若干をも含めて、カルメル会士の課題に属する。テレジア的カルメル会における約50の雑誌（そのうち5つは学問的）や多数の研究書や研究論文も、この目的に貢献している。

---

(28) 盛式誓願を立てる男子修道会。
(29) 毎年8月上旬頃に1週間（以前は2週間）の会期で開催され、一般的なトピック（たとえば、倫理学など）を取り上げる成人教育プログラム。午前中に講義、午後にセミナーがある。

カルメル会 423

文献

一般書

E. Alford, Les missions des Carmes déchaux, Paris 1977

T. Brandsma, Das Erbe der Propheten. Geist und Mystik des Karmel, Köln 1958

Ders., Karmel. Gesetz und Geheimnis, Köln 1960

C. Butterweck / J. Jantsch, Die Regel des Karmel, Aschaffenburg 1986

A. Deckert / O. Merl, Karmelitisches Gestz und Geheimnis, Köln 1959

Fraçois de Sainte-Marie, Les plus vieux textes du Carmel, Paris 1961

G. Mesters, Geschichte des Karmeliterordens, Mainz 1958

J. Smet, The Carmelites. A History of the Brothers of Our Lady of Mount Carmel, 4 Bde., Rom 1975.
 第1巻のドイツ語訳：J. Smet / U. Dobhan, Die Karmeliten. Eine Geschichte der Brüder U.
 L. Frau vom Berge Karmel. Von den Anfängen bis zum Konzil von Trient, Freiburg/Br. 1981

霊性

J. Baudry, La tradition carmélitaine, Chambray 1980

G. von Brockhusen (Giovanna della Croce), Der Karmel und seine mystische Schule, Wien 1962

Dies., Karmelitermystik, in: P. Dinzelbacher (Hg.), Wörterbuch der Mystik, Stuttgart 1989, 295-297

J. Burggraf, Teresa von Avila. Humanität und Glaubensleben, Paderborn 1996

U. Dobhan, Gott, Mensch, Welt in der Sicht Teresas von Avila, Frankfurt/M. 1978

Ders., Die Spiritualität des Karmel, in: A. Rotzetter (Hg.), Seminar Spiritualität 2, Einsiedeln 1981,
 119-143

Fraçois de Sainte-Marie, La Règle du Carmel et son esprit, Paris 1949

Johannes vom Kreuz, Die dunkle Nacht, Freiburg/Br. 1995

Ders., Sämtliche Werke, Einsiedeln ³1983/84

Ders., Worte von Licht und Liebe. Briefe und Kleinere Schriften, Freiburg/Br. 1996

E. Lorenz, Der nahe Gott der spanischen Mystik, Freiburg/Br. 1985

O. Steggink, Erfahrung und Realismus bei Teresa von Avila und Johannes vom Kreuz, Düsseldorf
 1976

Theresia von Jesus, Sämtliche Schriften, 6 Bde., München 1936-41

Therese vom Kinde Jesu, Selbstbiographische Schriften, Einsiedeln ¹²1991

文学、神学

D. Alonso, La poesia de San Juan de la Cruz, Madrid ³1958

J. Baruzi, Saint Jean de la Croix et le problème de l'experiénce mystique, Paris ²1931

Menendez y Pelayo, Estudios de critica literaria, 1ª seria, Madrid ³1915

E. Stein, Edith Steins Werke, Freiburg/Basel/Wien ²1962ff.

造形芸術

Bruno de San José/Egidio de la Sagrada Familia, Artes y artistas del Carmelo Español, in: Monte Carmelo 49 (1948) 127-136

M. Florissone, Jean de la Croix. Iconographie générale, Brügge 1975

J. M. Muñoz Jiménez, La Architectura Carmelitana, Avila 1990

雑誌

Archivum bibliographicum Carmeli Teresiani, Rom 1956ff.

Carmel, Tilburg 1911ff.

Carmelite Digest, Washington 1984ff.

Carmelus, Rom 1954ff.

Christliche Innerlichkeit, Wien 1965ff.

Edith Stein Jahrbuch, Würzburg 1995ff.

Monte Carmelo, Burgos 1900ff.

Revista de Espiritualidad, Madrid 1941ff.

Teresianum (以前は、Ephemerides Carmeliticae), Rom 1947ff.

邦語文献

ピーター・トマス・ロアバック『カリットへの旅——カルメル会の歴史』女子カルメル会訳、男子カルメル会監修、サンパウロ、2003年

【アビラのテレジアの著作】
聖テレジア『完徳の道』カルメル会訳、岩波文庫、1952年
イエズスの聖テレジア『完徳の道』東京女子カルメル会訳、ドン・ボスコ社、1968年
『イエズスの聖テレジア自叙伝』女子跣足カルメル会東京三位一体修道院訳、中央出版社、1960年
アビラの聖テレサ『神の憐れみの人生』(上・下) 高橋テレサ訳、鈴木宣明監修、聖母の騎士社、2006年
聖テレジア『創立史』東京女子跣足カルメル会訳、ドン・ボスコ社、1962年
イエズスの聖テレジア『霊魂の城』東京女子カルメル会訳、ドン・ボスコ社、1966年
アビラの聖テレサ『霊魂の城——神の住い』高橋テレサ訳、鈴木宣明監修、聖母の騎士社、1992年
イエズスのテレジア『イエズスの聖テレジア小品集』東京女子カルメル会／福岡女子カルメル会共訳、ドン・ボスコ社、1971年
アビラの聖女テレサ『アビラの聖女テレサの手紙』高橋テレサ訳、鈴木宣明監修、聖母の騎士社、1994年

【同、参考文献】

マルセル・オクレール『神のさすらい人——アビラの聖テレサ』福岡女子カルメル会訳、中央出版社、1978年

キャロル・フリンダース『七人の女性神秘家の肖像』竹中弥生訳、天使館、1997年

【十字架のヨハネの著作】

十字架のヨハネ『カルメル山登攀』ペトロ・アルペ／井上郁二共訳、ドン・ボスコ社、1953年

十字架の聖ヨハネ『カルメル山登攀』奥村一郎訳、ドン・ボスコ社、1969年

十字架の聖ヨハネ『暗夜』ペトロ・アルペ／井上郁二共訳、山口・女子カルメル会改訳、ドン・ボスコ社、改訂初版1987年（初版1954年）

十字架の聖ヨハネ『愛の生ける炎』ペトロ・アルペ／井上郁二共訳、山口・女子カルメル会改訳、ドン・ボスコ社、改訂初版1985年（初版1954年）

十字架の聖ヨハネ『小品集』東京女子跣足カルメル会訳、ドン・ボスコ社、1960年

十字架の聖ヨハネ『霊の賛歌』東京女子跣足カルメル会訳、ドン・ボスコ社、1963年

『十字架の聖ヨハネ詩集』ルシアン・マリー編、西宮カルメル会訳注、新世社、2003年

【同、参考文献】

イエズス・マリアのブルノ『十字架の聖ヨハネ』石沢章子／カルメル会共訳、西宮カルメル会改訳、ドン・ボスコ社、改訂初版1991年（初版1973年）

教皇ヨハネ・パウロ2世『信仰の教師——十字架の聖ヨハネ』（十字架の聖ヨハネ帰天四百周年記念）A.デルコル訳、世のひかり社、1991年

男子跣足カルメル修道会編『現代と十字架のヨハネ』聖母の騎士社、1991年

聖マリアのフランシスコ『愛と無——十字架のヨハネを読むために』西宮跣足カルメル会訳、聖母の騎士社、1994年

鶴岡賀雄『十字架のヨハネ研究』創文社、2000年

ノバート・カミン『愛するための自由』山口女子カルメル会訳、ドン・ボスコ社、2000年

【三位一体のエリザベトの著作】

『いのちの泉へ——三位一体のエリザベト』伊従信子編訳、ドン・ボスコ社、1984年

【同、参考文献】

伊従信子『神はわたしのうちに、わたしは神のうちに——三位一体のエリザベトとともに生きる』聖母の騎士社、2006年

菊地多嘉子『三位一体のエリザベト——神は私のうちに、私は神のうちに』ドン・ボスコ社、2006年

【リジューのテレーズの著作】

『小さき聖テレジア自叙伝——幼きイエズスの聖テレジアの自叙伝の三つの原稿』東京女子跣足カルメル会訳、伊従信子改訳、改訂初版1999年（初版1962年）

『弱さと神の慈しみ』伊従信子訳編、サンパウロ、1995年
『幼いイエズスの聖テレーズの手紙』福岡女子カルメル会訳、サンパウロ、1963年
幼きイエズスの聖テレジア『テレジアの詩』伊庭昭夫訳、中央出版社、1989年
『私はいのちに入ります——リジュの聖テレジア・最後の会話』リジュのカルメル会修道院編、伊庭昭夫訳、聖母の騎士社、1999年
『ばらの香り——テレーズの祈り』カルメル修道会編、西宮カルメル会訳、ドン・ボスコ社、1999年

【同、参考文献】
コンラッド・ド・メーステル『テレーズ——空の手で』福岡女子カルメル会訳、聖母の騎士社、1989年
ヴィクトル・シオン『聖テレーズの祈りの道』西宮女子カルメル会訳、サンパウロ、1996年
ジャン・ギットン『天才リジューのテレーズ』福岡カルメル会訳、南窓社、1996年
伊従信子『テレーズの約束』サンパウロ、2000年

【十字架のテレジア・ベネディクタの著作】
エディット・シュタイン『現象学からスコラ学へ』中山善樹編訳、九州大学出版会、1996年

【同、参考文献】
J. エスタライヒャー「エーディット・シュタイン——愛の証し」(『崩れゆく壁——キリストを発見した7人のユダヤの哲学者』所収、稲垣良典訳、春秋社、1969年)
マリヤ・アマータ・ナイヤー『エーディット・シュタイン——記録と写真に見えるその生涯』マリア・マグダレーナ中松訳、エンデルレ書店、1992年
須沢かおり『エディット・シュタイン——愛と真理の炎』新世社、1993年
コンラッド・ド・メーステル／エディット・シュタイン『エディット・シュタイン——小伝と手記』福岡カルメル会／西宮カルメル会共訳、女子パウロ会、1999年

【追補】
伊従信子『テレーズを愛した人びと』女子パウロ会、2010年
T. マルタン／R. ザンベリ『リジューのテレーズ 365の言葉』女子パウロ会、2011年
イエズスの聖テレジア『創立史』(改訂版)、東京女子跣足カルメル会・泰阜女子カルメル会訳、ドン・ボスコ社、2012年

第 *11* 章

アウグスチノ隠修士会

ORDO FRATRUM EREMITARUM
SANCTI AUGUSTINI

ヴィリギス・エッカーマン

谷　隆一郎
［訳］

1. 歴史的展開

アウグスチノ隠修士会 (Ordo Eremitarum Sancti Augustini, 略号：OESA, 今日では Ordo Fratrum Sancti Augustini, 略号：OSA[1]) は、「アウグスティヌス戒律」という基盤のもとに、さまざまな隠修士連合が合併して生まれた。すなわち、まずトスカーナを中心とする隠修士の諸集団が1244年5月に合同し、これが教皇アレクサンデル4世（在位1254-66）のもと、さらに「マグナ・ウニオ（大連合）」へと発展したのである。そして1256年4月9日の大勅書『リケト・エクレシアエ』(Licet Ecclesiae) はこの合併を認可し、ミラノのランフランクスが総長に選出された。こうして托鉢修道会として新たに出発した後、修道会は急速に拡大し、1329年には24の管区を有するに至った。またドイツでは80の修道院があり、それらは4つの管区に分けられていた。

しかし14世紀後半には、ペストの猛威と、1378年から1414年にかけての教会分裂とによって、規律の弛みが顕著になっていた。修道会はこれに対して、厳修派の修道士たちによる広範な刷新運動をもって対抗しようとした。その最大のものは、77の修道院を持つロンバルディアの修族であったが、とくに影響力を発揮したのは、スペイン（1431年）とドイツ（1404年）の改革派の修族であった。ドイツのそれは、ザクセンのヴァルトハイムから起こったもので、ヴィカーレ・アンドレアス・プローレス（1429-1503）とシュタウピッツのヨハン（1468頃-1524）の時代が最盛期だった。そこには、30以上の修道院が名を連ねていたのである。

ところで、マルティン・ルターは1505年以来、この修道会に属していたのだが、彼の『95箇条の提題』（1517年）、そしてとりわけ修道誓願に抗する著作の刊行（1521/22年）は、エアフルトとヴィッテンベルクの多数の同僚が修道院を去る誘因となった。そしてさらなる論争の中、当時、全体で160あったドイツの管区内のアウグスチノ隠修士会修道院のうち、69が失なわれ

---

[1] 1969年に改称。以来日本の同会も「アウグスチノ会」を正式名としているが、本書では、主として歴史的内容を扱うこともあり、また他の修道会との混同を避ける意味でも、あえて「隠修士」を残した旧称を訳語として用いる。

た。ドイツ以外では、ハンガリーの修道院管区は完全に消滅した。またイギリスではアウグスチノ隠修士会修道院は弾圧され、アイルランドでは、ダンモアに至るまでのすべての修道院が国に没収された。

　宗教改革によって引き起こされたその危機は、まず第一に総長ジロラモ・セリパンド (1492-1536) によって克服された。彼は広範な視察旅行を遂行し、修道院内で改革に熱心な力を結集して、聖書的・アウグスティヌス的に捉えられた敬虔と義認論とを持つルターの理念に、よく対抗したのである。

　さて、イベリア半島の興隆とともに、スペインとポルトガルのアウグスチノ隠修士会は、異教の国々に対する広範な布教を始めた。スペインのアウグスチノ隠修士会は、1533年以来南アメリカに活動の礎を築いた。日本には1602年[2]、中国には1608年に上陸している。またポルトガルのアウグスチノ隠修士会は1572年以来、インドと西アフリカ海岸に根を下ろしたのである。

　他方、アビラのテレジア (1515-82) のカルメル会改革運動は、スペインのアウグスチノ隠修士会の上にも広がり、1621年には瞑想派と呼ばれる修族が形成された。この修族は1912年に独立した修道会となり、瞑想アウグスチノ会[3]を名乗っている。

　また1593年には跣足派と呼ばれる修族が生まれており、これにはオーストリア、ボヘミアそして南ドイツの多くの修道院も加わっていた。この修族も1931年に独立した修道会、跣足アウグスチノ会[4]となった。フランスでは1596年、跣足派の3つの管区が独立した修族を形成したが、これはフランス革命の際に消滅した。

　18世紀中葉、この修道会は最大の広がりと会員数に達した。それは43の管区、13の修族、およそ1,500の修道院に20,000人の会員を擁したのである。オーストラリアと北アメリカにも修道院と管区を据えたが、その後、西欧では啓蒙主義とフランス革命のために、修道会は甚大な損失を蒙ることになる。すなわち、1802年以降の世俗化によって、隆盛を誇ってきた3つのドイツ

---

(2) 1637年、ミゲル・デ・サン・ホセの殉教をもって日本での活動は一旦途絶えたが、戦後、1952年にアメリカの管区より再来日し、現在に至っている。
(3) ラテン名、Ordo Augustinianorum Recollectorum, 略号OAR。
(4) ラテン名、Ordo Augustiniensium Discalceatorum, 略号OAD。

管区が、ミュンナーシュタット修道院とヴュルツブルクの施設のみを残して消滅したのである。ポルトガルでは1834年にすべての修道院が、スペインでは1835年、ポーランドでは1864年、そしてイタリアでは1873年にほとんどすべての修道院が閉鎖された。

こうした状況にあったアウグスチノ隠修士会の復興は、西欧では1900年頃に始まった。スペインでの再興の後、1895年にはドイツのバイエルン、オランダ、そして1901年にはベルギーの管区が再び設立された。ドイツ管区は北アメリカとカナダに新たな基盤を形成したが、これは1967年には独立したカナダ管区へと昇格した。また1989年の政治的転換以後は、1950年以来抑圧されていたボヘミア管区が再び活発となった。

2. 会則、組織、服装

アウグスチノ隠修士会の修道士たちは、397年頃に聖アウグスティヌス (354-430) の記した戒律に則って生活している。この戒律は、修道者としてのアウグスティヌスの個人的経験の上に成り立っており、修道会は、そこに記された諸原則に、アウグスティヌスの他の著作を参照しつつ、註解や補足を加えていった。聖書の表現を数多く取り入れた簡潔な文章は、「使徒言行録」(4:31-35) の描くような原始共同体の理念に向かって、とりわけ定位されている。それゆえ修道会の体制は、中心的価値として愛と共同体を志向しているが、それらは、共同生活を営みつつ日々の実践の中で実現さるべきものであった。

アウグスチノ隠修士会は、教会法で免属特権を認められ、托鉢修道会の1つに数えられている。そして会憲においては、組織全体の民主的な性格が強調されている。この会憲は、1290年のレーゲンスブルクの総会において初めて起草・承認されたもので、最新の改訂は、1968年の第2ヴァチカン公会議の後、ヴィラノーヴァ (アメリカ合衆国) の総会においてなされている。

修道会の組織はまず管区に分けられ、各修道院はそれら管区のいずれかに属することになる。修道会全体を導くのは総長 (任期6年) であり、管区は、管区長 (任期4年) によって導かれる。総長と管区長にはそれぞれ、一定数の

11-1 シモーネ・マルティーニ「福者アゴスティーノ・ノヴェッロの祭壇画」
1328年頃、シエナ、国立絵画館蔵（サン・タゴスティーノ聖堂旧蔵）

アゴスティーノ・ノヴェッロ（ダ・タラノ、1235頃-1309）はアウグスチノ隠修士会の修道士で、1298年から没年まで、同会の総長を務めた。さまざまな奇跡を起こしたとの伝承があり、とりわけシエナ近辺で崇められた。

人員からなる顧問会が付き従う。それぞれの修道院は修道院長が管理するが、重要な問題については各修道院の参事会が決定する。各修道院の参事会は年に一度、管区長会議は4年に一度、そして総会は6年に一度開かれる。ただし総会に関しては、期間の半分が過ぎたところで、一度中間会議を開かねばならない。役職者はいずれも、基本的には投票権をもつ兄弟たちの選挙によって選ばれ、その選挙は、運営を任された委員によって執り行われる。修道会の最高の権威と立法権は総会にあり、管区会議は、管区内で対応すべき諸々の問題に限って決定を下すのである。

アウグスチノ隠修士会の修道士たちは、ふつう黒い修道服を着用するが、熱帯地方では白い服を着ることもある。それはくるぶしまである長衣で、腰に黒い皮帯を締める。加えて、後頭部の尖った頭巾の付いたマントも用いられる。

3. 霊性

アウグスチノ隠修士会の霊性は、「アウグスティヌス戒律」の精神に貫かれているが、そこには同時に教父アウグスティヌスの他の著作やその伝記もまた影を落としており、それら全体が、個々の行為に対する範型と規準を与えている。アウグスティヌス自身がこの修道会を設立した、という伝承に支えられて、財産を共有し愛を分かち合う共同体、ということがアウグスチノ隠修士会の生活理念となっているのである。この修道会の著作家たちは、つねに霊的生活にとって愛が中心的位置を占めていることを強調していた。彼らはまた、あらゆる善き行為の成り立ちには助けとなる恩恵が必要であること、そして人間的な功績には実は賜物という性格が伴うことを強調するのである。

今日、修道会の霊性の表現にあたっては、会のすべての構成員の兄弟愛という理念が重要な位置を占めている。それが現実のものとなるように、特権や尊称を放棄することが求められ、各自は修道会におけるいかなるミサ聖祭にも参加することが認められている。ミサ聖祭の執行に当っては、それが力の行使ではなく、共同体への奉仕のためになされていることを弁えていなければならない。修道会の目的とは、神であり神の民なのであって、個々の会員は自らの霊性がその目的にかなうよう心がけるべきである。すべての者は兄弟として、一致と精神的結合の中で神を求め、神の民への奉仕に励むことを尊ぶべきである。同様に、アウグスティヌスの重要な教えとして、行為は観想から生じるべきであることが強調される。かくして、教会の課題に対する感受性と心構えが要求されるのである。

4. 文学

スペインのアウグスチノ隠修士会修道士で、神学の教授であったルイス・デ・レオン（1527-91）は、現代スペイン語の発展に寄与した重要な著作を著

した。彼は聖書からの多くの霊感を含む宗教思想を、すぐれた仕方で自らの母国語によって表現したのである。彼の詩と散文にあっては、聖書釈義の能力だけではなく、ギリシア・ローマの古典に培われた文体感覚が際立っているが、それは新しい時代の敬虔と結びついていた。そして、神学的な闘いの中で熟してきた理念とその言語形態は、天才的な美しさを備えていたのである。

同様に、跣足アウグスチノ会士、アブラハム・ア・サンタ・クララ(1644-1709)の文学作品もまた、大きな影響力をもっていた。彼はとくにオーストリアで、とりわけウィーンの宮廷付説教師かつ著述家として活動した。フリードリヒ・シラーは戯曲『ヴァレンシュタイン』に、アブラハムをモデルにしたカプチン会説教師を登場させ、その姿をいわば文学的記念碑として書きとどめている。アブラハムの著作の大きな魅力は、聖書の深い知識と同時代的文学との、独特の混合にもとづいているとともに、その時代の社会的宗教的生活への鋭い洞察によるものであった。時代の証人としての彼の重要な作品は、ペストとトルコ侵攻という問題に対する感受性をよく表している。それらはまた、ハプスブルク家の帝国政治や教会の状況について注目すべき分析を含んでいたのである。

5. 建築と造形芸術

アウグスチノ隠修士会は、何ら固有の修道院ないし教会の様式を発展させなかった。今日まで残った修道院や教会は、都市空間の狭隘さに適応して、高い塔を排した単純な建築様式を備えている。それらは翼廊をもたず、せいぜい側廊が1つだけあるという程度の、地味な機能本位の建物である。たいていは方形祭室と木造天井をもつ単純なホール式聖堂で、外部の装飾も平板で控えめなものとなっている。こうした単純な建築の例として、エアフルト、シュヴェービッシュ・グミュント、ラウインゲン、マリエンタール、ミュンナーシュタットなどの修道院聖堂が挙げられる。しかしやや時代が下ってから建てられたり改築されたりしたものには、一度に兄弟たち全員が祈れるように、内陣を拡げる傾向が見られた。エアフルト、フライブルク(イム・ブ

ライスガウ)、ミュンヘン、ウィーン、ヴュルツブルクなどの聖堂がその一例である。

建築家・彫刻家のフィリッポ・ブルネレスキ (1377-1446) は、フィレンツェのアウグスチノ隠修士会のために、ルネサンス様式の有名な教会建築を設計した。サント・スピリト (聖霊) 聖堂がそれである。この聖堂は、ペンデンティヴ・ドーム、円筒形ドーム、格間飾りのある天井、コリント風円柱など、ルネサンスに特徴的なすべてのしるしを、高い完成度において示している。

自らの聖堂を美術作品で飾るために、アウグスチノ隠修士会はしばしば、著名な芸術家を起用した。彼らは聖アウグスティヌスの伝記の中の特徴的な場面を、一連の絵画として表現したのである。エアフルトのアウグスチノ隠修士会聖堂のステンドグラスは、伝記を題材とした大がかりな連作である (14世紀)。同じ主題を扱ったものとしては、グッビオ (サンタ・マリーア・ヌオーヴォ聖堂) におけるオッタヴィアーノ・ネッリ (1370頃-1440) と、サン・ジミニアーノ (サン・タゴスティーノ聖堂) におけるベノッツォ・ゴッ

11-2 ベノッツォ・ゴッツォリ「聖アウグスティヌスの葬儀」(聖アウグスティヌス伝連作) 1464-65年、サン・ジミニアーノ、サン・タゴスティーノ聖堂

11-3 フリブール（スイス）のアウグスチノ隠修士会修道院（1580-84年設立）
M. マルティーニ画（都市全景の一部、1606年）

ツォリ（1420-97）の絵画連作もまた、それに劣らず有名である。またミュンナーシュタットやシュヴェービッシュ・グミュントの聖堂にはヨハン・アンヴァンダー（1715-70）が、そしてマインツではヨハン・パプティスト・エンデルレ（1725-98）が、アウグスティヌスの生涯を讃美する、ロココ様式の印象深いフレスコ画を残している。

6. 音楽

アウグスチノ隠修士会の修道士たちは、初めから音楽に特別の注意を払っていた。というのも彼らは、つねにローマ式の共唱祈禱を行っていたからである。それゆえ、最も古い典礼歌集がすでに1274年から1284年の間にできあがっており、これは1508年にヴェネツィアで刊行された。17〜18世紀には、たとえばジギスムント・ビュットナーの『アウグスティヌス的・ローマ聖歌集』（*Cantuale Augustiniano-Romanum*）が1736年に現れたように、いくつかの典礼歌集が編まれている。また、修道会の歴史家として名高いアダルベー

ロ・クンツェルマン (1898-1975) は1926年に、『グレゴリオ聖歌の最新の規則に従って改訂されたアウグスチノ隠修士会の固有のミサ典書』(*Proprium missarum et officiorum OESA ad novissimas cantus gregoriani leges reformatum*) を出版した。

イタリアの修道会管区は、シエナのイッポリト・ゲッツィ (1709以降没) をはじめとして、多くの音楽家を生み出した。ゲッツィは、ベルギーのヤン・ファン・デル・エルスト (1598-1670) と同様に、音楽理論に寄与する重要な作品を発表した。ジンメルスハウゼン (ドイツ中部のレーン山地) のアレクシウス・モリトール (1730-75) は、とくにマインツで活動し、多くのミサ曲、レクイエムそして2つのオラトリオを作曲した。ペットブルンのテオドール・グリュンベルガー (1756-1820) は、その時代のバイエルンでは、最も人気のある作曲家であった。シュタイナハのアレクシウス・ヨハン (1753-1626) は、多くのミサ曲、オペラ、それにレクイエムを作曲した。彼のレクイエムは、マリア・テレジアの死 (1760年) に際して、フライブルク大聖堂で上演された。ブリュン修道院のカレル・パベル・クリコフスキー (1820-85) は、オルミュッツ (現オロモーツ) で大聖堂のカペルマイスター (聖歌隊指揮者) を務めた。彼は、チェコ民謡を自らの世俗歌曲に取り入れ、民謡を復興させたことでも知られている。スペインのアウグスチノ隠修士会修道士、サムエル・ルビオ・カルソン (1912-86) は、黄金時代のスペイン音楽の研究者として名を馳せた。ロベルト・ラットラー (1901-40) とヴォルフガンク・ラットラー (1897-1963) の兄弟は、ともにミュナーシュタットの教会音楽学校の校長を務め、多くの曲を残している。

7. 神学と人文科学

アウグスチノ隠修士会の多様な使命には、しっかりとした宗教的神学的養成・訓練が不可欠であった。それゆえ神学研究はつねに、修道会の基礎として、また兄弟の大きな課題として位置づけられた。その際、中心に据えられたのは聖アウグスティヌスの教えであったが、そこから次第にアウグスティヌス学派とでもいうべき流れが形成され、多くの重要な学者が輩出したので

ある。こうした哲学的・神学的方向性は、1278年、フィレンツェの総会で公式に認められ、その指導者と目されていたのは、ローマのアエギディウス（1243/47-1316）であった。

　一般的に見て、アウグスティヌス学派には新旧2つの流れがあった。古い学派は主として1300年から1560年までのものであるが、ドミニコ会士トマス・アクィナスのアリストレス主義、フランシスコ会士ウィリアム・オッカムの唯名論、そして人文学的な観念によって形成されていた。14世紀の初めから、根本問題での統一的方針をめぐる議論が展開されたが、それはアウグスティヌス的な要素と結びついた適度のアリストテレス主義を擁護するものであった。この古い学派は、神学において知よりも愛に優位を置き、それを「情愛的学問」と定義した。その神学的関心に対して、アウグスティヌスのテキストの重要な集成が用意され、とくに教会法の研究に活用された。その最も重要な代表者として、ヴィテルボのヤコブス、アウグスティヌス・トリウンフス、フリーマールのハインリヒ、ウルビーノのバルトロマエウス、シルデッシェのヘルマン、シュトラスブルクのトマスである。

　1360年から1430年までは、アウグスティヌス学派が神学において指導的な位置を占めた。リミニのグレゴリウス、オルヴィエトのフゴリヌス、バーゼルのヨハネス、ヨハン・ツァハーリエそしてアウグスティヌス・ファヴァローニは、原罪、義認、功徳などの教説において、後期のアウグスティヌスの意味での際立ったアウグスティヌス主義を展開した。また1430年から1520年までの時代では、最も重要な神学者としてドルステンのヨハネス、ヴェネツィアのパウルス、ヴァレンシアのヤコブス・ペレス、シュタウピッツのヨハネスがいた。彼らは人文主義的理念を受け容れ、神学的源泉との新しい関わりを作り上げたのである。

　1520年から1560年までは、かつてのアウグスチノ隠修士会修道士マルティン・ルターが、自らの神学のためにアウグスティヌスを全体として利用していたため、とりわけ困難な時期であった。ルター派との論争には、とりわけコンラート・トレーガー、ヨハネス・ホーフマイスター、そしてウージンゲンのバルトロメウス・アルノルディが携わった。これら古いアウグスティヌス学派の最終的な成果は、総長にして後の枢機卿、ジロラモ・セリパンドを介して、トリエント公会議の会議録のうちに示されることになった。

さて、新しいアウグスティヌス学派は17〜18世紀に、カルヴィニズム、バヤニズム、ヤンセニズムそして個々のカトリックの敵との論争において、中世的伝統を持続させた。新しい学派は主として、エンリコ・ノリス、フルゲンツィオ・ベレーリそしてジョヴァンニ・ロレンツォ・ベルティという3人のイタリア人神学者に代表される。彼らはアウグスティヌスの著作という礎の上に、人間の恵みについての教えを展開させた。1742年にスペインの異端審問がノリスの2つの著作を禁書目録に載せたとき——それは彼が人間的本性の能力を表向き余り考慮しなかったからであるが——、ベレーリとベルティは同じ修道会の兄弟たるノリスを効果的に弁護した。それゆえ、教皇ベネディクトゥス14世は1748年、ノリスの教説を保護したのである。

また新しい時代にあって、アウグスティヌスとその著作は、アウグスチノ隠修士会の学問的営みにとって中心的内容を占めた。19世紀末にヨハン・アルフォンス・アーベルト (1840-1905) は、アウグスティヌスの全著作をドイツ語に訳した。修道会のさまざまな管区はアウグスティヌス研究所を設立したが、そこにあってはアウグスティヌスその人、アウグスチノ隠修士会の神学、そして同会の歴史などの研究が進められたのである。ドイツでは、ヴュルツブルクの研究所が、アウグスティヌス選集の註解付翻訳を刊行した。同研究所はまた、『カッシキアクム』(*Cassiciacum*) という学問的叢書や、アウグスティヌス事典も刊行している。同様に、ヴュルツブルクにある東方教会研究所は、東方正教会との対話を行った。

しかし、神学以外の他の学問領域にあっても、アウグスチノ隠修士会の修道士たちは、重要な成果をもたらしている。すなわち、アンブロージョ・カレピーノ (1435頃-1511) は7か国語辞典を、ジャコモ・フィリッポ・フォレスティ (1434頃-1520) は『世の初めから1482年に至る世界年代記への補遺』(*Supplementum Chronicarum orbis ab initio mundi usque ad a.1482*) を編纂した。またオノフリオ・パンヴィニオ (1530-68) の著作は、古代ローマ研究と教会史において有名となった。スペインでは、アウグスチノ隠修士会によって編集刊行されている叢書『エスパーニャ・サグラーダ』(*España Sagrada*) が、厖大な巻数を数えている。

8. 自然科学

スペインのアンドレス・デ・ウルダネータ (1508-68) は、有名な船乗りにして天文学者であり、「太平洋の君主」という恭しい綽名の持ち主であった。彼はアウグスチノ隠修士会の修道士となった後、1565年にメキシコからフィリピンへの太平洋横断航路を発見した。スペインの船は以後300年間、この航路をたどり続けたのである。またセビーリャのアウグスティヌス・ファルファン (1532-1604) は、はじめフェリペ2世の宮廷医師であり、ついでメキシコシティーの大学の医学部長となったが、修道会に入った後、有名な『家庭医学』(*Medicina doméstica*) という論考を出版した。マヌエル・ブランコ (1778-1845) は、フィリピンの植物とその治癒力について記し、1837年に刊行された『フィリピン植物誌』(*Flora de Filipinas*) は、しばしば版を重ねた。

アウグスチノ隠修士会はまた、ブリュン(現ブルノ)の修道院長グレゴール・メンデル (1822-84) という世界的学者を生んだ。彼は、1858年から1871年にかけて行った植物学上の交配の研究から、かの「メンデルの法則」を発見したのである。

9. 教育制度

アウグスチノ隠修士会は、兄弟の養成に大きな価値を置いていたので、すでに中世において、修道会は広範な学校網を有していた。とくに才能のある学生は、神学の博士号を得るために一流の大学に送られた。これらの神学者はしばしば、新しく設立された大学に講座を得たのである。17世紀以来、修道会はいっそう教育制度の充実に力を注ぎ、今日に至るまで、ギムナジウムや寄宿学校、5つの大学、そしてローマのアウグスティニアーヌム教父学研究所 (Institutum Patristicum Augustinianum) を運営している。

文献

概説

Bibliographie historique de l'ordre de saint Augustin 1945-1975, in: Augustiniana 26 (1976) 39-301 (Aktualisierung in weiteren Jahrgängen)

E. GINDELE, Bibliographie zur Geschichte und Theologie des Augustiner-Eremitenordens bis zum Beginn der Reformation, Berlin/New York 1977

D. GUTIÉRREZ/J. GAVIGAN, Geschichte des Augustiner-Ordens, Würzburg 1975/1988

A. KUNZELMANN, Geschichte der deutschen Augustiner-Eremiten, Würzburg 1969/1976

B. VAN LUIJK, Le monde augustinien du XIIIe au XIXe siècle (Atlas), Assen 1972

規則・組織

Die Regel und Konstitutionen des Augustinerordens, Rom 1978, Würzburg 1980

L. VERHEIJEN, La Règle de saint Augustin, 2 Bde., Paris 1967

霊性

Sanctus Augustinus, vitae spiritualis Magister, 2 Bde., Rom 1959

A. ZUMKELLER, Zur Spiritualität des Augustinerordens, in: Cor unum 46 (1988), 5-14

建築・造形芸術

K. L. DASSER, Johann Baptist Enderle (1725-1798). Ein schwäbischer Maler des Rokoko, Weißenhorn 1970

A. MERK, Johann Anwander (1715-1770). Ein schwäbischer Maler des Rokoko, Frankfurt 1982

O. THULIN, Augustiner (Chorherren, Eremiten), in: Reallexikon zur deutschen Kunstgeschichte 1, Stuttgart 1937, 1252-1268

音楽

S. L. ASTENGO, Musici agostiniani, Florenz 1929

V. NEUWIRTH, Ein Augustiner aus Brünn (Mähren) als Musiker und Komponist, in: Analecta Augustiniana 50 (1987), 145-151

神学・精神科学

W. ECKERMANN, Augustinerschule, in: Lexikon für Theologie und Kirche 1, Freiburg/Br. u.a. 1993, 1238-1240

DERS./A. KRÜMMEL, Johann Alfons Abert (1840-1905). Ein unbekannter Augustinusübersetzer aus dem 19. Jahrhundert, Würzburg 1993

DERS., Wort und Wirklichkeit. Das Sprachverständnis in der Theologie Gregors von Rimini und sein Weiterwirken in der Augustinerschule, Würzburg 1993

H. Jedin, Girolamo Seripando. Sein Leben und Denken im Geisteskampf des 16. Jahrhunderts, Würzburg 1937, ²1984

M. K. Wernicke, Kardinal Enrico Noris und seine Verteidigung Augustins, Würzburg 1973

A. Zumkeller, Die Augustinerschule des Mittelalters: Vertreter und philosophisch-theologische Lehre, in: Analecta Augustiniana 27 (1964), 167-262

教育制度

A. Kunzelmann, 300 Jahre Gymnasium Münnerstadt, in: 300 Jahre Humanistisches Gymnasium Münnerstadt, Bad Königshofen 1960, 3-67

E. Ypma, La formation des professeurs chez les ermites de saint Augustin de 1256 à 1354, Paris 1956

邦語文献

アルヌルフ・ハートマン『17世紀の日本におけるアウグスチノ会士たち』聖アウグスチノ修道会慰めの聖母修道院、1990年

山口正美『ヒッポの司教聖アウグスチノの会則――今日の修道共同体の霊性を求めて』サンパウロ、2002年

【追補】

赤江雄一「中世後期の説教としるしの概念――14世紀の一説教集から」(『西洋中世研究』第2号、2010年)

第12章

イエズス会

SOCIETAS JESU

アンドレアス・ファルクナー

富田　裕
[訳]

1. 歴史的展開

イエズス会は、イグナティウス・デ・ロヨラ(1491-1556)によって創立され、パウルス3世の大勅書『レギミニ・ミリタンティス・エクレシエ』(*Regimini militantis Ecclesiae*, 1540年9月27日)によって教会法のうえで認可されたカトリック教会に連なる修道聖職者[1]修道会である。イエズス会の本来の指針である「キリスト教的な生活と教理における人々の魂の成長と……信仰の拡大」には、ユリウス3世が認可後10年の観察期間を経て会を新たに確認した大勅書『エクスポスキト・デビトゥム』(*Exposcit debitum*, 1550年7月21日)を通して、「信仰の擁護」が取り入れられて会の第一目的となった。イエズス会の公認がこのレベルで繰り返されて遅れたのは、ひとつには会の教皇庁との密接な繋がりを暗示するものの、同時にいかにこの会の存在が常に議論の対象となっていたかをも窺わせるのである。ヨーロッパの列強諸国に圧迫されてクレメンス14世は、小勅書『ドミヌス・アク・レデンプトール』(*Dominus ac Redemptor*, 1773年8月16日)によってイエズス会を解散させた。しかしピウス7世は会を大勅書『ソリキトゥド・オムニウム・エクレシアールム』(*Sollicitudo omnium Ecclesiarum*, 1814年8月7日)によって再興している。

イグナティウス・デ・ロヨラは、バスク地方の貴族出身で、カスティリア王国のイザベラ女王の大財務官であったフアン・ベラスケス・デ・クエリャル(1517没)に仕えた軍人であったが、ナバラに襲来したフランス軍に対するパンプローナの攻防戦において負傷したあと1521年に回心した。マンレサで隠修士として生活していた年に彼には、驚くべき神秘体験が与えられたが、この時の体験がのちのイエズス会の創立の土台となった。この時期に、彼の『霊操』の最初の構想が練られた。これは自らの人生を神の意志との一致のなかで調整し、形成してゆくために長期にわたって瞑想をする人間を導

---

(1) [独] Regularkleriker, [ラ] Clerici regulares. 教区司祭と対比して、ひとつの修道会に属して「福音的勧告」に従った共同生活のもとに、盛式誓願を宣立する独自の戒律をもった16〜17世紀の男子修道会員。『新カトリック大事典』第3巻、175-76頁。*Lexikon des Mönchtums und der Orden*, Stuttgart, 2005, S. 260f.

12-1
パウルス3世より
修道会の認可を受ける
イグナティウス・デ・ロヨラ
18世紀の絵画、
ローマ、イル・ジェズ聖堂

くために著者の実践から生み出された案内書である。このカトリック霊性の古典は、1548年にまずスペイン語原典からのラテン語訳として出版され、それ以来およそ30か国語で3,000版以上が刊行されている。

エルサレム巡礼（1523年）のあとイグナティウスは、彼自身の体験から人々を効果的に助けるためには学問が必要であるということに気づいた。バルセロナにおける準備期間とアルカラ、サラマンカにおける勉学の開始を経て、彼はパリで本格的な勉強を始め、修士の学位まで得て修了することができた。このパリで彼は、6人の優秀な同胞を得ることができた。彼らはイグナティウスの使命感である「人々の魂を助けること」に賛同し、1540年の大勅書においてイエズス会の創立メンバーとして名前が挙げられることになった者たちであった。

1538年に聖地パレスチナで活動しようとするイグナティウスと彼の同胞たちの計画が挫折すると、彼らは、その指針の範囲内でできる任務を与えて

くれるように教皇パウルス3世に願い出た。最初に派遣された教皇の使者たちは、イグナティウスたちが世界各地に四散させられたままでもよいのか、それともひとつの修道会を創設するべきか、という質問を彼らに投げかけた。彼らは、よく考えた末に後者を決断した。イグナティウスと彼の同胞たちは、教皇庁の教会改革委員会の委員長ガスパロ・コンタリーニ枢機卿（1483-1542）の好意を早くも獲得し、枢機卿は1539年に教皇に、イグナティウスたちの名前で彼らが考えている修道会の指針と生活方法の短い説明を提出した。教皇パウルス3世は、教皇庁内の助言者たちの強い反対を押し切って1540年にイエズス会を認可した。これら「改革派の司祭たち」（preti riformati）によって示された「彼らの」修道会の記述は、目立った変更もなくそのまま設立大勅書に取り入れられた。この設立大勅書には、イエズス会の『会則大綱』（Formula Instituti）が含まれている。この手続きが進行するうえで、イグナティウスとその同胞たちは、彼らの正統信仰に疑義が差し挟まれていることをまたしても経験しなければならなかった。イグナティウスにとっては、神秘主義的・静寂主義的なセクトであるアルンブラドス派や、ルター派、エラスムス派とイエズス会が同列に置かれることは、どうしても避けたいことだった。法的な仲裁裁定を経てからローマの聖座は、彼らの教えと生活方法が非の打ち所のないものであることを確認した。1541年4月、イグナティウスは、新しい修道会の初代総会長に選ばれた。

　清貧のうちに神をのべつたえることが、イエズス会の目指していることである。慈悲のわざによって彼らは、囚人、病院に臥せっている者、敵、子ども、そしてあらゆる意味における貧者のために働き、そこでも彼らの第一のつとめである福音を語ることを忘れることはなかった。それは、「完全無私に、彼らの労苦に対するいかなる報酬をも……受け取らずに、ただ神の栄光と公共の福祉のために奉仕していると思われる」（ユリウス3世、会則大綱、1）とある通りであった。『霊操』を通して多くの者が、修道生活に入るようになり、またカトリック的生活へと目覚めていった者もいた。1538年には早くもピエール・ファーヴル（1506-46）とディエゴ・ライネス（1512-65）が、ローマに到着するなり、パウルス3世によって教皇庁立大学の神学講義に招聘されている。このライネスに加えて聖ペトルス・カニシウス（1521-97）とアルフォンソ・サルメロン（1515-85）は、教皇側の神学者として、またクラ

12-2 第2代総会長(1558-65年)
ディエゴ・ライネスの肖像

ウディウス・ヤーユス(クロード・ジェ、1504-52)は、アウクスブルク司教オットー・トルフゼス・フォン・ヴァルトブルク枢機卿(1544年就任)のプロクラートル(総代理)としてトリエント公会議(1545-63)にそれぞれ参加した。

イエズス会の指針においてさらに新設の修道会を印象づける重点が際立つようになったのは、ガンディア大公フランシスコ・デ・ボルハ(ボルジア、1510-72)が妻の死後にイエズス会に入り、第3代総会長に就任した時のことであった。というのはこの結果、1545年に創設されたガンディアのイエズス会学院では、修学修士である修道会の学生たちと並んでさらに修道会外の一般の学生たちも授業を受けることができるようになったからである。

アジアや新大陸での宣教活動が、最も重要だと考えられていた。イエズス会初の最も偉大な宣教者である聖フランシスコ・ザビエル(1506-52)は、1541年にリスボンからインドに向けて出航した。インドやインドネシアでの長年の活動ののちに彼は、日本において輝かしい宣教の成果をあげた。1549年から1551年まで彼は、3,000人もの人々をキリスト教に入信させることで、さらに宣教の可能性をのばせるような端緒を開いた。つまり1579年には、70,000人のキリスト信者が数えられていたが、1600年頃には独自の司教を戴

き、イエズス会の62人の司祭（そのうち7人は日本人）と8,000人のカテキスタを擁する300,000人以上の数に信者は増えていた。この信者たちは、おそらくは1640年から1650年にいたる迫害を乗り越えて19世紀までその信仰を守りつづけたのであろう。中国に宣教地を広げる試みは、失敗に終わった。1552年にフランシスコ・ザビエルは、上川島（サンシャン）で没した。1555年にイエズス会会員としては、初めてヌネシュ・バレトが中国大陸の土を踏んだ。

　イエズス会員のマグナ・カルタとも言える『霊操』の核心となる内容がいかに戦闘的な言葉で書かれていたとしても、彼らの宣教熱は、やはり人々の苦しみに対する理解と、何よりも神の慈愛の福音を人々にもたらそうとする願望から出たものである。イエズス会の宣教活動は「良きキリスト者はすべて、隣人の言葉を断罪するよりもそれを救い出すことに積極的でなければならない」（『霊操』、第22項）という主旨によって貫かれている。「遣わされた者たち」の活動のためにイグナティウス・デ・ロヨラは、次のような明快な指示を与えた。つまり彼らは、自らが遣わされた人々の風俗習慣にできるだけ精通し、その言語を習得するために全力をささげた。それが、福音と矛盾しないかぎり現地の人々の風習やものの考え方に彼らは溶け込もうと努めた。

12-3　ゴアにおけるフランシスコ・ザビエル
　　　素描、1542年

まずその国の支配階級に福音が語られたが、それはそうすることで一般庶民に福音が伝わりやすいのではないかと思われたからである。イグナティウスは、宣教師がローマの総会長と書簡で連絡を取りつづけることを重視した。フランシスコ・ザビエルが、1540年3月16日にローマを発ってリスボン経由でインドに向かったときに、イグナティウスからの宣教上の指示を仰いでいたかどうかは確認できない。いずれにしてもザビエルは、いくらか自分なりに編み出した伝道方法を展開した。聖霊に燃えた神の言葉の宣教によって彼は多くの教会を立ち上げ、良く整えられた組織だけでなく、何よりも堅固な信仰に教会が支えられていることに細心の注意を払い、さらに新たな教会を立てるために出ていった。イエズス会内部の巡察師として1574年から1606年にかけて日本と中国を回ったアレッサンドロ・ヴァリニャーノ(1539-1606)が、1579年にこうした2つの伝道方法[2]を統合することになった。つまり宣教師たちは、教会という共同体の立ち上げに十分な配慮をしながらも、まず支配階級に福音を語るように指導された。

他の宣教師たちは、モロッコ、ブラジル(1549)、フロリダ(1556)、その翌年にはペルーへと出かけていった。すでにイグナティウスの生前にエチオピア、コンゴ、エジプトのコプト教徒、またローマ・カトリック教会から分離したとされるギリシアやキプロスの正教会に宣教活動を広げようとする計画や努力がなされていた。コンゴにおける宣教は、会の創設者であるイグナティウスの死まで続かなかった。イグナティウスが、1556年に没したとき、イエズス会は11管区に約1,000人の会員を擁していた。イエズス会学院の数は、30校以上にまで増えていた。

イグナティウスの死後にあらわれてきた会員同士の対抗意識や外部から会に向けられた様々な要求にもかかわらず、会に入ろうとする者は増加するいっぽうだった。そしてこのお蔭でイエズス会は、カトリック、プロテスタント両派を抱えるヨーロッパにおける精神的な影響力を誇るようになっていった。1580年には、5,000人のイエズス会員がヨーロッパ各地で司牧のつとめに従事しており、日本からインド、アフリカを経て南米諸国にいたるまで多くの国外宣教地を抱えていたが、それはイエズス会が、ヨーロッパ列強諸国

---

(2) イグナティウスの考えるように支配階級から福音を語りはじめることと、ザビエルの重視した教会を立ち上げること。

の侵略の後を辿りながらも、たいていの場合はそうした列強諸国の総督や商人たちとの利害上の衝突に遇いつつ現地で築き上げたものだった。王侯貴族などの寄進を受けながら144校のイエズス会学院を会は経営し、各校には10人から15人のイエズス会員が起居していた。このような権力者との協調は、会の運命を次第に会が置かれている政治的社会的構造の変遷に依存させるようにしていった。

16世紀の末になると長期にわたる実験期間を経て学校教育は、厳密に組織化されていった。イエズス会学院や大学における勉学過程は、世界中どこでも1599年の『イエズス会学事規定』(Ratio atque institutio studiorum)に従って構成された。何十年にもわたってこの『学事規定』は、貴族や上層中産階級の子弟だけでなく貧しい学生をも教えていた教師たちの創造的活動のために申し分のない包括的な環境設定をしてくれた。

クラウディオ・アクアヴィーヴァ(1543-1615, 1581年に総会長に選ばれてから終身その地位にあった)が、1585年に書いているように、宣教師たちは「日本人の流儀に倣わなければならなかった。居住と服装に関しては、彼らは標準的なものを守るが、絹やそのほかの贅沢品は慎まなければならない。彼らは日本人の言葉を学び、日本人の風俗習慣に慣れるようにしなければならない。宣教師たちが肝に銘じておかなくてはならないのは、栄達を望んだり、自分たちの権威を上流階級の人々のあいだで自慢したりするのはやめるべきだということである。そうした行動は我々には、相応しくないし、またこの意味で我々は仏教の僧侶たちに倣ってはいけない」(レクリヴァンによる引用[3])。まず日本向けに作成された現地順応のための方針は、幾つかの変更を加えてインドや中国にも用いられた。ロベルト・デ・ノビリ(1577-1656)は、タミール語とサンスクリット語を学び、ヴェーダの哲学に沈潜することで、彼はバラモンに彼らの哲学の頂点の形としてキリスト教を説明することができるようになった。彼は、バラモンの服に身を包み「サニヤシ」(知恵ある改俊者 sannyassi)としてバラモンたちのように生活していたが、しばらくして最下層カーストの不可触民(パーリア)を訪問する権利のある「パンダラーム」(修道者 pandarams)という専任宣教師を採用することを考えついた。そこで彼は、

---

(3) 章末の文献表「歴史」のP. Lécrivainを参照。

12-4 アダム・シャル・フォン・ベル
A. キルヒャー『中国図説』(1667年)

インドの文化に敬意を払って二種類の宣教師を導入した。つまりバラモンのための宣教師とパーリアのための宣教師である。1608年に彼は、洗礼式を現地の文化に適応させることで、以前彼の同胞たちがいくら努力しても無駄に終わっていた最初の洗礼を授けることに成功した。1623年、長上たちと教皇グレゴリウス15世によって彼の宣教方法は公認された。しかしながら1704年には、教皇特使シャルル・トマ・マヤール・ド・トゥルノン枢機卿(1668-1710)によってこの許可は撤回されてしまった。

中国ではマテオ・リッチ(1552-1610)が、天文学と数学におけるその深い造詣を評価されて宮廷への出入りを許されたが、それは彼がローマで有名な天文学者、数学者であるクリストファー・クラヴィウス(クリストフ・クラウ、1537/38-1612)のもとで研鑽を積み、18年間におよび中国の文化と言語を熱心に学び、衣服に到るまで相手国の生活様式に適応しようとした努力の結果であった。世界地図を作成して、中国をその中心にある帝国として示そうとする彼の計画は、宮廷内で彼に対抗意識を燃やす高官たちの反対に遭いながらも実行に移された。それ以前に彼の存在は、南京の知識人たちのあいだでは、要所要所にキリスト教の教理を盛り込んだ学問的な講演をしたことで有名になっていた。中国に来てから15年目にしてこの国の賢者として彼は、

南京に初めてのキリスト教の教会を立ち上げることができた。インドにいたロベルト・デ・ノビリや現在で言えばヴェトナム、カンボジアにいたアレクサンドル・ド・ロード (1596-1660) と同じく、マテオ・リッチ、ヨーハン・アダム・シャル・フォン・ベル (1592-1666)、フェルディナント・フェルビースト (1623-88) ら多くの中国に派遣された宣教師たちにとっての問題は、キリスト教信仰がヨーロッパ的な型から脱皮してアジア的な「形態」を取ることができるだろうか、ということだった。1640年には2省を除いて中国全土に福音が語り伝えられ、そのうちの9省にイエズス会員が定着している状況下では、この問題は急を要した。この議論に第一石を投じたのが、フランシスコ会員アントワーヌ・ド・サント＝マリーとドミニコ会員フアン・バウティスタ・デ・モラレス (1597-1664) であり、彼らはこの時期に中国南部に派遣されたばかりであった。モラレスは、ローマにおける自分のつてを利用して1645年に彼の思惑どおりの教令を発布させることにこぎつけた。つまり孔子や祖先の崇拝が迷信的な様相を帯びる場合には、そうした風習から距離をおくのが望ましい、という内容であった。1651年にはイエズス会員たちは、『新中国地図』(*Novus Atlas Sinensis*) の著者であるマルティノ・マルティーニ (1614-61) を通してこの同じ問題をローマで提出させた。1656年に彼らは、次のような内容の教令を受け取った。つまり孔子や祖先の崇拝が尊敬の念を示すための一般的な行為であるならば、そのような崇拝に回帰するのは悪いことではない、というのである。しかしながらこの教令は、前教令を廃止するものではない、と1669年のローマの検邪聖省は明言していた。このことでマラバル典礼と中国典礼の許容範囲に関する議論は、指導的な修道会と特定の教皇庁の代弁者たちのあいだだけではなく、またイエズス会内部でも不快な教会内の論争として避けがたいものになってしまった。この論争は問題とされていることについての意見の違いと、激しい妬み、また何よりもヨーロッパ以外の民族、人種、言語の人間の尊厳や同等の権利に関しての無理解が多くのイエズス会員の側にさえあったということに起因していた。儒教や祖先崇拝の儀礼が、決して言葉の本来の意味における宗教儀礼ではなく社会的な儀礼であると中国皇帝が宣言していたにもかかわらず、ベネディクトゥス14世は1742年に中国典礼を全面的に断罪した。1744年には、マラバル典礼が破棄された。中国側は困惑し、皇帝はキリスト信者と宣教師

たちに好意的ではなくなった。皇帝の目には、やはり西欧人は野蛮人として映っていたのだ。第2ヴァチカン公会議（1962-65）で出された教令『アド・ゲンテス』（*Ad gentes*）[4]において宣言されている人間の尊厳に払うべき敬意についての個人的信条の不可侵性に関する諸原則は、典礼論争におけるイエズス会員の現地順応型の当時の行動を容認した。福音伝道について今日考えるときに、そこで他民族の慣習上の価値観念に対する敬意を払うという心構えにおけるインカルチュレーションの問題が、大きな役割を果たしているのは、おそらくはこうした当時の宣教師たちの努力の賜物であろう。

　祭儀に手をつける者は誰でも、祭儀以外の領域における従来の思考方法をも検証して、新たな価値基準をつくりだすことも辞さないであろう、と実は多くの者がそのように考えていたようである。こうした背景からジャンセニストとその信奉者たちが、イエズス会員の道徳的問題における緩やかさを批判していたその理由も納得できるのである。しかしながらJ. ロック（1632-1704）、D. ディドロ（1713-84）、D. ヒューム（1711-76）のような啓蒙思想家たちによって、イエズス会員は特に非難されることが多かった。イエズス会員に対する憎悪は、イエズス会学院で学んだヴォルテール（1694-1778）にとっても都合のよいことだった。彼が手紙の末尾にいつも習慣的に「あの憎むべき輩を全滅せよ」（écrasez l'infâme）と書いていたのはカトリック教会を指してのことだった。そのカトリック教会の砦であるイエズス会は、取り壊されるべきだというのである。ヴォルテールのような人物たちが、ヨーロッパの宮廷で重要な地位を占めていたことで、啓蒙思想家たちの目的達成は目前に迫っていた。その最初の100年でかなり巨大化したイエズス会は、時として十分な訓練を受けていない多くの後進がいたにもかかわらず、余りにも急速に発展を遂げてしまったことで、かつて獲得した宣教拠点を維持するために非常な苦労をしていた。哲学者たちの反論の背後には、自由と寛容という価値に向けられた関心や、正義、真理、人間の尊厳といった理想の追求があるのだ、ということを認めることができるほどの頭脳もエネルギーもイエズス会にはなかったのである。哲学と神学における建設的な思考が生み出された数十年が過ぎたあと、イエズス会にとっては、しばしばすでに実証され

---

(4)『教会の宣教活動に関する教令』（*Decretum de activitate missionali Ecclesiae*）のこと。冒頭の言葉をとってこう呼ばれる。略字AG。『新カトリック大事典』第1巻、587頁。

たものを繰り返したり、纏めたりする域を出ないような独創性のない時代が始まった。

　教皇との密接な繋がりやローマ在住の総会長による統帥があったこともあって、18世紀のイエズス会員たちは、少なからぬヨーロッパの君主や大臣たちにとってもまた癪の種だった。それは君主や大臣たちが、イエズス会員たちによって国家の教会支配を邪魔されていると思ったり、或いは彼らによって国家外の権力による陰謀が仕組まれているという気配を感じたりしたからだった。そうした危惧は単に、カトリック君主の宮廷においてイエズス会員が聴罪司祭として存在していたという事実に基づいていることも多かった。自らが属している修道会と疎遠になって、往々にして修道会の地位を支えるどころか弱体化してしまうような宮廷聴罪司祭の、過激でありながらも同時にまた特徴的な実例としてフランソワ・ド・ラ・シェーズ (1709没) の名前が挙げられるだろう。1675年から1709年にかけてラ・シェーズは、ルイ14世の聴罪司祭として31年間ものあいだ仕え、さらに加えて御前会議における常任メンバーであった。王の意向もあって彼は、フランスの内政に強い影響力をふるい、それがしばしばイエズス会に対する忠誠心を軽視するようなことに繋がった。彼は「政治的忠誠」をはっきりと肯定し、彼の修道会の総会長に対する従順よりも大切だと考えた。1681年に彼は、総会長ジョヴァンニ・パオロ・オリヴァ (1600-81) に宛ててこう書いた。つまり国王の命令は、「心の中にある神によって立てられた人と自然に由来する最古の掟に基づいて発せられる」ので、「神に対する信仰と自由意志で立てられた誓願に専ら依存する」総会長の発する命令よりも上位にあるのだ (「イエズス会」の項目:『霊性事典』*Dictionnaire de la Spiritualité*, 第8巻、1016頁)、と。教皇と教皇庁の随員たちの至上権に対しての国家元首の地位を堅固にするようなこうした発言は、ヨーロッパの君主たちの絶対主義的な動きを支え、何よりもイエズス会解散の地歩を準備することになった。18世紀半ばからポルトガル、スペイン、フランス、そしてナポリ王国は、それぞれの領土内におけるイエズス会の解散を狙って効果的に動いていた。1773年には、教皇クレメンス14世 (在位1769-74) がこれらの国々の圧力を受けてイエズス会を完全に解散させた。しかしフリードリヒ2世とエカテリーナ2世が、教皇の解散勅書の発表を拒んだので、プロテスタントのプロイセンと正教会のロシアでは何人

かのイエズス会員たちがその活動を続けることができた。解散によって総数約23,000人のイエズス会員のうち15,000人が活動していた869にのぼる学校教育施設が打撃を受けた。スペインとその領土内からのすべてのイエズス会員の追放によって、1767年にはアメリカとフィリピンの2,671人のイエズス会員が打撃を受け、191の会の施設を明け渡さなくてはならなくなった。イエズス会の完全な解散は、追放された会員の仕事の後を引き継ぐ者がほとんど皆無に等しかったので、特にその宣教地の人々にとって大きな衝撃であった。

フランス革命とナポレオン戦争の騒乱が過ぎ去ると、ヨーロッパの保守的な国々は、再びイエズス会員を受け入れることをよしとした。1814年にピウス7世は、イエズス会を再興させた。イエズス会は、教皇庁との密接な繋がりを持っているという理由で、自由主義的、反聖職者主義的な政権だけでなく保守的で国家主義的な政権をもつ多くの国々から、幾度も追放されたが、それにもかかわらず19世紀のイエズス会は、遅々とではあるが弛まず発展していった。ドイツでは、1848年以降になってからようやくイエズス会の活動が認められた。しかしながら文化闘争によって1872年にイエズス会員は追放され、彼らはしばしば宣教地（北米、南米、インド、南アフリカ）へと移住していった。1917年にドイツのイエズス会追放令がやっと完全に廃止された。

20世紀になると1900年の15,000人という会員数が、1964年には36,000人にまで膨れ上がった。イエズス会に対する迫害や追放は、メキシコやスペイン市民戦争、第三帝国の時代、そして共産主義諸国においては終わっていなかった。多くのイエズス会員が参画した第2ヴァチカン公会議は、受け継がれてきた立場や価値を見直すことを奨励した。しかし教会が、世の中に開かれることで今度は一種の世俗化が起きた。この事実は、多くの修道会において様々な危機や会員数の減少を引き起し、それはイエズス会においても例外ではなかった。そこでイエズス会は、第31回と32回の総会（1965/66, 1974/75）において、時代の要請を考慮しつつ自らの源流に目を向けた。イエズス会の創設者やその同胞らの模範に刺激を受けながら、それぞれの地域で働く会員たちは使徒的共同体へと成長し、信仰と正義のために貢献するべきであるということが取り決められた。1996年の1月1日の時点では、84管区

と、11のアシスタンシー[5]に組み入れられた5つの独立した地域に、22,869人の会員（修学修士、助修士、司祭）をイエズス会は抱えていた。

2. 会則と組織

　会員にとってイエズス会の創始者の『霊操』は、『会則大綱』とともに結び付けられて第一会則としての位置を占めていた。こうした土台の上にイグナティウスは、会の委託を受けて『会憲』（*Constitutiones Societatis Iesu*）を書いた。1558年にこの『会憲』は、第1回総会において承認された。この『会憲』は、それまでの他の修道会とは異なり、在ローマの会本部に会員が密接に繋がっている、ということを盛り込んでいた。最高決定機関は、（教皇への服従のもとで）総会が握っている。総会は、条件付きで『会憲』の規定を変え、新たな規定を許可する権能を持っている。総会においてその任務によって議席および発言権をもつ各管区長のような会員のほかに、各管区ごとに会員によって選出された代表者も総会の構成員である。新たに総会長が選出される場合や、会全体に関わる問題が討議されることを必要とする場合には、総会が開催される。総会長は、終身制である。総会長を補佐するのは、顧問たちである。しかし決定権は、総会長にある。管区長や修道院長を任命するのは、総会長である。すべての長上は、自分の配下の会員たちに対して修道会員としての従順を求めることができる。いっぽうで長上は、『会憲』に沿って配下の会員たちに適切な決定を下すために、彼らの声をよく聞く義務がある。

　イエズス会は、各管区から構成されている。管区は、それぞれの長上を頂く使徒的使命をもった共同体に分けられている。それぞれの地域の複数の管区が、類似した問題を共に議論して克服することを目的にアシスタンシーに纏められている。アシスタンシーは、それぞれが総会長によって任命された代表者を在ローマのイエズス会本部に置いている。

　会員は、2年間の修練者としての最初の研修期間が終わると、各自が清

---

(5) ［独］Assistenz,［英］Assistancy,［ラ］Assistentia. 例えば日本管区が東アジア・オセアニア・アシスタンシーに含まれているということ。http://www.jesuits.or.jp ; http://www.jesuiten.org/ 参照。

貧・貞潔・従順の単式・終生誓願によって神と修道会に服従し、以下に挙げる4つの「級位」のいずれかに区分される。(1) 修学修士 (scholastici)：司祭養成期間中の会員。(2) ブラザー (実務助修士 coadiutores temporales)：共同生活またはさらに司牧的職務のために必要な仕事を担当する信徒修道会員。(3) 単式立誓会員霊務助修士 (coadiutores spirituales)：盛式立誓願をしていない司祭会員。(4) 盛式立誓会員 (professi)：盛式誓願を立てた司祭会員。修練期間のあとの第2回目の研修期間は、自己の人間形成と職業訓練のために充てられる。この期間が終わると、第3回目の研修期間として霊的内省のための1年が続く。そのあとで所謂最終的な誓願のための承認が決断される。ブラザーもしくは単式立誓会員霊務助修士の単式誓願、または盛式立誓会員の盛式誓願である。これによってイエズス会への最終的な入会が完結する。盛式立誓会員は従来の清貧・貞潔・従順の誓願に加えて、命令にしたがって世界のどこへでも派遣されることに関して、教皇への特別な従順の誓願をも立てる。

　こうした構造は、要求水準の高い養成の過程を示しており、その目的は人々に仕えるための知識とわざの習得と、キリストにおける神への個人的な関わりかたの深化である。この深化は、イグナティウスが、人々に仕える際の流動性を配慮して、修道院内の共同生活において存在している様々な補助的な習慣（修道院というひとつの場所に強く結びついた性質をもつ共誦祈禱）を断念したことによってさらに一層必要とされている。

　初期のイエズス会員たちは、よく会の体ということについて語ったものだが、イエズス会は「肢体」が「頭」に忠誠を誓うことで機能していた。本質的に従順は、「聖霊が人間の心に書き記し刻みつける慈悲と愛の内的法則から」（『会憲』序文1) 産みだされるものであるとされた。『会憲』に対する従順は、「神の御旨の恵み深い摂理への」（同箇所) 被造物の果たす欠くことのできない協力であると見なされた。イグナティウスは、『会憲』のある箇所で従順の心がもたらされる意識について次のように書いている。「従順のなかに生きている者は誰でも、どこに連れていかれ、またどのような扱い方をされてもすべて意のままになる死体であるかのように、長上を通して神の御旨に導かれ、また教えられなければならない」(547)。表面的な読み方しかできない人間は、こうした文章に突き当たると、そうした人間はそれまでも多

くの者がそうであったように、イエズス会員たちが皆、盲従の輩であるかのように想像してしまう。しかしながらイグナティウスが考えている従順とは、イエズス会が世界中に散らばりながらも統率されていなければならないとすれば、会の存続のためにはかけがえのないものである。「(従順において) 大切なのは、中枢権力を支えることではなく、辺境の現場で働く個々の会員であろうと、または民族的或いは大陸的なスケールで働く会員の集合体であろうと、人間の可能性を会のなかで発揮させ、活性化することである」(ベルトラン、77[(6)])。良き長上は、命令を下すに当たって控えめで、思慮深く、また思いやりをもっていなくてはならない(『会憲』667を参照)。それは部下の会員が、どれほど自分の意志を殺す心構えができていようとも、自らの責任で進んで聞き従い、納得するまで熟考することができるような場を与えるためである。

3. 霊性

　使徒的なキリスト中心の思想は、教会の伝統のなかに見られる霊性の本質的な特徴ではあるが、その霊性はイエズス会の創始者の霊的体験によってその際立った特質を帯びることになる。つまり真の霊的体験による生き方は、その同じ霊によって導かれる教会のなかに存在している。その霊的体験への参入は、神によってイエス・キリストにおいて与えられた愛を体験的に知ることから、使徒達のようにイエス・キリストの召命にあずかるための心の準備が芽生えるイグナティウスの『霊操』の実践において起きる。聖霊によって促されてイエズス会における使徒的生活への参加へと選ばれた者は、「なかでも信仰の擁護と拡大、そして生活とキリストの教えにおける人々の魂の成長を達成するために特に創設された修道会の一員である」という意識をもって、会の指導によって「主とその花嫁である教会にのみ、キリストの地上における代理人であるローマ教皇のもとで仕えようとする」のである(ユリウス3世『会則大綱』1)。

---

(6) 章末の文献表「全般的研究」の D. Bertrand を参照。

12-5 P.P. ルーベンス「聖イグナティウス・デ・ロヨラの奇跡」
1617-18年、ウィーン美術史美術館蔵

イエズス会は、その結果「神の栄光と共通の福祉のため」に生きることにおいて二重の目標を目指している。つまり会員ならびにその周囲の人々の救いと霊的成長である。キリストに結び付けられることによる成長は、隣人への無私の奉仕を可能にする。そしてこの奉仕はさらに祈りに命を与え、信仰生活が育成されるのを促す (in actione contemplativus, 行動において観想的であること)。それまでの修道会とは違ってイエズス会は、特にひとつの使徒的活動に拘束されるということはない。イエズス会の『会憲』は、修道院に引き籠もった観想生活よりもむしろあらゆる意味での使徒的活動を強調している。

イエズス会の文化史的な功績について考えるとき、それを可能にした霊性の背景を考慮に入れなければならない。つまりイエズス会員の成すことすべてにおいて大切なのは、会の指針にあるとおり、包括的な意味での人間とその救いなのだ。人間には、神によって創造された目的にしたがって自己の人生を真の自由のなかで形成する可能性が開かれているはずである。この目標のためのあらゆる手段が、中央集権的な全イエズス会の関心事なのである。ひとつの任務を帯びて派遣された会員たちは、その課題をそのために与えられた指示にしたがって達成しなければならないが、ただし具体的な状況をよく見極めた上でそうした指示を有効に応用するという条件がついている。

創設者の遺産として『霊操』は、イエズス会員たちのあいだでは修養への参入行為として息づいている。心霊修行は、会員の行動すべてに規範をもたらす原理として浸透している。「『霊操』は我々の前進の方法である」(Exercitia spiritualia sunt noster modus procedendi)——この表現によってイグナティウスの創設期の同胞であったピエール・ファーヴルは、イエズス会にとっての『霊操』のもつ意味と影響力を示している。学校教育の場においては、1599年の『イエズス会学事規定』の使用による修養が実践された。

4. 文学

イエズス会員は、巡回する使徒に似ている——それは彼らが、福音宣教のために国から国へ、ひとつの文化圏から別の文化圏へと歩みつづけるからで

ある。そのためにも言語の習得と現地の人々のための言語の開拓が非常に重要なのである。そこでは言語は、学問的比較の研究対象として組織的に学ばれるのではなく、思考と事物の中間にあるものとして、ものの考え方を人から人へと伝える媒介として学ばれる。

イエズス会員は、聖書をエチオピア語、ペルシャ語、ポーランド語、ハンガリー語などに翻訳した。フランス語の優れた使い手であり、最初の文学批評家のひとりでもあるドミニク・ブウール (1682-1702) によるフランス語訳聖書は有名である。青少年教育は、深い言語理解としっかりとした教科書の作成を必要とした。フアン・ペルピニャン (1530-66)、ヤーコプ・シュパンミュラー (1542-1626)、シャルル・ポレー (1675-1741) は、イエズス会が抱える一流の古代語学者であった。2人の名前だけを挙げるとすれば、マヌエル・アルヴァレス (1526-82) とアントン・マイアー (1673-1749) は、学校の教科書用にラテン語とヘブル語の文法書を編んだ。

宣教師たちは派遣された土地で書き言葉と文法を習得し、辞書を作ることによって、その土地の人々のために言語の可能性を開拓した。例えば1572年には、メキシコシティーの周辺ではおよそ30もの言語が開拓されなければならなかった。メキシコの言語であるナワトル語の研究は、アントニオ・デル・リンコン (1550-1601) の文法書によって始まった。

派遣された国の言語に精通することは、インドのロベルト・デ・ノビリ、中国のマテオ・リッチ、ヨーハン・アダム・シャル・フォン・ベル、ベトナムのアレクサンドル・ド・ロード (1591-1660) らが、アジア・ヨーロッパ双方の高度な文化の関わり合いの最初の糸口を見いだすことを可能にした。フランシスコ・ザビエルの書簡によって始められた宣教報告は、遠くヨーロッパにまで届けられ、新たに発見された大陸の第一印象をしばしば伝えたり、既存の世界像を見直させる契機となった。

バルタザール・グラシアン・イ・モラレス (1601-58) は、ベルモンテ (アラゴン) の医者の息子であったが、19歳でイエズス会に入った。ウエスカで説教師、聴罪司祭として働いていた彼は、或る友人の持っていた素晴らしい蔵書のお蔭で作家としての道を開いていった。その主著である小説『エル・クリティコン』(*El Criticón,* 1657年) を彼は長上の許可なくガルシア・デ・マローネスという仮名を使って出版した。彼の著書『手相占いと処世術』(*Oráculo manual y arte de prudencia,* 1647年)は、ヨーロッパ全土で爆発的に売れた。その少なくとも10種類のドイツ語版のうちで最も有名なのが、A.ショーペンハウアーの手になる『手相占い』(*Handorakel,* 1862年)という題名のものである。「『手相占い』は、グラシアンの全体像ではなく、おそらく彼の全道徳観を示すものである」(M.バットローリ)。セネカの影響は、明らかであるが、さらにイグナティウス・デ・ロヨラの『霊操』を思わせるものがこの盛期バロック・スペインの知性による傑作に認められることは疑いようがない。

ピョートル・スカルガ(1535-1612)は、弁舌に長けた説教師そして作家としてポーランド人の民族意識とその言語に多大な影響を与えた。ポーランドのホラティウスとまで言われたマチェイ・K・サルビエフスキー(1595-1640)に対する関心は現在まで続いている。近代ラテン語詩人としてヨーハン・G・ヘルダーによってドイツ・ロマン派に紹介されたヤーコプ・バルデ(1604-68)は、またドイツ語の文学的形式や表現手段にも手を染めた。魔女裁判にたいする不屈の闘士であるフリードリヒ・シュペー・フォン・ランゲンフェルト(1591-1635)は、本質的には抒情詩人、また神秘思想家であったが、要理教育用の聖歌をはじめとしてドイツ語の名手として本領を発揮した。

抒情詩人ジェラード・マンリー・ホプキンス(1844-89)は、高い名声を誇っている。『ドイチュラント号の遭難』(*The Wreck of Deutschland,* 1875年)や『空かける鷹』(*The Windhover,* 1877年)は、英語で書かれた最も重要な詩に数えられている。

5. 建築と造形芸術

その都度3人から4人の修練期間を終えた会員のために考えられたイエズス会の建造物は、通称誓願院と言われていたが、イエズス会学院の住居に比べればその数と重要性は決して勝ってはいなかった。遅くとも1555年には、ほとんどのイエズス会員は12人から15人で構成される共同生活を学院のなかで営んでいたからである。だから学院として、使われていなかった建造物がイエズス会独特の建築様式として発展させられるということは決してなか

イエズス会 463

12-6/7 ローマ、イル・ジェズ聖堂 正面の外観と内部

った。

　厳格な清貧の掟によって決められていた財政状況からしてイエズス会は、その経営する学院と教会のために寄進者を見つけることが必要であった。その結果、会員が居住し、そこを本拠として彼らの使徒職を実践する建物の建築方法については、会員たち自身は限定された影響を与えることしかできなかった、と推測される。「イエズス会建築」の基本路線は、第1回総会(1558年)で次のように明確に宣言されている：「我々に任されている限りにおいて、学院の建築物は居住と活動の実践のために役立ち、健康に良く、堅牢なものとして作られるべきである。さらにその建築物が我々の清貧に相応しいものでなくてはならず、それゆえに贅沢でも派手であってもならない」(『イエズス会』Institutum Societatis Iesu, フィレンツェ、1893年、第2巻、183頁)。現場で建築家と施工者とイエズス会員とのあいだに協力関係がうまくいった場合には、この決まり事がしばしば驚くべき効力を発揮することになった。インゴルシュタット、ミュンヘン、ウィーンの学院建築は、そうした条件が揃った素晴らしい実例として引き合いに出される。

　イエズス会が、1554年6月に短期間ではあったがミケランジェロをのちのイル・ジェズ聖堂の建築家として雇ったということは、イエズス会がすでにその当時、一定の方針を事実上決めていた、ということを意味する。と言うのは、教会と隣接する学院のための最初の設計図がはっきりと示しているのは、教会と学院との配置が初めの段階からすでに大まかに構想されていたということである。こうした視点はローマのイル・ジェズ聖堂、ミラノのサン・フェデーレ聖堂、ミュンヘンのザンクト・ミヒャエル聖堂のような、様式的に見てイエズス会の模範的な教会建築において非常に明確に現れている。つまり典礼上の祭式や説教に多くの人々が訪れても対応できるように、単身廊両側のいくつもの小聖堂とアプス(祭室)とを備えたバシリカの様式で建てられた、言ってみれば長方形の広間式聖堂(Hallenkirche)である。一般的には教会建築は、その時代のその土地独特の様式によってなされていた。

　イル・ジェズ聖堂の建設は、1568年、ファルネーゼ家出身の教皇パウルス3世の孫であるアレッサンドロ・ファルネーゼ枢機卿(1519-89)の後援とその財政援助を受けて、ファルネーゼ家のお抱え建築家ジャコモ・ダ・バロ

12-8 ミュンヘン、ザンクト・ミヒャエル聖堂内部

ッツィ、通称ヴィニョーラ (1507-73) の手によって開始された。ファサードの図案は、ジャコモ・デッラ・ポルタ (1541頃-1604) が担当した。おそらくこの教会は、16世紀末の最も重要な教会建築であり、これは威容を誇る空間容積がトンネル・ヴォールトのネイヴ（身廊）とドームをそのまま形成し、さらにそのドームの窓から降り注ぐ光をとおして内陣が明るく照らしだされる、無数のバロック様式の聖堂のモデルとなった。

ちょうどイル・ジェズ聖堂にも当てはまる初期のイエズス会の聖堂およびそれに付随した学院の建築の中心的人物は、ジョヴァンニ・トリスターノ (1515-75) であった。妻を亡くした彼は、1556年初めに助修士としてイエズ

12-9 アンドレア・ポッツォ「イエズス会の伝道の寓意」
ローマ、聖イグナツィオ聖堂天井画、1691-94年

ス会に入った。彼はフェラーラの名のある建築家の家に生まれ、イエズス会に入会して間もなく、イタリアにおける会の多くの建築計画に助言をし、自身も建築家として仕事をした。ローマのサンクティッシマ・アヌンツィアータ（至聖受胎告知）教会の建設の設計をし、その建設現場の監督をつとめた（1561-67年）。学生たちの協力を得て助修士によって完成されたものだという点においても、このイエズス会員たちによる初めての建築物は、次の世紀にはより大きな聖イグナツィオ（サン・ティニャツィオ）聖堂にその場所を譲ることになった。間もなくトリスターノは、世界各地の建築上の問題に関する総会長の顧問となった。彼は特に優れた才能の持ち主ではなかったが、それでもイエズス会の教会や修道院が建設されることになった「我々の流儀」に彼はめざましい影響力を及ぼした。1560年頃のイエズス会の建築物によく使われるようになったこの「我々の流儀」という特徴は、元来建築様式を表すものではなく、おそらくは第1回総会によってその本質的な根拠が明示されることになった会の目的のための建物の「有用性」を意味している。ローマのイル・ジェズ聖堂は、17世紀のバロック化以前にこうした基準をそれ以降よりも強く体現していた。

　たとえ専門家たちの否定的な判断に従って「イエズス会建築」も、いかなる「イエズス会芸術」の形式も存在しないとしても、それでもイエズス会員、なかでも助修士は、ヨーロッパや海外での様々な様式の建築術に関して、偉業を成し遂げた。特筆すべきは、確かに16世紀後半の数十年間の（例えばミュンスターのザンクト・ペトリ聖堂に見られる）ゴシック様式の再受容と、一般的には二階ギャラリー[7]への執着であった。1598年12月の洪水のあとで必要となったローマの誓願院の新たな建設はジョヴァンニ・デ・ロシス（1538-1610）によって計画された。ローマ学院（Collegium Romanum）の建物が聴講者をもはや収容できなくなったとき、本来は数学者であったジュゼッペ・ヴァレリアーノ（1542-96）がその新校舎を設計したが、それは教皇グレゴリウス13世によって実現される運びとなり、1584年に落成した。ローマの聖イグナツィオ聖堂（1626年に定礎式、1722年に献堂式）の最初の設計図は、オラツィオ・グラッシ助修士（1583-1654）が引いた。どっしりとしたドーム

---

(7) ［英］church gallery. *Lexikon für Theologie und Kirche,* 第3版, Bd. 3, S. 636-37 ; *The Jesuits and the arts, 1540-1773.*, Saint Joseph's UP, 2005, p. 65, 105.

を作るにはどうしても財政的な困難があったので、1685年には、アンドレア・ポッツォ（1642-1709）による直径17メートルの透視画法の絵画を用いた疑似ドームがその問題を解決した。この功績と彼のイル・ジェズ聖堂のイグナティウス祭壇が、ポッツォの全欧における名声を確かなものにした。皇帝レオポルト1世は、この画家であり建築家でもある彼をイエズス会聖堂の改築のためにウィーンに呼び寄せた。1703年頃に彼は、建築上の基本構造に手をつけることなく、17世紀の質素なこのイエズス会聖堂の建物を集中式の大会堂に変貌させることに着手した。この建設上の問題解決は、彼の代表作として認められている。ドイツではなかでもヤーコブ・クラー助修士（1585-1647）が、アイヒシュテットやルツェルン（火事によって破損した宮廷教会の再建）で、またヨーハン・ホル助修士（1648没）がインゴルシュタット、ミンデルハイム、ランツフートでそれぞれ建築家として重要な仕事を残した。忘れてならないのは、宣教地における多くの教会建築であり、往々にしてヨーロッパの教会の模倣ではあるが、助修士たちの存在がなければ決して完成しなかったものである。

6. 演劇と音楽

イエズス会学院の日常は、学校劇がのちに花開く契機となった祭典や芝居によって気晴らしが図られた。学期の開始にあたっては、しばしば演説、公開討論、詩の朗読が催された。待降節になるとあちらこちらで降誕劇が行われた。少なくとも学校劇の上演は、多くの学院で当初から毎年恒例のプログラムになっていた。こうした学校劇の最初の上演があったのは、1551年のメッシーナであった。メディナ・デル・カンポでイエズス会員たちは、『犠牲に捧げられるエフタの娘』を上演して人気を博した。この作品を書いた15歳のホセ・アコスタ（1540-1600）はすでにイエズス会に入会して3年目であり、この町の市民でもあった。学院生たちの往々にして実に地味な演劇の試みから発展したイエズス会劇は、しばしばその壮麗さと技術的な完成度において一般の演劇を上回るほどまでになった。ミュンヘンでの『コンスタンティヌス大帝』上演（1575年）では、市内全体が華やかな飾りつけがなされ

て舞台そのものとして使われ、2日間かけての上演には1,000人もの俳優たちが出演した。しばらくするとこうした催しには、時折オーケストラの演奏が付いた音楽、踊りやバレーによる幕間の出し物が現れるようになった。1568年にはミュンヘンでオルランド・ディ・ラッスス（1532頃-94）が、『サムソン』上演のために作曲家としての契約を結んでいる。1582年にはインスブルックのイエズス会学院が、『トビアス』によってオペレッタを上演した。イエズス会劇に与えたイタリア・オペラの影響は、少なくともオーストリアと南ドイツにおいては無視することはできない。すでに17世紀においてラテン語の劇のなかに、上演されるそれぞれの国の言葉による台詞がプロローグ或いは幕間劇として加えられたが、これが自国語による演劇の黎明であった。聖書物語、イエス伝からの様々な逸話、聖人の生涯、極東や新大陸の宣教師の偉業が特に好まれた題材であった。しかしながらイエズス会の演劇作家たちは、さらに異教の神話や物語さらにはしばしばその時代に起こった事件をも題材として取り上げ、カトリックの教理に適った作品へと編集しなおした。イエズス会劇は、ほとんどすべてイエズス会員自身によって書かれ或いは受容された。ヤーコプ・ビーダーマン（1578-1639）、ニコラウス・アヴァンツィーニ（1611-86）、そしてイエズス会劇のレッシングとまで言われたヤーコプ・マーゼン（1606-81）がドイツ語圏における一流の劇作家であった。

　ローペ・デ・ベガ（1562-1635）、ペードロ・カルデロン（1600-81）、アンドレアス・グリューフィウス（1616-64）、コルネイユ（1606-84）、そしてモリエール（1622-73）は、彼らの劇作の端緒をイエズス会劇のなかに見いだした。ヴォルフガング・A・モーツァルト（1756-91）の芸術的創作の根は、父レーオポルト・モーツァルトを通して知った音楽的に趣向をこらしたアウクスブルクのイエズス会劇にもあった。しかし全体的にみてもイエズス会劇は、舞台に上がる者だけでなく観客にもその作用を及ぼしていた。役柄をわきまえて、舞台での巧みな立ち回りを覚えた者がいれば、カトリック教徒としての生活とキリスト教的人文主義のもつ観念や重要性に演劇を通して親しんだ者もいたのである。学校教育のなかに組み込まれたイエズス会劇は、「バロック的説教」（H. ヴォルター[8]）としてカトリック復興に少なからず貢献した。イエズス会に反対する者たちは、イエズス会劇を嘲笑の種として好んであげ

つらった。あまりにも単純で時として偏ったその出し物によって、18世紀中頃になるとイエズス会に対する嫌悪感が煽り立てられはじめた。イエズス会が解散させられることになると、少なくともそれまでたゆみない発展を遂げてきた会の演劇の伝統は、終焉を迎えることとなった。

イエズス会がそもそも学校劇を発明したわけではないが、それでも数百年間にもわたって会の人文主義的な教育計画のなかに思慮深く取り込んできたということは言えるだろう。つまりイエズス会学院の生徒たちは、教室で学び取った内容を、魅力的で人を引きつけるような方法で大勢の観客のまえで表現することが出来るようにまでならなければならなかった。このテーマについての無数の学問的研究が教えてくれるのは、イエズス会学院にとっての演劇の重要性はどれほど高く評価してもしすぎることはないということである。

7. 神学と哲学

イエズス会学院におけるカリキュラムは、（後で述べるように）特に司祭の養成という課題に取り組まなければならなかっただけに、中世末期から近世初頭にかけて、現代よりもはるかに強力にこの課題に機能的に結び付けられた神学と哲学の教育課程を含んでいた。どの「学派」を選ぶかということについては、イエズス会員たちはまず、彼らの属する修道院長たち自身がパリで勉強した時に高い評価を下した学派を考えた。様々な可能性のなかでも会員たちは、トマス・アクィナス（1225頃-74）の神学的・哲学的学派の復興に心を向け、「パリ方式」に倣ってドミニコ会員フランシスコ・デ・ビトリア（1483頃-1546）によって打ち立てられ、その後進のドミニコ会員たちによって展開させられたサラマンカ学派の伝統にその体現を認めた。この「学派」の選択には、確かにまたイエズス会員であるペードロ・ダ・フォンセカ（1528-99）、フランシスコ・トレド（1532-96）、フアン・マルドナド（1533-83）、フランシスコ・スアレス（1548-1617）、ガブリエル・バスケス（1549-

---

(8) 章末の文献表には記載がないが、*Lexikon für Theologie und Kirche*, 第3版, Bd. 10, S.1286 によれば、イエズス会員の教会史学者。

1604)、そしてグレゴリオ・デ・バレンシア (1551-1603) といったサラマンカで学んだ神学と哲学の大学者らが影響を与えた。

「自然と恩寵」そして「理性と啓示」が調和しうるものとして認識するトマス学派的な統合は、「隣人を助ける」ことにおいて神の恩寵にのみ因り頼むだけではなく、加えて手に入りうる「人間的手段」のすべてを利用しようとするイエズス会の信念（『会憲』147, 162）に適うものだった。「恩寵は自然を完成する」という標語は、人間のわざだけではなく、またそのわざに与える恩寵の影響にも余地を与えるような、恩寵と「自由意志」とについての理解を含んでいた。こうした見地からすれば意志は、原罪によって確かに傷つけられ弱められてはいるものの、決して堕落して破壊されてしまったわけではない。常に第一要因であったし、またそうでありつづける恩寵は、意志をある意味で恩寵と「共働する」ものとして許容していた。そのことによって人間は、救済のプロセスにおいてひとつの責任を果たすことができた。人間の自由と神の恩寵の協調については、1588年にルイス・デ・モリナ (1536-1600) が容赦のない疑問を投げかけた。この問い掛けを解明するための彼の努力は、恩寵論争として発展した。神の偉大さは人間の自由な決断力においてこそ最もよく示される、というイグナティウスの考え方には、モリナの根本思想はうまく折り合うものであったと考えられる。

イエズス会は、彼らのシステムにキリスト教の伝統的財産を取り込むことを目指した。しばしば「教理史の父」と呼ばれるディオニュシウス・ペタヴィウス (1583-1652) は、この方面において大きな貢献をした。フランシスコ・スアレス (1548-1617) は、トマス学派の伝統の枠内で自らの体系を築き上げ、スアレス主義という新たな学派を打ち立てた。この時代の最後の偉大な神学者は、その明晰さと独創性で知られるフアン・デ・ルーゴ (1583-1660) であった。イエズス会の創設期の著名な学者のなかには、すでに挙げたスペイン人会員たち以外には、レオンハルト・レッシウス (1554-1623)、アダム・タンナー (1571-1632)、マルティン・フェアベーク (1561-1624)、ルイ・リシュオム (1544-1625)、そしてヤーコプ・グレッツァー (1562-1625) が数えられる。

他宗教との関わり合いは近世初頭には、新たな神学的諸分野の発展へと導いた。論争神学の分野では、ペトルス・カニシウスとロベルト・ベラルミー

ノ（1542-1621）が挙げられる。彼らの司牧的関心を物語るのは、彼らの手になる広く読まれた影響力の強いカトリック要理である。宣教において聖書を用いることをイエズス会員たちは、当初から重視していた。「聖書を読むこと」——本来は教会において説教とは別に誰にでも与えられた聖書の霊的意味の説明——は、イエズス会員たちによってしばしばなされた信仰の宣教のひとつの働きであった。どちらかと言えば聖書神学的な釈義学の分野では、初期のイエズス会員のなかでは新約聖書の注釈で知られるアルフォンソ・サルメロン、「ヨハネによる福音書」と「ローマ人への手紙」の注釈を書いた偉大なトマス学者フランシスコ・デ・トレド、四福音書の注釈を書いた優れた教理神学者フアン・マルドナドがいる。聖書釈義学者として重要な存在は、フランシスコ・デ・リベラ（1537-91）と特にコルネリウス・ア・ラピーデ（1567-1637）である。

　司牧を念頭に置いてイエズス会学院では、毎週、良心問題決疑論——当時は「良心の事例」（casus conscientiae）を扱う講義[9]を意味した——が講義され始めた。これはイエズス会員たちが、特に大切に考えていたゆるしの秘跡を管理するために非常に大きな重要性をもっていた。同時にこの時代には、教会政治のうえで良心問題決疑は極めて危険なものであった。と言うのは、異国の文化と接触をした宣教師の報告を通して投げ掛けられた順応の問題は、典礼だけにはとどまらなかったからである。イエズス会が、不慣れな、しばしば非西欧的状況のなかでも倫理的にしっかりとした決断をすることができるようになるためには、会員たちの判断を鋭敏にすることが大切だとしていたいっぽうで、ひとつしかない道徳的な真理が勝手に操作されている、と猜疑心を抱く者たちもいた。宗教的感情、道徳的良心、そして宣教師や地元住民たちの判断に、順応やインカルチュレーションという点に関してどれぐらいの幅で信用をおくことができるのかという問題は、とどまることを知らなかった。カトリックとは言うものの、極めて西欧的な教会の神学者やその道の権威筋に宣教師たちからもたらされた諸問題は、多くの人々の注目を集め始めていた決疑論に絶えず新しい材料を与えてくれた。この決疑論には、倫理神学が独自の学問として発展するうえでの端緒が認められる。この分野に

---

(9)「良心の糾明」とも言われる。『良心の事例集』が教科書としても編纂されていた。『新カトリック大事典』第2巻、726頁。

おける最初の教科書を書いたのは、フアン・アソール（1536-1603）であった。パウル・ライマン（1574-1634）は、この分野を南ドイツで23年間、しばしば教会法をも含めて教えた。大きな影響力を持っていたのは、ヘルマン・ブーゼンバウム（1600-69）であった。サラマンカのドミニコ会員バルトロメ・デ・メディナ（1527/8-80）によって発展させられた蓋然説（蓋然性をもつ意見に従う自由）は、まずガブリエル・バスケスによって、それ以降はイエズス会の倫理神学者たちによって一般的に受容されるようになった。この体系がイエズス会のなかで根づくようになるにつれて、とりわけジャンセニスムの陣営からは、厳格さを欠いた弛緩説に対する非難がイエズス会に向けて声高になされるようになった。

1814年に再興されたイエズス会では、フランス革命の影響によって完全に崩壊してしまった、アウグスティヌスとトマス・アクィナスによって打ち立てられた教会の神学的伝統に立ち返ろうとする動きがあった。神学においてサルヴァトーレ・トンジョルジ（1820-36）とドメニコ・パルミエーリ（1829-1909）による近代的な哲学的体系を用いた時代精神への順応が失敗に終わってからは、トマス・アクィナスと哲学的な根拠としてアリストテレスに非常に強く結び付いているバロック神学に再び関心が向けられるようになった。フランス革命の混乱のあとで、しっかりとした素地を作り上げるために大きな貢献をしたのがジョヴァンニ・ペローネ（1794-1876）とカルロ・パッサリア（1812-87）、クレメンス・シュラーダー（1820-75）、並びに聖書解釈学者フランチェスコ・S・パトリーツィ（1797-1881）といったペローネの弟子たちであり、彼らは皆、1824年に教皇レオ12世がイエズス会に委託したローマ学院の教授であった。19世紀と20世紀初頭の神学は、合理主義と近代主義に抵抗したが、しばしば新たな時代と忌憚のない対話をすることを逸してしまった。

「宣教の神学」というキーワードは、現代に生きる人間に福音を伝え、信仰の現実への扉を開くという努力を意味している。今世紀半ばのこうした「より人間的な」神学の代表者としては、ヨーゼフ・A・ユンクマン（1889-1984）、アンリ・ド・リュバック（1896-1991）、フーゴ・ラーナー（1903-69）とカール・ラーナー（1904-84）、バーナード・ロナガン（1904-84）、さらにジャン・ダニエルー（1905-74）が挙げられる。教理神学者ジョン・C・マリ

(1904-67) を動かしたのは、信教の自由への関心であった。彼と同じように多くのイエズス会の神学者たちは、第2ヴァチカン公会議の開催準備に協力し、公会議の顧問として多方面からその進行を助けた。

デカルトの哲学、ニュートンの物理学、そして始まりつつあった啓蒙主義は、常に神学を視野に入れて「新しい諸学問」によって投げ掛けられる問題と取り組んでいたイエズス会の哲学者たちにとってはひとつの挑戦であった。新しい流れに対して開かれた姿勢をとったのは、ジョヴァンニ・B・トロメイ (1653-1726)、オノレ・ファブリ (1607-88)、アントン・マイアー (1673-1749)、ベネディクト・シュタットラー (1728-97)、そしてヤーコプ・A・ツァリンガー (1735-1813) であった。宇宙論においては、アリストテレスを放棄せずに、コペルニクスやガリレイの説と格闘したクリストファー・クラヴィウス (1537/38-1612) やクリストフ・シャイナー (1575-1650) がいた。ダルマチア出身のローマ学院教授であったルッジャー・ヨーシプ・ボスコヴィチ (1711-87) は、イエズス会解散前夜にはアリストテレスの体系である質料形相論とは距離を置いていた。その著書『自然哲学の理論』(*Theoria philosophiae naturalis*, 1758年) で彼は、原子物理学の基本となるような考え方を先取りしている。イエズス会員たちが「新しい諸学問」に明確に、或いは秘かにどれほど高い評価を与えたとしても、彼らはそれでもなおアリストテレスの形而上学と1599年の『イエズス会学事規定』に強く結ばれていた。だからイエズス会員たちは、啓蒙主義の哲学的関心事と十分に対峙する状況にはなかった。

近代哲学の代弁者としては、ヨーゼフ・マレシャル (1878-1944) が挙げられる。彼はI.カント (1724-1804) の哲学との対決のなかで先験的方法を発展させたが、これは特にM.ハイデガー (1889-1976) の実存主義という現代哲学の影響の下にヨハンネス・バプティスタ・ロッツ (1903-92)、カール・ラーナー、そしてエメリヒ・コレト (1919-) によって受け継がれていった。第2ヴァチカン公会議以降は、学説の多様性が哲学の研究と教育を取り巻く環境を彩っている。

8. 社会科学

　フランス革命がヨーロッパにおいてもたらした社会的な変動を背景にして19世紀には社会学と経済学が発展しはじめた。この分野において果たしたイエズス会員たちの功績は注目すべきものがあり、今世紀において第2ヴァチカン公会議のあとの第31回、第32回の修道会の総会で殊更に取り上げられたような、実践と理論とに跨がった長い伝統を会の歴史において誇っている。イエズス会にとっては後に実践を示す標語となった、イグナティウスによって特色付けられた「人々の魂を助ける」というキーワードとともに、イエズス会員たちは、様々な要求を持った個々の人間を彼らの関心の中心に据えて、その人間の生活条件、特に教育の改善のための援助を提供することに努めた。こうした現実を裏付けているのが、非常に困難な条件下での多くの学校建設、地元民の文化に順応しようとする宣教師たちの努力、そしてペドロ・クラベル (1580-1654) のような会員たちの姿である。クラベルは、その人生の35年間をカルタヘーナの港湾地域で、ヨーロッパ人同士のあいだで売買されていた黒人奴隷たちに捧げた。第2ヴァチカン公会議の後に選出されたイエズス会総会長ペドロ・アルペ (1907-91) は、イエズス会員たちによる難民救助事業 (Jesuit Refugee Service) を設立し、貧しい者たちのために働くことと、社会的、経済的そして政治的な構造をより公正な世界へと変革するのに相応しい事業をおこすことを奨励した。

　さらに理論においても近代の社会科学者たちは、イエズス会のなかに模範と先駆者を見いだした。フランシスコ・デ・スアレスは、人間の社会的な自然本性から共同体形成 (家族、国家) の必然性を導き出した。ルイス・デ・モリナの代表作は、6巻からなる『正義と公正について』(*De justitia et jure,* 1593-1609年、初版) である。ロベルト・ベラルミーノは、世俗権力に対する教皇の権能が専ら間接的である、と論じたために、シクストゥス5世を怒らせてしまった。フアン・デ・マリアナ (1536-1624) は、状況によっては専制君主を殺すことが許される、という意見を支持した。マリアナと同じく、後にヘルマン・ブーゼンバウムもまた、攻撃する者や国家権力に対する抵抗権につ

いてのその考え方の故に強く非難された。19世紀の自然法理論の展開には、M. リベラトーレ (1810-92) や、なかでも A. タパレッリ (1793-1862) の名前が挙げられる。テオドール・マイアー (1821-1913) の2巻からなる倫理についての書は、その内容からして事実に則し、信頼できるもので、叙述の仕方も明晰である。ヴィクトール・カトライン (1845-1931) は、社会主義に対して論陣を張り、国家権力の限界を明示しようとした。ハインリヒ・ペッシュ (1854-1926) がようやく社会哲学 (カトリックの社会連帯主義) の包括的な体系をつくりあげ、今世紀におけるイエズス会の社会哲学者と社会学者の「父」と呼ばれるようになった。以前は国家と教会との関係や国家権力についての理論が好んで取り上げられていたが、今日ではイエズス会員たちは理論的な思考においても実践的な作業においてもどこであろうとも、およそ「社会問題」と思われるものであれば何に関しても奉仕の手を伸ばそうとしている。この分野においては、グスタフ・グントラッハ (1892-1963) とオズヴァルト・フォン・ネル=ブロイニング (1890-1991) が多くの貴重な貢献を成し遂げている。より公正な世界をつくるために働くこうした個々の会員たち以外にも、イエズス会内部には、およそ30の社会研究所 (1990年9月現在) があり、それぞれの地域の置かれている事情によってその重点を絞っている。第三世界の国々においては、イエズス会員たちは権利を剥奪された人々の回復のために働いており、1989年11月にサンサルバドールで助手の女性とその娘と一緒に惨殺された6人のイエズス会員たちのように、自らの生命を賭けている。

9. 歴史の編纂

ペタヴィウスの教理史的・教父学的研究から始まり、『キリスト教原典叢書』(*Sources chrétiennes*, 1942年にH. ド・リュバックとJ. ダニエルーによって創刊された) の編纂にいたるまで、信仰と教会の教えについての資料に対する関心は連綿として続いている。そこで挙げられるのがジャック・シルモン (1559-1651) の教父著作集、フィリップ・ラベ (1607-67) のトリエント公会議史、ジャン・アルドゥアン (1647-1729) の公会議教令集、そしてヘルマ

12-10 ヨーゼフ・シュテックライン
　　　1728年刊『新世界報告』のタイトルページ

ン・J・ハルツハイム (1694-1763) の『ドイツの教会会議』(*Concilia Germaniae*, 1759-63年) である。非常に名高いのがベルギーのボランディストであるヘリベルト・ロスウェイデ (1569-1629)、ヤン・ファン・ボラン (1596-1665)、そしてダニエル・パペブロホ (1628-1714) による学問的な聖人伝の基礎研究資料である『アクタ・サンクトールム (聖人伝)』(*Acta Sanctorum*) のシリーズであり、現在まで作業が続いている。すでに1773年には、聖人の生涯が暦にしたがって整理された70冊のフォリオ版が刊行されていた。

　8部からなる1491年から1633年までのイエズス会の最初の歴史を書いたのは、ニコラ・オルランディーニ (1554-1606)、フランチェスコ・サッキーニ (1570-1625)、ピエール・プッサーヌ (1609-86)、そしてジューリオ・C・コルダラ (1704-85) であった。イエズス会の歴史に関する資料は、1894年以降は『モヌメンタ・ヒストリカ・ソシエタティス・イエス』(*Monumenta Historica Societatis Iesu*, 135巻が1990年までに刊行された) に編纂されている。1741年には、ローマにおいてイエズス会員たちによって教会史の講座が初めて開かれた。イエズス会出身の一般史の研究者には、以下の数名が挙げられるのみである：スペイン史を書いたフアン・デ・マリアナ、未完の『ゲルマニア・サ

クラ』(*Germania Sacra*)⁽¹⁰⁾を書いたマルクス・ハンジッツ（1683-1766）、著名人の歴史人名事典を書いたフランソワ・グザヴィエ・ド・フェラー（1735-1802）である。

史料編纂の独自の形態としては、習得した言語をもとにして書かれた宣教地からの報告書であり、これはヨーロッパで広く読まれることになった。『ニュー・フランスで起きたことについての報告書』(*Relations de ce qui s'est passé en la Nouvelle France*, 40巻、パリ、1632-72年）、『イエズス会の数人の宣教師たちによって海外の宣教地から書き送られた信仰的な、そして不思議な書簡』(*Lettres édifiantes et curieuses, écrites des missions étrangères par quelques missionaires de la Compagnie de Jésus*, 34巻、パリ、1703-76年）、そしてヨーゼフ・シュテックライン（1676-1733）の『新世界報告』(*Der Neue Welt-Bott*, 7巻40部、1726-61年）のようなものが、例えば特に啓蒙主義の影響を受けた人々によく読まれ、部分的にはさらに翻訳がなされて何度も版を重ねた。こうした宣教報告は、思いもしなかったような視点を人々に与え、西欧の抱える様々な問題を新たな目で見ることを促した。

10. 自然科学

イエズス会員たちは、彼らの学院の授業を特に念頭に置いて自然科学に携わっていた。数学教師は、しばしばその関連する学科でも教えた（天文学、物理学、建築学など）。1773年までにイエズス会は、およそ1,600人の数学者を輩出した。バンベルク出身のクリストファー・クラヴィウス（1537/38-1612）は、ほとんど200年間にわたって若い数学者たちの標準的教科書となったそのユークリッド注解書のゆえに「16世紀のユークリッド」とまで称された。ローマにおいて彼は、グレゴリウス13世の改暦事業に協力した。この事業のために必要となった天文台は、1580年頃にローマ学院に委譲された。数学界において名声を博したイエズス会員を何人か挙げれば、ザンクト・ガレン出身のパウル・グルディーン（1577-1643）、解析幾何学の体系化

---

(10) 中世ドイツの教会についての史料集大成。18世紀より編纂が始められ、中断を経て1962年以降作業が続けられている。

に尽くしたグレゴワール・ド・サン・ヴァンサン (1584-1667)、そして微分方程式のヴィンツェンツォ・リカーティ (1707-75) であった。

多くのイエズス会員たちが、天文学と物理学に携わっていた。マテオ・リッチ、ヨーハン・アダム・シャル・フォン・ベル、フェルディナント・フェルビーストらは、その学識のお蔭で、賢明で学問のある西欧人として北京で皇帝に紹介されることがかなった。クリストフ・シャイナー、その弟子ヨーハン・B・ツィーザト (1586-1657)、そしてフランチェスコ・マリア・グリマルディ (1613-63) は、光学の分野で活躍した。万能学者アタナージウス・キルヒャー (1601-90) は、特に文字や映像のための投影機である幻灯機などについて研究を進めた。ウィーン大学は、マクシミリアン・ヘル (1711-87) を大学付属の新設の天文台長として任命した。アンジェロ・セッキ (1818-74) は、分光学によって天文学の新しい展開を導いた。

海外の宣教師たちの様々な種類の発見や観察についての報告は、より広い意味における自然科学にとっての刺激として評価することができる。ペドロ・パエス (1564-1662) は、ナイル川の源流を、ジャック・マルケット (1637-75) は、ミシシッピ川を発見した。エウセビオ・F・キーノ (1644-1711) は、そのメキシコとカリフォルニアにおける探検によって有名になった。ベルナベ・コボ (1582-1657) は、ペルーの地理や歴史、また動植物についての報告をまとめた。ホセ・デ・アコスタは、ラテン・アメリカに関する文化史的な著作によって新世界のプリニウスとして知られた。中国、フィリピン諸島、南北アメリカ大陸、そしてインドにおける薬草についての報告が書かれた。イエズス会員たちは、ペルーからマラリアに効くキナ皮を持ち帰った。極東における地理学や地図学の分野では、中国の地図を作製したフランス人のイエズス会宣教師たちのグループの仕事が挙げられる。地質学と古生物学の専門家ピエール・テイヤール・ド・シャルダン (1881-1955) は、北京原人の調査発見に協力した。高度な哲学的・神学的レベルをもつその世界観的な著作によって、彼は宗教と科学とのあいだにあった距離感を埋めようと努めた。

11. 教育制度

『会則大綱』において、児童と無学な人間の教育は、イエズス会の活動範囲として挙げられている。そこではカトリック要理の解説と宗教教育によってキリスト教信仰の基本を伝えることに眼目があった。世の中の教育の荒廃に加えて、人間の全人格的発展なしにはカトリック改革は成功しないという確信が、イエズス会員たちにルネサンス・人文主義的な意味における教育事業に乗り出すことを余儀なくさせた。14世紀における萌芽期以来、人文主義の最も明確な要請というのは、古典古代と教父に沿った文体によって、中世の「野蛮な」ラテン語の文体を入れ替えようというものだった。言語に対するこうした一見些細に見える「介入」は、気質の変化、つまり現実に対する感覚や認識の推移を予告していた。こうした状況に対するより慎重な姿勢から、この運動においては修辞学の重要性が増した。修辞学は、ルネサンス・人文主義では弁証法と結び付けられて、知性だけでなく想像力や感情にも向けられた説得の技術へと発達した。イエズス会員たちがこの人文主義的な教育プログラムを受け入れたのは、特に彼らの同時代の人間たちと同じく、人文主義的な勉学が誠実で義務感をもった性格（ラテン語では pietas を意味する）[11]を形成する、と信じていたからであった。ただこうした姿勢が、イエズス会員たちがそのカトリック要理教育で伝えようとしていたキリスト教精神と多くの観点から見ると異なっていたにもかかわらず、次の点では完全な一致が認められた。つまり、学習されたものが、生徒の行動や人格に影響を及ぼすであろうことが、人文主義教育、カトリック要理教育の何れの場合にも期待された、ということである。

イエズス会学院の仕事を引き受けることによって、イエズス会内部ではいかなる教育活動もしない、という当初の計画は変更された。もともとイエズス会を担う次世代は、公営の大学で学び、それぞれの置かれた町で共同生活

---

(11) ラテン語原意としては「神々または人に対する正しい行いへの義務」のこと。*Der kleine Stowasser. lateinisch-deutsches Schulwörterbuch*（München, 3. unveränderte Aufl., 1991) S.342.

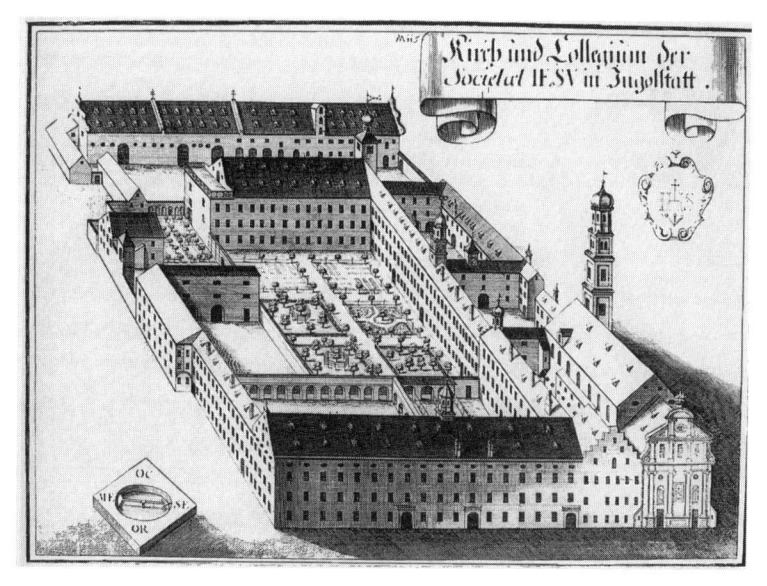

12-11 インゴルシュタットのイエズス会学院　M. ヴェニングによる銅版画、1701年

をする、ということになっていた。こうした養成の形式のために必要な後援者を見つけるのが難しいために、イエズス会員以外に外部の学生たちにも授業を受けさせる「混在型」学院のモデルが出来上がった（1546年にガンディアの学院が初めてこの形式を取った）。こうした混在型学院は、学院の寄進者たちの同意を得て、多く自ら授業を担当し、またそうすることで学院を支えることにもなるイエズス会員の学生たちをも受け入れることで、間もなく専ら外部の一般青少年（エクステルニ externi）を対象とした学院へと入れ代わっていった。「彼らすべての学校で少年少女のために教理を教えている」（O. ブラウンスベルガー『カニシウスの書簡と記録文書』*Beati Petri Canisii, Societatis Iesu, epistolae et acta,* 第1巻、328頁）プロテスタントの優勢な状況が、イグナティウスとその同僚たちにカトリック改革の利益のための学校教育の重要性を意識させた、ということも言えるかもしれない。イグナティウスの死までの8年間に、30以上の学院を創設するまでにイエズス会員たちを駆り立てたのが何だったのかはさておき、彼らはこの仕事を司牧的な奉仕として見ていた。

『会憲』では、学校は「隣人愛のわざ」として述べられている。

1548年10月には、メッシーナに先鞭をつけるようなイエズス会学院が設立され、エクステルニに専ら対象を絞るようになるその後のすべての学院は、このメッシーナに倣った。フランシスコ・デ・ボルハによる財政的援助のお蔭で1551年2月22日には、現在のグレゴリアナ大学の前身であるローマ学院がローマに設立された。この日ローマ市民は、この学院のために充当された建物に次のような銘文を読むことができた。「文法、古典学、そしてキリスト教精神を学ぶ学校。学費なし」(Schola di grammatica, d'humanità e dottrina cristiana gratis)。銘文のこの最後に置かれた言葉によって、教育分野におけるイエズス会員たちの成功、そして会員たちとその教育制度に対する非難との無視できない理由がわかる。ローマ学院は、何よりも会の次世代の会員たちの育成のために創設され、間もなくイエズス会を代表する学院となった。ドイツ学院(コレギウム・ゲルマニクム、1552年にローマに設立)と共にこの学院は、司祭後進の養成のための施設として全欧だけでなく世界的にも重要な意義を持つようになった。1556年には、1,000人のイエズス会員のうち300人ほどが教え、24の学院では90クラスで5,100人のエクステルニが授業を受けていた。これらの学院では、イエズス会員たちがその後進のために総計53の定員数を確保していた。16世紀に設立された最も影響力の強いドイツ語圏の学院としては、設立年次順に挙げれば、ウィーン、プラハ、インゴルシュタット、ミュンヘン、トリアー、マインツ、インスブルック、ディリンゲン、ヴュルツブルク、グラーツ、そしてスイスのフリブールの学院があった。1626年には、444の学院が存在していた。1773年のイエズス会解散に際しては、教育事業に使用されていた869の施設が閉じられた。

1814年に再建されたイエズス会では、改めて青少年の育成に的が絞られた。社会的・経済的状況の変動や様々な国々での会の活動の一時的な不自由さにもかかわらず、1990年には、6,000人にものぼるイエズス会員たちが65か国で700以上のイエズス会の学校、学院、そして大学で働いていた。毎年こうした施設では、180万人もの学生が教育養成を受けている。この任務では50,000人以上の一般信徒が学生たちのために働いている。

教育方法としては、パリを模範とした所謂「パリ方式」(modus Parisiensis)が採用され、カトリック改革の必要に応じたルネサンスの人文主義的教育学

の要素によって補われていた。学生たちは、クラス分けされた。授業或いは講義の出席は、義務であり、それは大学でも要求された。初年次の学習内容を修得した者は、進級試験に合格すると次の年次のクラスに上がることができた。授業における段階的な前進が、知性の確実な発達を保証していたいっぽうで、特に外国語の学習と古典作家の講読における人文主義的な教育の方向性の助けを借りて、学校教育は、高尚な価値をもつものに対する感覚を伝達し、キリスト教的な信仰と生活の実践を目指す人格形成に対する可能性を開き、国家と教会における責任ある生活と働きのための土台を据えることを目的とした。

授業は、3段階に分かれていた。つまり文法、古典学、そして修辞学である。文法は、3つのクラスから成っていた。全体のプログラムは、5年間で修了することになっていた。教材は、常に包括的な意味における文法（修辞学のクラスにいたるまで）、ラテン語、ギリシア語、ヘブル語という3つの言語、さらに実例を用いて実際的な判断の訓練をするための良心問題決疑論（Casus conscientiae）を網羅していた。数学や他の学科については、特に独自のクラス分けはなされなかった。母国語は、キリスト教精神のインカルチュレーションのための前提としても大切にされていた。

学校教育の分野では、人間が20歳を迎えるころにその後の人生のための大事な決断がなされるということを踏まえて、イグナティウスは当初から、イエズス会が特別に青少年のために働くようにと準備をしていた。この動機は、他のどこよりもドイツ語圏において最も重視されることになった。1600年頃のアルプス以北では、他の地域のイエズス会の場合と比べても、大学レベルの入門教育がイエズス会学院で行われているクラスがより多かった。哲学、倫理学、そして神学といった講座を持った大学は、イエズス会学院において大学準備課程をもイエズス会員たちに任せている場合に限って、さらにイエズス会員たちに引き継がれることになった。

イエズス会員たちは学校教育に多くの労力を費やしたが、それは1639年に第6代総会長となったムツィオ・ヴィテレスキ（1563-1645）によれば、「青少年を注意深く教え導くことによって、人々の堅実で豊かな共同体のために目ざましい貢献をすることができた」（*Archivum Historicum Societatis Iesu,* 第30巻、1961年、45頁より引用）という確信からきていた。

12. 南米の「イエズス会国家」

　そのような「人々の豊かな共同体のために目ざましい貢献を」したのは、インディオのために、自治に加えて、当時としては高い経済的・文化的水準を誇る保護統治地区を建設し、そして指導した新世界のイエズス会員たちであった。スペイン・ポルトガル植民地政策に代わるべき別の選択肢として意識的に建設されたこの保護統治地区は、民族同士の平和的な出会いと複数の文化の展開の一つの例であった。この地区は、約70のインディオ入植地からなり、「レドゥッシオーネス」(reducciones 原住民指定地の意味)[12]と呼ばれていたが、ここでは最終的にはおよそ20万人のインディオが平穏のうちに、しかも極めて豊かに暮らしていた。1609年にディエゴ・デ・トレス・ボジョ（1551-1638)によって建設されたこの所謂「イエズス会国家」は、主権国家ではなく、しかも一定の領土を持っているわけでもなかったが、イエズス会員たちが、1767年に南米から追放されるまで存続した。これらの入植地のなかで最大のものは、約30からなる集落で、現在のパラグアイ、アルゼンチン、ブラジル、そしてウルグアイがそれぞれ境を接しているパラナ川とウルグアイ川の流域にあった。それ以前にインディオを定住させようとしたフランシスコ会とドミニコ会の試みは、イエズス会が独自に展開していくこととなったレドゥッシオーネスの原型であると考えられる。こうした過程のなかで重要な役割を果たしたのは、ホセ・デ・アコスタ（1540頃-1600）の書いた『インディオの救いの促進』(*De procuranda indorum salute*, 1588年) であった。アコスタ自身のペルー宣教時の体験が息づいているこの著書のなかで、彼はその宣教理論を展開している。福音宣教と順応についての彼の方法論は、あらゆる強制、暴力、そして不正を排除し、信仰告白と実生活との調和、インディオの諸言語の習得、そしてインディオおよびヨーロッパの文化についての幅広い知識を求めるものだった。

　(1,000人から4,000人の住民からなる) それぞれのレドゥッシオーネスは、報

---

[12] スペイン語 reducción の複数形。伝道所、教化村とも訳されている。伊藤滋子『幻の帝国——南米イエズス会士の夢と挫折』（章末の文献表参照）15頁以下。

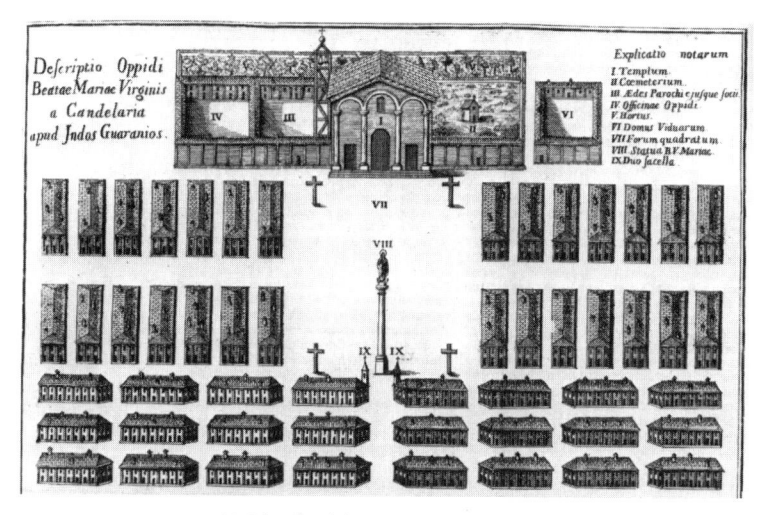

12-12　1616年に建てられたパラグアイのグアラニ族の
レドゥッシオーネスの見取り図、1793年の銅版画

酬を受けず、また強制手段を行使することもない2人のイエズス会員たちによる指導のもとに自治がなされた、一種の大きな農業生活共同体を形成していた。農業のかたわら、手工業による製品の普及も大きな意義を持っていた。石器時代からバロック時代へのこうした移行は——少なくとも外面的には——驚くべき早さで成功していた。数十年もしないうちに、ヨーロッパの教会にも比肩しうるようなバロック建築の教会堂が建ちはじめた。間もなくインディオたちは、ヨーロッパ音楽を巧みに演奏するまでになった。彼らは、彫刻をおぼえて楽器製造を手掛けるようになった。

　こうした成功の秘密は何だったのか。イエズス会員たちは、武器を持たずにやって来て、インディオの言葉を学び、文法書や辞書を編纂し、様々な方言を統一した書き言葉にまとめた。すべてのレドゥッシオーネスが独自の学校をもち、母国語だけでなくスペイン語やラテン語による授業がなされた。なかでもイエズス会員たちは、インディオたちをスペインの植民地主義者やブラジルからやってくるポルトガル人たちの侵入から守り抜くことができた。こうした相互の立場を尊重した人間共存という場のなかへ、イエズス会員たちは、何の下心も野心もなく福音をもたらした。

当初からこのレドゥッシオーネスは、大きな魅力を人々に放っていた。その対象は、啓蒙主義者や社会主義者、『聖なる実験』を書いたフリッツ・ホーホヴェルダー（1911-　）のような詩人、映画『ミッション』（1986年）で知られる映画製作者ローランド・ジョフィ（1945-　）や『ブラック・ローブ──イロコイ族の川辺で』（1990年）のブルース・ベアスフォード、またさらに歴史家や信仰のある者にもない者にも広がっていた。ヨーロッパ社会主義の精神史へ与えた影響は、無視することはできない。レドゥッシオーネスの体制の背後にあったイデオロギーについては、多くのことが謎に包まれたままであった。それは「キリスト教的共産主義」であったのだろうか。それは「社会的ユートピア」の実現であったのか。イエズス会員たちは、あらかじめ決められた理論にしたがって理想的国家を建設しようと考えたのではなかった。会員たちの関心事は、ただインディオがキリスト教に改宗することだけであった。インディオの生活を文明化していくための任務は、専らこの改宗という目標のためにこそ役立てられた。

　司祭たちは、強制労働を敷くことでインディオを搾取していたのだ、というような今日でも耳にするこのレドゥッシオーネスに対する批判は今に始まったことではない。この強制労働に対する非難が、どれほど根拠のないものであろうとも、レドゥッシオーネスの体制には限界があった。つまり当初からインディオを自立させるという意図が、欠けていたのである。ヨーロッパ人たちは、インディオに対して被後見人に対する後見人をもって任じていたが、この姿勢は、今世紀の半ばからようやく両者のパートナーシップという形式に変わりつつある。バロック時代の国家教会という体制に距離を置いて考えれば、国家の使命が教会や、ましてや外国人宣教師たちによっては遂行されえない、ということは容易に察することができるのである。今日では宣教に際してインディオの諸言語を使用したことは、イエズス会員たちの名誉となっている。それでも啓蒙主義の時代には、イエズス会員たちは、そうすることで、原住民をヨーロッパ人たちから遠ざけようとしたのだということさえ囁かれた。しかし現代的な視野からすれば、イエズス会員たちがインディオのもとに見いだされた社会構造を出来る限り維持し、ヨーロッパ人の個人主義的性質を帯びた世界への「移動」を彼らにさせないようにしたのは正しいことであった。経済的利益に対する定説となりつつあるインディオの関

心の欠如や、芸術的または技術的にお手本の模倣を越えることができないという彼らの現状を、今日の民族学者たちは、そうした特徴が人類の社会的発展の一定の段階に典型的なものである、として説明する。しかしながらイエズス会員たちがレドゥッシオーネスから追放されたことでレドゥッシオーネス自体は崩壊した。インディオにイエズス会員たちが与えてきたような保護を、地理的にも経済的にもそして法的な見地からもインディオに必要な居場所をつくることをしなかった政府は、提供することができなかった——或いはそうしたくなかったのかもしれないが。

文献

原典

IGNATIUS VON LOYOLA, Bericht des Pilgers, Leipzig 1990

DERS., Geistliche Übungen, Graz ³1988

DERS., Das Geistliche Tagebuch, Freiburg/Br. 1960

DERS., Satzungen der Gesellschaft Jesu, Frankfurt/M. ³1980

DERS., Briefe und Unterweisungen, Würzburg 1993

全般的研究

D. BERTRAND, La politique de S. Ignace, Paris 1985

B. DUHR, Jesuitenfabeln — Ein Beitrag zur Kulturgeschichte, Freiburg/Br. ⁴1904

A. FALKNER/P. IMHOF (Hg.), Ignatius von Loyola und die Gesellschaft Jesu. 1491-1556, Würzburg 1991

J. LACOUTURE, Jésuits. 1. Les conquérants, 2. Les revenants, Paris 1991/92

Monumenta Historica Societatis Iesu, Madrid 1894-1931, Rom 1932ff.

L. POLGÁR, Bibliographie sur l'histoire de la Compagnie de Jésus, 1901-1980, Rom 1981-1990

A. RAVIER, Ignatius von Loyola gründet die Gesellschaft Jesu, Würzburg 1982

M. SIEVERNICH/G. SWITEK (Hg.), Ignatianisch. Eigenart und Methode der Gesellschaft Jesu, Freiburg/Basel/Wien 1990

B. SOMMERVOGEL, Bibliothèque de la Compagnie de Jésus, 11 Bde., Brüssel/Paris 1890-1932（1900年までに刊行された巻）

歴史

W. V. BANGERT, A history of the Society of Jesus, St.Louis (Mo) ²1986〔邦訳：バンガード『イエズス会の歴史』、下記参照〕

H. BOEHMER, Die Jesuiten, Stuttgart ⁴1957

C. DE DALMASES, Ignatius von Loyola. Versuch einer Gesamtbiographie des Gründers der Jesuiten, München 1991

C. DUHR, Geschichte der Jesuiten in den Ländern deutscher Zunge, 4 Bde., Freiburg/Br. 1907-1913, München/Regensburg 1921-1928

P. LÉCRIVAIN, Pour une plus grande gloire de Dieu — Les missions jésuites, Paris 1991〔邦訳：レクリヴァン『イエズス会——世界宣教の旅』、下記参照〕

J. W. O'MALLEY, Die ersten Jesuiten, Würzburg 1995

J. OSWALD/P. RUMMEL (Hg.), Petrus Canisius: Reformer der Kirche. Festschrift zum 400.Todestag des zweiten Apostels Deutschlands, Augsburg 1996

霊性

H. RAHNER, Ignatius von Loyola als Mensch und Theologe, Freiburg/Br. 1964

J. STIERLI (Hg.), Ignatius von Loyola: Gott suchen in allen Dingen, München 1987

J. SUDBRACK, Ignatius von Loyola (1491-1556): Erfahrung und Entscheidung, Würzburg 1990

F. WULF (Hg.), Ignatius von Loyola. Seine geistliche Gestalt und sein Vermächtnis, Würzburg 1956

建築

R. BÖSEL, Jesuitenarchitektur in Italien 1540-1773, Bd. 1, Wien 1985

J. BRAUN, Die Kirchenbauten der deutschen Jesuiten, Freiburg/Br. 1908/10

T. M. LUCAS (Hg.), Saint, Site and sacred Strategie. Ignatius, Rome and Jesuit Urbanisme. Catalogue of the Exhibition Bibliotheca Apostolica Vaticana, Vaticanstadt 1990

C. G. PALUZZI, Storia segreta dello stile dei Gesuiti, Rom 1951

R. WITTKOWER/I. JAFFE (Hg.), Baroque Art: the Jesuit Contribution, New York 1972

演劇・音楽

T. D. CULLEY, Jesuits and Music. Vol. 1: A Study of the Musicians connected with the German College in Rome during the 17th Century and of their Activities in Northern Europe, Rom 1970

N. GRIFFIN, Jesuit School Drama: A Checklist of Critical Literature, London 1976, ²1986（増補）

W. KRAMMER, Die Musik im Wiener Jesuitendrama von 1677-1711, Wien 1961 (Maschinschr. Diss.)

M. WITTWER, Die Musikpflege im Jesuitenorden unter besonderer Berücksichtigung der Länder deutscher Zunge, Greifswald 1934

自然科学

J. MACDONNELL, Jesuits Geometers. A Study of Fifty-six Prominent Jesuit Geometers During the First Two Centuries of Jesuit History, St. Louis/Vaticanstadt 1989.

教育制度

G. GODINA MIR, Aux sources de la pédagogie de Jésuits. Le »modus parisiensis«, Rom 1986

B. DUHR, Die Studienordnung der Gesellschaft Jesu (Bibliothek der katholischen Pädagogik 9), Freiburg/Br. 1896

Generalskurie der Gesellschaft Jesu (Hg.), Grundzüge Jesuitischer Erziehung. Arbeitspapier, Rom 1986. Original-Fassung in: Acta Romana Societatis Iesu 19 (1984-87) 767-832

F. GUEZELLO/P. SCHIAVONE (Hg.), La Pedagogia della Compagnia di Gesù, Messina 1992

P.-H. KOLVENBACH, Characteristics of Gesuit Education, in: F. GUEZELLO/P. SCHIAVONE (Hg.), La Pedagogia (s. o.), 89-103

E. KÜHNE (Hg.), Martin Schmid (1694-1772). Missionar, Musiker, Architekt, Luzern 1994.

L. LUKÁCS (Hg.), Monumenta paedagogica Societatis Iesu. Nova editio ex integro refecta, 5 Bde., Rom 1965-1986 (Monumenta Historica Societatis Iesu, Bd. 92, 107, 108, 124, 129). Bd. 5: Ratio studiorum. 1586, 1591/92, 1599

雑誌

Archivum Historicum Societatis Iesu, Roma 1932ff. (Bibliographie).

Christus, Paris 1954ff.

Geist und Leben, Würzburg 1947ff. (1925-43: Zeitschrift für Aszese und Mystik)

Korrespondenz zur Spiritualität der Exerzitien, Augsburg/München 1951ff. (Bd.1-18 mit anderen Titeln)

Manresa, Madrid 1925ff.

Studies in the Spirituality of Jesuits, St. Louis (Mo) 1969ff.

邦語文献

イグナチオ・デ・ロヨラ『ある巡礼者の物語——イグナチオ・デ・ロヨラ自叙伝』門脇佳吉訳、岩波文庫、2000年

――『霊操』門脇佳吉訳、岩波文庫、1995年

――『イエズス会会憲』中井充訳、イエズス会日本管区、1993年

――『聖イグナチオ・デ・ロヨラ書簡集』イエズス会編、平凡社、1992年

フランシス・トムソン『イグナチオとイエズス会』中野記偉訳、講談社学術文庫、1990年

フィリップ・レクリヴァン『イエズス会——世界宣教の旅』鈴木宣明監修、垂水洋子訳、創元社、1996年

ウィリアム・V・バンガード『イエズス会の歴史』上智大学中世思想研究所監修、原書房、2004年

高橋裕史『イエズス会の世界戦略』講談社選書メチエ、2006年

ヨゼフ・ロゲンドルフ編『イエズス會——再渡来五十周年を迎えて』エンデルレ書店、1958年

パウロ・フィステル編著『日本のイエズス会史——再渡来後、1908年から1983年まで』イエズス会日本管区、1984年

フランシスコ・ザビエル『聖フランシスコ・ザビエル全書簡』河野純徳訳、平凡社、1985年

マッテーオ・リッチ『中国キリスト教布教史 1・2』（大航海時代叢書）川名公平他訳、岩波書店、1982-83年

アコスタ『世界布教をめざして』青木康征訳、岩波書店、1992年

アコスタ『新大陸自然文化史 上・下』（大航海時代叢書）増田義郎他訳、1966年

ジョスリン・ゴドウィン『キルヒャーの世界図鑑——よみがえる普遍の夢』川島昭夫訳、工作舎、1986年

伊藤滋子『幻の帝国——南米イエズス会士の夢と挫折』同成社、2001年

【追補】

豊島正之編『キリシタンと出版』八木書店、2013年

第 *13* 章

東方正教会の修道制

ORTHODOXES MÖNCHTUM

ヴォルフガング・ヘラー

谷　隆一郎
[訳]

1. 歴史的展開

　東方正教会の修道制は、今日に至るまで、正教会を支える背骨となっている。修道制が正教会の位階制を成立させているからである。そして、修道士の生活は、正教会の信徒にとって「天使的生活」なのである。

　その修道制の起源は、エジプトにあるが、そこには当時、2つの基本的な修道の型が同時に生じた。すなわち、独住型（ないし隠修士型）のものと共住型のものである。修道生活の頂点の姿たる独住修道制においては、正教会のキリスト教徒はキリストを見ていた。共住修道制においては、使徒が象徴となっている。独住型の修道士は、孤独、禁欲、祈り、労働を通してあらゆる外的な影響や誘惑を締め出す。エジプトの修道院長アントニオス（250頃-356）は、初期の重要な独住型の人であって、その周辺から『砂漠の師父の言葉』（*Apophtegmata Patrum*）という教訓的な断章（言行録）の集大成が生れた。それは、修道精神の影響を東西に強く及ぼしたのである。

　ところでタベネシのパコミオス（292頃-346）は、320年頃、上エジプトのタベネシに1つの修道院を建てた。それは、隠修士の個人的発展の代わりに修道戒律を据えたものであった。彼は、7,000人もの修道士を擁する多くの修道院を設立した。そして2つの女子修道院もまた、彼の姉妹の指導のもとに生れたのである。『パコミオスの修道戒律』は、単にエジプトだけではなく西欧全体にも広がっていった。用いられた言語は、上記2つの主要な型の定着に際してはコプト語であり、例外的にはギリシア語であった。

　エジプトの隠修士的修道制の直接の影響は、パレスチナに及んだ。そこでは5～6世紀に、重要な修道院が誕生した。その最も重要な代表者は、とくにヒエロニュムス（347-419）とダマスコスのヨアンネス（675頃-753/4）であるが、彼らは神学的に東方正教会全体を規定したのである。そしてそこには、孤立した学識と、互いの研鑽とが共存していた。つまり、ダマスコスのヨアンネスは、隠修士的修道制を受け容れる一方で、エルサレムのサバス修道院滞在中に、隠修士型と共住型との中間の形態を見出したのである。

　共住修道制は、同様にその道をシリアに見出した。そこでは、隠修制を決

定的に切り離していたのである。そうしたシリア的修道制の特徴は、宣教への熱心さと並んで、奉仕の活動ということにある。この理念を造ったのは、東方教会の最大の説教家で、正教会では「金の口」(クリュソストモス)として広く知られているヨアンネス・クリュソストモス (345-407) である。

小アジアでの修道制の鍵は、「カッパドキアの3つの星」と呼ばれる大バシレイオス (330頃-79)、ナジアンゾスのグレゴリオス (329/30-90)、ニュッサのグレゴリオス (335/40-95) にある。とくにバシレイオスは、シリア、エジプトなど広く旅した後、ポントスとカエサリアに修道院を建立し、『アントニオスの修道戒律』『パコミオスの修道戒律』をもとにして、正教会の共住修道制の遵守すべき戒律を作った。修道院での生活にあっては、祈り、聖書朗読、礼拝、労働を確たる順序で遂行することが求められた。都市にある修道院は、その上さらに社会的な使命(病院、貧者救済、学校)を担っていた。

4世紀末からコンスタンティノポリス内外で、新しい都市修道院が起った。ストゥディオス修道院 (460年設立) は、テオドロス・ストゥディテス (759-826) による『バシレイオスの修道戒律』の更新ということのゆえに、とくに重要である。この更新計画には、当初正教会修道制の中心たる修道士共和国アトス (聖山、963年設立) が続いた。しかしそこでは、共住制が隠修制のために退けられることになる。そして隠修制は、その霊性の表現を、アトスで育まれていたヘシュカズム (静寂主義) のうちに見出したのである。

バルカンのスラブ圏 (ブルガリア、ルーマニア、モルダヴィア) とキエフ・ルス (キエフ公国) とのキリスト教化に伴い、修道制は、主としてアトスの修道士共和国を起点に広がっていった。キエフの洞窟修道院 (ペチェルスカヤ修道院、1051年設立、1786年にラヴラ〔=大修道院〕の称号を受ける) は、初め隠修制を取っていたが、しばらくして厳格な共住制修道院へと移行した。

ところで、ロシア的神秘主義は、ロシアの修道制と分ち難く結びついている。キエフ・ルスとモスクワ・ルス (モスクワ公国) にあっては、修道士たちが霊的・宗教的生活を完全に規定していたのである。しかし時とともに、「黒い」聖職者 (修道士たち) から人材を得た教会のヒエラルキイ (位階制) もまた、重きをなしていった。

ルスとロシア帝国では最終的には、(国家的な政治権力の助けを受けて) 共住修道制が普及した。そして、ロシア的修道院の代表的なものが、幾つか設立

されることになる。すなわち、ロシア最大の聖者ラドネシのセルギイ (1314-92) が1344年、聖三位一体セルギエフ修道院 (1744年以降はラヴラ〔＝大修道院〕の称号を得て共住制) を設立した。また1429年には、有名なソロフキ修道院 (ソロヴェツキイ・プレオブラジェンスキイ修道院)、つまり「北方のアトス」が白海に浮かぶ島に設立された (1917年以降は悪名高い強制収容所となった)。15世紀には、ニール・ソルスキイ (1433-1508、隠修士) とヨシフ・ヴォロツキイ (ヴォロコラムスクの、共住修道士、1439-1518) との間で、由々しい論争が起った。2人の改革者の目的は同じであったが、方法が異なっていたのである。すなわち、ヨシフは、修道戒律に外なる仕方で厳格に従うことを重視し、ニールは、「内なる人間」の精神的育成を重視した。この論争は、現実の問題に対する見解においていっそう燃え上った。それは、とくにモスクワの臣従貴族にとって報酬と見なされていた教会の土地所有の問題であった。ニールは、修道院の土地所有と国家への教会の緊密な結合とを拒んだ。ヨシフは、この争いの中でよく熟考し、モスクワ・ルス (ロシア) とロシア帝国における教会権力と共住修道制とを2つながら確保したのである。しかし18世紀の世俗化以来、修道院の数は不振であり、1917年の10月革命後は壊滅的となった。

　さて、ヘシュカズムのロシアにおける最初の代表者は、ニール・ソルスキイであった。そして修道士パイジイ・ヴェリチコフスキイ (1722-94) は、その伝統を教父たちのテキストのアンソロジー (詞華集) たる『フィロカリア』(*Philokalia*, 善美への愛) を、教会スラブ語に翻訳 (『ドブロトリュービエ』*Dobrotoljubie*) することによって受容したのである。この翻訳は、まもなく一般に流布し、長老制の復興に寄与した。ここにいう長老 (ギリシア語ではゲロン、教会スラブ語でスターレツ) とは、古くは修道制の始まり以来、ビザンティン帝国にあって若い兄弟の「霊的な父」(魂の導き手) であった者のことである。長老は、霊的に経験豊かな修道士で、その司牧への課題は、絶えざる心の祈り、キリストへの愛、謙遜、「貧者と虐げられた者」への共感によって、また個別には、心の直観 (他者の魂への眼差し) によって全うされる。そうした長老の最大の代表者の1人は、サーロフのセラフィム (1759-1833) であり、彼は心の直観という賜物をわがものとしていた。

2. 戒律、組織、服装

　西欧のそれとは対照的に、正教会の修道制は、修道会というものを持たない。「バシレイオス会」(バジリオ会、略号OSBM)という例外はあるが、これは1595年から96年にかけてのブレスト合同以降、イエズス会会憲を範として修道院や修族が集って設立されたもので、聖座(ローマ教皇)のもとに置かれている。それゆえ同会については、ここではこれ以上言及しないことにしよう。

　正教会の修道院は、主教区修道院(主教の裁治権の下にある)であるか、または主教の裁治権から特免された総主教修道院として、つまり総主教の下に直接置かれているか、である。アトスにある修道院はすべて、後者に属している。

　ところで正教会の修道制は、3つの修道戒律を知っているが、そのうちでは『バシレイオスの修道戒律』が最も広く行き渡った。それは、『アントニオスの修道戒律』と『パコミオスの修道戒律』に遡るのだが、ポントスからカッパドキア、小アジアを越えてアルメニアにまで広がっていった。これら3つの修道戒律は、それぞれに特徴を有している。すなわち、『アントニオスの修道戒律』は、祈り、日々の禁欲、断食、節制、沈黙、労働、病人への奉仕、謙遜を促すものであって、『砂漠の師父の言葉』に広く重なってゆく。また『パコミオスの修道戒律』は、コプト文学の最初の記念碑だが、320年タベネシの修道院のために作られ、清貧、断食、全体での祈り、沈黙、服従、程よい食事などを強調している。それは西欧では、ヒエロニュムスによるラテン語訳(404年)を通して知られた。そして『バシレイオスの修道戒律』は、360年バシレイオスとナジアンゾスのグレゴリオスによって編纂されたが、『大戒律』と『小戒律』とから成っている。後者では、修道士の義務と使命が、共住修道制を優先させながら、対話形式で313の断章にまとめられている。

　個々の修道院の規則(ティピコン)は、『バシレイオスの修道戒律』に則って定められている。抽象的な文言が、そこでは実践的な表現へと改められて

いる。女子修道院のティピコンは多くの場合、それぞれに固有の歴史的起源を有している。

修道士となるにあたっては、剃髪式と着衣式が課せられた。すなわち、毛髪は短く刈られ、修道帽と、くるぶしに届く折目ある袖つきの外衣とが与えられたのである。修道誓願の後には、サンダル、福音書、十字架、燃える蠟燭が与えられた。教会法により、修道士は、25歳以下で叙階（叙聖）されてはならず、修道女は、40歳以下で叙階されてはならなかった。

3. 霊性

正教会の修道制の霊性は、心の祈りないしイエスの祈りと、ヘシュカズム（静寂主義）という2つの要素によって定められている。4世紀以来、正教会修道制に根付いていた心の祈りは、「主イエス・キリスト、神の子よ、我を憐み給え」という言葉をもって、絶えずイエス・キリストを呼び求めることである。その（ヨーガに似た）呼吸リズムは、言葉の調子と一致し、人の心を神へと開くものでなければならない。理想的な場合には、言葉と呼吸とは同一なのである。そうした「心の祈り」は、神の本質を直観するために不可欠なものたる内的平安を、祈る者にとって可能にするのである。

ヘシュカズム（ギリシア語の「ヘシュキア」、つまり平安、静寂による）とは、正教会の修道制においては、心の祈りの助けで純粋な観想、神との合一へと全く没頭しようとする努力なのだ。ヘシュカストは、かのタボル山の光を、半ばはその精神において見る。それは、イエスが栄光に包まれた（「キリストの変容」）場所たるタボル山の名で呼ばれる光である（「マタイによる福音書」17:1以下）。今日の研究では、ヘシュカズムは5つの異なる型に分類されている。すなわち：（1）12世紀から16世紀にかけてビザンティンとスラブの修道制の中にあった潮流（エヴァグリオス・ポンティコス、ニール・ソルスキイ）。（2）3世紀以来の古い修道制の霊性の型（『砂漠の師父の言葉』、大バシレイオス）。（3）グレゴリオス・パラマス（1296/97-1359）と彼の信奉者、弟子たちの思弁的神学。（4）14〜15世紀の後期ビザンティンとスラブ地域における全教会的心性（写本製作者、翻訳者、著作者への影響）。（5）18世紀から20世紀にか

けての正教の教会における新ヘシュカズム的精神性（『ドブロトリュービエ』すなわち『フィロカリア』の翻訳、P. ヴェリチコフスキイ）。

ところでヘシュカズムの中心地は、アトスである。そこではグレゴリオス・パラマスの思弁的神学（パラマス主義）が、カラブリアのバルラアム（1350没）との険しい論争の中で鍛錬されたのだ。バルラアムは、タボル山の光（光の経験）が神の創られざるエネルゲイア（働き）の表現だとして強調する（パラマスの）見方を反駁した。そして、神の本質（見られざるもの）と神のエネルゲイア（たとえばタボル山の光として、神の恵みの1つとして見られるもの）との間に決定的な違いを認める見方を反駁した。しかし彼は、それを成功裡に貫くことはできなかったのである。

正教的霊性の経験は、説教学（たとえば偉大な説教家、ヨアンネス・クュソストモス、ダマスコスのヨアンネス）と司牧とに脈打っている。典礼と並んで、説教（講話）は、信者に正教の教理を伝える。司牧は、とくにロシアでは長老によってなされた。

正教会の修道制は、当初より観想的であった。そこから、教会と世界への「絶えざる祈り」、とくに司牧への祈りが生れるのだ。修道士たちは、一般的教会的訓練のために、個人的な告解を受け持った。信徒修道士にそれが禁じられた後には、修道司祭が告解の司牧を続けた。司牧はしばしば、「よき助言と賢明なる指示というカリスマ」あるいは「指導と叱責」として、教訓的・教育的に理解されていたのである。

4. 文学

正教会修道制に関する文学（言語的所産）は、ビザンティン時代においては、ギリシア教父の諸著作（ないしギリシア語への翻訳）、聖書註解、聖歌の作詞、聖人伝そして教訓的民衆本等々であり、また後の神学的論争書をも含む（とくにグレゴリオス・パラマス）。そしてキエフとモスクワ・ルスおよびロシア帝国においては、文学的作品が翻訳文学、年代記、聖書各部分の写本、楽譜写本、説教の集成そして教訓的・道徳的文学などに分類される。

ヨアンネス・クリュソストモスは、数多くの聖書講解によってシリアにと

どまることなくその名を知られていた。そして彼の説教は、今日に至るまで、とりわけロシアにおいて大いに受容されている。またダマスコスのヨアンネスは、正教会の偉大な教理学者として、またその伝統を守る者として重んじられている。彼の教理的主著は、『知識の泉』(742年頃)である。また文学的傑作は、『バルラームとヨサパト』という修道士物語で、これはインドの伝説をもとに作られたものである。

ルスとロシア帝国では、とくにニール・ソルスキイが、その主著『聖なる著作からの11章』のゆえに言及に値する。パイジイ・ヴェリチコフスキイは、ニール・ソルスキイの著作から影響を受けており、その活動は「ルネサンスの第2の波」として特徴づけられる。すなわち修道生活と長老制は、それを通して再生したのである。いくつかの禁欲的な文書に即しての具体的な註釈と修道士に向けての解説は、それ以降、さまざまなギリシア語の神秘主義的文書が翻訳されるきっかけとなった。その最も重要な著作は、『モルダヴィアの長老パイジイ・ヴェリチコフスキイの生涯と著作』という題でまとめられている。またその『敬虔なる説教』には、ニネヴェのイサーク(7世紀)やテオドロス・ストゥディテスの作品の翻訳が収められ、『愛についての断章』は、バルサヌフィオス(543頃没)、グレゴリオス・パラマスそして証聖者マクシモス(580-662)の翻訳を含んでいる。

主教イグナテイ(ドーミトリイ)・アレクサンドローヴィッチ・ブリャンチャニーノフ(1807-67)は、長老制とのつながりを育んだだけでなく、彼の著作は修道士たちの間で高く評価されていた。修道生活と世俗生活をめぐる彼の広範な往復書簡は、それが刊行されると大きな反響をもたらした。また、『イエスの祈り』という作品も名著である。

フェオファン・ザトヴォルニク(隠者、1815-94)は、文通による司牧という別の仕方で、長老としての指導を遂行した。彼の霊性の中心概念は、心である。著作として、『救いへの道』、『キリスト的生活についての書簡』そして『内的な生』が挙げられる。『ドブロトリュービエ(善美への愛)』はその後、『ロシアの巡礼者の真実の物語』(1877)というより文学的な形をとって広く知られるようになり、今日に至るまで心の祈りの手引き書として有益なものとなっている。

5. 建築と造形芸術

　正教会の修道制は、当然のことながらイコン画と深く結びついている。イコンは、たとえばモザイク画などとは異なって、元来は、古代の死者肖像画の流れを汲む、著名な隠者や修道院長の記念画であった。しかし6世紀以降、イコンの主題に変化が生じ、キリスト、神の母（テオトコス）たるマリア、キリストの先駆者たる洗礼者聖ヨハネなどが描かれるようになる。そしてそこには、イコン、伝記、賛歌という三者の結びつきが生まれた。すなわちイコンは、正教会に対して（「貧者の聖書」と同様に）言葉として奉仕する存在だったのである。イコンは、原型の像であり、受肉（神が人となること）を保証するものであった。それは美しい語りにも似た、色彩をまとった福音書である。言語（伝記、賛歌）が聞く者にもたらすものを、イコンは、言語なくして示す。ロシアにあってイコン（聖堂内では、信者と聖職者とを隔てる障壁たるイコノスタシスに掲げられている）と典礼と典礼服とは、密接に連関しているのである。

　ルスにあっては、イコンとフレスコ画において、また後には記念碑的な絵画においても、ビザンティンの主題が、ビザンティンからクリミア半島を越えて、直接に受け継がれた。当時の絵画に対しての、ヘシュカズムの確たる形での影響が、アンドレイ・ルブリョフ（1360/70-1427/30）とフェオファン・グレーク（ギリシアのテオファネス、1405没）の作品に顕著である。この時代、イコンはそれまでとは異なる配色を獲得した。17世紀の初め以来、ロシアには明るい色彩と豊かな装飾とが広がった。17世紀の後半以降、とりわけ大都市では、古い画家の規範が許す以上の、「バロック的」自然主義への強い傾斜（いわゆる「色彩的」方向）が生じた。典礼における変化が、しばしばイコンの変化を引っ張った。その変化には、2つの基盤があった。すなわち、西欧的バロックの影響と並んで、古いロシア的神学と同時代のギリシア的神学との統一ということである。そしてこうした改革の帰結は、古儀礼派（分離派）の成立をもたらしたのである。

　観想的な修道制が、建築学的には何ら固有の成果をもたらすことはなかっ

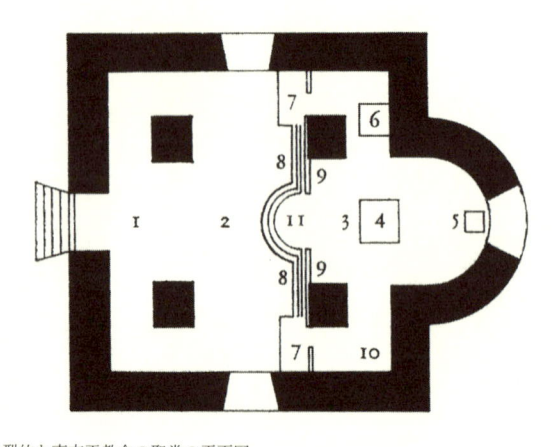

13-1*　典型的な東方正教会の聖堂の平面図
(ポツダム、アレクサンドル・ネフスキイ聖堂、1829年献堂)
1：玄関廊　2：身廊　3：内陣　4：祭壇　5：主教高座　6：奉献台　7：聖歌隊席
8：壇（ソレヤ）　9：聖障（イコノスタシス）　10：聖具室　11：説教壇

た。もっとも、早い時代から簡素な修道院が建てられていたのは確かではあるのだが。理想的な型の修道院は、その中心に主聖堂があり、これはロシアにあってのみ1つの鐘楼を持つ。そしてその周囲に、中小の副聖堂が配されている。墓地は、修道院にめぐらされた壁の外にあり、小さな墓地聖堂の地下には、死者たちの骨が納められている。修道院の建物は、主聖堂を正方形ないし長方形に取り囲むように配置されている。その1階には、家政と労働（写本や絵画の制作など）のための部屋がある。2階には、歩廊の奥に庵室がある。東方の修道院には、西方とは異なって、禁域がない。つまり、聖堂に隣接した、庵室と回廊をもつ周囲から切り離された施設をもたないのである。

　アトスの古い聖堂は、原則的に次のものを備えている。すなわち、中心に円蓋をもつ十字形の平面図、3つの小円蓋のあるアプシス（後陣、図像構成：使徒を従えたキリスト、使徒たち、キリストの変容）、二重の玄関廊（図像構成：受難、最後の審判、聖母の御眠り）、そして西側の小礼拝堂である。他のアトスの修道院もまた（イヴィロンやヴァトペディのように）、この、円蓋をもつ十字型聖堂という形式を受け継いだ。モザイク画と強く上塗りされたフレスコ画は、ヴァトペディ修道院にのみ残った。

トラペザ（修道院の食堂）は、豊かな図像構成を示しているが、しばしばそれは、典礼的に高い地位にある主聖堂の向かいに設けられた。そこでなされた全員での食事には、典礼の継続という意味があった。ビザンティンのトラペザの型としては、（1）正方形の広間、（2）翼廊のある正方形の広間、（3）アトスの大ラヴラ修道院に見られるような十字形の空間、という3つがある。

キエフ・ルスにあって建築は、国家政策的基盤にもとづいてビザンティン的規範を継承し、模倣した（たとえば、キエフのソフィア大聖堂は、コンスタンティノポリスのハギア・ソフィアを範としている）。

6. 音楽

正教会の音楽理解においては、天使の歌と「奉神礼」（典礼）とは互いに密接に関連していた。復活と再臨を称えるその声が地上的共同体の声に一体化し、それによって、天上的典礼と地上的典礼とはひとつのものとなるだろう。こうした理解は、後々まで「奉神礼」に影を落とし、それがあらゆる教会音楽の永遠の源泉たることを主張した。それゆえ「奉神礼」においては、楽器の使用が禁じられている（オルガンはサーカスに由来するものであるため、手品師の道具と見なされていた）。

正教会においては、「奉神礼」の中心をなすのは「聖体礼儀」である。それは、その形式の総体において、天上的礼拝への天使の関与を神秘的に象っており、信徒たちの前で聖職者によりその儀礼が遂行されることで、救いのわざが展開される。それゆえ「奉神礼」は、教会建築、教会芸術、言葉そして音楽を結びつけているのである。

ビザンティンでは、そして後にはルスとロシアにおいても、修道制は、典礼音楽が楽器なしの礼拝として遂行さるべきだということに、強い注意を払ってきた。しかしビザンティンやロシア帝国でのそれぞれの記譜法の展開が示すように、その形式は常に一定だったわけではない。ビザンティン時代からのものとしては、エクフォネシスとコンダカリ譜が重要である。というのもそれらはキエフ・ルスでも、キリスト教化とともに受け容れられてきたか

らである。エクフォネシスとは、朗読（誦読）に伴う叙唱的な要素で、その際に「語りの音楽」へと変化したものが記譜されている。コンダカリ譜は、「奉神礼」の特別な場面で唱される、装飾的・メリスマ的な歌を収めており、そこにはアリルイヤ（ハレルヤ）、頌詠（三位一体の賛美）、スティヒラ（さまざまな長さの詩句からなる賛歌。聖母や復活を賛美するものや詩編のテキスト）、それにコンダク（韻文による説教としての多音節、長篇の典礼賛歌）が含まれる。

ロシアでは17世紀に、固有の記譜法（デメストヴォ）が失われた。そこに記された歌は、教会の八調のシステムとは別の、独特の抑揚のある旋律をもつものだった。それらは、あるいは1051年以降にギリシア正教の歌い手によってキエフ・ルスにもたらされた可能性もあるが、1441年以降は確実に、大ノヴゴロドの中心部に広まっていた。それは祭日や大祭の日に、奉神礼の個々の場面に用いられ、特別な奉神礼の際には、例外的に全体（10時間近くに及ぶ）がこの様式で祝われることもあった。しかし、こうした古い記譜法は結局、多声音楽の総譜に取って代わられた。イタリアに由来するポーランドの旋法に強く影響されたこれらの音楽によって、古い典礼聖歌は（修道院においてさえ）決定的なダメージを受けたのである。

19世紀には、ロシア正教会の宗教音楽にあってもイタリア風歌曲が広まったばかりか、教会のコンサートでもオルガンが演奏されるようになった。こうした新しい風潮に対して修道制は、なすすべをもたなかったようである。そしてそこには、次第に世俗化の進む環境の中で没落してゆく、教会文化全体の姿が映し出されてもいたのである。

7. 神学と精神科学

東方正教会の修道制との関わりの中で神学（ないし教理学）が語られるとき、注意すべきは、神学というものが現代の西欧的な意味で理解されてはならない、ということである。すなわち神学者とは、正教会の理解では、神学研究を遂行した人のことではなく、力強く祈り得る人、広い意味での修道制の要求に従う人のことなのである。それゆえ、神学と神秘主義との関わりがそこから生じ、また神秘主義と禁欲・修業との関わりが生じる。かくして、正教

会の修道制を代表する人物たちは、修道文学、霊性、正教会の神秘主義といった分野の別を超えた存在である。偉大な師父たちは、たいていはまた輝きある説教者であり著作家であって、彼らの教理的著作は、正教世界において、すでにほとんど規範的性格を帯びている。ちなみに正教会の典礼には師父たちの名を冠したものがあるが（「バシレイオス典礼」、「クリュソストモス典礼」など）、それらは必ずしも学問的裏付けを伴ったものではない。

古代的かつ世俗的精神科学との学問的論争などは、何ら生じ得なかった。なぜなら、そのような論争は、すでにして信仰を危うくするものと見なされたからである。

8. 自然科学

自然科学に従事することは、原則的には正教会の修道制の課題には属していない。観想、祈り、司牧こそがその永遠の使命と見なされるのだ。そしてそれを支えるのは、自然は神の啓示のかたちだという観念である。ロシアにおける学問の歴史を見ても、このことは一目瞭然である。すなわち、1755年にロモノソフ大学がモスクワに設立されて以来、教会と国家は文化的に分離し、教会はもっぱら、霊性の育成という義務を負うことになるのである。自然科学は、西欧という外国か、もしくはサンクト・ペテルブルクの帝国アカデミーでのみ、学ぶことができた。

9. 教育制度

東方正教会の修道制は、世俗的な教育制度にはごく部分的に関与するにすぎない。ビザンティンでは、いくつかの神学院が存在し、それは聖職者の養成機関として機能した。4世紀以来、とりわけシリアのニシビス神学院の評判が高く、ビザンティン帝国の全土から学生が集まった（教育はシリア語）。後の世紀には、学識ある修道士が大学の講座を占めることもあったが、それは、古代の世俗的教材をキリスト教的な意味で捉え直し、評価を新たにする

ためであった。

　17世紀以降、東スラブ＝ロシアの地には、学究的な修道士のグループが形成された。その揺籃の地となったのはキエフ・アカデミーで、これはイエズス会の教育施設を範としつつ、それに対抗するという目的をもって設けられたものだった。こうした教育の場にはたいてい、宗教的文書を印刷するための印刷所が併設されていた。東スラブでは19世紀に入って初めて、宗教的教育施設において、西欧の世俗的な教材が部分的に導入された。

　ロシア正教会は18世紀以降、聖職者のセミナーとアカデミーとを設置した。セミナーは、ほとんど「白い」（修道院的でない）聖職者のための教育施設であり、アカデミーの方は、しばしば「黒い」聖職者を引き寄せた。アカデミーの学生は、目立った逸脱がない場合に限って、ヒエラルキーを昇ってゆくことができた。しかし多くの場合、望ましからぬ研究成果に関する聖俗両面からの検閲のゆえに、学究的な修道士たちが、望むような地位を得ることは難しかったようである。

文献

概説

E. Benz, Patriarchen und Einsiedler. Der tausendjährige Athos und die Zukunft der Ostkirche, Düsseldorf 1964

K. C. Felmy u.a. (Hg.), Tausend Jahre Christentum in Rußland, Göttingen 1988

L. K. Goetz, Das Kiever Höhlenkloster als Kulturzentrum des vormongolischen Rußlands, Passau 1904

E. E. Golubinskij, Istorija russkago monašestva XIV-XVI vv., Moskau 1901 (ND Moskau 1993)

Ders., Istorija russkoj cerkvi, 4 Bde., Moskau 1901/04

H.-W. Haussig, Kulturgeschichte von Byzanz, Stuttgart ²1966 (grundlegend)

F. von Lilienfeld (Hg.), Hierarchen und Starzen der Russischen Orthodoxen Kirche, Berlin 1966

N. F. Robinson, Monasticism in the orthodox churches, London 1916

M.-J. Rouët de Journel, Monachisme et monastères russes, Paris 1952

S. Schiwietz [Siwiec], Das morgenländische Mönchtum. 3 Bde., Mainz 1904-1913, ND Mödling 1938

I. Smolitsch [I. K. Smolič], Russisches Mönchtum. Entstehung, Entwicklung und Wesen 988-1917, Würzburg 1953 (Lit!)

E. Timiadis, Le monachisme orthodoxe hier et demain, Paris 1981

霊性

A. M. Ammann. (Hg.), Die Gottesschau im palamitischen Hesychasmus. Ein Handbuch der spätbyzantinischen Mystik, Würzburg 1938, Neuausgabe Würzburg 1986

E. Behr-Sigel, Pière et sainteté dans l'Église Russe, suivi d'un Essai sur le rôle du monachisme dans la vie spirituelle du peuple russe, Paris 1950

L. Bouyer u.a. (Hg.), Storia della soiritualità IX/1-2, Bologna 1993

J. Meyendorff, Byzantine Hesychasm. Historical, Theological and Social Problems, London 1974

Ders., Byzantine Theology. Historical Trends and Doctrinal Themes, New York 1974

T. Špidlík, La spiritualité de l'Orient Chrétien, 2 Bde., Rom 1978/88

文学

H.-G. Beck, Kirche und theologische Literatur im byzantinischen Reich, München 1959

K. Krumbacher, Geschichte der byzantinischen Literatur (527-1453), München ²1897

建築・造形芸術

W. Felicetti-Liebenfels, Geschichte der byzantinischen Ikonenmalerei, Lausanne 1956

Ders., Geschichte der russischen Ikonenmalerei in den Grundzügen dargestellt, Graz 1972

P. Huber, Athos. Leben, Glauben, Kunst, Zürich 1969

N. P. Kondakov, Les monuments de l'art chrétien au Mont Athos, St. Petersburg 1902

音楽

M. Arranz, Les grandes étapes de la liturgie byzantine. Palestine - Byzance - Russie, in: Liturgie de l'église particulière et liturgie de l'église universelle, Rom 1976, 43-72

J. von Gardner, System und Wesen des russischen Kirchengesangs, Wiesbaden 1976

H.-J. Schulz, Die byzantinische Liturgie, Trier ²1980

E. Wellesz, Byzantinische Musik, Breslau 1927

邦語文献

『砂漠の師父の言葉——ミーニュ・ギリシア教父全集より』谷隆一郎／岩倉さやか訳、知泉書館、2004年

『フィロカリア』第3巻、谷隆一郎訳、新世社、2006年

『盛期ギリシア教父』（中世思想原典集成・第2巻）宮本久雄監修、平凡社、1992年

『後期ギリシア教父・ビザンティン思想』（中世思想原典集成・第3巻）大森正樹監修、平凡社、1994年

古谷功「東方キリスト教修道制の起源と展開」（『中世の修道制』所収、創文社、1991年）

大森正樹「ビザンツの修道制」（『中世の修道制』所収、創文社、1991年）

オリヴィエ・クレマン『東方正教会』冷牟田修二／白石治朗訳、文庫クセジュ、白水社、1977年

J. M. ラボーア編『世界修道院文化図鑑』朝倉文市監訳、東洋書林、2007年

柳宗玄『東方キリスト教美術』（大系世界の美術9）、学習研究社、1975年

濱田靖子『イコンの世界』美術出版社、1978年

高橋保行『イコンのかたち』春秋社、1992年

【追補】

戸田聡『キリスト教修道制の成立』創文社、2008年

A. S. アティーヤ『東方キリスト教の歴史』村山盛忠訳、教文館、2014年

参考文献

＊それぞれの修道会に関する文献については、各章末の文献表を参照のこと。

I 修道制全般

a 事典類

H. U. von Balthasar, Die großen Ordensregeln, Köln ³1993

M. Bernhard, Stifts- und Klosterbibliotheken, München 1983

L.-H. Cottineau, Répertoire topo-bibliographique des abbayes et prieurés, Mâcon 1939/70, ND Turnhout 1996

Dictionnaire d'histoire et de géographie ecclésiastique, Paris 1912ff.

Dictionnaire de spiritualité ascétique et mystique, Paris 1937-95

Dizionario degli Istituti di Perfezione, Rom 1973ff.

G. u. M. Duchet-Suchaux, Les ordres religieux, Paris 1993

P. Hawel, Das Mönchtum im Abendland. Geschichte – Kultur – Lebensform, Freiburg/Basel/Wien 1993

M. Heimbucher, Die Orden und Kongregation der katholischen Kirche, ND Paderborn 1987

L. Holtz (Hg.), Männerorden in der Bundesrepublik Deutschland, Zürich 1984

J. Lanczkowski, Kleines Lexikon des Mönchtums, Stuttgart 1993

Lexikon für Theologie und Kirche, Freiburg/Br. ³1993ff.

G.-M. Oury, Dictionnaire des ordres religieux, Cambrai 1988

G. Penco, Monachesimo e cultura, Seregno 1993

D. Pflanzer (Hg.), Orden der Kirche, Freiburg/Ü. 1955/60

G. Schwaiger (Hg.), Mönchtum, Orden, Klöster, München 1993

b 歴史

J. Alvarez-Gómez, Historia de la vida religiosa, Madrid 1987/90

J. Canu, Die religiösen Männerorden, Aschaffenburg ²1963

P. Cousin, Précis d'histoire monastique, Paris 1956

L. Décarreaux, Les moines et la civilisation, Paris 1962

M. Derwich (Hg.), La vie quotidienne des moines et chanoines réguliers au Moyen Age et Temps modernes, Breslau 1995

J. Fehr, Allgemeine Geschichte der Mönchsorden, Tübingen 1845

K. S. Frank, Geschichte des christlichen Mönchtums, Darmstadt ⁵1993〔邦訳：フランク『修道院の歴史』、後述参照〕

P. Hasenberg/A. Wienand, Das Wirken der Orden und Klöster in Deutschland, Köln 1957/60

P. H. Hélyot/M. Bullot, Histoire des ordres monastiques religieux et militaires, 8 Bde., Paris 1714-18 (Ausführliche Geschichte aller geistlichen und weltlichen Kloster- und Ritterorden, 8 Bde., Leipzig 1753-56)

L. Holtz, Geschichte des christlichen Ordenslebens, Zürich ²1991

R. Hostie, Vie et mort des ordres religieux, Paris 1972

D. Knowles, Geschichte des christlichen Mönchtums, München 1969 〔邦訳：ノウルズ『修道院』、後述参照〕

K. Koch, Quellen zur Aszese und Geschichte des Mönchtums, Tübingen 1933

G. Le Bras (Hg.), Les ordres religieux, Paris 1979

A. Masoliver, Historia del Monacato cristiano, Madrid 1994ff.

M. Mourre, Histoire vivante des moines, Paris 1965

W. Nigg, Vom Geheimnis der Mönche, Zürich 1953

G.-M. Oury, Les Moines, Paris 1987

G. Penco, Il monachesimo fra spiritualità e cultura, Mailand 1991

M. B. Pennington (Hg.), One yet Two. Monastic Traditions East and West, Kalamazoo 1976

W. J. Sheils (Hg.), Monks, Hermits and the Ascetic Tradition, Oxford 1985

J. Weismayer (Hg.), Mönchsväter und Ordensgründer, Würzburg 1991

G. Zarnecki, The Monastic Achievement, London 1972

II 修道制と文化（古代～中世）

J. G. Atienza, Monjes y monasterios españoles en la Edad Media, Madrid 1994

E. Badstübner, Kirchen der Mönche. Die Baukunst der Reformorden im Mittelalter, Berlin 1980

U. Berliére, L'ordre monastique des origines au XIIe siècle, ³1924

J. Berlioz (Hg.), Moines et religieux au Moyen Age, Paris 1994

G. Binding/M. Untermann, Kleine Kunstgeschichte der mittelalterlichen Ordensbaukunst in Deutschland, Darmstadt 1985

J. Bremond, Les pères du désert, Paris 1927

C. Brooke/W. Swann, Die große Zeit der Klöster 1000-1300, Freiburg/Br. 1977

J. Bühler, Klosterleben im Mittelalter, ND Frankfurt/M. 1989

G. M. Colombás, El monacato primitivo, Madrid 1974/75

G. Constable, Medieval monasticism, a select bibliography, Toronto 1976

G. C. Coulton, Five Centuries of Religion, New York 1923/50

C. Cummings, Monastic practices, Kalamazoo 1984

J. Décarreaux, Les moines et la civilisation en Occident des invasions à Charlemagne, Paris 1963

K. Elm (Hg.), Reformbemühungen und Observanzbestrebungen im spätmittelalterlichen Ordenswesen, Berlin 1989

Ders. (Hg.), Erwerbspolitik und Wirtschaftsweise mittelalterlicher Orden und Klöster, Berlin 1992

J. EVANS, Monastic Life, London 1968

K. S. FRANK, Frühes Mönchtum im Abendland, Zürich 1975

DERS. (Hg.), Askese und Mönchtum in der alten Kirche, Darmstadt 1975

J.-F. GARRIGUES/J. LEGREZ, Moines dans l'assemblée des fidèles, à l'époque des pères-IVe-VIIIe s., Paris 1992

J. P. GREENE, Medieval Monasteries, Leicester 1992

R. GRÉGOIRE u.a., Die Kultur der Klöster, Zürich 1985

A. HÄRDELIN (Hg.), In Quest of the Kingdom. Ten Papers on Medieval Monastic Spirituality, Stockholm 1991

K. HEUSSI, Der Ursprung des Mönchtums, Tübingen 1936

Il monachesimo e la riforma ecclesiastica, Mailand 1971

Il monachesimo nell'alto medio evo e la formazione della civiltà occidentale, Spoleto 1957

E. B. KING u.a. (Hgg.), Monks, nuns, and friars in medieval society, Sewanee 1989

C. H. LAWRENCE, Medieval Monasticism, London ²1989

DERS., The Friars. The impact of the early movement on western society, London 1994

H. LEYSER, Hermits and the New Monasticism. A Study of Religious Communities in Western Europe, 1000-1150, London 1984

P. B. MCGUIRE, Friendship and Community. The Monastic Experience, 350-1250, Kalamazoo 1988

L. MILIS, Angelic Monks and Earthly Men, Woodbridge 1992〔邦訳：ミリス『天使のような修道士たち』、後述参照〕

G. MORIN, Mönchtum und Urkirche, St. Ottilien ²1949

L. MOULIN, La vie quotidienne des religieux au moyen âge, Paris 1978

M. PACAUT, Les ordres monastique et religieux au moyen âge, Paris ²1993

M. PARISSE, Les nonnes au moyen âge, Paris 1983

G. PENCO, Medioevo monastico, Rom 1988

DERS., Il monachesimo fra spiritualità e cultura, Mailand 1991

R. PIEPER, Die Kirchen der Bettelorden in Westfalen. Baukunst im Spannungsfeld zwischen Adel, Stadt und Orden im 13. und frühen 14. Jahrhundert, Werl 1993

F. PRINZ, Askese und Kultur. Vor- und frühbenediktinisches Mönchtum an der Wiege Europas, München 1980

DERS., Frühes Mönchtum im Frankreich, München ²1988

DERS. (Hg.), Mönchtum und Gesellschaft im Frühmittelalter, Darmstadt 1976

P. RANFT, The Function of Monasticism in the High Middle Ages, Lewiston 1994

U. RANKE-HEINEMANN., Das frühe Mönchtum, Essen 1964

K. SCHREINER, Mönchsein in der Adelsgesellschaft des hohen und späten Mittelalters, München 1989

A. DE VOGÜÉ, Histoire Littéraire du mouvement monastique dans l'Antiquité, Paris 1991

J. WOLLASCH, Mönchtum des Mittelalters zwischen Kirche und Welt, München 1973

G. ZIMMERMANN, Ordensleben und Lebensstandard, Münster 1973

III 修道制と文化（近世以降）

M. Azevedo, Vision und Herausforderung. Ordensleben heute, Innsbruck/Wien ⁴1986

J. Bosco, Erinnerungen. Autobiographische Aufzeichnungen über die ersten 40 Jahre eines Lebens im Dienste der Jugend, München 1988 〔邦訳：『ドン・ボスコ自叙伝』石川康輔訳、ドン・ボスコ社、1989年〕

F. Dilger, Giovanni Bosco. Motive einer neuen Erziehung, Olten 1946

E. Egan, Such a Vision of the Street : Mother Teresa – the Spirit and the Work, New York 1986

G. Guardini, Gedanken über moderne Askese, Mainz 1990

P. Hawel, Der spätbarocke Kirchenbau und seine theologische Bedeutung, Würzburg 1987

J. Hettenkofer, Historia Societatis Missionum PSM (Pallotiner), Rom 1935

L. Hick, Das Ordensideal der Redemptoristen, Berlin 1956

E. Hosp, Weltweite Erlösung, Innsbruck 1962

J. Huerre, Jean-Baptiste Muard, La Pierre-qui-vire 1950

J. Kerkhofs/H. Stenger/J. Ernst, Das Schicksal der Orden – Ende oder Neubeginn, Freiburg/Br. 1971

S. Kleiner, Dieu premier servi, Paris 1974

A. J. Krailsheimer, Armand-Jean de Rancé, Abbot de La Trappe, Oxford 1974

J. Leclercq, Un humaniste ermite, le bienheureux Paul Giustiniani (1476-1528), Rom 1951

J. Leitner, Geschichite der Englischen Fräulein und ihrer Institute, Regensburg 1869

B. Lohse, Mönchtum und Reformation, Göttingen 1963

G. Marramao, Die Säkularisierung der westlichen Welt, Frankfurt/M. 1996

M. de Mina Salvador, Das Granada des heiligen Johannes von Gott, München 1995

G. M. Oury, Dom Claude Martin, Le Fils de Marie de l'Incarnation, Solesmes 1983

H. Peters, Mary Ward. Ihre Persönlichkeit und ihre Institut, Innsbruck 1991

A. Piel (Hg.), Les moines dans l'église : Textes des Souverains Pontifes, Paris 1964

L. Präger (Hg.), Frei für Gott und die Menschen, Evangelische Bruder- und Schwesterschaften der Gegenwart in Selbstdarstellungen, Stuttgart 1959

M. Rouët de Journel, Monachisme et monastères russes, Paris 1952

R. Schutz, Liebe aller Liebe. Die Quellen von Taizé, Freiburg/Basel/Wien 1990

W. Seibrich, Gegenreformation als Restauration. Die restaurativen Bemühungen der alten Orden im Deutschen Reich von 1580 bis 1648, Münster 1991

M. Soltner, Solesmes et Dom Guéranger (1805-1875), Solesmes 1974

M.-G. Sortais, Les choses qui plaisent à Dieu, Abbaye de Bellefontaine 1967

J. Thauren, Die Missionen der Gesellschaft des Göttlichen Wortes, Steyl 1931

H. A. Timmermann, Die Weltgemeinschaften im deutschen Sprachraum, Einsiedeln 1963

H. K. Wendtlandt, Die weiblichen Orden und Kongregationen der katholischen Kirche in Preußen von 1818-1918, Paderborn 1924

M. T. Winkler, Mary Ward und das Institut der Englischen Fräulein in München, München 1926

邦語文献

『新カトリック大事典』全4巻・別巻1、上智学院新カトリック大事典編纂委員会編、研究社、1996-2002年
『キリスト教人名辞典』日本基督教団出版局、1986年
『キリスト教史』全10巻、上智大学中世思想研究所編訳・監修、平凡社ライブラリー、1996-97年
『中世思想原典集成』全20巻・別巻1、上智大学中世思想研究所編訳・監修、平凡社、1992-2002年

今野國雄『修道院』近藤出版社、1971年
―――『西欧中世の社会と教会』岩波書店、1973年
―――『修道院――祈り・禁欲・労働の源流』岩波新書、1981年
杉崎泰一郎『12世紀の修道院と社会』原書房、2005年(初版1998年)
―――『ヨーロッパ中世の修道院文化』日本放送出版協会、2006年
関口武彦『クリュニー修道制の研究』南窓社、2005年
朝倉文市『修道院――禁欲と観想の中世』、講談社現代新書、1995年
―――『修道院にみるヨーロッパの心』山川出版社、1996年
―――『ヨーロッパ成立期の修道院文化の形成――学ぶことの悦びと神への誘い』南窓社、2000年

M.-H. ヴィケール『中世修道院の世界――使徒の模倣者たち』朝倉文市監訳、八坂書房、2004年
R. W. サザーン『西欧中世の社会と教会』上條敏子訳、八坂書房、2007年
D. ノウルズ『修道院』朝倉文市訳、1972年
K. S. フランク『修道院の歴史――砂漠の隠者からテゼ共同体まで』戸田聡訳、教文館、2002年
L. J. R. ミリス『天使のような修道士たち――修道院と中世社会に対するその意味』武内信一訳、新評論、2001年
J. M. ラボーア編『世界修道院文化図鑑』朝倉文市監訳、東洋書林、2007年
J. ルクレール『修道院文化入門――学問への愛と神への希求』神崎忠昭／矢内義顕訳、知泉書館、2004年

【追補】

池上俊一『ヨーロッパ中世の宗教運動』名古屋大学出版会、2007年
桑原直己『東西修道霊性の歴史』知泉書館、2008年
戸田聡『キリスト教修道制の成立』創文社、2008年
佐藤彰一『禁欲のヨーロッパ――修道院の起源』中公新書、2014年
河原温・池上俊一編『ヨーロッパ中近世の兄弟団』東京大学出版会、2014年

W. ブラウンフェルス『図説 西欧の修道院建築』渡辺鴻訳、八坂書房、2009年(初版1974年)
F. フェルテン『中世ヨーロッパの教会と俗世』甚野尚志編訳、山川出版社、2010年
D. スアード『ワインと修道院』朝倉文市・横山竹己訳、八坂書房、2011年
G. コンスタブル『十二世紀宗教改革』高山博監訳、慶應義塾大学出版会、2014年

主要カトリック修道会の体系的分類表

I 観想修道会

(『ベネディクトゥス戒律』に従うもの)
1 ベネディクト会(6世紀、但し連盟結成は1893年[1])
    カマルドリ会(1000-12年頃)[2]
2 シトー会(1098年修道院創設)
    寛律シトー会
    フイヤン会(1577年分派、1596年修道会として独立)
    厳律シトー会(トラピスト会、1605年分派、1892年修道会として独立)
(独自の会則に拠るもの)
3 カルトゥジア会(1084年修道院創設、1140年修道会設立)

II 修道参事会／女子修道参事会

(「アウグスティヌス戒律」に従う)

1 アウグスチノ修道参事会(11世紀)
2 アウグスチノ女子修道参事会(11世紀)
3 プレモントレ会(1120年修道院創設)
4 女子プレモントレ会(12世紀)

III 病院修道会

1 聖アントニオ修道会(1095年頃～1774/75年)
2 聖霊修道会(1200年頃)
3 聖ヨハネ病院修道会(1540年設立、1572年正式に修道会となる)

IV 騎士修道会

1 ヨハネ騎士修道会(1080年頃)
2 テンプル騎士修道会(1119～1312年)
3 ドイツ騎士修道会(1190年)

---

(1) ベネディクト会は19世紀まで全体を統括するような組織を持たず、1893年の「ベネディクト会連盟」成立により、ようやく教会法上もひとつの修道会となった。
(2) 1966年に上記「ベネディクト会連盟」に加わり、以後その一修族として活動している。

V 托鉢修道会

1 フランシスコ会（1209年）
   第一会
      オブセルヴァンテス派（14世紀に分派、1897年に他派を統合）
      コンヴェントゥアル派（1517年分派[3]）
      改革派（1532〜1897年）
      跣足派（1542〜1897年）
      レコレクト派（16世紀〜1897年）
      カプチン会（1528年認可）
   第二会
      クララ会（1212年、クララの着衣）
   第三会
      フランシスコ第三会（1211年頃／1978年より「在世フランシスコ会」）
      律修第三会（1323年、最初の会則。15世紀半ば以降確立）

2 ドミニコ会（1215年）
   第二会：ドミニコ女子修道会（観想修道女会、1207年）
   第三会（1285年、最初の会則）

3 カルメル会（12世紀、最初の会則は1206/14年）
   第一会
      カルメル会（履足カルメル会）
      跣足カルメル会（1568年改革修道院設立、1593年新修道会として独立）
   第二会
      女子カルメル会
      女子跣足カルメル会（1568年改革修道院設立、1593年新修道会として独立）
   第三会（1400年頃、1452年認可）

4 アウグスチノ隠修士会（1256年認可、1969年より「アウグスチノ会」）
   瞑想アウグスチノ会（1621年修族、1912年新修道会として独立）
   跣足アウグスチノ会（1596年修族、1931年新修道会として独立）

VI 新しい修道会

イエズス会（1540年認可）

---

[3] 1897年新修道会として独立。独立後の日本での正式名称は「コンベンツアル聖フランシスコ修道会」。

主要修道会略号表

＊原則として本文中に言及のある修道会・宣教会のみを掲げている。

CanA, CRSA, CSA
        アウグスチノ修道参事会 (Canonici Regulares Sancti Augustini)
CICM   淳心会 (Congregatio Immaculati Cordis Mariae)
CMF   クラレチアン宣教会 (Congregatio Missionariorum Filiorum Immaculati Cordis Beatae Mariae Virginis)
CR   テアティノ会 (Ordo Clericorum Regularium vulgo Theatinorum)
CRS   ソマスカ会 (Ordo Clericorum Regularium a Somascha)
CRSP   バルナバ会 (Congregatio Clericorum Regularium Sancti Pauli)
IBMV   メアリ・ウォード会 (Institutum Beatae Mariae Virginis ; Congregatio Jesu)
MI   カミロ会 (Ordo Clericorum Regularium Ministrantium Infirmis)
OAD   跣足アウグスチノ会 (Ordo Augustiniensium Discalceatorum)
OAR   瞑想アウグスチノ会 (Ordo Augustinianorum Recollectorum)
OCarm   カルメル会 (Ordo Carmelitarum ; Ordo Fratrum Beatae Mariae Virginis de Monte Carmelo)
OCart   カルトゥジア会 (Ordo Cartusiensis)
OCD   跣足カルメル会 (Ordo Carmelitarum Discalceatorum)
OCist   シトー会 (Ordo Cisteriensis)
OCR, OCSO 厳律シトー会 (トラピスト会、Ordo Cisterciensium Reformatorum ; Ordo Cisterciensum Strictioris Observantiae)
OESA   アウグスチノ隠修士会 (アウグスチノ会の旧称、Ordo Fratrum Eremitarum Sancti Augustini)
OFM   フランシスコ会 (Ordo Fratrum Minorum)
OFMCap   カプチン会 (カプチン・フランシスコ修道会、Ordo Fratrum Minorum Capucci-norum)
OFMConv   フランシスコ会コンヴェンツァル派 (コンベンツアル聖フランシスコ修道会、Ordo Fratrum Minorum Conventualium)
OFMDisc   フランシスコ会跣足派 (Ordo Fratrum Minorum Discalceatorum)
OFMRec   フランシスコ会レコレクト派 (Ordo Fratrum Minorum Recollectorum)
OFMRef   フランシスコ会改革派 (Ordo Fratrum Minorum Reformatorum)

修道会略号表　515

OFS	在世フランシスコ会	(Ordo Franciscanus Saecularis)
OH	聖ヨハネ病院修道会	(Ordo Hospitalarius Sancti Joannis de Deo)
OMel	マルタ騎士修道会	(ヨハネ騎士修道会、Ordo Melitensis)
OP	ドミニコ会	(Ordo Fratrum Praedicatorum)
OPraem	プレモントレ会	(ノルベルト会、Ordo Praemonstratensis)
OSA	アウグスチノ会	(Ordo Fratrum Sancti Augustini／1968年まではアウグスチノ隠修士会、OESA)
OSB	ベネディクト会	(Ordo Sancti Benedicti)
OSBCam	カマルドリ会	(カマルドリ修族ベネディクト会、Ordo Sancti Benedicti Eremitarum Camaldulensium)
OSBM	バシレイオス会	(バシリオ会、Ordo Sancti Basilii Magni)
OSBOliv	オリヴェト会	(オリヴェト修族ベネディクト会、Ordo Sancti Benedicti Montis Oliveti)
OSBVall	ヴァロンブローザ会	(ヴァロンブローザ修族ベネディクト会、Congregatio Vallis Umbrosae Ordinis Sancti Benedicti)
OSC	十字架会	(Ordo Sanctae Crucis)
OSCl	クララ会	(Ordo Sanctae Clarae)
OSJD	聖ヨハネ病院修道会	(Ordo Hospitalarius Sancti Joannis de Deo)
OSPPE	パウロス会	(Ordo Fratrum Sancti Pauli Primi Eremitae)
OSsS	ビルギッタ会	(Ordo Sanctissim Salvatoris)
OSU	ウルスラ会	(Ordo Sanctae Ursulae)
OT, OTeut	ドイツ騎士修道会	(Ordo Hospitalis Sanctae Mariae Theutonicorum in Jherusalem)
OVM	聖母訪問修道女会	(Ordo de Visitatione Beate Mariae Virginis)
SDB	サレジオ会	(Societas Sancti Francisci Salesii)
SJ	イエズス会	(Societas Jesu)
SMM	マリア宣教会	(Societas Mariae Montfortana)
SOCist	シトー会	(旧称、Sacer Ordo Cisterciensis)
SP, SchP	エスコラピオス会	(Ordo Clericorum Regularium Pauperum Matris Dei Scho-larum Piarum)
SVD	神言修道会	(Societas Verbi Divini)
TOF	フランシスコ会第三会	(Tertus Ordo Franciscanus／→現在は「在世フランシスコ会」OFS)
TOR	フランシスコ会律修第三会	(Tertus Ordo Regularis Sancti Francisci)

修道会名索引

＊太字の項目は、その修道会が章として取り上げられていることを示す。

【ア行】

愛徳姉妹会(聖ビンセンシオ・ア・パウロの愛徳姉妹会) 47-48
アヴィス騎士修道会 255
アウグスチノ隠修士会 27, 191, 294, 306, 308, 403, **427-441**
アウグスチノ修道参事会 24, 35, 53, 65, 103, **189-210**
　ヴィンデスハイム修族 35, 195, 197
　オーストリア修族 196
　グラン・サン・ベルナール修族 193, 197
　コインブラ修族 193
　サン・ヴィクトル修族 193, 197
　サンタ・マリーア・イン・ポルト修族 193
　サンタ・マリーア・デル・レーノ修族 193
　サント・ジュヌヴィエーヴ修族 193, 196
　サン・フレディアーノ修族 193
　サン・モーリス修族 193, 197
　サン・リュフ修族 193
　マリア修族 196
　マールバッハ修族 193
　ラテラノ修族 193, 195, 196
　「我らの救い主」修族 196
アフリカ宣教師会 56
アルカンタラ騎士修道会 255
アントニオ修道会 25, 238-239, 241-247, 249-251
イエズス会 41, 50, 52, 53, 166, 409, 443-490
イエスの小さい兄弟会／～姉妹の友愛会 56
ヴァロンブローザ会 68
ウルスラ会 45-46, 405
エスコラピオス会(ピアリスト会) 44
オラトリオ会 43
オリヴェト会 68

【カ行】

カプチン会 40, 50, 51, 284, 294-296, 305, 306, 310, 312-314, 320-324, 333, 336, 339, 341, 342, 433
カプチン・クララ会 339
カマルドリ会 36, 64, 164
神の愛の宣教者会 56
カミロ会 44
カラトラバ騎士修道会 123, 255
カルトゥジア会 21, 25, 35, 40, 65, **161-187**, 368, 390
カルメル会 27, 36, **390-426**, 429
騎士修道会 26, 123, **253-281**
ギルバート会 192, 193
クララ会 48, 284, 287-290, 295-297, 304, 314, 322, 323, 327, 339
クラレチアン宣教会 55
グランモン会 21
厳律シトー会(トラピスト会) 39-40, 127, 128, 131, 135, 151, 152, 154, 167
コレット・クララ会 30, 288
コンボニ宣教会 55

【サ行】

サレジオ会 54-55
サンティアゴ騎士修道会 255
ジェスアティ会 30
シトー会 21, 23, 24, 26, 33, 36. 39, 51, 65, 103, **118-160**, 164, 170, 315, 352
十字架会 193
淳心会 55
シルヴェステル会 68
神言修道会 56
神殿騎士修道会 →テンプル騎士修道会
聖堂騎士団 →テンプル騎士修道会
聖母の司祭会 44
聖母訪問修道女会(フランソワ・ド・サルの) 44, 46, 47
聖霊修道会 238-240, 242, 243, 247-250

索引　517

説教者兄弟会　→ドミニコ会
跣足アウグスチノ会　191, 429
跣足カルメル会　393-396, 405-408, 422
ソマスカ会　42

【タ行】
小さき兄弟会　→フランシスコ会
チュートン騎士団　→ドイツ騎士修道会
テアティノ会　40
ディアコニッセ　56
テゼー　56
テンプル騎士修道会　157, 254, 255, 256, 258, 261, 262, 264, 265, 270
ドイツ騎士修道会　123, 255-263, 265-267, 274, 276-279
刀剣騎士修道会　123, 255
トマス騎士修道会　255
ドミニコ会　26, 27, 28-31, 35, 41, 45, 51, 123, 191, 303, 305, 337, **351-388**, 409, 452
トラピスト会　→厳律シトー会

【ナ行】
ノルベルト会　→プレモントレ会

【ハ行】
パウロス会　30
バシレイオス会（バジリオ会）　495
バルナバ会　40
ヒエロニュムス会　36
病院修道会　25, **237-252**
ビルギッタ会　30, 45
フイヤン会　126, 148, 151
フォントヴロー会　44
フランシスコ会　26, 27, 28, 30, 32, 35, 40, 41, 45, 50, 51, 53, **284-349**, 358, 359, 366, 377, 452
　アマデオ派　293
　オプセルヴァンテス派　284, 293, 295, 310, 320, 323, 333
　改革派　293
　コンヴェントゥアル派（コンヴェンツアル聖フランシスコ会）　284, 291-296, 310, 333, 335
　スピリトゥアリ派（聖霊派）　291, 315
　跣足派　293
　レコレクト派　293, 324
プレモントレ会　21, 51, 65, 103, 191, **211-235**
ベネディクト会　18, 19, 22, 23, 24, 28, 33-38, 40, 50, 51, 52-54, **57-115**, 118, 119, 124, 125, 133, 162, 215, 298, 302
　イギリス修族　68, 112
　オーストリア修族　68, 112
　カッシノ修族　68
　サヴィニ修族　119
　サン・モール修族　38, 53, 66, 75
　サン・ヴァンヌ修族　38, 66, 75
　宣教ベネディクト会ザンクト・オッティリエン修族　54, 68
　サンタ・ジュスティナ修族　65, 75
　スイス修族　68, 112
　スビアコ修族　68
　バイエルン修族　68, 73, 74, 112
　バリャドリード修族　65, 75
　ハンガリー修族　68, 112
　ブルスフェルト修族　36, 65
ホスピタル騎士団　→ヨハネ騎士修道会

【マ行】
マリア宣教会（モンフォールの）　406
マルタ騎士修道会（→ヨハネ騎士修道会）　259-260
ミル・ヒル宣教会　56
メアリ・ウォード会　48-49
瞑想アウグスチノ会　429

【ヤ行】
ヨハネ騎士修道会　255-262, 264-265, 267-268, 270-273, 275-277, 279
ヨハネ病院修道会　42, 238, 240-243, 247-250

【ラ行】
ラザロ騎士修道会　255
レデンプトール会　51

人名索引

＊数字のあとの＊印は、その頁に関連図版があることを示す。

【ア】

アインハルト 93
アヴァンツィーニ, ニコラウス 469
アヴィセンナ 331
アヴェロエス 332
アヴェンティヌス 200
アウグスティヌス 14, 15, 82, 89, 136, 151, 153, 190, 191, 214, 215*, 244*, 245, 331, 333, 430, 432, 434*, 436-438, 473
アウディフレーディ, J. B. 384
アウレリアヌス（レオームの？） 105
アエギディウス（ローマの） 437
アエルレッド（アイルレッド, エゼルレッド／リーヴォーの） 137
アカリー, バルブ 306
アクアヴィーヴァ, クラウディオ 450
アグネス（プラハの） 287, 303, 322, 326
アグネス・ブランベキン 304
アグネルス（ピサの） 290
アーケン, ピウス・ファン 231
アコスタ, ホセ・デ 468, 479, 484
アゴスティーノ・ノヴェッロ（ダ・タラノ） 431*
アザム, エーギット・クヴィーリン 207
アソール, フアン 473
アダム・オヴ・ドライバラ 176
アダム・スコトゥス 218
アダム, ジークムント 208
アッカーマン, ペトルス・フーリエ 208
アッボ（フルーリーの） 82, 91, 110
アドルフ（エッセンの） 368
アドレヴァルト 92
アナスタシウス4世 195
アニエーゼ（アッシジの） 288
アブラハム・ア・サンタ・クララ 306, 433
アベラール 154

アポロニウス 110
アマラリウス（ハルバーシュタットの） 82
アメルリー, フランツィスクス 406
アモルト, オイゼビウス 202
アモールバッハ, ヨハネス 172
アラヌス（ルーベの） 366
アリストテレス 331, 333, 368, 474
アリンテーロ, J. G. 374
アルヴァレス, マヌエル 461
アルキメデス 110
アルクアンジェラ・ジルラーニ 391
アルクイン 19
アルシェル（クレルヴォーの） 153
アルトモンテ, バルトロメオ 147, 207
アルトモンテ, マルチノ 147
アルヌルフ（ヴィレール・アン・ブラバンの） 137
アルノルド・ボスティウス 421
アルノルドゥス（ブレシアの） 198
アルバロ（コルドバの） 366
アルフォンス（サレルノの） 109
アルフォンソ8世 352
アルフォンソ・デ・サン・ホセ 411
アルフォンソ・マリーア・デ・リグオーリ（アルフォンソ・リグリオ） 51
アルブレヒト・フォン・ブランデンブルク 259
アルペ, ペドロ 475
アルベリック（シトー大修道院長） 118, 132
アルベルティ, L. 375
アルベルト（ブランデンブルク侯） 312
アルベルト（エルサレム総大司教） 390, 396
アルベルト（カルメル会士） 413*
アルベルト（サルテアーノの） 309
アルベルト・デ・マードレ・デ・ディオス 411

索引 519

アルベルトゥス・マグヌス 30, 337, 355*, 357, 368, 369*, 383, 384, 385
アレクサンデル（ヘールズの） 331
アレクサンデル3世 120, 130
アレクサンデル4世 313, 322, 428
アレクサンデル6世 357
アロンソ（マドリードの） 304
アンジェリコ, フラ 29, 31*, 380*, 381*
アンジェロ（カルメル会士） 413*
アンジェロ（キヴァッソの） 310
アンスラン, ティボー 177
アンセルム（ラヴェンナの） 226
アンセルムス（カンタベリーの） 24, 82, 88, 89
アンテルム（グランド・シャルトルーズ修道院長） 172, 173
アントニウス（聖霊の） 419
アントニオ（お告げの） 420
アントニオ（パドヴァの, リスボンの） 303, 305, 308, 319
アントニオス（エジプトの） 58, 238, 241*, 244*, 245*, 246*, 247*, 492
アントニヌス（フィレンツェの） 372, 375
アンドレア・ダ・フィレンツェ 353*
アンドレアス（フルーリーの） 92
アンドレアス（レーゲンスブルクの） 200
アンブロシウス 82, 147
アンブロシウス（エルデの） 320

【イ】

イヴォ（シャルトルの） 208
イグナティウス・デ・ロヨラ 176, 444, 445*, 446, 448, 449, 456-458, 459*, 460, 462, 471, 475, 481, 483
イサーク（ステラの） 150, 153
イザベル（フランスの） 322
イスフリート（ラッツェブルクの） 218
イゼンバート（フルーリーの） 92
イタール, ステファノ 268
イニャニーニ, A. 383
インノケンティウス2世 130, 172, 195, 254
インノケンティウス3世 130, 239, 243, 248, 256, 287, 352, 354
インノケンティウス4世 129, 239, 334, 358, 390, 396
インノケンティウス5世 358, 384
インノケンティウス8世 360
インノケンティウス11世 74

【ウ】

ヴァイス, A. M. 375
ヴァッソー, アルノー・ル 250
ヴァッラ, ロレンツォ 419
ヴァニーニ, ジューリオ・チェーザレ 421
ヴァラフリド・ストラボ 82, 92, 110
ヴァリニャーノ, アレッサンドロ 449
ヴァレリアーノ, ジュゼッペ 467
ヴァンサン・ド・ポール（ヴィンセンシオ・ア・パウロ） 47, 48*
ヴィヴァリーニ, アントニオ 327
ヴィヴィアヌス（プレモントレの） 227
ヴィエリクス, ヒエロニムス 327
ヴィクトリウス・アクィタヌス 110
ヴィクトル3世 109
ウィクリフ 419
ヴィスコンティ, ジャン・ガレアッツォ 181
ヴィースト, シュテファン 151
ヴィセンテ・ド・サルヴァドール 336
ヴィタリス（フルーリーの） 92
ヴィッシュ, シャルル・ド 139
ヴィーデマン, ヨーゼフ 411
ヴィテレスキ, ムツィオ 483
ヴィヒマンス, アウグスティヌス 226
ヴィマー, ボニファツ 66
ウィリアム（ニューバラの） 200
ウィリアム（ミドルトンの） 331
ヴィリバルト 61
ヴィルト, ヨハネス 312
ヴィルヘルム（ヒルザウの） 65, 106
ヴィンキウス, C. 383
ヴィンケンティウス（ボーヴェの） 383
ウィンケンティウス・フェレリウス →ビセンテ・フェレル
ヴェイユ, シモーヌ 405
ヴェナトール, ヨハン・カスパー 277
ヴェリチコフスキイ, パイジイ 494, 497, 498

ヴェルティ, E. 375
ヴェントゥリノ（ベルガモの） 357
ヴォギュエ, アルベール・ド 76
ヴォーサン, クロード 148
ウォード, メアリ 48, 49*
ヴォルゲムート, ミヒャエル 327
ヴォルター, ブラキドゥス 53
ヴォルター, マウルス 53, 67
ウォルター・ヘニングフォード 200
ヴォルテール 453
ヴォルフラム・フォン・エッシェンバッハ 262
ヴォロツキイ, ヨシフ 494
ウゲリ, フェルナンド 152
ウゴリーノ枢機卿（→グレゴリウス9世） 291, 296
ヴーヘラー＝フルデンフェルト, アウグスティヌス 227
ヴュナンツ, ヘルマン＝ヨーゼフ・ド 232
ウルダネダ, アンドレス・デ 438
ウルバヌス2世 118, 163
ウルバヌス4世 288
ウルバヌス5世 359
ウルブリヒ, フロリアン 207
ウルリヒ・フォン・フッテン 35

【エ】
エウゲニウス3世 137
エウゲニウス4世 240
エウジェーヌ（幼な子イエスの） 409
エウセビウス（ヴェルチェリの） 191
エカテリーナ2世 454
エジディオ（アッシジの） 305, 315
エシャール, J. 375
エスケラ, パブロ 407
エゼルレッド →アエルレッド
エックハルト, マイスター 29, 264, 372, 400
エッケハルト4世（ザンクト・ガレンの） 93
エーフェルモート（ラッツェブルクの） 218
エメリイ・ダンボワーズ 272
エメリヒ, アンナ・カタリーナ 306
エーモ（ブルムホフの） 231
エモワン（フルーリーの） 91, 92

エラスムス（ロッテルダムの） 35, 177, 201
エラート, アウグスティン 203
エリア（コルトナの） 297, 316, 320
エリウゲナ, ヨハネス・スコトゥス 18
エリーザベト（チューリンゲンの） 319, 338, 339*
エリナン（フロワモンの） 138, 151
エリヤ（旧約の預言者） 390
エリヨン・ド・ヴィルヌーヴ 272
エル・グレコ 324
エルシュレーゲル, ヨハン＝ローエル 225
エルゼン, ゲルラクス・ファン・デン 231
エルプ, アンセルム 105
エンデルレ, ヨハン・バプティスト 435
エンフーバー, ヨハン 95
エンブリアコ, G. B. 384
エンリケス, クリソストモ 153

【オ】
オッカム, ウィリアム 30, 150, 333, 437
オットー（パッサウの） 305
オットー（フライジングの） 151
オットカール1世（ボヘミア王） 322, 352
オットフリート（ヴァイセンブルクの） 19
オットロー（ザンクト・エメラムの） 81
オデ, ニコラス 392
オド（クリュニーの） 82
オド（モリモンの） 153
オド・リガルドゥス 331
オドリーコ（ポルデノーネの） 334
オービッツ, ツェレスティン 250
オリヴァ, ジョヴァンニ・パオロ 454
オリゲネス 77, 133
オルシ, G. A. 375
オルトラーナ（アッシジの） 288
オルランディ, ペッレグリーノ・アントニオ 413
オルランディーニ, ニコラ 477
オロシウス 151

【カ】
カイェタヌス →トマーゾ・デ・ヴィオ
カイェタヌス（ティエネの） →ガエターノ・

ダ・ティエネ
カイザー, イスフリート　225
カヴァッツィ, ジョヴァンニ・アントン　336*
カヴァーニ, リリアーナ　330, 331
カヴァリーニ, ピエトロ　316
カエサリウス（アルルの）　17, 169
カエサリウス（シュパイアーの）　290
カエサリウス（ハイステルバッハの）　136*, 137
ガエターノ・ダ・ティエネ　40
カサール, ジロラモ　268
カザーレ, ジャチント・ダ　343
カサレット（スビアコの）　67
カサレット, ペドロ　53
カニシウス, ペトルス　446, 471
カストロ, フランシスコ・ダ　249
カタリナ（シエナの）　166, 356, 365
カタリナ（ジェノヴァの）　45
カタリーヌス, アンブロシウス　362
カッシアヌス　14, 171, 176
カッシオドルス　15, 16, 17*, 105
ガッディ　29
カデラヴェク, オイゲン　227
カニヴェ, ジョゼフ＝マリー　152
カーノ, アロンゾ　135*
カノ, メルチオール　362
カファルド, ジョヴァンニ・イル・バッティスタ　392
ガーブラー, ヨーゼフ　108
ガブリエル（マリア・マクダレナの）　409
カミロ・デ・レリス　44
カラヴァッジョ　272*, 273, 367*
カラサンス, ホセ・デ　44
カラス, ベルナール　176
カラファ, ジョヴァンニ・ピエトロ（→パウルス4世）　40
カラムエル（ロブコヴィッツの）　151
カランサ, バルトロメ・デ　362
ガリレイ, ガリレオ　421, 474
カール大帝　18, 61, 62, 78, 79, 90, 93, 96, 111
カール2世（禿頭王）　18, 86
カール3世　93
カール5世　259
カルカーノ, ミケーレ　340
カルタジローネ, イノチェンツォ・ダ　343
カルデロン, ペードロ　469
カルドーソ, マノエル　416
カルメ, オーギュスタン　75
カルローネ, カルロ・アントニオ　205, 206
カレスマー, ハイメ　228
カレーラ・イ・ランチャーレス, ペドロ　416, 417
カロー, ドミニク　229
カンディンスキー　150
カント　474
カンネマン, ヨハネス　310
カンパネッラ, トマーゾ　374

【キ】
ギー・テッレーニ　418
キアラ（クララ／アッシジの）　285, 287, 288, 289*, 290, 292, 298, 299, 300, 302, 303, 308, 313, 314, 322, 323, 324, 326, 327, 328*, 330, 337
キケロ　83, 137
キーノ, エウセビオ・F　479
ギュラン, オーギュスタン　176, 178
ギュンター, ヴィルヘルム・アルノルト　229
ギュンター, マテウス　207
ギヨ・ド・プロヴァン　262
ギヨーム（オーベリヴの）　153
ギヨーム（サン・ティエリーの）　149
ギヨーム（ディギュールヴュの）　139
ギヨーム（リュブルクの）　334
ギヨーム・カウルサン　257*, 275
ギルバート（ホイラントの）　134
キルヒャー, アタナージウス　479
ギルベルトゥス（ギルバード／センプリンガムの）　192, 193
ギルランダイオ, ドメニコ　29

【ク】
グイゴ（カルトゥジア会の）　164, 171
グイゴ2世（カルトゥジア会の）　176
グイゴ・デ・ポンテ　176
グィーディ, フィリッポ　372
グイド（アレッツォの）　21, 106

グイド（ピサの） 401
グイド（モンペリエの） 239, 241
クインティアーニ, ルクレティオ 148
グエルチーノ 324
グーズ, アンドレ 383
クスタン, ピエール 94
クートゥリエ, A. M. 381
クニグンジイ（クラコフの） 322
クニュッテル, ベネディクト 139
グーフェルツ, レオン 228
クミーノ（ペシオの） 182
クライエ, ピエール・フランソワ・ル 202
クラヴィウス, クリストファー 451, 478
グラウエン, ヴィルフリート・M 228
クラウス, ヨハネス 95
グラシアン・イ・モラレス, バルタザール 461
クラース, ヤーコプ 232
グラッフ, バジリウス 225
クララ（アッシジの）→キアラ
グラン, ダニエル 207
グランヴァル, アルトー・ド 247
グリエルモ・ディ・サン・ステファノ 264, 275
グリエルモ・ディ・サント・スピリト 248
グリエルモッティ, A. 384
グリージンガー（ウルムの） 381
クリストフォーロ（ヴェルッキオの） 305
クリスピーノ（ヴィテルボの） 294
グリフォン, アンヌ 178
グリマルディ, フランチェスコ・マリーア 479
グリマルト（モンテ・カッシノの） 61
グリューネヴァルト, マティアス 244*-246*
グリューフィウス, アンドレアス 469
グルディーン, パウル 478
クレイヴィンケル, ヤン＝ルドルフ・ファン 232
グレゴリウス1世（大グレゴリウス） 18, 58, 60, 82, 136
グレゴリウス7世 63, 200, 212
グレゴリウス9世 259, 291, 315, 316, 358
グレゴリウス10世 332, 365

グレゴリウス13世 467, 478
グレゴリウス15世 451
グレゴリオス（ナジアンゾスの） 493
グレゴリオス（ニュッサの） 493
グレゴリオス・パラマス 496, 497, 498
クレーマー, ハインリヒ 360
クレメンス5世 258
クレメンス14世 51, 444, 454
グロッシ, ヨハネス 418
クロッツ, B. 362
クロップ, マルティン 94
クロデガング（メッスの） 191
グンテルス（ペリの） 137

【ケ】
ケーイモラヌス, ヤコブス 421
ゲッツィ, イッポリト 436
ゲーテ, J. W. von 218, 401
ケティフ, J. 375
ゲネリク, ヘルマン 225
ゲーベル, ベルナルディン 307
ゲラルドゥス（アベヴィーユの） 332
ゲランジェ, プロスペル・ルイ・パスカル 53, 55*, 67
ケリン, コンラート 371
ケルデ, ディートリヒ 310, 341
ゲルトルート（ヘルフタの／大） 134, 138
ゲルベルト, マルティン 95
ゲルホー（ライヒェルスベルクの） 200
ゲレン, ヴィクトール 306
ケンディヒ, ラファエル 152

【コ】
コーグルグルーバー, カイェタン 232
ゴーズラン（フルーリーの） 92
ゴッツォリ, ベノッツォ 297*, 302*, 434*
ゴットシャルク（オルベの） 84-86
ゴットフリート（カッペンベルク伯） 217
ゴフネー, レオンハルト 233
コペルニクス 474
コボ, ベルナベ 479
コラート, アドリアン 324
コルダラ, ジューリオ・C 477

索引 523

コルネイユ　469
コルンバヌス　62
コレーア, マヌエウ　416
コレット・ボワレ（コルビーの）　288
コレット, エメリヒ　474
コロンナ, フランチェスコ　375
コンガール, Y.　372
コンスタンシア（アラゴンの）　322
コンスタンティヌス（サレルノの）　109
コンタリーニ, ガスパロ　446
コンラート（エブラッハの）　150
コンラート（サクセンの）　309, 314
コンラート（パルツハムの）　294
コンラート・フォン・ユンギンゲン　273

【サ】
ザイラー, ゼバスティアン　218
サヴォナローラ, ジロラモ　29, 357
ザカリアス（教皇）　61
ザーク, アルフォンス　228
ザッカーリア, アントニオ・マリーア　40
サッキーニ, フランチェスコ　477
ザトヴォルニク, フェオファン　498
ザビエル, フランシスコ　447, 448*, 449, 461
サビヌス（カノッサ司教）　60
サル, フランソワ・ド　→フランソワ
ザルツィンガー, イヴォ　204
サルビエフスキー, マチェイ・K　462
サルメロン, アルフォンソ　446, 472
サロメア（クラコフの）　322
サンガッロ2世, アントニオ・ダ　243
サンセドニ, アンブロシウス　357
サンチャ（ナポリの）　322

【シ】
シアード（シアード・ノセツキイ）　222
シインデル, アレクサンダー・フォン　232
ジェアジェア, ニーロ　410
シェイクスピア, ウィリアム　402
シェーラー, マリア・テレジア　342
ジェラール（ヨハネ騎士修道会総長）　255
ジェラルド・ディ・ボローニャ　418
シェリング, F. W. J. von　150

シェルフィア, フランツィスカ　340
ジェルベール（→シルヴェステル2世）　110
ジェルマン, ミシェル　94
シェンク, ヨハネス・クリュゾストムス　314
ジギスムント（ハンガリー王, 皇帝）　273
シクストゥス4世　240, 243, 248, 264
シクストゥス5世　475
シスト・ダ・シエナ　374
シタード, M.　361
シニュ, M. D.　372
シビラ（ポンドルフの）　327
ジベルトゥス（ベーカの）　416
シモン・ストック　390, 398, 399*
シモン・テイラー　383
シモン・ド・エダン　275
ジーモン, フォルトゥナート　222
シャイナー, クリストフ　479
ジャコモ・トリッティ　327
ジャコモ・ダ・バロッツィ　464
シャーシャ, ロレンツォ　207
ジャック・ド・ヴニ・ダルブーズ　38
ジャック・ド・モレー　256*
シャッツガイアー, カスパー　333
シャブリ, マルク　243
シャポロ, エマニュエル　250
シャラー, アダム　203
シャル・フォン・ベル, ヨハン・アダム　452, 461, 479
シャルダン, ピエール・テイヤール・ド　479
シャロン, ピエール　250
ジャン・ド・エダン　275
ジャン・ド・サン＝サンソン　395, 407, 416
ジャン・ド・フランシエール　279
ジャン・ド・メリクール　150
ジャン・ド・ラスティック　275
ジャン・デスパーニュ　169
シャンタル, ジャンヌ・フランソワーズ・フレミオー→フランシスカ, シャンタルの
シュジェール（サン・ドニ修道院長）　22
ジュスティニアーニ, ジャン　36
ジュゼッペ（フェルノの）　313
ジュゼッペ（レオネッサの）　312
シュタイドル, B.　75

シュタイナー, ルドルフ 150
シュタイメリン, マグダレーナ 327
シュタイン, エディット (十字架のテレジア・ベネディクタ) 401, 420
シュタインフース, マテウス 150
シュテックライン, ヨーゼフ 477*, 478
シュテファン・フリードリーン (ニュルンベルクの) 305
シュテレ, ヨハネス=クリュソストムス・ファン・デア 228
シュトゥラー, イェルク 276
シュトゥルムレルナー, フリードリヒ 232
シュトース, アンドレアス 394
シュトース, ファイト 382, 394
シュトラーテン, ヴェーレンフリート・ファン 214
シュノレンベルク, アンノ 227
シュパンミュラー, ヤーコプ 461
シュピールベーク, イグナティウス・ファン 228
シュプレンガー, ヤーコプ 360, 368
シューベルト, フランツ・ペーター 330
シュムッツァー, ヨーゼフ 207
シュライバー, ヨハネス 148
シュラーダー, クレメンス 473
シュリットパッハー, ヨハネス 75
シュルツ, ロジェ 56
シュレーグル, ニヴァルト 151
ジュンタ・ピサーノ 316, 328
シュンティウス (デーフェンテルの) 201
ジュンティーニ, フランチェスコ 421
ジョヴァンニ (カペストラーノの) 293, 309, 310, 311*
ジョヴァンニ (ピアノ・ディ・カルピニの) 287, 334
ジョヴァンニ (ファーノの) 305
ジョヴァンニ (モンテコルヴィーノの) 334
ジョヴァンニ・ディ・フランチェスコ 412
ショーペンハウアー, A. 462
ジョット 29, 285*, 316, 323, 325*, 326
ジョフィ, ローランド 486
ジョフロワ, アントワーヌ 276
ジョルダーノ (ジアノの) 334

シラー, フリードリヒ 433
ジラール, グレゴール 342
ジリアラ, トマーゾ 372
シルヴェステル2世 110
シルモン, ジャック 476
ジロラモ・エミリアーニ 42, 43
ジンガー, ペトルス 329

【ス】
スアレス, フランシスコ・デ 475
スカラメッリ, ジョヴァンニ・バッティスタ 409
スカルガ, ピョートル 462
スコダニリオ, マルコ・アウレリオ 249
スコペッリ, ヨアンナ 391
スコラスティカ 61, 68*, 69
スコレル, ヤン・ファン 273
スシエール, ジェローム・ド・ラ 130
スティーヴン・レキシントン 154
スティーヴン・ハーディング 118, 119*, 129, 144, 147, 148
ステファヌス (ブルボンの) 357
ストゥルミ (フルダの) 62, 78
スパニョリ, バッティスタ (バッティスタ・マントゥアーヌス) 401, 402, 419
スピレベークス, E. 372
スマラグドゥス
スマラグドゥス (サン・ミーエルの) 75, 82
ズリウス, ラウレンツィウス 178
スルバラン, フランシスコ・デ 172*, 324, 326*, 366*

【セ】
ゼーアウアー, ベーダ 108
セシリア (ご降誕の) 406
セッキ, アンジェロ 479
セドゥリウス・スコトゥス 82
セドゥリウス, ヘンリクス 324
セネカ 462
セバスティアヌス 244*, 245
ゼフィレッリ, フランコ 330, 331
ゼーミラー, ゼバスティアン 204
セリパンド, ジロラモ 429, 437

索引 525

セルギイ（ラドネシの）494

【ソ】
ゾイゼ、ハインリヒ 365, 366*, 372
ソト、ドミンゴ・デ 362
ソト、ペドロ・デ 362
ソト（ベネヴェント公）61
ソニエ、ピエール 249
ソルスキイ、ニール 494, 496, 498
ソレト、ヨハネ 391
ソロヴィヨフ 150

【タ】
ダヴィアーノ、マルコ 343
ダヴィト（アウクスブルクの）305, 308
タウラー、ヨハネス 264, 372
タキトゥス 82
ダシェリ、J.-L. 66, 94
タットー（モンテ・カッシノの）61
タデーイ、アレッサンドロ 416
ダニエルー、ジャン 473, 476
ダニエル（おとめマリアの）402
ダーフィト、アロイス 230
ダリオ、ドナート・フェリーチェ 205, 206
タンケルム 223*
ダンティ、イニャーツィオ 383

【チ】
チェーザル、アクヴィーリン 204
チエラ、I. 383
チマブーエ 316, 323, 328
チリッロ、ベルナルディーノ 249

【ツ】
ツァウパー、シュタニスラウス 218
ツァーン、ヨハン 230
ツィーゲルバウアー、マグノアルト 95
ツィーザト、ヨハン・B 479
ツィルス、ディートハルト 383
ツィルンギブル、ローマン 95
ツィンマーマン、ヨハン・バプティスト 207
ツヴィシチ、アルベリヒ 139
ツヴィングリ、H. 312

【テ】
ディアマンテ、フラ 413
ディヴィシュ、プロコープ 230
ディエゴ（オスマ司教）352
ディエゴ（エステリャの）305
ディエゴ・デ・コルドバ 336
ティエーポロ、ジョヴァンニ・バッティスタ 399*, 414
ディオニシウス・デ・カルテイゼル 176, 177
ティシェ、ベルトラン 139
ディディエ・ド・ラ・クール 38
ディートマイア、ベルトルト 104
ディートリヒ（プフォルタ修道院の）→テオデリヒ
ディートリヒ（フライブルクの）383
ディドン、ドニ 453
ディドン、アンリ 395
ティボー（マーレイの）138
ティボー、フィリップ 395
ティマーマン、フェリックス 324
ティロ・フォン・クルム 263
テオゲール（ザンクト・ゲオルゲンの）106
テオマルス（モンテ・カッシノの）61
テオデリヒ（トライデンの）123
テオドロス・ストゥディオス 493
デカルト 474
デシデリウス（モンテ・カッシノ大修道院長→ヴィクトル3世）59*, 109
デニフレ、H. S. 375
テプスル、フランツ 202, 203*, 208
デムス、セルヴァース 218
テュオーティロ →トゥティロ 106
デューラー、アルブレヒト 323, 382*
デュラン、U. 94
テレサ・デ・ヘスース・マリーア 406
テレジア（アビラの）36, 176, 304, 390, 392, 393*, 399-403, 414*, 417, 419, 429
テレーズ（リジューの）399, 401

【ト】
トゥティロ（テュオーティロ／ザンクト・ガレンの）106
トゥムラー、マリアン 277

ドゥンス・スコトゥス, ヨハネス 332
トゥンプ, クリスティアン 104
トティラ (東ゴート王) 60, 61
ドナテッロ 29
ドーブラー, オイゲン 110
トーベンツ, ダニエル 208
トマス (エクレストンの) 334
トマス (カンタンプレの) 383
トマス (チェラノの) 303, 314
トマス (ブレスラウの) 229
トマス・アクィナス 30, 89, 303, 332, 364, 369, 370*, 371, 372, 384, 385, 419, 437, 470, 473
トマス・ア・ケンピス 195, 201
トマス・デ・ヘスース 394, 408
トマス・ネッター (ウォールデンの) 419
トマーゾ・ダ・モデナ 365*
トマーゾ・デ・ヴィオ 371
ドミニクス 123, 352, 353*, 354*, 355, 359*, 360, 367, 376, 380*, 381*
ドミニクス (イエス・マリア・ルッソーラの) 394
ドミニクス (プロイセンの) 368
ドミンゴ (ペトレスの) 322
ドメニコ・カヴァルカ 372
トラウト, ヴォルフ 323
ドラッド, ポール 75
トランブレー, ジョゼフ・ドゥ 343
トリスターノ, ジョヴァンニ 465
トリテミウス 421
トルスカ, ジーモン 225
ドルネウス, ゲラルドゥス 229
トルフゼス・フォン・ヴァルトブルク, オットー 447
トルモーリ, A. 381
ドルリエ, ジャン 244*, 245
トレス・ポジョ, ディエゴ・デ 484
トンジョルジ, サルヴァトーレ 473

【ナ】
ナバーロ, ガブリエル・ロペス 408
ナポレオン1世 167, 260, 455
ナルディーニ, V. 384

【ニ】
ニコラ・ド・ヴェルダン 204, 205*
ニコラウス3世 329
ニコラウス4世 292, 327, 339
ニコラウス5世 391
ニコラウス・フォン・イェロッシン 276
ニコラウス・フォン・レーヴェン 264
ニコラウス・クザーヌス 177
ニコラス (ボッジボンシの) 335
ニコラス・ガルス 390
ニコラス・ブレイクスピア (→ハドリアヌス4世) 195
ニコル・ボゾン 32
ニッコロ・ダルベルガーティ 166
ニーメツ, ヨーゼフ 248
ニューマン, アイザック 474
ニューマン, ジョン・ヘンリー 43

【ネ】
ネス, ルーペルト 104
ネッリ, オッタヴィアーノ 434
ネリ, フィリッポ 42*, 43
ネリティ, ヴィンチェンツォ 416

【ノ】
ノイデッカー, ジギスムント 341
ノイマン, バルタザル 269
ノウエンス, ヨーゼフ 231
ノセツキイ, シアード (→シアード) 222
ノセック, マインラート 139
ノートケル・バルブルス 21, 93, 106, 107*
ノートケル・ラベオ 106
ノビリ, ロベルト・デ 450, 452, 461
ノルベルトゥス (クサンテンの) 192, 212, 214, 215*, 216*, 217, 223*

【ハ】
ハイデガー, マルティン 474
ハイト (ライヘナウの) 92
ハイドン, ミヒャエル 108
ハイドン, フランツ・ヨーゼフ 248, 330
ハイネ, プロブス 321
ハイムガルトナー, ベルナルダ 342

索引 527

ハイメリクス　195
ハイモ（ハルバーシュタットの）　82
ハイモ（ファーヴァーシャムの）　329
ハインリヒ2世　109
ハインリヒ（ドイツの）　412
ハインリヒ（ヘルフォルトの）　374
ハインリヒ・フォン・パルツパイント　278
ハインリヒ・フォン・ヘスラー　263
ハインリヒ・ヘルプ　305
バウアー, ギルベルト　232
パーヴェル1世（ロシア皇帝）　260
バウグルフ（フルダの）　78
パウルス3世　444, 445*, 446
パウルス5世　240
パウルス（ベルンリートの）　200
パウルス・ディアコヌス　74
パウロス　246*
パエス, ペドロ　479
パーク, T.　362
バクナートス, ヨハン・カスパー　269
ハーゲナウアー, カイェタン（ドミニクス）　108
ハーゲナウアー, ニコラウス　244*
パコミオス　492
バシレイオス（大）　493, 496
パスカシウス・ラドベルトゥス　82, 85, 90
バスケス・デ・エスピノーザ, アントニオ　421
バスケス, ガブリエル　473
バーダー, マティアス　207
パチフィコ　313
バックムント, ノルベルト　228
パッサリア, カルロ　473
バッティスタ・マントゥアーヌス　→スパニョリ
バットラー, G.　381
パッハー, ミヒャエル　204
バッハマン, ジクストゥス　225
ハデウェイヒ　26
ハドリアヌス4世　195
パトリーツィ, フランチェスコ・S　473
バニェス, ドミンゴ　371
パニーノ, サンテス　374

パペブロホ, ダニエル　477
バルダッサーレ（聖カタリナの）　408
ハルツハイム, ヘルマン・J　476
バルデ, ヤーコブ　462
バルドゥイン（アルナの）　123
ハルトマン（ザンクト・ガレンの）　93
バルトリーノ・ダ・パドヴァ　415
バルトロマエウス・アングリクス　329
バルトロメオ（クレモナの）　334
バルトロメオ（フルゴジーノの）　412
バルトロメオ, フラ（バッチョ・デラ・ポルタ）　29, 381
パルミエーリ, ドメニコ　473
バレト, ヌネシュ　448
バロニウス, カエサル　43
ハンザー, ヴィルヘルム　225
ハンジッツ, マルクス　478
バンデッロ, マテオ　375

【ヒ】
ピアソン, ニコラ　222
ピウス5世　358
ピウス7世　444
ピウス12世　56
ピエール（ヴォー・ド・セルネーの）　152
ピエール（尊者）　164（→ペトルス・ヴェネラビリス）
ピエール（タランテーズの）　384（→インノケンティウス5世）
ピエール・ドーブッソン　257*
ピエーロ・デル・マッサイオ　412
ヒエロニュムス　43, 82, 171, 244*, 264, 492
ヒエロニュムス（モラヴィアの）　383
ピガフェッタ, アントニオ　278
ピコ・デッラ・ミランドラ, ジョヴァンニ　249, 419
ピサーノ, ジュンタ　→ジュンタ・ピサーノ
ピサーノ, ニコラ　380
ピスタリオーノ, A.　381
ビセンテ・フェレル（ウィンケンティウス・フェレリウス）　356*
ビーダーマン, ヤーコブ　469
ピッフィヒ, アンブロース・ヨーゼフ　229

ビトリア, フランシスコ・デ　371, 470
ヒュー・オヴ・アヴァロン　175
ビュットナー, ジギスムント　435
ヒュドゥンスカ, アンナ　224
ビュルカー, ラディスラウス　139
ビリク, エーバハルト　394
ビリメック, ドミニク　153
ビルギッタ（スウェーデンの）　45
ピルクハイマー, カリタス　295
ヒルデガルト（ビンゲンの）　24
ヒルデブラント（→グレゴリウス7世）　63
ヒルデブラント, ルカ・フォン　50*, 104
ヒルデマール（コルビーの）　74
ヒンクマール（ランスの）　82, 86
ビンディ, アンドレアス　338

【フ】
ファーヴル, ピエール　446, 460
ファヴレ, アントワーヌ・ド　273
ファルコ, エモン　249
フアン（神の）　→ヨハネ（神の）
フアン（十字架の）　→ヨハネ（十字架の）
フアン（スマラガの）　335
フアン・デ・ヘスース・マリーア　394, 408
フアン・デ・ラ・ミゼリア　393*, 414
フアン・デル・サンティッシモ・サクラメント　411, 413
フアン・フェルナンデス・デ・ヘレディア　275, 277*
フィクスルミルナー, プラキドゥス　110
フィスマン, フランツ　248
フィチーノ, マルシーリオ　419
フィッシャー, フランツ　225
フィッシャー, ヨハン・ミヒャエル　105, 207
フィッシャー・フォン・エルラハ（父）, ヨハン・ベルンハルト　207
フィーマン, オイゲン　415
フィリップ1世　92
フィリップ4世　258
フィリップ（聖三位一体の）　408
フィリップ（ハルフェンクトの）　218
フィリップ・リボティ　395
フィンマース, カリスト　224

ブウール, ドミニク　461
フェラー, フランソワ・グザヴィエ・ド　478
フェラーラ, ガブリエレ（カミッロ）　250
フェラーリ, バルトロメオ　40
フェラリエンシス, フランチェスコ・シルヴェストリ　371
フェラーリオ, オッターヴィオ　250
フェリーチェ（カンタリーチェの）　294
フェリペ2世　394
フェルディナンド3世　229
フェルヒガー, ヨハン・イグナツ　202
フェルビースト, フェルディナンド　452, 479
フォイヒトマイアー, マグヌス　207
フォクサ, フアン・アントニ　276
フォークト, クリストフ　105
フォークト, マルティン　148
フォスカラーリ, エジディオ　371
フォスカリーニ, パーオロ・アントニオ　421
フォルスター, フロベニウス　95
フォレイロ, フランチェスコ　371
フォレスティ, ジャコモ・フィリッポ　438
フォレテ, ルイ・アントン　327
フォンスカ, マヌエル・ピント・ド　273
フクバルト（サン・タマンの）　106
フケー, ジャン　131*
フーコー, シャルル・ド　56
フーゴー（クリュニーの）　100
フーゴー（サン・ヴィクトルの）　200
フーゴー（サン・シェールの）　368
フーゴー（聖マリアの）　91, 92
フーゴー・リベリン　368
フス, ヤン　360
ブーゼンバウム, ヘルマン　473, 475
ブーダン, フィリップ　222
ブッサーヌ, ピエール　477
フッサール, エドムント　420
フマガッリ, アンジェロ　152
ブラウンホーファー, ラウレンテイウス　229
ブラネス, ベルナルディーノ　408
フラバヌス・マウルス　79, 82, 86, 87*, 109, 110
フランクリン, ベンジャミン　230
フランシスカ（シャンタルの）　46, 47*
フランシスコ（オスナの）　305

フランシュラン, フィリップ・ド 250
ブランズマ, ティートゥス 409, 422
フランソワ・ド・サル 46, 47*, 176, 408
フランソワーズ・ド・アンボワーズ 391
ブランタウアー, ヤーコプ 104, 205, 207
フランチェスコ (アッシジの) 28, 284, 285*, 286*, 287, 288, 290-293, 296, 297*, 298-300, 301*, 302*, 303, 305, 309, 310, 313-316, 319, 323, 324, 325*, 326*, 327, 330, 334, 337, 338, 342
フーリエ, ピエール 196
ブリエリアス, シルヴェスル・マッツォリーニ 371
ブリソンネー, ギヨーム 35
ブリッカルツ, ヨーゼフ 226
フリートナー, テオドール 56
フリードリヒ1世 (バルバロッサ) 137, 151, 219
フリードリヒ2世 259, 316, 454
フリードリヒ3世 310
フリードリヒ・ヴィルヘルム (ブランデンブルク選帝侯) 230
フリーベルガー, ルーペルト 226
ブルカルド (モンテ・シオンの) 335
ブルクレヒナー, イグナーツ・フォン 231
フルコ (トゥールーズ司教) 353, 354
プルタルコス 275
フルトルフス (ミヒェルスベルクの) 106
フルニエ, ロバン 247
ブルネレスキ, フィリッポ 434
ブルーノ, ジョルダーノ 374
ブルーノ (ケルンの) 162, 163*, 164, 171, 174, 175*,
ブルヒャルト (ウルスベルクの) 228
フルベルトゥス (シャルトルの) 82
ブルボン, シャルル 38
ブルメナウ, ラウレンティウス 278
ブルンナー, ヨハン・ミヒャエル 207
ブレ, モーリス・デュ 228
フレチャ, マテオ 416
ブレティ, マッティア 273
ブレモン, J. 375
ブレンターノ, クレメンス 306
プロコープ (テンプリンの) 312, 314
フローテ, ヘールト 35, 201

フロルス 82
フローレンティーニ, テオドシウス 342
ブン, テレサ 178
フンベルトゥス・デ・ロマーニス 165, 357, 360, 365

【ヘ】
ベーア, フランツ 104
ヘアゴット, マルクヴァルト 96
ヘアコーマー, ヨハン・ヤーコプ 104
ベアスフォード, ブルース 486
ベアトリーチェ (アッシジの) 288
ベアトレイス (ナザレトの) 134, 138
ベガ, ローペ・デ 469
ヘーゲル, G. W. F. 150
ベーコン, ロジャー 29, 301, 329, 337
ベーコン, ジョン 418
ページュ, ジャン・ル 228
ヘスペルス, ブルーノ 383
ベーダ (尊者) 62, 82, 90
ペーター・フォン・ドゥイスブルク 276
ペッ, ヒエロニュムス 37, 94
ペッ, ベルンハルト 37, 94
ペッカム, ジョン 314
ペッシュ, ハインリヒ 476
ベッセル, ゴットフリート 94, 104
ベッチャー, ニコラウス 225
ベッリーニ, ジョヴァンニ 356*
ペティト, マリア 402, 407
ペトルス, フランツ 203
ペトルス (ヴェローナの) 360, 361*
ペトルス (ツィッタウの) 152
ペトルス (ヘーレンタルスの) 226
ペトルス・アウレオリ 333
ペトルス・ヴェネラビリス 63
ペトルス・ニゲル 371
ペトルス・ロンバルドゥス 331
ペドロ (アルカンタラの) 305
ペトロナクス (モンテ・カッシノの) 61
ベネディクトゥス9世 358
ベネディクトゥス12世 30, 65, 124, 154, 293
ベネディクトゥス13世 358
ベネディクトゥス14世 438, 452

ベネディクトゥス（アニアーヌの）　18, 58, 62, 63, 75, 111
ベネディクトゥス（カンフィールドの）　306
ベネディクトゥス（ヌルシアの）　58, 59*-61, 68*, 69, 70, 72, 73*, 76*, 77, 91, 92, 118, 153,
ヘーベル，フランツ・クサヴィエ・フォン　250
ベーム，ヨハネス　278
ベーメ，ヤーコブ　150
ペラギウス2世　61
ベラスケス・デ・クエリャ，フアン　444
ベラルグス，アンブロシウス　362
ベラルミーノ，ロベルト　471, 475
ヘリア，パウル　394
ベリュル，ピエール・ド　43
ヘル，マクシミリアン　479
ベルクトルト，アントン・ヨーゼフ　231
ベルグミュラー，ヨハン・ゲオルク　207
ベルゲーテ，ペドロ　359*
ヘルダー，J. G.　462
ベルタリウス（モンテ・カッシノの）　109
ヘールトヘン・トート・シント・ヤンス　270, 271*, 272
ベルトラン（ボルンの）　138
ベルトールト（ライヘナウの）　92
ベルトールト（レーゲンスブルクの）　308, 309
ベルナール（ヴァンタドゥールの）　138
ベルナール（クレルヴォーの）　23, 24, 33, 94, 118-120, 122*, 131*, 133, 134, 135*, 136, 137, 144, 147, 149, 150, 153, 154, 164, 173, 254, 262
ベルナール（フォンコードの）　226
ベルナール・ギ　360, 374
ベルナール・ド・テュル　169, 175
ベルナルディーノ（ガリポリの）　320
ベルナルディーノ（サアグンの）　335
ベルナルディーノ（シエナの）　293, 309, 311*, 326
ベルナルディーノ（フェルトレの）　310, 340, 341
ベルナルディーノ（ラレドの）　304
ベルナルド（ボローニャの）　333
ベルニーニ，ジョヴァンニ・ロレンツォ　414*
ベルノ（ライヘナウの）　106

ヘルハンマー，マンフレート　343
ベルピニャン，フアン　461
ヘルマン・コントラクトゥス　92, 106, 110
ヘルマン・フォン・ザルツァ　256
ヘルマン・ヨーゼフ（シュタインフェルトの）　217
ベルモン，フランソワーズ・ド　46
ベルンハルト（モンテ・カッシノの）　75
ベルンハルト（リッペの）　123
ペレス，アントニオ　75
ペローネ，ジョヴァンニ　473
ペンナ，ロレンツォ　416
ヘンネ，オイゲン　334
ヘンリー8世　103

【ホ】
ボエティウス　105
ホーガー（ヴェルデンの）　106
ポケッティ，ベルナルディーノ　412
ポサダス，フランシスコ・デ　361
ポジオ，ジャコモ　276
ボス，ヒエロニムス　241*, 246
ボスコ，ジョヴァンニ　54
ポスティウス，アルノルド　402
ホスビー，ジョン　415
ホセ・デ・ヘスース・マリーア　408
ボツィオ，トマーゾ　43
ボッカッチョ，ジョヴァンニ　375
ボッコーネ，パオロ　153
ポッツォ，アンドレア　468
ボッティチェリ，サンドロ　413
ボーデカー，シュテファン　229
ボト（ブリューフェニングの）　78
ボードワン2世　254
ボナ，ジョヴァンニ　150
ボナヴェントゥラ（バニョレッジョの）　30, 292, 297, 303, 304, 323, 327, 331, 332
ボナヴェントゥラ（ブリュッセルの）　306
ボナディーズ，ヨハネス　415
ボニファティウス　62, 78
ボニファティウス（トリーアの）　320
ホノリウス2世　195
ホノリウス3世　296, 315, 354*, 364

索引 531

ホプキンス, ジェラード・マンリー　462
ホーホヴェルダー, フリッツ　486
ホーホストラーテン, ヤーコプ・ヴァン　371
ホメロス　218
ホラティウス　17
ボラン, ヤン・ファン　477
ボルゴニョーニ, テオドリコ　383
ポルタ, ジャコモ・デッラ　465
ホルツハイ, ヨハン・ネポムク　224
ポルティジャーニ, D.　380
ボールデン, ユーリウス・ファン　231
ボルハ, フランシスコ・デ　447, 482
ボレー, シャルル　461
ボロメオ, カルロ　43, 46
ボンガルト, ペーター　232

【マ】
マイアー, アントン　461
マイアー, テオドール　476
マイアー, フランツ・アロイス　207
マイヒェルベック, カール　95
マウブルヌス, ヨハネス　201
マウリ, E.　362
マウリティウス (ダキアの)　334
マカリウス　86
マクシミリアン (大公)　260, 274
マコーニ, ステファノ　166
マザー・テレサ (アグネス・ゴンジア・ボヤジュ)　56
マザッチョ　412
マース, ボニファティウス　306
マセラール, ジャン　247, 249
マゼラン (フェルナン・デ・マガリャンイス)　278
マーゼン, ヤーコプ　469
マゾリーノ・ダ・パニカーレ　412
マソン, イノサン・ル　166-168*, 170, 177
マックナブ, V.　363
マッサヤ, グイエルモ　336
マッサリ, ピエトロ・マリーア　321
マッティア (サロの)　305, 340, 342
マートン, トマス　151
マーニ, ヴァレリアーノ　333, 343

マーネゴルト (ラウテンバッハの)　192
マビヨン, ジャン　38, 66, 94
ママチ, T.　375
マーミアン, ジョゼフ・コルンバ　75
マヤール・ド・トゥルノン, シャルル・トマ　451
マヨールス (クリュニーの)　102
マリ, ジョン・C　473
マリア (ご託身の)　405
マリーア・デ・サン・アルベルト　405
マリーア・デ・サン・ホセ　405
マリア・テレジア　208
マリーア・マッダレーナ・デイ・パッツィ　391, 407
マリアナ, フアン・デ　475, 477
マリニス, レオナルド・デ　371
マルグリット・ドワン　178
マルグリット・ポレート　26
マルケット, ジャック　479
マルコ (アヴィアーノの)　312
マルコ (ボローニャの)　310
マルチラット, G.　381
マルティーニ, シモーネ　316, 326, 328*, 431*
マルティーニ, マルティノ　452
マルティヌス (トゥールの)　58, 59
マルティヌス (ゼンギングの)　75
マルティリブス, バルトロメ・ア　362
マルティン (コッヘムの)　306
マルテーヌ, エドモン　75, 94
マルドナド, フアン　472
マルベンダ, T.　374
マレシャル, ヨーゼフ　474
マンゾーニ, アレッサンドロ　342
マンリケ, アンヘルス　152

【ミ】
ミクル, クヴィーリン　151
ミケランジェロ・ブオナローティ　464
ミゲル・デ・ラ・フエンテ　406
ミケーレ・アイグアーニ　418
ミケーレ・デル・ボスコ　412
ミッシェル (聖アウグスティヌスの)　402, 406, 407

ミュアール, ジャン・バティスト　53
ミューラー, グレゴール　152
ミュンスター, ゼバスティアン　278
ミュンツァー, トマス　36, 150
ミンガレッリ, ジョヴァンニ・ルイージ　202

【ム】
ムッゲナスト, ヨーゼフ　104
ムリーリョ, バルトロメ・エステバン　324, 327
ムルナー, トマス　310, 312

【メ】
メシアン, オリヴィエ　330
メッチュ, ラースロ　219
メディチ, コージモ・デ　421
メディチ, ピエーロ・ディ　412
メディナ, バルトロメ・デ　473
メナール, N.-H.　94
メヒティルト（ハッケボルンの）　134
メヒティルト（マクデブルクの）　26, 134
メランヒトン, フィリップ　35
メリチ, アンジェラ　45
メルショール・バンディニ　275
メルスヴィン, ルールマン　264
メンコ（ブルムホフの）　231
メンディエタ, ヘロニモ・デ　336
メンデル, グレゴール　438
メンヒ・フォン・ザルツブルク　32

【モ】
モア, トマス　35
モーア, カスパー　229
モーツァルト, ヴォルフガング・アマデウス　107, 108, 469
モトリーニア, トリービオ　335
モノー, アントワーヌ　222
モラレス, フアン・バウティスタ・デ　452
モリエール　469
モリージャ, ジャコモ・アントニオ　40
モーリッツ（ベロミュンスターの）　333
モーリッツ（メンツィンゲンの）　314
モリナ, アントニオ・デ　178
モリナ, ルイス・デ　471, 475

モルテーズ, ジャン・バティスト　168
モワテュリエ, アントワーヌ・ル　243
モンサブレ, J. L.　362
モンテシノス, アントニオ・デ　361
モンフォーコン, ベルナール・ド　94
モンフォール, グリニョン・ド　406

【ヤ】
ヤーコプ・フォン・デア・マルク　310
ヤコブス（ヴィトリの）　200
ヤコブス・デ・ヴォラギネ　372
ヤコポーネ・ダ・トーディ　315
ヤノーシェク, レオポルト　152
ヤン・デ・フォス　274
ヤーン・ヨハン　229
ヤンゼン, レオンハルト　226
ヤンデラ, ヨーゼフ・ラディスラウス　231
ヤンデル, V. A.　362

【ユ】
ユーグ（プレモントレの）　212
ユーグ・ド・パイヤン　254
ユーグ・ド・パルマ　176
ユークリッド（エウクレイデス）　110
ユーゴ, シャルル・ルイ　228
ユスティヌス・ア・デスポンサツィオネ BMV　416, 417
ユリアヌス帝　270
ユリアヌス（シュパイアーの）　313, 329
ユリウス2世　320
ユリウス3世　444, 446, 458
ユング, カール・グスタフ　150
ユンクマン, ヨーゼフ・A　473

【ヨ】
ヨアキム（フィオーレの）　150, 291
ヨアンネス（ダマスコスの）　492, 497
ヨアンネス・クリュソストモス　493, 497, 498
ヨアンネス・ゾナラス　275
ヨゼフ（聖霊の）　420
ヨーゼフ2世　127, 167, 170, 196, 395
ヨハネ（フアン／神の）　42, 240, 242, 249
ヨハネ（フアン／十字架の）　36, 392, 393, 399-

索引 533

　401, 404, 405
ヨハネス（ヴィチェンツァの）357
ヨハネス（カストルの）75
ヨハネス（コルバッツの）152
ヨハネス（シュタウピッツの）437
ヨハネス（ヒルデスハイムの）401, 418
ヨハネス（フィークトリングの）152
ヨハネス（フライブルクの）372
ヨハネス・ヴァン・ケミネト　418
ヨハネス・エヴァンゲリスタ（ス・ヘルトーヘンボスの）306
ヨハネス・カプレオールス　371
ヨハネス・デ・ルペラ　331
ヨハネス・ドミニチ　357
ヨハネス・トリテミウス　94
ヨハネス・ニーダー　357, 373
ヨハネス・ブッシュ　201
ヨハネス・ユクンドゥス　320
ヨハネ・パウロ2世　381
ヨハン, アレクシウス　436
ヨハン（エルビングの）273
ヨハン（シュタウピッツの）428
ヨルダヌス（ザクセンの）355*, 357, 363
ヨンゲリウス, カスパー　152
ライテンベルガー, カール　230

【ラ】

ライナー, グレゴール　227
ライネス, ディエゴ　446, 447*
ライマン, パウル　473
ライムンド（カプアの）356
ライムンド（ペニャフォルテの）363, 372
ライムンドゥス・ルルス　204, 335
ラインドル, コンスタンティン　148
ラウディヴィオ・ザキア　264
ラウレンティウス（アオスタの）307
ラウレンティウス（シュニフィスの）314
ラーエヴィン（フライジングの）200
ラグランジュ, M.-J. 374
ラコルデール, H. D. 362*
ラ・シェーズ, フランソワ・ド　454
ラシャリエ, ジャケット　339
ラス・カサス, バルトロメ・デ　361

ラッスス, オルランド・ディ　469
ラドゥルフス・グラベール　22
ラドゥルフス・トルタリウス　92
ラートペルト（ザンクト・ガレンの）93
ラトラムヌス　82, 85, 86
ラーナー, カール　473, 474
ラーナー, フーゴ　473
ラバト, J. B. 375
ラピーデ, コルネリウス・ア　472
ラフィニアーニ, セラフィノ　331
ラベ, フィリップ　476
ラミー, フランソワ　94
ラーム, リヒャルト　229
ランセ, アルマン・ジャン・ル・ブティリエ・ド　39, 94, 127, 128*, 167
ランツベルク（ランスベルギウス）, ヨハネス・ユストゥス　178
ランドゥッチ, ベルナルディーノ　420
ランフランクス（カンタベリーの）82
ランフランクス（ミラノの）428
ランプレヒト（レーゲンスブルクの）308, 314
ランベルト, ベルンハルト　69

【リ】

リカーティ, ヴィンツェンツォ　479
リカルドゥス（サン・ヴィクトルの）200
リシュリュー, A. J. du P. de 374
リスト, フランツ　330
リストーリ, ジュリアーノ　421
リッチ, T. 361
リッチ, マテオ　451, 452, 461, 479
リッピ, フィリッポ　412, 413*, 417*
リナルディ, オドリコ　43
リバルタ, フランシスコ　163
リヒャルム（シェーンタールの）137
リープ, カール・ヨーゼフ　108, 109
リベラ, フランシスコ・デ　472
リベラ, ホセ・デ　324
リムベルト　90
リーメンシュナイダー, ティルマン　382
リュイナール, ティエリ　94
リュバック, アンリ・ド　473, 476

リントフライシュ, ダニエル 383
リーンハルト, ゲオルク 218

【ル】
ルイ7世 122*
ルイ9世 319, 331
ルイ13世 339
ルイ14世 274, 454
ルイ15世 51
ルイ, エピファーネ 218
ルイガルト (トンガーの) 134
ルイス・デ・グラナダ 305, 361, 373, 374
ルイス・デ・レオン 403, 432
ルカレッリ, ジョヴァンニ 335
ルキウス3世 130
ルクレール, ジャン 74, 77, 87
ルースブルーク, ヤン・ファン 201, 305
ルター・フォン・ブラウンシュヴァイク 263, 276
ルター, マルティン 35, 150, 274, 294, 312, 428, 429, 437
ルッテンシュトック, ヤーコブ 208
ルートヴィヒ (敬虔帝) 62, 92, 111, 191
ルートヴィヒ1世 (バイエルン王) 53, 66
ルドルフ (ラッツェブルクの) 218
ルドルフ・フォン・ザクセン 176
ルーニー, マルセル 69
ルノワール, ニコラ 145
ルフェーブル・デタープル, ジャック 35
ルプス (フェリエールの) 86
ルブリョフ, アンドレイ 499
ルベルト (ドイツの) 24
ルーベンス, ピーテル・パウル 324, 327, 459*

【レ】
レオ8世 128
レオ10世 293, 298
レオ12世 240
レオ13世 58, 293, 371
レオ (アッシジの) 296
レオナルディ, ジョヴァンニ 44
レオナルド (ポルト・マウリツィオの) 307*

レオポルト1世 468
レギポン, オリヴァー 95
レギンベルト (ライヘナウの) 61, 81
レグラ (リヒテンタールの) 139
レジナルド (オルレアンの) 357
レストゥー, オースタシュ 221
レストレンジュ, オーギュスタン・ド 39, 40
レッグル, アロイス 226
レッシュ, コンスタンティン 333
レーモン・ド・ピュイ 255
レリュエルス, セルヴェ・ド 218
レンツェ, ハンス・ヘルマン 228
レンブラント, H. v. R. 295*, 324

【ロ】
ロード, アレクサンドル・ド 461
ロシス, ジョヴァンニ・デ 467
ロスウェイデ, ヘリベルト 477
ロック, ジョン 453
ロッコ, G. 361
ロッシ, ジョヴァンニ・イル・バッティスタ 392
ロッセリーニ, ロベルト 330, 331
ロッツ, ヨハネス・バプティスタ 474
ロットマイアー, ヨハン・ミヒャエル 207
ロッビア, ルカ・デッラ 29
ロートツェッター, アントン 308
ロナガン, バーナード 473
ロバート・キルウォードビー 371
ロベール (モレームの) 118
ロベール, ジャン 243
ロベール・ド・サブレ 262
ロレンツェッティ, ピエトロ 316, 391*, 397*
ロレンツォ (ブリンディシの) 312, 342
ロワゼル, ジャン 225
ロンゴ, マリーア・ロレンツァ 339

【ワ】
ワッセナール, ユニコ・ウィレム・グラーフ・ファン 274
ワル, ギヨーム・ユージェーヌ・ジョゼフ・ド 277

監訳者あとがき

　まず最初に、イエズス会の大学で学び、そしてサレジオ会の高校で教鞭をとり、再び大学へ戻り、大学院に入学した。その頃、読み、書いていたのは、アングロ・サクソン時代のキリスト教文化史であった。それから6年間、大学の文学部の史学科の助手としてお勤めをすることになった。日本史、東洋史そして西洋史の諸先生達が居られる中で、何かと学ぶことの多い毎日であった。

　そんなある日のこと、学生さんを通して、英文学科の野口啓祐先生からの伝言と名刺が届けられた。気にはしながらも、1週間が過ぎた頃、おそるおそる先生の研究室を訪ねた。先生は気楽に色々なお話をされた後で、1冊の書物を取り出し、ハサミを取り、その書物を半分にして、これを読んで翻訳するようにと手渡された。これが実は翻訳をする最初のことであった。それから先生の研究室に、そして先生のご自宅に、更には研究室から新宿へと、食事をご一緒させていただく機会が多くなった。

　ある日のこと、先生からある地方の女子大学で先生を探しているが、君行かないかと言われ、その女子大学へ就職することになった。赴任する数日前に、これから何を勉教したら良いのか、と考え込んでしまった。その当時は歴史の分野でも、社会経済史が主流を占めていた時代である。しかし、当時流行の研究分野には殆ど興味はなく、といってこれならという分野も思いつかなかった。そんな或る日のこと、神田の書店を数日廻り、何気なく手にしたのが、David Knowles, *Christian Monasticism,* 1969. であった。この書物を手にしたのは偶然であったが、この書物を翻訳する機会に恵まれたのもまた偶然で、それは、当時東京大学教授であった堀米庸三先生のお陰であった。

　こうして今振り返ってみると、その出会いについては偶然としか言いよう

がなく、何とも不思議な感じがするのだが、結局は野口先生がすでに翻訳紹介されていたドウソン氏の『ヨーロッパの形成』(冨山房)と、ノウルズ師の『修道院』という2冊の名著、そしてこの2人の歴史家から、キリスト教文化、わけても修道院文化がヨーロッパの歴史において持つ意味を学び、またそれを読み解く面白さを教わった。以来、修道院の歴史が、ヨーロッパの人々の歴史と文化を理解する上で決して無視することの出来ない重要なテーマであり、歴史のみならず、人間と文化を理解する上でも極めて重要な課題であることを、ことあるごとに痛感させられ、気づいてみればライフワークのようにして、この「修道院文化」という課題に寄り添ってきたことになる。そうしたなかで、このテーマにまた新しい方面から光をあてる書物の翻訳紹介にかかわれたことを、とても嬉しく思っている。

さて、この書物の翻訳を八坂書房の編集者、八尾睦巳氏から依頼されたのは、恐らく2000年頃だったかと思う。原書を一見してまず惹かれたのは、各修道会の文化的業績を、文学、美術、音楽、教育と分野別に検証する、というその切り口のユニークさであった。また、取り上げられている13の修道会の中には、これまで日本できちんと紹介されていないものも含まれており、いわばハンディな「修道会事典」としても、翻訳紹介の意義は十分にあるだろうと考え、お引き受けすることにした。監修にあたっては、こうした原書の長所を生かすことを心がけたつもりで、原著にはそれほど多くない図版をふんだんにちりばめてもらったことなども、その一端である。また原書では、各修道会はABC順に配列されているが、これは巻末の「体系的一覧表」(512-513頁)を参照しながら、おおむね歴史的な成立の順に改めることにした。そして別に「修道会名索引」を付すことで、検索の不便を補うようにした。

諸般の事情により、刊行までには随分時間がかかってしまったが、各章の翻訳依頼の段階で、御願いをした先生方が皆喜んでお引き受けくださったことは楽しい思い出である。この場を借りて、改めてお礼を申し上げておきたい。

なお訳出にあたっては、原書自体、章ごとにそれぞれの執筆者の個性が強く顔をのぞかせていることもあり、文体、用字、また訳註の入れ方などにつ

いては、かなりのところまでそれぞれの先生方の裁量にお任せして、自由に腕を揮ってもらうことにした。とはいえ、言うまでもないことながら、上記のような本書の特色を損なわず、事典としての使用に耐えるよう、重要な訳語や固有名詞等の表記については、最後に朝倉が責任をもって統一した。

　冒頭で触れたような類の不思議な「偶然」に、本書を通じて、ひとりでも多くの読者が出会ってくれることを、ひそかに祈りつつ。

　2007年12月

＊

　何かと思い出深い本書が、このほど装いも新たに刊行される運びとなったのは喜ばしい限りである。版を改めるにあたり、各頁を少し縮小して携帯の便をはかることにしたが、刻々と改訂が必要になるような類の本ではないので、誤植を訂正し、若干の書誌情報を追加したほかは、特段内容に手を加えていない。旧版同様に息長く読者に迎えられることを願ってやまない。

　2014年10月

朝倉文市

【訳者紹介】(五十音順)

石山穂澄 (いしやま・ほずみ)

尾道大学非常勤講師。
岡山大学大学院文化科学研究科博士後期課程単位取得満期退学。
主要論文:「『晩夏』における庭園への試論」(『ドイツ文学論集』34、日本独文学会中国四国支部、2001年)、「シュティフターのユートピア世界——『二人姉妹』を例に」(『ドイツ文学論集』37、日本独文学会中国四国支部、2004年) など。

伊能哲大 (いよく・あきひろ)

フランシスコ会士。
1955年生まれ。明治大学大学院文学研究科博士後期課程単位取得退学。Pontificia Università Gregoriana の教会史学部 Licenza コース終了。Scuola superiore di Studi Medievali e Francescani presso Università Pontificia Antonianum で学ぶ。専門は中世フランシスコ会史。
主要論文:「初期フランシスコ会とラウダ」(聖グレゴリオの家・研究論集 I 『研究報告フランシスカンの音楽と神学』、2003年)、「「私は戒め、勧める」——フランチェスコの想い」(『日本カトリック神学会誌』第25号、2014年)。主要訳書:カエタン・エッサー『フランシスコ会の始まり——歴史が語る小さき兄弟会の初期理念』(新世社、1993年) など。

梅津教孝 (うめづ・のりたか)

福岡大学、九州産業大学等の非常勤講師。
福岡出身。九州大学大学院修士課程(西洋史学)修了。中世初期ヨーロッパ史専攻。
主要論文:「リウドゲルス著『ユトレヒト修道院長グレゴリウス伝』への覚え書き——聖者伝史料の理解のために」(『西洋史学論集』29、1991年)、「シャルルマーニュの文書に見るラテン語の質——書記ヴィグバルドゥスの検討」(『西洋史学論集』39、2001年)、「カロリング期の聖者伝——『ボニファティウス伝』を中心に」(『ヨーロッパ中世世界の動態像——史料と理論の対話』、九州大学出版会、2004年)、「カロリング王文書の作成はどのように行なわれたのか——797年発給ノナントラ修道院宛ての文書 (ChLA., XXIX, no 884) 作成における dictator と scriptor の役割を通して」(『西洋史学論集』44、2006年) など。

岡地 稔 (おかち・みのる)

南山大学外国語学部教授。
名古屋大学大学院文学研究科・博士課程後期課程修了満期退学。
著書:『権力・知・日常——ヨーロッパ史の現場へ』(共著、名古屋大学出版会、1991年)。
主要論文:「ザンクト・マクシミン修道院改革——10世紀前期ロートリンゲン政治史の一断面」(その1~3、『アカデミア』人文・社会科学編50・51・56、南山大学、1989-92年)、「ピピンはいつから短軀王と呼ばれたか:ヨーロッパ中世における『渾名文化』の始まり——ブリュム修道院所領明細帳カエサリウス写本・挿画の構想年代について」(『アカデミア』人文・社会科学編84、南山大学、2007年) など。

小川宏枝 (おがわ・ひろえ)

岡山大学大学院文学研究科修士課程修了、京都大学大学院文学研究科博士課程単位取得退学。
訳書:アウグスティヌス『ペラギウス派の2書簡駁論』(アウグスティヌス著作集29『ペラギウス派駁論集(3)』)。主要論文:「自由意志論争におけるエラスムスとルター」(京都大学基督教学会『基督教学研究』12号、1991年)、「エラスムスにおける『反野蛮人論』」(『基督教学研究』17号、1997年) など。

平　伊佐雄 (たいら・いさお)

立正大学経済学部准教授。
大東文化大学大学院経済学研究科経済学専攻博士後期課程単位取得退学。
専門は中世シトー会史。
主要論文：「シトー会修道院の都市館とグランギア」(『比較都市史研究』第24巻第2号、2005年)、「シトー会修道院ヒンメロートの森林所領について」(『経済学季報』第54巻第2号、立正大学、2005年)。

谷　隆一郎 (たに・りゅういちろう)

九州大学名誉教授。
1945年生まれ。東京大学大学院人文科学研究科博士課程満期退学。
文学博士 (東京大学)。教父・中世哲学専攻。
主要著訳書：『アウグスティヌスの哲学——神の似像の探究』(創文社、1994年)、『東方教父における超越と自己——ニュッサのグレゴリオスを中心として』(創文社、2000年)、ニュッサのグレゴリオス『雅歌講話』(新世社、共訳、1991年)、同『モーセの生涯』(『キリスト教神秘主義著作集』1、教文館、1992年)、『砂漠の師父の言葉』(知泉書館、共訳、2004年)、アウグスティヌス『詩編註解』2 (教文館、共訳、2005年)、『フィロカリア』Ⅲ (新世社、2006年) など。

富田　裕 (とみた・ひろし)

中央大学兼任講師。上智大学『新カトリック大事典』編纂委員。
専門分野：ドイツ神秘思想。
主要著訳書：『静かな細い響き——或る散策者の歩み』(舷燈社、2009年)、ヨッヘン・クレッパー宗教詩集『キリエ』(富田恵美子ドロテアと共訳、教文館、2011年)、Ruhe in Gott – Trinitarische Selbstliebe bei Meister Eckhart, in: R. Kühn / L. Laoureux (Hg.)：Meister Eckhart - Erkenntnis und Mystik des Lebens (Freiburg / München 2008), S. 213 - 231; E.V. Herrigel, in: E. Blattmann (Hg.)：Philosophenbriefe von und an Peter Wust (Berlin 2013), S. 231 - 267.

山崎裕子 (やまざき・ひろこ)

文教大学国際学部教授。
上智大学大学院哲学研究科博士後期課程単位取得満期退学。
共著：『教養の源泉をたずねて——古典との対話』(創文社、2000年)。
主要論文："Anselm and the Problem of Evil," *Anselm Studies* 2 (1988): 343-350. 「スコラ哲学前夜におけるストア派倫理学——アンセルムスのrectitudoをめぐって」(『中世思想研究』第52号、中世哲学会編、2010年、136-142頁、「アンセルムスの原罪論」(『文教大学国際学部紀要』第22巻第2号、2012年、75-82頁) など。

山本耕平 (やまもと・こうへい)

京都大学、聖カタリナ大学名誉教授。
京都大学大学院文学研究科博士課程単位取得退学。
共著：『哲学の原型と発展』(新・岩波講座哲学第14巻、岩波書店、1985年)、『キリスト者の敬虔』(ヨルダン社、1989年)、『哲学のエポック』(ミネルヴァ書房、1991年)。
編著：『中世における知と超越』(創文社、1992年)。
編訳書：『トマス・アクィナス』(中世思想原典集成第14巻、平凡社、1993年)。

【執筆者紹介】（原綴の ABC 順）

ゲルダ・フォン・ブロックフーゼン（ジョヴァンナ・デッラ・クローチェ）
Dr. Gerda von Brockhusen (Giovanna della Croce) OCD
跣足カルメル会士。
神秘思想、とりわけ中世の女性の神秘家を主たる研究対象に、精力的な執筆活動を行っている。著書に *I mistici del Nord* (Roma, 1981) がある。

ヴィリギス・エッカーマン
Prof. Dr. Willigis Eckermann OSA
1934年生まれ。フェヒタ大学名誉教授。アウグスチノ会士。
専攻は組織神学、教理神学。アウグスティヌス、およびアウグスチノ会の歴史についての論文多数。

アンドレアス・フォルクナー
Dr. Andreas Falkner SJ
1934年生まれ。イエズス会士。司祭。
修道会内での司牧活動に従事する傍ら、1986年より「イグナティウス霊性研究会」を主宰、その思想の研究と普及とにつとめている。共編著に *Ignatius von Loyola und die Gesellschaft Jesu 1491-1556* (Würzburg 1990) がある。

ウルリヒ・ファウスト
Prof. Dr. Ulrich Faust OSB
1935年生まれ。ベネディクト会士。
ザルツブルク大学、グラーツ大学、ヒルデスハイム大学等で教会史を講ずる傍ら、長年にわたり、ベネディクト会が発行する雑誌 *Germania Benedictina* の編集主幹を務め、自らも健筆を揮っている。

ヴォルフガング・ヘラー
Dr. Wolfgang Heller
スラブ圏の中世宗教史を専門とする宗教史家。
著書に、*Die Moskauer Eiferer Fur Die Frommigkeit Zwischen Staat Und Kirche (1642-1652)* (Wiesbaden, 1988), 共著に *Tausend Jahre Christentum in Russland : Zum Millennium Der Taufe Der Kiever Rus* (Göttingen, 1988) などがある。

ルドガー・ホルストケッター
Dr. Ludger Horstkötter OPraem
プレモントレ会士。デュイスブルク＝ハムボルン修道院に在籍。
Die Abteikirche in Hamborn. Theologische und geschichtliche Anregungen (Duisburg 1975) をはじめとして、修道院やプレモントレ会の歴史に関する著書多数。

レオンハルト・レーマン
Dr. Leonhard Lehmann OFMCap
1947年生まれ。カプチン会士。
ローマの教皇庁立アントニアーヌム大学神学部教授。専攻は霊性神学。アッシジのフランチェスコの「祈り」に関して数多くの論文や研究書を発表しており、近著に *Franziskus - Gebete* (Kevelaer, 2003), *Franziskus - Meister des Gebets. Eine Einführung* (Mainz, 2007) がある。

マイノルフ・ロールム
Dr. Meinolf Lohrum OP
2001年没。ドミニコ会士。
Die Wiederanfänge des Dominikanerordens in Deutschland nach der Säkularisation (1856-1875)(Mainz, 1971), *Dominikus, Beter und Prediger* (Mainz, 1984), *Albert der Große. Forscher - Lehrer - Anwalt des Friedens* (Kevelaer, 1991) など、聖ドミニクスやドミニコ会の霊性に関する著書多数。

ヘルマン・ヨーゼフ・ロート
Dr. Hermann Joseph Roth OCist
1938年生まれ。シトー会士。
メーレラウ修道院に在籍し、「シトー会クロニクル」 *Cistercienser Chronik* 誌の編集を担当、自らも精力的に寄稿している。

ユルゲン・ザルノフスキー
Prof. Dr. Jürgen Sarnowsky
1955年生まれ。ハンブルク大学教授（中世史講座）、ハンザ史協会理事。
騎士修道会とハンザを主たる研究対象とし、著書に *England im Mittelalter* (Darmstadt, 2002), *Die Deutsche Orden* (München, 2007) がある。

フーベルト・ショプフ
Dr. Hubert Schopf
ザルツブルク州立文書館司書。オーバーエスタライヒの郷土史に造詣が深く、同地に点在するアウグスチノ修道参事会の修道院についても数多くの論文がある。

【編者紹介】

ペーター・ディンツェルバッハー

Prof. Dr. Peter Dinzelbacher

1948年生まれ。
グラーツ大学、ウィーン大学で歴史学、美術史、民俗学、文献学を学ぶ。
1973年、ウィーンで博士号取得、1978年、シュトゥットガルトで教授資格取得。
シュトゥットガルト、ザルツブルク、ウィーン等の大学で教鞭をとる傍ら、西欧中世の宗教史、民衆史、心性史などを中心に横断的な研究・執筆・編纂活動を展開、また長年にわたり、中世史研究の有力雑誌 Mediaevistik の編集主幹を務めている。
Vision und Visionsliteratur im Mittelalter (Stuttgart, 1981), *Angust im Mittelalter* (Paderborn, 1996), *Bernhard von Clairvaux. Leben und Werk des berühmten Zisterziensers* (Darmstadt, 1998) など著書多数。日本にもすでに編著『神秘主義事典』(植田兼義訳、教文館、2000年) が翻訳紹介されている。

ジェイムズ・レスター・ホッグ

Prof. Dr. James Lester Hogg

1931年生まれ。
ロンドン、ケンブリッジ、フリブール、ザルツブルク等で断続的に研究生活を送るが、この間、8年間にわたってカルトゥジア会に修道士として在籍。後にザルツブルク大学の教授となり、英米文学を講じる一方で、カルトゥジア修道会史の研究にも力を注ぎ、カルトゥジア会の刊行する雑誌 *Analecta Cartusiana* の編集主幹をつとめるなど、現在では斯界の第一人者として国際的な評価を得ている。とりわけ、パヴィアのカルトゥジア会修道院の建築史についての研究はよく知られている。

【監訳者紹介】

朝倉文市（あさくら・ぶんいち）

ノートルダム清心女子大学名誉教授。
上智大学文学部大学院西洋文化研究科修了。
著書：『修道院──禁欲と観想の中世』(講談社現代新書)、『修道院にみるヨーロッパの心』(山川出版社)、『ヨーロッパ成立期の修道院文化の形成』(南窓社)、岸英司編『宗教の人間学』(共著、世界思想社)、饗庭孝男編『ブルゴーニュ──歴史と文化』(共著、小沢書店)、『私たちの人間論』(共著、ノートルダム清心女子大学キリスト教文化研究所編)
訳書：ノウルズ『修道院』(世界大学選書、平凡社)、レッカイ『シトー会修道院』(共訳、平凡社)、ウルマン『中世ヨーロッパの政治思想』(お茶の水書房)、レイスナー『ローマの歴史家』(共訳、みすず書房)、ハスキンズ『十二世紀ルネサンス』(共訳、みすず書房)、ドウソン『現代社会とキリスト教文化』(共訳、青鞜社)、ド・ハメル『聖書の歴史図鑑』(監訳、東洋書林)、ラボーア編『世界修道院文化図鑑』(監訳、東洋書林)、ヴィケール『中世修道院の世界』(監訳、八坂書房)、キャンター『中世の発見──偉大な歴史家たちの伝記』(共訳、法政大学出版局) ほか。

修道院文化史事典【普及版】

2014年10月25日　初版第1刷発行

監訳者	朝　倉　文　市
発行者	八　坂　立　人
印刷・製本	モリモト印刷（株）
発行所	（株）八　坂　書　房

〒101-0064　東京都千代田区猿楽町1-4-11
TEL.03-3293-7975　FAX.03-3293-7977
URL.：http://www.yasakashobo.co.jp

落丁・乱丁はお取り替えいたします。　　無断複製・転載を禁ず。

© 2008, 2014　Bun-ichi Asakura
ISBN 978-4-89694-181-4

関連書籍のごあんない

中世修道院の世界 ──使徒の模倣者たち
M-H・ヴィケール著／朝倉文市監訳　四六判　2800円

4世紀後半の西方修道制の揺籃期から托鉢修道会が誕生する13世紀まで、安定と変革を繰り返しつつ発展を遂げた中世ヨーロッパの修道制の軌跡を、「使徒的生活」というモチーフに着目して、コンパクトに、かつ陰影豊かに捉えた名著、待望の日本語訳。教会史・修道院史の理解に欠かせない貴重な史料「メッス司教クロデガングの司教座聖堂参事会会則」全訳を併録。

図説 西欧の修道院建築
W・ブラウンフェルス著／渡辺鴻訳　A5判　4800円

西欧におけるさまざまな修道会の盛衰をたどりつつ、それぞれの目指す理念が、どのような工夫によって、どのような空間として結実したかをわかりやすく解き明かす。高度な機能性と深遠な象徴性を兼ね備えた名建築の数々を豊富な図版とともに紹介し、修道院文化の、そしてまた西欧文明の核心を語り尽くした名著。

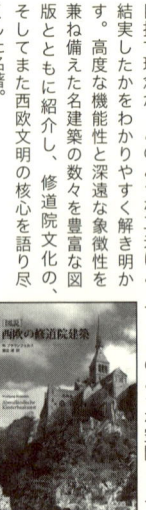

シリーズ 中世ヨーロッパ万華鏡
A5判　各2800円

現代ドイツを代表する中世史家3名が、中世史研究の最前線を、一般向けに、わかりやすく解きほぐして語る画期的なシリーズ。

I 中世人と権力 ──「国家なき時代」のルールと駆引
G・アルトホフ／柳井尚子訳

近代的な「国家」成立以前の中世では、政権運営、戦争、裁判などは、どのようなルールに則り、どのようなプロセスで行われていたのか？ 駆引の詳細を伝える文書を読み解きつつ、「中世的なシステム」の実態に迫る。

II 中世の聖と俗 ──信仰と日常の交錯する空間
H=W・ゲッツ／津山拓也訳

日常生活の根幹をなす結婚・家族制度と、人びとの想像力のなかに存在した死後の世界や「悪魔」のイメージに焦点をあて、キリスト教と世俗文化が互いに影響を与えあう、「中世」なる聖俗の絡み合いの特徴を明らかにする。

III 名もなき中世人の日常 ──娯楽と刑罰のはざまで
E・シューベルト／藤代幸一訳

賭博や娼家などの娯楽に、「お上」はどの程度介入してきたか？ 残忍きわまる刑罰の数々は、生活にいかなる影を落としていたか？ ──など、中世後期の都市に生きる庶民の生活空間の実像を、等身大に、リアルに再現する。

表示価格は税別価格です